U0807870

国内外经典教材辅导系列·新闻类

陈力丹《新闻理论十讲》（修订版）笔记和考研真题详解

主编：圣才考研网
www.100xuexi.com

中国石化出版社

内 容 提 要

本书是普通高等教育"十一五"国家级规划教材《新闻理论十讲》(修订版，陈力丹著)的学习辅导书。本书遵循该教材的章目编排，共分为10讲，每讲由三部分组成：第一部分为复习笔记(含知识框架)，总结本讲的重难点内容，勾勒本讲的结构脉络；第二部分是考研真题，精选部分名校近年的考研真题，并按概念题、简答题、论述题等形式对考研真题进行了整理；第三部分是考研真题详解，对第二部分的所有考研真题都进行了详细的解答。

圣才考研网(www.100xuexi.com)提供陈力丹《新闻理论十讲》(修订版)配套电子书、题库。购书即可享受大礼包增值服务【本书电子书+新闻与传播硕士名校考研真题详解电子书+考研专业课咨询服务】。手机扫码(本书封面右下角)领取本书大礼包。

图书在版编目(CIP)数据

陈力丹《新闻理论十讲》(修订版)笔记和考研真题详解/圣才考研网主编. —北京:中国石化出版社，2020.4(2021.5重印)
ISBN 978-7-5114-5769-1

Ⅰ.①陈… Ⅱ.①圣… Ⅲ.①新闻学-研究生-入学考试-自学参考资料 Ⅳ.①G210

中国版本图书馆CIP数据核字(2020)第051992号

未经本社书面授权，本书任何部分不得被复制、抄袭，或者以任何形式或任何方式传播。版权所有，侵权必究。

中国石化出版社出版发行
地址:北京市东城区安定门外大街58号
邮编:100011 电话:(010)57512500
发行部电话:(010)57512575
http://www.sinopec-press.com
E-mail:press@sinopec.com
武汉市盛宏源印务有限公司印刷
全国各地新华书店经销
*
787×1092毫米16开本19.25印张468千字
2020年7月第1版 2021年5月第2次印刷
定价:68.00元

序 言

我国各大院校一般都把国内外通用的权威教科书作为本科生和研究生学习专业课程的参考教材，这些教材甚至被很多考试（特别是硕士和博士研究生入学考试）和培训项目作为指定参考书。为了帮助读者更好地学习专业课，我们有针对性地编著了一套与国内外教材配套的复习资料，并提供配套的名师讲堂和题库。

陈力丹所著的《新闻理论十讲》（修订版）是我国高校采用较多的新闻学权威教材之一。作为该教材的配套辅导书，本书具有以下几个方面的特点：

1. 框架图表体系，通俗易懂易记

本书每章的知识梳理框图，在全方位把握重要考点的同时，提纲挈领地以知识框架思维导图形式，呈现重要的考点、难点，脉络清晰，一目了然，更容易记忆。

2. 双色印刷＋星级标记，透彻剖析必考点

本书每章的复习笔记均对该章的考点难点进行了整理，全书考点均按重要程度分为一星（一般了解）至五星（熟练掌握），并对关键词用下划线进行了标记，方便考生更有针对性地复习。

3. 精选考研真题，提供详尽答案

本书精选了部分名校近年的新闻学考研真题，所选习题涵盖的知识点全面，特别注重理论联系实际，凸显当前热点。

要深深牢记：考研不同一般考试，概念题（名词解释）要当作简答题来回答，简答题要当作论述题来解答，而论述题的答案要像是论文，多答不扣分。有的论述题的答案简直就是一份优秀的论文（其实很多考研真题就是选自一篇专题论文，完全需要当作论文来回答）！

购书即可享受大礼包增值服务！手机扫码（本书封面右下角）领取本书大礼包。具体包括：①本书电子书；②新闻与传播硕士名校考研真题详解电子书；③考研专业课咨询服务。

圣才考研网（www.100xuexi.com）是圣才学习网旗下的考研考博专业网站，提供考研公共课和全国各高校新闻传播类专业考研考博辅导班【一对一辅导（面授/网授）、网授精讲班等】、电子书、题库、全套资料（历年真题及答案、笔记讲义等）、国内外经典教材名师讲堂、考研教辅图书等。

考研辅导： kaoyan.100xuexi.com（圣才考研网）
资格考试： www.100xuexi.com（圣才学习网）

圣才考研网编辑部

目　录

第一讲　新闻——叙述事实

1.1　复习笔记

【知识框架(庖丁解牛)】

- 新闻——叙述事实
  - 新闻≠宣传
    - 新闻与宣传比较
      - 新闻：“受者晓其事”
      - 宣传：“传者扬其理”
      - 相同点与不同点
    - 宣传的道德悖论
  - 新闻≠舆论
    - 新闻：对客观发生的事实的描述
    - 舆论：社会中自然产生的、自在的意见形态
  - 欧洲文明中的“新闻”
    - 最早的“新闻”概念
    - “新闻”概念的理解
    - 最早的“宣传”概念
    - 欧洲早期的新闻传播活动
  - 新闻学界关于新闻的定义：陆定一“新闻是新近发生的事实的报道”(最通行)
  - 新闻的特性
    - 新闻报道现实事物
    - 强烈的时效要求
    - 新闻是能够公开传播的一类信息
    - 现代新闻业造就公众对新闻的持续关注

【通关提要(提纲挈领)】

本章主要讲述新闻的概念及其与宣传、舆论的不同之处，同时还论述了中西方“新闻”概念的发展历程及特性。本章考点以概念题、简答题为主，在学习时，要对新闻的概念及其延伸做整体把握。

【考点难点归纳(厚积薄发)】

考点一：新闻与宣传的概念辨析(见表1-1)　★★★★

表1-1　新闻与宣传的概念辨析

要点	具体内容	
新闻	含义	指对客观发生的具有新闻价值的事实的叙述
	目的	新闻传播的归宿是“受者晓其事”，旨在让对方了解一件事

续表

要点		具体内容
宣传	含义	指运用各种符号传播某种观点，从而左右和引导人们的态度、控制人们的行为的一种社会性传播活动，可分为政治宣传和商业宣传
	目的	宣传的归宿是“传者扬其理”，旨在传播观点
相同点		①都属于传播行为，两者有交集，可相互渗透。 ②宣传可通过传播新闻达到宣传的目的，即便是最客观的新闻报道，也可以夹杂着宣传
不同点		①新闻重信息，宣传重形式。 ②新闻重新异，宣传重反复。 ③新闻重事实，宣传重观点。 ④新闻重时效，宣传重时机。 ⑤新闻重沟通，宣传重操纵。 ⑥新闻重平衡，宣传重倾斜

考点二：新闻与舆论的概念辨析（见表 1－2） ★★★★

表 1－2　新闻与舆论的概念辨析

要点	具体内容
新闻	指对客观发生的事实的叙述
舆论	指在社会中自然产生的、自在的意见形态
两者关系	①两者不等同，只是关系较密切。新闻只要反映了舆论，就与舆论产生关系。新闻可以反映舆论，特别是在报道某些群体性事件时。 ②新闻不一定要反映舆论。多数新闻报道是一些具体且与大局没有关系的事实，在这种情况下，无法体现新闻反映舆论

考点三：西方文明中的“新闻”（见表 1－3） ★★

表 1－3　西方文明中的“新闻”

要点	具体内容
“新闻”	①对于受传者而言，“新闻”是指客观发生的新鲜、有趣的事实的报道。 ②对于传播者而言，“新闻”有一定的宣传目的，某种程度上可以理解为传教活动。 ③“news”源于古希腊，于 1621 年首次出现在原始报刊的名称中
“宣传”	1622 年，在罗马教皇格里哥雷十五世的领导下，罗马成立了传信部，主动向世界各地传播天主教会的讯息，是世界上第一个专业的传播组织。“宣传”一词于此第一次出现，这时候的“宣传”主要指宗教传播
欧洲的新闻传播活动	新闻与宣传各自独立，没有形成牢固的新闻与宣传合一的传统

考点四：中国历史上对“新”的理解　★

1.《大学》中的“新”

《大学》中提到：“汤之盘铭曰：苟日新，日日新，又日新，至明明德，穷至事物之理焉。”意思是每天都要不断地接受、传播新事物与新观点，不断革新，而“新”中要含有“德”。“德”是一种道德规范，可理解为人内心善良光明的德性。通过明“德”，进而达到“穷至事物之理焉”的目的。这是中国“文以载道”的传统。

2. 孔子(公元前6世纪)对“新”的要求

(1)“多闻，择其善者而从之，多见而识之，知之次也。”(《论语·述而篇》)“多闻”是指人们要多听、多学很多新东西，这同新闻差不多。

(2)“温故而知新”(《论语·为政篇》)中“新”的内容，来源于“故”，是指从已有的资料中来的“新”，而非在现实中发生的“新”，这要求我们继承发扬。

考点五：中国最早的“新闻”概念的出现　★

“新闻”一词最早出现在南朝前期宋朝(距今约1500多年)朱昭之著作《弘明集》(梁朝时释僧佑编辑)卷七中(“仁众生民，黩所先习，欣所新闻”)。

唐朝已用“新闻”代指社会新闻，宋朝时特指非官方的消息。

考点六：新闻的定义及特性(见表1-4)　★★★★★

表1-4　新闻的定义及特性

要点	具体内容	
定义	陆定一(《我们对于新闻学的基本观点》，1943年)	“新闻是新近发生的事实的报道”，这一定义符合解放区宣传工作的现实需求。陆定一在形式上承认了新闻的基本定义，从新闻概念中抽离出新闻价值(最核心的理念)，只留下了“报道事实”，抛去了新闻时效，在无形之中把新闻变成了宣传
	李大钊	“新闻是新的、活的社会状况的写真”。“写真”一词从日本传来，意思是照相，这是对新闻一般意义上的理解，但从新闻真实的角度来说，新闻绝对不是照相或简单地反射事实
	甘惜分	“新闻是报道或评论最新的事实以影响舆论的特殊手段”，这里的“新闻”实际上是指媒体。新闻(媒体)是工具，这个概念是对过去时代使用新闻概念的总结
	王中	“新闻是经报道(或传播)的新近事实的信息”，这一定义把新闻落脚到“信息”上，强调新闻必须有实在的内容
特性	①新闻报道的是现实事物。新闻媒介的基本职责是为受众提供外部世界新近发生、变动的事实。新闻不仅是现实的，更要是真实的。 ②具备强烈的时效性。过时的新闻少有受众，仅具备历史资料价值。现代信息社会中，媒体竞争局面中愈发重要的是谁能对新闻的阐释更接近科学、更合理，而非单纯的“抢新闻”。 ③新闻需要公开传播。新闻不是内部情报或个人的私密信息，它直接面向大众公开传播，传播面越广，受众越多，价值就越大。 ④公众对新闻的持续关注得益于现代新闻业。媒体报道新闻总是处于动态之中，使人们形成对新闻的一种期待意识，在此过程中新闻行业逐渐形成、社会需求逐渐扩大	

考点七：我国现代语言文字中“新闻”的含义 ★★

（1）指消息，即新闻体裁中最常见的一种。

（2）指各类新闻报道的总和，包括多样的报道形式与体裁。报纸中的消息、通讯、时评、采访记等都可统称为“新闻”。

（3）指以往各种大众传媒，如报纸、广播、电视、新闻电影、网络的新闻网站等的总称。如今包括各类传播新闻的网络传播途径及形态。

（4）新闻行业的总称。如新闻业、新闻事业、新闻口、战争时期的“新闻战线”“中华新闻工作者协会”中的“新闻”等。

（5）各种新闻业务工作及其延伸，泛称“新闻”，包括采写编评及实况转播、新闻传媒组织的社会活动等等。

（6）指新闻传播学教育、研究。在中国，常把新闻学教育、新闻学研究简称为新闻教育、新闻研究。

（7）等同于“宣传”，泛指各种与传媒相关的政治性宣传活动或宣传工作。

（8）等同于“舆论”，即传媒的意见、观点，或领导传媒的党政机关的意见、观点。

（9）指刚刚发生的事实。普遍观念认为，新闻是新近发生的事实的报道，落脚点在报道上，但另一种观点认为只要事实发生了，无论是否报道，这种事实就是新闻。

（10）特指通讯社或通讯社的新闻稿。

【考点拓展】公民记者时代专业记者的角色定位（见表1－5）

表1－5　公民记者时代专业记者的角色定位

要点	具体内容
权威信息的发布者	①互联网时代，网络平台汇集了大量的信息，一般受众没有时间和精力判断真假。与社交媒体相比，传统媒体具备高诚信度和权威性的特质。面对真实信息和虚假网络传言混杂的情况，专业新闻人士应成为权威信息的发布者。 ②作为传统媒体的新闻人士，有责任和能力将真实信息与虚假传言区分开来，为公众带来权威的新闻报道。 ③毋庸置疑，互联网上的虚假信息会出现在社会的方方面面。对互联网信息的曲解，是基于互联网用户个人主观经验和理解造成的。所以，互联网新闻线索需要由新闻记者进行深入调查，然后客观地寻找真相再报道
公众观点的引导者	①公民记者的消息带有强烈的个人感情，且传播速度极快，或许还有言论不理性的特点。一旦不理性会导致极端言论的大规模快速传播，将在短时间内对社会造成负面影响。因此，一个专业的新闻记者应该成为公众观点的引导者，鼓励正面言论的传播，批判愚昧无知的言论。 ②专业新闻记者在跟踪网络热门话题的时候，应铭记“引导公众观点”的职责，对网络上那些通用的正面例子，应进行全面、客观及有说服力的报道。同时，对那些负面的评论或现象，应勇敢地提出批评，扮演社会观点引导者的角色。此外，专业新闻人的个人情感不能受到网络情绪的干扰，务必保持清醒、冷静的头脑，理性思考网络上的公众观点，抵制新闻炒作的诱惑

1.2　考研真题

一、概念题

1. 公共新闻（中央民大 2021 年研；北京大学 2014 年研；中传 2013 年研；上海大学 2012 年研）

相关试题：公共新闻学（厦大 2019 年研；山东师大 2018 年研）

2. 新闻来源（湖南大学 2021 年研；浙工大 2018 年研；湘潭大学 2016 年研；山东大学 2014 年研；北工商 2012 年研；深圳大学 2012 年研；上海财大 2009 年研；复旦大学 2008 年研）

3. 匿名消息来源（上海大学 2017 年研）

4. 新闻（中南大 2018、2007 年研；聊城大学 2018 年研；中山大学 2016 年研；上海大学 2015、2005 年研；上外 2014 年研；中传 2011 年研；湖南大学 2009 年研）

5. 信息（中南大 2018 年研；复旦大学 2016 年研；中传 2016 年研；华南理工 2016 年研；湖南大学 2016 年研；山东师大 2015 年研；华农 2013 年研）

6. 新闻要素（中央民大 2021 年研；华东师大 2018 年研；山东师大 2018 年研；华农 2017 年研；华中师大 2016 年研；聊城大学 2016 年研；湘潭大学 2016 年研；复旦大学 2014 年研；暨南大学 2013 年研；华南理工 2013 年研）

相关试题：新闻五要素（中南大学 2020 年研）

7. 舆论（中传 2019、2015 年研；复旦大学 2019、2015 年研；华侨大学 2018 年研；南京师大 2017、2008 年研；华东师大 2017 年研；厦大 2016 年研；山东师大 2016 年研；聊城大学 2015 年研；华中师大 2014 年研；华农 2014、2009 年研；华南理工 2013 年研；中南大 2010 年研；中央民大 2009 年研；山东大学 2008 年研；上海财大 2007 年研）

相关试题：新闻舆论（人大 2017 年研）

8. 新闻批评（中传 2018、2013 年研；山东大学 2010 年研）

9. 公民新闻（重庆大学 2019 年研；清华大学 2018 年研；南京大学 2018 年研；北京大学 2016 年研；中青政治学院 2014 年研；人大 2011、2009 年研；中央民大 2010 年研）

10. 《我们对于新闻学的基本观点》（复旦大学 2020 年研；湖南师大 2016 年研；中传 2008 年研）

11. 新闻的主体（上海大学 2013 年研）

12. 民生新闻（中传 2013 年研）

13. 新闻本源（河南大学 2019 年研；上海大学 2019 年研；北京大学 2017 年研）

相关试题：新闻本源与来源（华农 2012 年研）

14. 新闻的特性（复旦大学 2016 年研）

二、简答题

1. 新闻公共性的基本内涵。（人大 2013 年研）

2. 简述信息的特点。（聊城大学 2018 年研；中南大 2010 年研）

3. 简述新闻和信息的关系。（江西师大 2013 年研）

4. 简述新闻与其他类型的信息的共性和特性。(厦大 2016 年研)

5. 简述新闻本源。(云南大学 2019 年研)

相关试题：

(1)新闻的本源是什么？解释其具体含义。(西安工程 2017 年研)

(2)新闻的本源是什么？我们在具体的新闻工作中如何坚持这一观点？(山东师大 2016 年研)

(3)试论马克思主义新闻本源观。(中传 2016 年研)

6. 新闻来源的重要性有什么差别？新闻来源怎么分类和筛选？在没有核心新闻来源的情况下，有补救措施吗？(清华大学 2019 年研)

相关试题：何谓新闻来源？新闻来源影响新闻内容的方式，从政府新闻源、企业新闻源展开论述。(河北大学 2017 年研)

7. 简述新闻的本源、来源、起源的区别。(华农 2017 年研)

8. 网络新媒体与传统媒体在新闻稿件来源的异同。(中传 2019 年研)

9. 试简述传播与宣传的关系。(中传 2019 年研)

10. 什么是新闻要素，对新闻工作者的作用。(兰州大学 2019 年研)

相关试题：

(1)新闻要素的定义、内容及其作用？(河北大学 2018 年研)

(2)简述新闻的定义、基本特点及传统的新闻五要素说。(安徽师大 2015 年研)

(3)新闻的要素有哪些？(江西师大 2015 年研)

11. 公共新闻学的核心概念是什么？(山东大学 2018 年研)

相关试题：

(1)简述公共新闻。(广西大学 2018 年研)

(2)简论公共新闻学的兴起背景与理论影响。(山东大学 2017 年研)

12. 请简要回答公民新闻的内涵以及公民新闻对专业媒体报道的冲击。(华南理工 2016 年研)

13. 请就国内媒体在新闻实践中如何借鉴公共新闻的理念提出几点建议。(同济大学 2018 年研)

14. 什么是好新闻？你认为界定好新闻的标准是什么？(中山大学 2016 年研)

三、论述题

1. 联系实际，论述公民新闻与网络舆论在当下中国社会中的现状与发展趋势。(中传 2011 年研)

2. 观点讨论：新闻真实性要求新闻报道在本质上与新闻事实相符合，与社会生活的本质相符合。(武汉大学 2011 年研)

3. 新闻和其他上层建筑的区别有哪些？(电子科大 2019 年研)

4. 试述两种新闻定义的异同。定义 1：新闻是新近发生事实的报道。定义 2：新闻是新近事实变动的信息。(青岛大学 2017 年研)

5. 如何理解“公共新闻学”是第四种理论模式？与其他三种模式相比，有什么区别？(山东大学 2016 年研)

6. 公共新闻根源于精英主义，记者们有着精确的职业判断和职业技能。而公民新闻则是草根性的平民参与。因此两者是不相容的。(武汉大学 2016 年研)

7. 从历史和现实语境，回顾和反思国际公共新闻的理论与现实。(上海大学 2016 年研)

8. 论述关于公民新闻的观点，为什么说它是对自由主义理论和社会责任论的修正和延续？(华中师大 2016 年研)

1.3 考研真题详解

一、概念题

1. 公共新闻(中央民大 2021 年研；北京大学 2014 年研；中传 2013 年研；上海大学 2012 年研)

相关试题：公共新闻学(厦大 2019 年研)

答：公共新闻概念源于 20 世纪末美国新闻业的改革，核心观念是指对于公共事务的观点主张，其要求新闻从业人员将新闻传播与社会发展相联系。这种趋势在进入互联网时代以后变得更为明显，而新闻传播业受益于软硬件的进步，也逐渐降低传播业的进入门槛，公众参与性和开放大众性的色彩日益浓厚。借助互联网的力量，不同形式的公民参与新闻传播日益广泛，公民新闻得到深化和普及，并且随着互联网的发展而不断得到强化。最早提出“公共新闻”理论的学者是纽约大学新闻学系的罗森(Joy Rosen)教授。按照公共新闻学的要求，媒体不仅仅提供信息，也不仅仅设置议题，而且还要引导或发起社会公众来讨论问题，达成共识，解决社会面临的问题。

2. 新闻来源(湖南大学 2021 年研；浙工大 2018 年研；湘潭大学 2016 年研；山东大学 2014 年研；北工商 2012 年研；深圳大学 2012 年研；上海财大 2009 年研；复旦大学 2008 年研)

答：新闻来源，又称消息来源或信息来源，有狭义和广义之分。狭义的新闻来源是指一则新闻中所涉及的事实和观点材料的出处，它体现事实、观点和背景材料从何而来，由谁提供。广义的新闻来源既指新闻事实的提供者，又泛指构成新闻根据的全部新闻事实。

3. 匿名消息来源(上海大学 2017 年研)

答：匿名消息来源是指出于自身安全等原因，不愿意公开自己的身份而要求记者在报道中为其保密的新闻线索提供者。匿名消息来源是调查性报道中重要的信息或线索来源，有利于记者更加全面、具体地展开对社会问题的报道，在报道中往往以“据知情人士透露”“据专家说”“记者从有关方面获悉”等形式出现。但是如果一味轻信单一匿名消息来源，可能将谣言写入报道，使新闻业蒙受信誉上的损失。因此，匿名消息源在新闻报道中虽然不能完全避免，但是在使用时必须对其真实性给予多方求证，力求以多信源的方式报道新闻。对单一匿名信源提供的新闻尤其要认真核实，不能够因为其重要性和时效性而急于发布，抛弃新闻的真实性。美联社对匿名消息来源的使用做出了如下规定：①所报道的内容是事实而不是观点或者主观推测，并且有新闻价值；②含匿名消息来源的信息只有在消息来源的要求下匿名才可以报道；③消息来源值得信赖并且确保消息准确无误。

4. 新闻(中南大 2018、2007 年研；聊城大学 2018 年研；中山大学 2016 年研；上海大学 2015、2005 年研；上外 2014 年研；中传 2011 年研；湖南大学 2009 年研)

答：新闻是指新近发生或正在发生的事实的报道。新闻的基本职能是告知人们所需要的信息。新闻的特征有：①陈述事实。②具有新意。③报道及时。④公开传播。新闻的五要素包括：发生新闻的主角(谁)、发生的事情(什么)、发生的时间、发生的地点、发生的原因。

5. 信息(中南大2018年研；复旦大学2016年研；中传2016年研；华南理工2016年研；湖南大学2016年研；山东师大2015年研；华农2013年研)

答：信息是指音讯、消息、通讯系统传输和处理的对象，泛指人类社会传播的一切内容。人通过获得、识别自然界和社会的不同信息来区别不同事物，得以认识和改造世界。在一切通讯和控制系统中，信息是一种普遍联系的形式。信息奠基人香农(Shannon)认为“信息是用来消除随机不确定性的东西”，这一定义被人们看作是经典性定义并加以引用。此后许多研究者从各自的研究领域出发，给出了不同的定义。

6. 新闻要素(中央民大2021年研；华东师大2018年研；山东师大2018年研；华农2017年研；华中师大2016年研；聊城大学2016年研；湘潭大学2016年研；复旦大学2014年研；暨南大学2013年研；华南理工2013年研)

相关试题：新闻五要素(中南大学2020年研)

答：新闻要素是指构成新闻必需的材料。新闻要有五要素才能构成一条完整的新闻。新闻五要素包括发生新闻的主角(谁)、发生的事情(什么)、发生的时间、发生的地点、发生的原因。五要素用英语来表示就是Who(谁)、What(什么)、When(时间)、Where(地点)、Why(原因)，都以W开头，所以，新闻五要素又简称为新闻的五个W。

7. 舆论(中传2019、2015年研；复旦大学2019、2015年研；华侨大学2018年研；南京师大2017、2008年研；华东师大2017年研；厦大2016年研；山东师大2016年研；聊城大学2015年研；华中师大2014年研；华农2014、2009年研；华南理工2013年研；中南大2010年研；中央民大2009年研；山东大学2008年研；上海财大2007年研)

相关试题：新闻舆论(人大2017年研)

答：舆论是指在特定的时间空间里，公众对于特定的社会公共事务公开表达的基本一致的意见或态度。舆论作为公众意见(公共意见)，是社会评价的一种，是社会心理的反映，它以公众利益为基础，以公共事务为指向，并因此具备许多独有的个性。具体表现在：①公开性；②公共性；③急迫性；④广泛性；⑤评价性。

8. 新闻批评(中传2018、2013年研；山东大学2010年研)

答：新闻批评是指通过新闻媒介面向全社会的公开批评。新闻批评所监督的内容，其广泛性几乎涉及社会生活的方方面面。由于它把批评的内容公开诉诸社会公众，这样能够在相当大的范围内，引起人们的注意，或关心、同情，或愤怒、谴责，因而具有不可阻挡的巨大社会冲击力。新闻批评以事实报道为基本手段，以严密跟踪为操作方式，从而形成这种舆论监督形式在真实性和持续性上的独特优势。新闻批评具有开放、自由的内容和形式，吸引公众广泛参与社会监督，让参与者自由地、充分地发表意见。新闻批评是一种自下而上的社会监督。

9. 公民新闻(重庆大学2019年研；清华大学2018年研；南京大学2018年研；北京大学2016年研；中青政治学院2014年研；人大2011、2009年研；中央民大2010年研)

答：公民新闻是指积极地让受众参与报道重要公民事件的新闻实践。公民新闻是20世纪90年代美国新闻界提出的新闻理念，是对社会责任理论呼吁满足组成"大共同体"的各种不同团体的需要的直接反应。公民新闻是一种交互式新闻的形式，打破了现有的专业媒体组织垄断新闻内容的格局，使新闻生产的权力由媒体为中心向受众中心转变；同时，它通过多渠道的新闻信息报道满足日益多元化发展趋势下公民的知情权需求。"公民新闻"还使传统媒体的信源结构发生变化，传统媒体对新闻信息的议程设置功能受到影响。

10.《我们对于新闻学的基本观点》（复旦大学2020年研；湖南师大2016年研；中传2008年研）

答：《我们对于新闻学的基本观点》是1943年9月1日陆定一在《解放日报》上发表的社论，文章对当时正在进行的新闻思想教育做了基本总结，是无产阶级新闻理论发展史上的著名文献。文章深刻阐明了坚持辩证唯物主义新闻观、反对唯心主义新闻观的问题，对什么是新闻的本源、什么是新闻等基本理论问题做了唯物主义的回答。文章指出，新闻的本源是物质性的东西，是事实；新闻就是新近发生的事实的报道；事实是第一性的，新闻是第二性的。该文从哲学观点上根本划清了唯物主义新闻观和唯心主义新闻观的界限。对如何保证新闻真实的回答是，只有把尊重事实和革命立场结合起来，才能得到真实的新闻。

11. 新闻的主体（上海大学2013年研）

答：新闻的主体是新闻的躯干部分，紧接导语之后，阐述导语所揭示的主题，或回答导语中提出的问题，对新闻事实作具体的叙述与展开，内容比导语更详尽、充实，篇幅比导语长些，是"新闻的展开部分"。新闻主体的功能是解释或深化导语，补充新的内容。写主体时要注意主干突出、内容充实、结构严谨、层次分明。

12. 民生新闻（中传2013年研）

答：民生新闻是指以民本思想为基点，以平民视角和人文叙事手法关注和表现普通百姓的生命、生存、生活、生计等内容的一种新闻表现形式。平民视角、民生内容、人文叙事是其根本和核心。由此推及，与民众生活密切相联系的医疗卫生、工作就业、住房条件、居住环境等都是其关注内容。比起社会新闻，民生新闻在关注民众上更进一步。此类题材忌讳虚假材料，真实的画面、文字才能真正体现"民生"。

13. 新闻本源（河南大学2019年研；上海大学2019年研；北京大学2017年研）

相关试题：新闻本源与来源（华农2012年研）

答：新闻本源是指新闻来自社会和自然界的客观事实，有了事实的发生和变动才有新闻，没有事实，就没有新闻。事实在先，新闻在后，新闻是记者反映客观生活的结果。这是陆定一借用哲学中"本源"一词，在1943年发表的《我们对于新闻学的基本观点》一文中提出的概念。他把本源和新闻组合成新闻学中的一个概念，一方面继承恩格斯使用"本源"一词的本意，另一方面强调新闻报道内容来自客观世界，构成新闻真实的基础。新闻工作者应该坚持唯物论的新闻本源观，尊重事实，坚持每一条新闻都以可靠、准确的事实为依据，在采访、写作、编辑中，都要力求符合客观事物的本来面目。

14. 新闻的特性（复旦大学2016年研）

答：新闻的基本特性包括：①真实性。新闻是对事实信息的报道，事实是新闻的本源和基础，没有事实就没有新闻。真实是新闻存在的内在因素，是新闻的一个本质特征和基本特性。②新鲜性。是新闻存在的内在因素，是新闻的又一个本质特征和基本特性。③及时性。及时传播是新闻产生的外部条件，是新闻的一个基本特性。④公开性。公开是新闻产生的外部条件，新闻是公开传播的信息。

二、简答题

1. 新闻公共性的基本内涵。（人大 2013 年研）

答：新闻的公共性可以从其作为信息产品的公共性与其发布平台的公共性两方面来解读。

(1)信息产品的公共性：

①新闻属于信息产品，而信息产品是公共物品。萨缪尔森于 1954 年提出，满足收益时的非排他性和消费时的非竞争性两个特点的物品和服务就是公共物品。不管媒介采取何种形式（如纸张、电磁波、光纤、光盘、磁带等），其所携载的内容皆为信息，均具有收益时的非排他性与消费时的非竞争性。新闻作为媒介的内容之一也是公共物品，具有公共性。

②新闻作为信息产品的公共性内涵。

a. 新闻的公共性首先表现为非竞用性。非竞用性是指一个人消费一种商品不一定就会减少其他人对它的消费。换言之，在不需要增加该商品的提供成本的条件下，可以增加对它的消费。受众通过媒体获知新闻，不会减损另一个人对该新闻的知晓，同一个新闻信息甚至可以被多至数亿受众同时接收。

b. 新闻的公共性还表现在非排他性。非排他性指即使一个人没有付费，也不会被排除在一种商品的消费范围之外，其原因在于排他是不可能的，或者排他的成本过于昂贵。目前，新闻信息的提供大多通过大众传播媒介。大部分新闻信息受众可以免费获得。如果媒体或受众想将某些新闻信息进行排他性传播，那么将会产生较高的技术成本、制作成本与消费成本。

(2)新闻信息传播平台的公共性：

①大众传播媒介使用公共资源。报纸的发行须具备合法的刊号与出版权利。广播、电视等使用公共传播网络，占用公共资源。互联网利用的是公共网络资源。新闻信息依赖于大众传播媒介。因此，它的传播过程具有公共性。

②传播平台的公共性，要求新闻产品的制作与传播以公共利益为最高目标，为公众服务。

2. 简述信息的特点。（聊城大学 2018 年研；中南大 2010 年研）

答：在新闻学里，信息这一概念是指消除受信者随机不确定性的东西。因此，信息必然包含着新的情况、新的知识、新的内容，这是信息最基本的特点。除此之外，信息还具备以下特点：

(1)共享性（又称使用不灭性）。这是信息和物质的显著区别。单一的物质无法共享和同时占有。我给你一个苹果，你给我一个苹果，我们两人各只有一个苹果。但是，你给我一条信息，我给你一条信息，我们两个各拥有两条信息。信息的共享性使信息得以传播。

(2)扩缩性。信息在传播过程中可以压缩也可以扩展。信息的扩缩性特点决定信息开发的多层次性。任何一个新闻题材，可以写成简讯、短消息、短通讯、长通讯乃至几万字的报告文学。这都取决于信息传播者的愿望和需要。因此，新闻体裁和篇幅并不是由新闻内容决定的，而是依据新闻报道者所需要达到的信息层次决定的。

(3)组合性。两个及两个以上的信息的有机组合，可以产生出新的信息来。对信息进行组合的能力，反映出每一位记者的水平。只有真实地反映一个事物和另一个事物的联系，我们才能揭示出新闻背后的新闻。一条信息和其他什么信息组合起来，是揭示新闻背后新闻的关键所在。

(4)信息运用的多角度性。人们对信息的认识，当然有正确与错误、深刻与肤浅之分。但还可以从不同侧面、不同角度来认识。信息像一面多棱镜，从不同侧面可以看出不同的色彩，得到不同的认识。

(5)相对性。信息的相对性和人们对外界信息的选择性注意密切相关，这一特点要求我们新闻工作者了解、熟悉受众的需要。不同的媒介有不同的受众；不同的受众对信息有各种特殊的需要。尤其随着信息化时代的到来，受众细分为各种群体，小群化趋势日渐明晰，受众对信息的需求更趋多样。

3. 简述新闻和信息的关系。(江西师大 2013 年研)

答：(1)新闻和信息的定义：

在新闻学里，信息根据其所指范围不同，可以分成广义信息、一般信息、狭义信息三大类。广义信息是指所有对象在相互联系作用过程中呈现出来的各自的属性；一般信息是指与人类的认识过程和传播活动相关的知识积累；狭义信息是指能够消除受信者随机不确定性的东西。信息必然包含着新的情况、新的知识、新的内容。这是信息最基本的特点。

新闻是指新近事实变动的信息，新闻信息区别于非新闻信息的特征是：真实性、新鲜性、显著性、接近性、趣味性等。

(2)新闻和信息的联系：

①都是客观事实在人头脑中的反映，都来源客观事实。

②都能提供某种新情况和新知识，满足人们的信息需求。

(3)新闻和信息的区别：

①内涵不同。信息反映事物的一切状态，新闻反映事物的最新状态。

②外延不同。信息包含对事物所有的反映手段和认识结果，新闻只是其中一种。

③传播手段和作用范围不同。新闻通过新闻传媒传向整个社会，能够调整和影响最广泛的社会公众的认知，而信息传播手段和方式多种多样。

4. 简述新闻与其他类型的信息的共性和特性。(厦大 2016 年研)

答：(1)新闻和信息的含义：

①新闻是指新近发生或正在发生的事实的报道。

②信息是对事物存在方式和运动状态的表征和陈述。信息一般指与人类的认识过程和传播活动相关的知识积累，强调对象与人的作用与联系。信息的定义有广义与狭义之分。广义的信息指所有对象在相互联系作用过程中呈现出来的各自的属性，信息与物质、能量构成客观世界。狭义的信息是指能够消除受信者随机不确定性的东西，新闻学使用的狭义含义，特指消除接收者随机不确定性的东西。

(2)新闻与其他类型信息的共性：

①共享性。共享性又称使用不灭性，是指新闻和信息的传播不会造成个人信息的减少，

共享性是新闻和其他信息得以传播的条件。

②扩缩性。新闻和信息在传播过程可以压缩也可以扩展。比如欧洲难民危机这一事件，可以简单地概括目前欧洲难民危机的现状，也可以对难民危机产生的原因、难民的来源，对他们偷渡和迁徙的过程以及他们到达欧洲后给整个欧洲带来的影响等方面进行扩展。

③组合性。不同新闻和信息的组合可以产生新的新闻和信息。比如青岛“天价虾”事件和云南导游强制消费等新闻组合起来可以产生一组外出旅游问题的新闻集合。

④信息运用的多角度性。从不同的角度运用新闻和信息可以得出不同的认识。比如天津爆炸案这一事件中，从谣言流传的角度看，可以得出信息不公开、不透明对灾难事件的影响；从高危企业自身安全检查的角度来说，应该加强企业自身的安全检查。

⑤相对性。人们对外界新闻的获取和信息的选择性注意密切相关。不同的人对不同的新闻和信息关注程度不同。

(3)新闻作为特殊类型信息的特性：

①真实性。新闻是对事实信息的报道，事实是新闻的本源和基础，没有事实就没有新闻。真实是新闻存在的内在因素，是新闻的一个本质特征和基本特性。

②时新性。时新性是新闻存在的内在因素，是新闻的又一个本质特征和基本特性。

③及时性。及时传播是新闻产生的外部条件，是新闻的一个基本特性。

④公开性。公开性是新闻产生的外部条件，新闻是公开传播的信息。

5. 简述新闻本源。(云南大学2019年研)

相关试题：

(1)新闻的本源是什么？解释其具体含义。(西安工程2017年研)

(2)新闻的本源是什么？我们在具体的新闻工作中如何坚持这一观点？(山东师大2016年研)

(3)试论马克思主义新闻本源观。(中传2016年研)

答：(1)新闻本源的含义：

新闻本源探讨的是：新闻是从哪里生出来的？或者说，记者从哪里发现新闻？新闻的本源乃是事实，先有事实，后有新闻；事实是第一性的，新闻是第二性的。这是新闻界对新闻本源的普遍表述。它对于我们坚持新闻的真实性、反对凭空捏造新闻具有重要意义。

没有事实，就无以发生新闻传播行为，新闻传播就成了无源之水，无本之木。因此，没有事实，就没有新闻，有了事实，才可能产生新闻及新闻传播活动。背离事实，甚至捏造事实，就是假报道，就是新闻失实。坚持先有事实，后有新闻，事实第一，新闻第二。事实具有哪些性质，新闻才会有同类性质的观点，才是真正的唯物主义新闻观，才是在新闻本源的问题上坚持了马克思主义新闻传播学观点。

(2)新闻本源的两种解释：

新闻的本源是指客观存在的新闻事实，即新闻的本体状态。关于新闻的本源问题主要有事实论和信息论两种解释。事实论认为客观存在的一定的事实是新闻的本源形态，新闻是对事实的反映。信息论认为传播形态的新闻，其本源是客观存在的事实信息，新闻不过是以新闻方式对一定事实信息的反映。

从本质上看，事实论与信息论是统一的；事实论是更根本的解释。新闻传播的信息来源于新闻事实，没有事实就没有新闻；信息论解释则具有更直接的意义，而且信息论解释更能说明新闻由本源态向传播态转化的内在机制。综合来看，新闻的本源态可以归结为客观存在的事实，即新闻的本源是事实。

(3)新闻本源和新闻来源的区别：

新闻来源，又称消息来源或信息来源，有狭义和广义之分。狭义的新闻来源是指一则新闻中所涉及的事实和观点材料的出处，它表明事实、观点和背景材料从何而来，由谁提供。广义的新闻来源既指新闻事实的提供者，又泛指构成新闻根据的全部新闻事实。交代新闻来源的目的是：

①让受众了解该新闻的权威性、可靠程度。

②揭示提供或散布新闻的意图。新闻本源和新闻来源两者是不同的概念，前者侧重于新闻的实质，而后者侧重于新闻的出处。

(4)新闻的本源与唯物主义新闻观：

在新闻传播本源问题上，在理论与操作的两个层面上都坚定不移地贯彻唯物主义新闻观，具有重要的意义。生活中的事实和新闻传播中的事实是有本质差别的。生活中的事实，是客观存在而不以人们的主观意志为转移的，人们发现它而传播于他人，便成新闻。新闻传播中的“事实”，称为“新闻事实”，严格说来，新闻传播中的事实，既含有被传播事实的客观信息，又含有传播者对这些事实有所评价的主观信息。这是因为，事实本身并不是新闻，把事实传播开才是新闻。客观事实本身并没有价值特征，无论人们对它持何种看法，事实总是事实。但是对事实的报道常常带有对它的评价，新闻总是反映着不同报道者对这事实信息的价值评价。

(5)如何在新闻工作中坚持事实：

坚持事实就是要坚持新闻的真实性。真实性是指新闻报道忠实于客观事实。真实是新闻的生命，是衡量一切新闻价值的首要标准。在新闻工作中，我们应该做到：

①细节真实，指构成新闻要素的时间、地点、人物、事件、过程、结果以及引用的各种资料符合客观事实。

②关系真实，指对新闻事实的描述在整体与联系(如局部与整体、环境与条件、原因与结果等)上必须符合客观事实。

③逻辑真实，指对新闻素材的组合与解释必须合乎事实本身的逻辑，不能牵强附会，更不能本末倒置。

6. 新闻来源的重要性有什么差别？新闻来源怎么分类和筛选？在没有核心新闻来源的情况下，有补救措施吗？(清华大学 2019 年研)

相关试题：何谓新闻来源？新闻来源影响新闻内容的方式，从政府新闻源、企业新闻源展开论述。(河北大学 2017 年研)

答：(1)新闻来源的含义及重要性：

新闻来源，又称消息来源或信息来源，有狭义和广义之分。狭义的新闻来源是指一则新闻中所涉及的事实和观点材料的出处，它表明事实、观点和背景材料从何而来，由谁提供。广义的新闻来源既指新闻事实的提供者，又泛指构成新闻根据的全部新闻事实。新闻工作者在采访、写作时，必须弄清每一个事实的来源及其真相，避免失实。

交代新闻来源是新闻报道的基本要求，不仅可以使读者、听众、观众判断新闻的可靠程度，从而取得受众信任，也有助于受众对新闻机构的监督，避免记者、编辑道听途说和主观臆断，以维护新闻真实性。在现代社会中，新闻来源主要有以下几种：①记者采访；②通讯社发稿；③资料供应社发稿；④读者来信；⑤通讯员及群众投稿；⑥广告；⑦社会宣传品及内部简报、总结、文件等等。

(2)新闻来源的分类：

①直接来源与间接来源。直接新闻来源是亲身经历或者亲耳听到、亲眼见到新闻事件的信息提供人。这主要是指一些突发性事件的当事人和目击者。间接新闻来源是从侧面或集中(并非耳闻目睹)反映新闻事实的提供者以及物质状态的事实证据提供者，也包括从其他媒体获取的新闻信息。

对于新闻记者来说，从直接新闻来源手中获取的新闻信息是最具有新闻价值的，因为一般情况下，这样的新闻信息最直观、最新鲜、受其他因素干扰最少；而可靠的或者是足够多样的间接新闻来源也是保证新闻真实性和客观性不可或缺的。在同一新闻报道中，在允许的情况下，新闻记者必须努力同时争取到直接新闻来源和间接新闻来源这两方面对新闻信息的提供。记者也必须有能力对两种来源提供的信息或评论做出恰当的判断，并客观公正地反映在新闻报道中。

②主动来源与被动来源。这是对新闻来源向记者提供事实或资料的方式与状态的一种分类。主动来源是经历新闻事件之后，主动向记者提供所知事实或线索的新闻来源。这一类以官方或机构新闻来源为主，这类新闻来源往往有固定的人员负责向媒体提供信息。如官方新闻发言人、机构公共关系人员等等。被动来源是记者在采访过程中遇到的新闻事实提供者。对被动新闻来源所掌握的新闻事实，往往需要记者发挥主观能动性，调动各种积极因素，主动去发掘。这种发掘直接关系到新闻报道的成功与否。

这种分类又被新闻法学界称为“积极新闻来源”和“消极新闻来源”。积极新闻来源是指积极主动地、并以发表为目的而向新闻机构或作者提供事实材料的公民和法人，消极新闻来源是指消极被动地、甚至不自觉地向新闻机构和作者提供事实材料的公民和法人。法学界这样分类是为了明晰二者的责任，二者在新闻媒介侵权案件中的责任是不同的。

7. 简述新闻的本源、来源、起源的区别。(华农 2017 年研)

答：新闻的本源、来源、起源的区别如下：

(1)新闻的本源：

新闻的本源是事实，即把事物、现象或事件，以及对事物、现象或事件的感觉和陈述都认定的东西。“事实”具有实在性、确定性、可认知性、可陈述性的特点。了解新闻本源提醒我们，在新闻报道过程中，必须把握新闻与事实间的内在关系，严格按照一定事物、现象的本来面貌和情况来客观、如实地表述和反映这一事物、现象，报道和传播关于这一事物、现象的新闻，而绝不能离开事实去报道和传播“新闻”。

(2)新闻的来源：

新闻的来源，又称消息来源或信息来源，有狭义和广义之分。狭义的新闻来源是指一则新闻中所涉及的事实和观点材料的出处，它表明事实、观点和背景材料从何而来，由谁提供。广义的新闻来源既指新闻事实的提供者，又泛指构成新闻根据的全部新闻事实。新闻工作者在采访、写作时，必须弄清每一个事实的来源，避免失实。交代新闻来源，可以使读者、听众、观众判断新闻的可靠程度，是取得受众信任的重要条件之一，也有助于受众对新闻机构的监督，避免记者、编辑道听途说和主观臆断，以维护新闻真实性。

(3)新闻的起源：

新闻起源于人类的信息交流和社会交往。在相互依存的状态下，信息交流和社会交往的需要，导致了人类最初的信息传播活动的产生，导致了"新闻"这种特殊的社会现象的产生。新闻是人类在共同劳动过程中，为了协同动作、趋利避害而进行信息交流和社会交往的产物。关于新闻起源有"好奇说""群居说""新闻欲"等流行说法。

8. 网络新媒体与传统媒体在新闻稿件来源的异同。(中传 2019 年研)

答：新闻来源是指新闻稿的来源。又指新闻所依据的事实来源和新闻转发来源，分直接来源和间接来源两种。前者如媒体记者直接采访所获。后者如通讯社采写或转发的电闻；公众、通讯员、读者投寄的稿件；政党、社会团体、企事业单位提供的稿件。

(1)网络新媒体与传统媒体在新闻稿件来源上的相同点：

信源的相似性，虽然新媒体并没有独立的采编权，但是其发布的新闻基本上来源于传统媒体新闻的转载或综编，因此无论是直接来源或间接来源，网络新媒体与传统媒体都有相似性。

(2)网络新媒体与传统媒体在新闻稿件来源上的区别：

①传统媒体新闻稿件的来源主要是专业的记者和编辑，他们通过对新闻线索的整理和新闻事实的探究，完成相应的新闻进行发布。其中文字、图片稿件的来源主要有以下几个途径：记者采访、通讯员等投稿、新华社电稿、网络下载、报社相互间交流等。广告来源为：客户上门要求登载、各广告公司组稿、报社广告部门组稿等。

②新媒体的新闻稿件一方面来自于专业的记者和编辑，另一方面，由于普通网民对于互联网的使用，公民新闻的出现，使得普通网民也可发布新闻。目前来看，新媒体的新闻稿件来源主要包括以下几个方面：a. 网站首发，如"来源：中国网"；b. 转载互联网白名单网站新闻稿，如"来源：北国网分享"；c. 网站有自己定义的来源，如"品牌一号"；d. 直接"来源自网络"。

9. 试简述传播与宣传的关系。(中传 2019 年研)

答：(1)传播的定义：

传播是人类社会交往的产物，伴随人的社会劳动实践活动产生。芝加哥学派学者库利从社会学角度将"传播"定义为：人与人关系赖以成立和发展的机制——包括一切精神象征及其在空间中得到传递、在时间上得到保存的手段。符号学者皮尔士则从符号学或语义学角度出发，认为传播即观念或意义(精神内容)的传递过程。我国传播学者郭庆光对"传播"做出的被广泛接受的定义为：传播指的是社会信息的传递或社会信息系统的运行。一般情况下学者讨论的传播是指相较于非人类传播的人类社会传播行为，其具有以下特点：

①是一种信息共享活动。

②在一定社会关系中进行的，又是一定社会关系的体现。

③从传播的社会关系性而言，它是一种双向的社会互动行为。

④其成立的重要前提之一，是传受双方必须要有共通的意义空间。

⑤传播是一种行为，是一种过程，也是一种系统。

(2)宣传的定义：

“宣传”(Propaganda)一词原本是拉丁文，用于“观点的移植”这个现代概念，起源于17世纪初罗马教皇建立的宣传信仰圣教会。现代广泛认可的宣传概念由美国政治学家拉斯韦尔提出，指运用各种有意义的符号传播一定的观念，以影响人们的思想，引导人们的行动的一种社会行为，它的基本职能是传播一种观念(理论、方针、政策、伦理道德、立场态度)。

宣传作为一个传播过程，共由七个环节组成：宣传者——谁来宣传(Who)；被宣传者——向谁作宣传(Whom)；宣传内容——宣传什么(What)；宣传场合——在什么样的社会环境、什么样的地方作宣传(Where)；宣传时机——在什么情况下、选择什么时机作宣传(When)；宣传动机——为什么要宣传、要达到什么样的预期目的(Why)；宣传方法——怎样宣传(How)。上述七个环节也就是决定宣传效益的七个因素，其具有以下特点：

①宣传的本质是劝服。强制灌输的行为，严格意义上不是宣传，而是一种以暴力威胁为背景的行为。劝服，是宣传的首要特点。

②宣传形式上总是一个人或一群人(例如各种表演)向特定的多数人传播观点，它以单向传播为主，双向交流在宣传中是辅助性的，因而宣传者始终处于主动者的地位。

③宣传对象包括同道者和未被卷入宣传运动的人群。对于同道者，宣传目的在于巩固已有信念，并通过同道者进一步扩大宣传。宣传策略上，宣传重点是未被卷入宣传运动的人群。

(3)传播与宣传的区别与联系：

由上述定义可知，传播的主要内容是信息，其基本职能是消除人们的不确定性；宣传的基本职能是传播一种观念(理论、方针、政策、伦理道德、立场态度)。新闻传播信息，宣传传播观念，这是两者最基本的区别。新闻传播的归宿是“受者晓其事”，旨在让对方了解一件事。而宣传行为的重心是传播者，它的归宿是“传者扬其理”，宣传者只要把想说的话说出来，任务就完成了。但新闻传播与宣传不是截然分开的，而是相互交叉，甚至相互渗透的，两者存在以下区别与联系：

①传播与宣传的区别：

a. 出发点不同。宣传的出发点是出于宣传自身的需要，把一定的观念传播出去，让受众了解、理解、接收，争取受众的信任和支持。而新闻传播的出发点是出于受众的需要。人们为了求得生存和发展，必须千方百计地追逐信息，甚至不惜花费巨大的人力、物力、财力去获取信息。宣传追逐受众，受众追逐信息。

b. 归宿点不同。宣传者传播一定的观念，其最终目的是要人们理解它、接受它、支持它，让受众按照宣传者的意图去行动。而新闻传播者传播信息，除了谋利外，对内容本身没有自己的主观意图，任凭接受者自己去分析、判断，作出决策。

c. 传播的方式不同。传播信息一般追求新情况、新内容、新知识。但宣传却常常需要重复，无论是意识形态还是商品广告，为了加深人们的印象，往往以同一形式或不同形式向人们重复地宣传。

d. 传播的要求不同。传播内容要求定量的准确、真实、全面、客观、公正、及时。而宣传要求定性的准确，即观点和材料的统一，凡是能够证实观点的所有材料，只要是真实的、典型的都可以用，不管是新近的还是历史的，是新鲜的还是人们所熟知的，是国内的还是国外的。

e. 传播内容不同。信息重事实，内容缺乏真实客观性不可能拥有大量读者；而宣传看重的是观点，事实为观点服务，往往为了体现观点而在表达程度、用词造句上反复推敲，本能地会突出某一方面而有意无意地忽略另一方面。

②传播与宣传的联系：

a. 新闻传播事业脱胎于宣传活动。新闻事业只有三四百年的历史，而且早期的报刊均是特定的政治或宗教集团的宣传工具。

b. 宣传属于传播的范畴。新闻和新闻传播都离不开广泛的受众，如果没有受众关注、接收，两者都不能进行。

c. 现代宣传主要通过传播媒介来进行。宣传是一种传播活动，可以通过任何传媒进行。新闻传播事业出现以后，报刊、广播、电视成为宣传者使用的基本工具。从世界范围看，报纸从"观点报"向"新闻纸"的转变仍然是一个尚未完全终结的过程。

综上所述，宣传有很多种形式，通过传播信息达到宣传的目的是其中一种，即使是最客观的传播，也可以夹杂宣传的成分。因而宣传并不是坏事，我们社会中就有很多宣传。但是要注意，因为宣传是有目的的，就会存在目的与手段之间的矛盾，因而存在道德悖论。宣传价值是宣传者的主观意愿适应客观社会发展规律的功能，大多数信息既有新闻价值又有宣传价值，实现传播的双重价值，是获得最佳社会效果的根本保证。

10. 什么是新闻要素，对新闻工作者的作用。（兰州大学 2019 年研）

相关试题：

(1)新闻要素的定义、内容及其作用？（河北大学 2018 年研）

(2)简述新闻的定义、基本特点及传统的新闻五要素说。（安徽师大 2015 年研）

(3)新闻的要素有哪些？（江西师大 2015 年研）

答：(1)新闻要素的概念：

新闻要素是指构成新闻必需的材料。新闻要有五要素才能构成一条完整的新闻。新闻五要素包括发生新闻的主角、发生的事情、发生的时间、发生的地点、发生的原因。五要素用英语来表示就是 Who(谁)、What(什么)、When(时间)、Where(地点)、Why(原因)，都以 W 开头，所以，新闻五要素又简称为新闻的五个 W。

(2)新闻要素对新闻工作者的作用：

①有助于记者在采访新闻时迅速地弄清每一个事实的要点。从这个意义上说，新闻五要素是弄清每一个事实的阶梯。在采访过程中，采访对象不可能有条不紊地把所有要素都讲清楚，或者在叙事过程中可能会讲错，记者有必要从五个方面一一核对清楚，以此保证新闻来源不失实。当然，弄清每一个事实的五要素，对于采访来说是远远不够的。比如说，还需要抓住重点，弄清细节，需要理解重要事实的内涵，需要明白背景等等，这是新闻采访写作课的任务。但是，弄清每一个事实的五要素，是弄清每一个事实的基本前提。

②有助于记者迅速地抓住新闻的重点，尤其在新闻导语的写作中。最早的新闻导语就是把五个 W 都浓缩在一个段落里，称为"小结论式的导语"。这种导语的好处是让读者在短

时间内明白一个事件的全貌。但其短处也显而易见，主次不分，把读者最感兴趣或最有意义的部分淹没在冗长的陈述中。现代新闻写作中，除了继续保留"小结论式的导语"外，总是千方百计地突出五要素中一两个最重要、最有意义、最让读者感兴趣的要素。

11. 公共新闻学的核心概念是什么？（山东大学2018年研）

相关试题：

(1)简述公共新闻。（广西大学2018年研）

(2)简论公共新闻学的兴起背景与理论影响。（山东大学2017年研）

答：(1)公共新闻学的基本内容：

公共新闻学又称为"公民新闻学"，兴起于20世纪80年代后期的美国新闻界，尔后波及西方其他国家。其基本内容为：

①对重新树立公共意识的一种期望。

②更长时间的注意力的保持。

③深刻地解析引导我们生活的社会系统的愿望。

④对中间部分的更多关注和少走极端。

⑤有关政治争论的报道应重视内容，而不是技巧。

⑥培养公众思考能力的一种愿望。

(2)公共新闻学的核心概念：

公共新闻学的核心概念是两个关键词：公共利益和民主。

媒体必须承认并把维护社会效益置于自己工作的首位，而不是把谋求媒体自身的经济效益放在首位。而且媒体要唤起公众对自身社会效益的关注，积极投身于社区的民主协商中去。

12. 请简要回答公民新闻的内涵以及公民新闻对专业媒体报道的冲击。（华南理工2016年研）

答：(1)公民新闻的内涵：

公民新闻(Civic Journalism)是指积极地让受众参与报道重要事件的新闻实践。公民新闻是20世纪90年代美国新闻界提出的新闻理念，是对社会责任理论呼吁满足组成"大共同体"的各种不同团体的需要的直接反应。

公民新闻是一种交互式新闻的形式，打破了现有的专业媒体组织垄断新闻内容的格局，使新闻生产的权力由媒体中心向受众中心转变，同时，它通过多渠道的新闻信息报道满足日益多元化的公民的知情权需求。"公民新闻"还使传统媒体的信源结构发生变化，传统媒体对新闻信息的议程设置功能受到影响。

(2)公民新闻对专业媒体报道的冲击：

①专业媒介权利的转移。公民新闻依托自媒体技术，拓宽了传播的广度，打破了以往信息传播形式的界限，将人际传播和大众传播融为一体。它既可以实现面对面传播，又可以实现点对点传播，人人都有可能、也有能力在网上传播信息。网上的信息内容可以来自四面八方，传播信息已不再是专业媒介的特权。有条件的受众还可以直接参与到信息的生产和传播过程中，在网上自由发布信息。网络信息呈多向、发散式传播，信息通道中的信息把关被消解。

②从传者为中心到受者为中心。近年来，社交媒体的广泛应用形成了一种新的媒介内容生产形式——UGC，即用户生产内容，指用户将自己原创的内容通过互联网平台进行展示或者提供给其他用户。传播信息和交流思想不再是职业媒体人的专利，只要有表达的欲望，就可以随时记录并传播思想、观点和意见。利用网络发布公民新闻，打破了新闻传播活动中的传统角色定位，新闻传播者与新闻受众之间的界限将越来越模糊。

③传播人员结构变化。公民新闻的场域里，每个公民既可以是信息、新闻的传播源头，同时又可以是信息、新闻的接收终端。形形色色的群体可以随时将所见所闻记录下来，通过数码相机、手机、互联网等现代通讯设备及时、迅速地传播出去。他们不必通过专门的专业培训、教育和实践，一条微博就是一条新闻信息。新闻传播者数量庞大，结构复杂，尚未形成规范化的管理机制，这在一定程度上扩大了新闻生产主体的范围，对从业者的身份造成了影响。

13. 请就国内媒体在新闻实践中如何借鉴公共新闻的理念提出几点建议。（同济大学2018年研）

答：（1）公共新闻的含义：

公共新闻将新闻报道与媒介活动相结合，要求新闻传播者在报道新闻事实的同时，还以组织者的身份介入到公众事务中，发起公民讨论，组织各种活动，寻求解决问题的对策，使公共问题最终得到解决。

公共新闻意在通过媒体搭建的公共平台塑造大众的公共意识，协调公共生活，提高公众对社会问题的行动能力，缓解矛盾，化解冲突。公共新闻的受众是能动和有作为的公民，其新闻价值由多数公民决定，且衡量价值的标准是公共性。

公共新闻强调新闻的公共性，需要为全社会的利益而服务，因此对记者的要求更加严格。公共新闻提倡新闻记者促使人民行动起来参与到公众事务中，以改善公共环境。另外，记者还应以公关活动者的身份协调政府社区和公众间的关系。在这种情况下，记者的社会责任更加重大，因此他们对于事实的判断和选择，对新闻的采写都会更加谨慎。

（2）对国内媒体借鉴公共新闻理念的建议：

公共新闻是一种新闻态度的表达。国内媒体在探索借鉴公共新闻理念时，应当以社会公众利益为出发点，通过一个新闻事件折射出社会公共问题，通过议程设置来组织和引导公众积极地投入到公共事件的讨论中，共同寻求解决问题的方法，监督政府相关部门完善立法工作，使公共问题得到合理解决。具体而言，尤其要注意以下几个问题：

①切忌只关注市民，忽视农民。公共新闻关注的对象是公众，只要是“聚集在一起讨论新闻的陌生人”都是公共新闻关注的对象，既包括市民也包括农民。我国的新闻媒体大都设在城市，市民是新闻工作者容易接触到也是接触最多的人群，于是，常常会出现农民和市民两个群体的隔离，农民常常被置于传媒注意力边缘。但话语主体的回归不仅仅是市民话语表达的实现，它还包括农民的话语表达，公共新闻在实践过程中关注他们、赋予他们话语表达的时间和空间至关重要。

②切忌指手画脚，充当审判者。公共新闻倡导新闻媒体的介入、组织，但并未赋予新闻媒体和新闻工作者在新闻事件中充当审判者的特权。从某种角度来看，新闻媒体的介入应该是客观的介入，即通过对新闻事件及相关因素的客观全面掌握，把掌握的内容如实完

整地传达给公众，由公众在新闻媒体组织的话语空间里汇聚各方面的不同言论进行讨论，最终促成问题得到最佳解决。否则，新闻媒体将在公正、平衡等原则上失衡，最终导致在公众中的公信力和可信度受到损害。

③切忌公众观点选取的片面性。随着社会利益的多元发展和利益主体的增多，利益主体要表达的观点也越来越多样，在这种情况下，公共新闻要想全面而准确地体现公共利益，就要切忌公众观点选取的片面。心理学研究表明，人们总是倾向于听取和接受自己认同的信息和观点，并且总是在不损害自身利益的基础上对公共事务发表意见。因此，新闻媒体无论是听取公众观点还是展示公众观点都要考虑到上述因素，尽量全面、准确、广泛地将各方具有代表性的言论同时汇聚在公共平台之上。

④切忌互动缺乏思考，搞形式主义。公共新闻的实践离不开与公众之间的互动和交流，其中互动话题的选择和设置十分关键。切忌为了互动而互动，也就是说互动的目的不仅仅是为了形式上的互动，更重要的是通过与公众互动这一形式实现促进公众对话题深入思考的目的。新闻媒体和新闻工作者在公共新闻的话题设置中应尽量体现公共性和思考性，切忌为了争夺受众把公共话题变得庸俗和乏味，降低新闻媒体的品格和新闻的品质。

总之，公共新闻是一种有进步空间、值得借鉴的新兴新闻理念，我们既不能对这一新的新闻传播理念大加排斥，也不能过分夸大公共新闻在我国媒体新闻改革中所起到的积极作用，国内媒体可以借鉴这种理念，进行一些积极的尝试和探索。

14. 什么是好新闻？你认为界定好新闻的标准是什么？（中山大学2016年研）

答：（1）好新闻的含义：

①新闻的含义。新闻学界关于“新闻”的定义有很多种说法，其中采用较多的是报道说和信息说，即认为“新闻是新近发生的事实的报道”，或“新闻是经报道（或传播）的新近事实的信息”。新闻界对新闻本源的普遍表述是：先有事实，后有新闻；事实是第一性的，新闻是第二性的。新闻传播遵循事实原则、价值原则、方法原则三大原则，在实际新闻活动中同时发挥作用：事实原则是基础，决定着新闻的本性；价值原则是方向，反映着传播主体的传播态度与利益追求；方法原则是途径，体现着新闻方式的个性特色。

②结合新闻的定义及操作要求，好新闻应当是指题材新颖、新闻性强，用事实说话、实事求是，文字精湛、语言朴实生动、主题好、有明显的社会效果的新闻。

（2）我理解的好新闻的标准：

①包含基本的新闻要素：发生新闻的主角（谁）、发生的事情（什么）、发生的时间、发生的地点、发生的原因。

②强调时新性。时效性是新闻最基本、最核心的规律，新闻的时效性要求新闻报道的迅速及时。

③具有一定的新闻价值。新闻价值是新闻选题的核心，是构成新闻的事实和材料本身所具有的能够满足社会公众对新闻需要的素质，传统新闻价值包括重要性、时效性、显著性、接近性、趣味性。在新时代环境中，人们对新闻价值有了更高的要求。曾多次荣获中国新闻奖并多次担任评委的王亚民认为，好新闻的价值标准应当包括：把握时代脉搏，讴歌时代精神；反映重大主题，积极服务大局；讲述中国故事，彰显主流价值；突出问题导向，回应社会关切；关注新生事物，满足公众兴趣；强化民生为本，灌注人文情怀。

④新闻写作要保证叙述的客观公正，尽量避免主观性。采写信息要全面详实，不放弃对有价值的细节信息的报道。

⑤新闻实践符合取材要大、立意要新、挖掘要深、抢发要快、文字要短、写法要活、效果要强的操作原则。

三、论述题

1. 联系实际，论述公民新闻与网络舆论在当下中国社会中的现状与发展趋势。（中传2011年研）

答：（1）公民新闻在当下中国社会中的现状和发展趋势：

①公民新闻是普通公众搜集、报道、发布的新闻或信息，可以由个人也可以由集体完成，具有非专业性和开放性。它打破了大众媒体在新闻传播方面的垄断权。网络、新媒体、移动通讯等技术的发展是公民新闻报道得以出现和发展的物质条件。这些技术使得公民新闻可以随时随地进行发布，在时效性上领先于传统媒体。公民新闻的表现形式多样，可以是对事件的报道，也可以是评论；可以是文字、图片，也可以是视频。

②随着"与受众互动""鼓励受众参与"的传播理念在公民中的进一步渗透与推广，以及智能手机、数码相机、摄像机等通讯技术和多媒体技术产品的进一步普及，我国民众参与社会事务管理的意识逐步加强，有些新闻线人开始自己采写、编辑或拍摄新闻报道。他们的角色也就从新闻线人转变成为公民记者。随着网络技术的进步，电脑、互联网的广泛普及以及网络媒体的逐渐兴起，我国的公民新闻终于进入一个迅速发展的阶段。公民新闻也不再依赖于传统媒体所提供的平台才能进行传播。

③我国公民新闻的发展还停留在初级阶段，成功的公民新闻网站、掘客等公民新闻的载体在我国至今还没有出现。不过，随着BBS论坛、博客、播客的迅速成长，以及微博的出现，我国公民新闻的发展已经进入一个活跃期。当将来，公民新闻让新闻成为全社会共同的声音，这势必会带来新闻业的一场革命。

④媒介融合下的"公民新闻"仍有许多不足，但不能因此就否定它的先进性。"公民新闻"的发展还任重道远。从技术层面上而言，媒介大融合使传统媒介与新媒介的界限消解，信息都在一个空前广阔的数字媒介平台上。而信息的共享，加快了"公民新闻"的信息处理过程，也减少了各家媒体单独采写所耗费的巨大成本；传输终端多元化，这使"公民新闻"与受众的关系更加紧密——媒体可以把同一信息通过不同渠道发往受众，扩大单一信息的传播面。这两点技术上的优势，决定"公民新闻"将来发展的良好前景和跨越式的速度。

（2）网络舆论在当下中国社会中的现状发展趋势：

①中国互联网络信息中心（CNNIC）发布的第45次《中国互联网络发展状况统计报告》显示，截至2020年3月，我国网民规模达到9.04亿，互联网普及率为64.5%，庞大的网民构成了中国蓬勃发展的消费市场，也为数字经济发展打下了坚实的用户基础。互联网的影响已经渗透到人们生产、生活、工作、学习的各个角落。随着个人电脑的进一步普及、网络法制的完善、网络管理的日趋完善，必将大大推动大众对网络媒体的支持，使之成为公众舆论传播的首选媒介，成为真正的主流媒体。

②网络媒体自由和开放的特点，为网民在网络社会表达愿望或诉求提供了快速便捷的平台和渠道。从个体来讲，由于参与到这个平台和渠道中的网民所属群体不同、地位不同

和经历不同，他们关注的焦点和议论的角度也必然不同，这令网络言论呈现出鲜明的多元化倾向。

③现今中国网民的愿望或利益诉求主要集中在几个方面：对以政府为代表的公权力进行舆论监督；对造成负面影响的社会公共事件进行问责；对特定或者不特定的事件进行情绪宣泄，主要表现为就某一话题或事件表扬、批评、质疑等；社会特殊群体的权益维护。由于历史、体制或者机制问题的影响，导致社会部分特定群体的利益遭受重大损失，从而引发网络维权事件。

④经过数年的发展，网络舆论的影响力达到一个新的高度。从“虎照门”到汶川大地震，从三鹿“毒奶粉”到“刘伶利事件”，这一系列范围广泛、性质各异的事件，让人们充分领略了网络舆论的威力。网络舆论场在中国的存在具有重大的应然价值与实然意义。网络舆论在近七成(67%)的事件中起到推动政府解决问题的正面积极作用，已经成为中国社会中的一股重要的“主流”积极力量。

⑤我国正处于社会转型期和网络舆论发达并存的特殊时期。突发事件具有难以预测、牵涉利益多、容易引发连锁事件等特征，而网络媒体传播具有及时迅速、匿名、去中心控制等特征，两者结合后在网络平台上非常容易围绕突发事件形成广泛舆论。网络成为重大敏感事件的爆发口，网络舆情热点话题将层出不穷。问责监督官员成为网络舆论新动向。网络舆情已发展成为独立的社会力量，将对我国的政治体制产生深远的影响。

⑥社会化网络媒体传播的“交互性”使舆论监督力量得到较大程度张扬。但社会化网络的弱控制性，又为虚假信息、谣言、网络犯罪提供了土壤。中国网络舆论仍期待理性与深入。

⑦随着智能手机的普及，手机网民激增，“随手拍”成为常态，通过人际传播、传统媒体和互联网的互动融合，移动互联网或将成为网络舆情的新磁场。

2. 观点讨论：新闻真实性要求新闻报道在本质上与新闻事实相符合，与社会生活的本质相符合。(武汉大学2011年研)

答：题中所述观点由两个分论点组成。第一，新闻真实性要求新闻报道在本质上与新闻事实相符合。第二，新闻真实性要求新闻报道在本质上与社会生活的本质相符合。两个分论点都有其合理性。其中，第二个论点较为理想，很难实现。

(1)分论点一：新闻真实性要求新闻报道在本质上与新闻事实相符合。

①新闻真实性是一个描述新闻信息与事实信息符合与否的概念。它涉及两个方面：新闻真实与新闻真实度。真实，是指本质上而言，新闻信息不是虚假的；真实度，是指新闻文本中的信息在数量与程度方面等量化方面的真实。因此，新闻必须完全立足事实、引用事实，并以事实为根据进行判断，得出的结论仍然是明显的事实。从操作层面讲，新闻报道要做到要素真实、事件真实、关系真实。

②“在本质上与新闻事实相符合”，即符合事实真相。新闻报道不仅要符合表面要素上的真实，同时还要全面、正确地符合事实，揭露真相。

(2)分论点二：新闻真实性要求新闻报道在本质上与社会生活的本质相符合。

①“与社会生活的本质相符合”是对新闻报道更高一层次的要求。即新闻报道需要反映事实世界的每一个侧面，而不是某一个侧面，并且要根据事实世界每一侧面在自然、社会

中实际的比例程度、重要程度安排新闻报道的数量和分量，要达到一种和谐的匹配关系。从而达到符合社会生活本质的目的。

②论点二是一个理想化的观点。理由是：

a. 新闻真实是过程性的真实。针对那些既复杂又重要的事实，特别是处于动态变化中的重要事实，如果想使新闻报道既成为真正的新闻，又能最终在整体上反映事实的真实面目，就必须通过过程性的、进行式的多次报道来实现。此外，新闻追求时效性，因此是一种即时性的真实。整体的真实需要通过时间来检验。

b. 新闻真实是有限的真实。绝对真实难以实现。新闻传播是人类认识、反映事实世界的一种手段，利用这种手段把握到的真实，只能是“新闻世界的真实”。此外，传播内容、方式都是在传播价值取向下的选择，这就决定了新闻真实受到传播主体价值取向与认知水平的制约。

c. 社会生活的本质真实本身就是一个不确定的概念，需要考虑时间、领域等各方面因素。因此，新闻报道无法完全做到与社会生活的本质相符合。

3. 新闻和其他上层建筑的区别有哪些？（电子科大2019年研）

答：上层建筑可以分为政治上层建筑和思想上层建筑，新闻事业属于思想上层建筑，新闻事业区别于其他上层建筑的特点，应从以下两个方面来阐述：

(1)新闻事业作为思想上层建筑，与政治上层建筑的区别：

新闻事业以报道新闻、反映和引导舆论为己任。同政治制度、法律制度及其国家、军队、法庭、监狱等政治上层建筑相比较，新闻事业属于思想上层建筑(又称观念上层建筑)意识形态范畴。

政治上层建筑是统治阶级为维护一定的社会制度自觉建立起来，并用来规范人们的行动的。它具有强制性，而国家、法庭、监狱更是暴力机关，行使的是镇压职能。新闻事业属于思想上层建筑意识形态范畴，它只能通过自身所具有的特殊手段，宣传某种意识形态，论证所属社会的经济制度和政治制度的合理性，通过说服教育，引导人们自觉拥护社会制度，遵守社会法令，维护社会的稳定。它对人们的思想和行动没有强制作用。

(2)新闻事业与其他思想上层建筑的区别：

思想上层建筑有着众多的社会意识形式，新闻事业只是其中的一种。新闻事业与其他意识形式相比较，有以下特点：

①新闻事业具有强烈的政治性，同经济基础的联系更直接。

a. 新闻事业作为一定阶级或社会集团手中的舆论工具，更接近政治，更会受到政治、法律思想的制约。新闻事业通过新闻报道和新闻评论，宣传和贯彻所属阶级的政治路线和政策法令，并为这个阶级在不同的历史发展阶段的中心任务服务。和文学、艺术、哲学、宗教等社会意识形式相比较，新闻事业的政治性显得更为直接和强烈。

b. 新闻事业在努力促进经济基础的建立、巩固和发展的同时，还要对有害于自己基础的旧经济基础和旧上层建筑的残余作斗争，与威胁自己基础生存的新经济基础和新上层建筑的萌芽作斗争。经济基础一旦发生根本性变化，作为上层建筑的新闻事业也会随之发生变化。

②新闻事业反映社会生活，报道面最广、时效最迅速，影响极大。

a. 新闻事业面对的是整个世界，客观世界发生的一切新的重大变动，都在它的视线之内，以报道事实为主的新闻事业，它的触角可以延伸到一切领域，因此具有反映面广的特点。

b. 以先进技术装备起来的新闻事业，在反映客观世界变动的时效上也最为迅速。

c. 由于新闻事业反映生活面宽，接触群众面广，施加思想影响采取的是一种潜移默化的方式，因此影响力极大。

③新闻事业通过特有的新闻手段为经济基础服务。

新闻事业特有的新闻手段是指消息、通讯、评论、新闻图片、标题、版面及节目编排等传播形式的总称，它们是报纸、通讯社、广播电台、电视台和新闻纪录电影进行新闻报道时普遍使用的手段。新闻手段最显著的特点是报道事实，就事实发表评论，并以此区别于其他社会意识形式。它不能强迫人们信奉或放弃某种思想、某种观点，只能通过摆事实、讲道理来影响或说服受众。

4. 试述两种新闻定义的异同。定义 1：新闻是新近发生事实的报道。定义 2：新闻是新近事实变动的信息。（青岛大学 2017 年研）

答：以上两个定义是关于新闻形式和本质的表达，对于新闻的认识既有相同，又有不同。

（1）相同点：

这两个定义的共同点是强调了新闻必须真实和新鲜。新闻与生俱来的基本特点有两个：一是真实，二是新鲜。由此而延伸出新闻报道上迅速及时的要求。这两点是新闻最为基本、最为核心的规律。新闻以真实、迅速作为区别于其他学科最为明显、最为独特的标识，向人们传递世界的最新变化。

（2）不同点：

①新闻是新近发生事实的报道，强调新闻是一种报道，这是对新闻形式的描述。1943 年 9 月 1 日在《我们对于新闻学的基本观点》中，陆定一对什么是新闻的本源、什么是新闻等基本理论问题做了唯物主义的回答。他认为新闻的本源是物质性的东西，是事实；新闻就是新近发生的事实的报道；事实是第一性的，新闻是第二性的。陆定一的新闻定义把马克思主义新闻观向前推进了一大步，它是马克思主义新闻观的发展，继承唯物主义立场，明确了新闻的本源和实体。“报道”是一种具有很强的主体倾向性的社会行为，它完成了主观与客观的有机结合。“新近发生的事实”是物质的客观存在，是新闻的本源和实体，“报道”则是新闻人对它的主观反映，是主观见之于客观的东西。

②新闻是新近事实变动的信息，强调新闻是一种信息，这是对新闻本质的描述。“新闻是经报道（或传播）的新近事实的信息”是复旦大学王中教授提出的，他把新闻落脚到“信息”上，强调新闻要有实在的内容。这一定义认为，“信息”是和“新闻”相邻最近而又外延更大的概念，以“信息”代替“报道”作为“新闻”的属概念，在逻辑上是很恰当的，更可以揭示新闻的本质属性。

5. 如何理解“公共新闻学”是第四种理论模式？与其他三种模式相比，有什么区别？（山东大学 2016 年研）

答：（1）公共新闻学的含义：

“公共新闻学”(Public Journalism)，又称为“公民新闻学”(Civic Journalism)，兴起于20世纪90年代末美国新闻业的改革运动，随后波及西方其他国家。

公共新闻学理念认为，新闻记者不应该仅仅是报道新闻，新闻记者的工作还应该包含这样一些内容：致力于提高社会公众在获得新闻信息的基础上的行动能力，关注公众之间对话和交流的质量，帮助人们积极地寻求解决问题的途径，告诉社会公众如何去应对社会问题，而不仅仅是让他们去阅读或观看这些问题。

公共新闻学实际上是媒体在内外交困的情况下进行的内在变革，它通过设置公共议题、在报道中展现各方面意见(特别是普通公众的意见)等方式，来实现加强与社会公众之间联系的目的。有学者把公共新闻概括成四句话：“培育和营造公民社会，监督和构建公共领域，报道和指导公共事务，交流和引导公共意见。”但公共新闻学无论是理论还是实践，都还处于探索阶段，争议颇多，前景难测。

(2)公共新闻学与其他三种模式的区别：

在美国，公共新闻学被称为“美国新闻理论的第三次革命”或“第四种新闻理论”。作为第四种理论模式，与之相对的其他三种模式分别是：

①鼓吹模式：传媒业依附于政党或其他政治团体、宗教、社会运动，成为其宣传机构，传达并鼓吹一种政治主张。在西方各国的新闻史上称为“政党报”时期。

②托管人模式：传媒业是公众托管给专业人士经营的一项事业。因此，它必须代表公众的利益，成为公众的“看门狗”。其职责主要就是监测环境，监督政府。传媒业必须及时、准确地告知公众信息，进行可靠的和批判性的判断，客观性成为新闻业的专业标准。

③市场模式：传媒业以盈利为最高目标，并把受众当作消费者，以迎合消费者的需求来吸引受众，最后取悦广告商。

从公共新闻学的理念看，它摒弃了鼓吹模式和市场模式，而在托管人模式的基础上向前跨出一大步。与“托管人模式”相同的是，公共新闻学要求记者提供准确无误的信息，并要求对信息进行深入的、详细的解读，使公众能理解这些信息的内涵。但与此同时，公共新闻学摒弃了托管人模式中“新闻记者仅仅是信息的告知者、事件的旁观者和中立者”这样的角色定位。

6. 公共新闻根源于精英主义，记者们有着精确的职业判断和职业技能。而公民新闻则是草根性的平民参与。因此两者是不相容的。(武汉大学2016年研)

答：虽然公共新闻和公民新闻的起源以及运作方式存在差异，但是公共新闻和公民新闻并非完全不相容的。

(1)公共新闻的含义及特点：

公共新闻意在通过媒体搭建的公共平台塑造大众的公共意识，协调公共生活，提高公众对社会问题的行动能力，缓解矛盾化解冲突。

公共新闻的特点是新闻报道与媒介活动相结合，新闻传播者在报道新闻事实的同时，还以组织者的身份介入到公众事务中，发起公民讨论，组织各种活动，寻求解决问题的对策，使公共问题最终得到解决。公共新闻的受众是能动和有作为的公民，其新闻价值由多数公民决定，且价值的标准是公共性。

公共新闻强调新闻的公共性，需要为全社会的利益而服务，因此对记者的要求更加严格。公共新闻提倡新闻记者促使人民行动起来参与公众事务中，以改善公共环境。另外，记者还应以公关活动者的身份协调政府社区和公众间的关系。在这种情况下，记者的社会责任更加重大，因此他们对于事实的判断和选择，对新闻的采写都会更加谨慎。

(2)公民新闻的含义及特点：

公民新闻是指公民(非专业新闻传播者)通过大众媒体、个人通讯工具，向社会发布自己在特殊时空中得到或掌握的新近发生的特殊的、重要的信息。由于互联网技术的发展，未经过专业新闻训练的普通公民也可以通过运用新的传播技术来发布新闻信息，形成公民新闻。

公民新闻具有草根性、开放性、互动性的特点。普通大众参与采访并报道，打破了传统媒体在新闻传播中的垄断和特权。受众可以直接参与新闻报道，实现传受关系的交互性。公民新闻开创了新的信源采集形态，扩大传统媒体的报道面，弥补了专业记者不在场的缺陷。

但是，公民新闻是自愿自发的新闻生产活动，门槛较低，公民新闻的报道者多为草根民众，未经过专业化、系统化的新闻培训，因此信息采集及报道的专业性没有保证，并且公民新闻独立于外部压力和制度的规范，可能会出现虚假报道、失实报道的情况。

(3)公共新闻和公民新闻的区别与联系：

如题目中所述，公共新闻与公民新闻存在许多区别。从兴起的原因看，前者是为了重振公民精神，后者是由于技术的发展。从报道主题看，公共新闻中的公民虽然参与讨论但仍处于被动，主导者是媒体记者；而公民新闻中公民是主动且有作为的。从报道对象看，前者是具有公共性的社会事件，后者既可以有公共性也可以是个人琐事。

但是，公共新闻和公民新闻的这些区别并不代表两者是对立的，公共新闻和公民新闻的最根本诉求是有内在联系的。

①公共新闻和公民新闻最终的目的都是回归公民对公共事务的关心和参与，只是两者的实现主体有所不同。公民新闻的报道者虽然是草根，但是他们的自愿报道也是基于对社会生活的关注，也是公民权回归的表现。

②公共事务的解决、社会生活的进步，单靠专业记者是不够的。伴随着公民意识的逐渐觉醒，公民采集的新闻信息也可以作为专业新闻的重要信源和补充，甚至在提供线索上可以推动公共新闻的发展。

③对于公民新闻的局限，公共新闻作为更加专业的平台，可以对虚假信息进行过滤和整合，以更优质的内容服务社会。

综上所述，公共新闻和公民新闻是可以相容的，甚至可以起到相互促进的作用。随着公民意识的觉醒和网络技术的发展，公民新闻和公共新闻的融合将进一步加深。

7. 从历史和现实语境，回顾和反思国际公共新闻的理论与现实。(上海大学2016年研)

答：(1)公共新闻的定义：

公共新闻是新闻报道与媒介活动相结合，要求新闻传播者在报道新闻事实的同时，还以组织者的身份介入到公众事务中，发起公民讨论，组织各种活动，寻求解决问题的对策，使公共问题最终得到解决。

公共新闻意在通过媒体搭建的公共平台塑造大众的公共意识，协调公共生活，提高公众对社会问题的行动能力，缓解矛盾，化解冲突。公共新闻的受众是能动和有作为的公民，其新闻价值由多数公民决定，且价值的标准是公共性。

公共新闻强调新闻的公共性，需要为全社会的利益而服务，因此对记者的要求更加严格。公共新闻提倡新闻记者促使人民行动起来参与公众事务中，以改善公共环境。另外，记者还应以公关活动者的身份协调政府社区和公众间的关系。在这种情况下，记者的社会责任更加重大，因此他们对于事实的判断和选择，对新闻的采写都会更加谨慎。

（2）国外的公共新闻：

公共新闻兴起于20世纪80年代后期的美国新闻界，尔后波及西方其他国家。美国的公共新闻尚在发展过程中，对于“公共新闻”的概念并没有明确的定义，但该理论提供了关于新闻报道实践的新视角和新技巧，甚至催生了专门的公共新闻学。

美国新闻传播学者与新闻媒介对“公共新闻”的关注、争议和实践探索，是美国社会发展和大众传媒发展的结果，它表现了美国新闻工作者在新的历史条件下对媒介社会责任的新的思考和努力。

然而，美国的政治制度、经济制度和现实社会矛盾决定了美国媒介很难真正实现“公共新闻”的理想，例如，在美国对伊拉克的战争报道中，政府和军方的限制与干扰就严重影响了美国媒介报道这一事件的“公共新闻”使命；美国一些媒介的政治偏见，也决定了美国传媒的国际新闻报道不可能做到“公共新闻”倡导的理想境界。

尽管如此，在对美国内部事务的报道中，在沟通社会信息、化解社会矛盾、维护美国社会的稳定发展方面，美国新闻界的“公共新闻”理论及其实践的确起到了一定的积极作用。也因为此，这一理论与实践的发展值得我们关注和研究，其有益的经验，特别是在新闻业务范畴中的原理和技巧，尤其值得人们借鉴和参考。

（3）我国的公共新闻：

中国的公共新闻是中国社会和新闻传播发展到一定阶段的产物，它自然而生，与发端于美国的“公众新闻”不同，它是民生新闻的“异化”。

中国目前的公共新闻之所以称为“中国式的公共新闻”，在于它的形态还不完全具备公共性——即公共新闻所应当具有的培养公共意识、发挥公众决策、发起公共行为、维护公众权利的特征还不明晰或部分缺失。它仍然习惯性地被归结于民生新闻的范围，如大多数公共新闻还沿袭民生新闻那一套报道模式，以平民视角看待生活中的天灾人祸和困难烦扰，一切只求速效救助，却忽略了表象之下隐藏的复杂问题。

要解决这些问题，仅凭媒体的一己之力是不可行的，但不可否认，公共新闻确实开始在公共事务中发挥出所应起到的建设性作用。两者在报道中也越来越不相同。

总之，在中国的传媒语境下，没有民生新闻就不会有公共新闻的出现，中国式的公共新闻是在民生新闻搭起架构上生存发展起来的，一出世就与民生新闻存在割不断的联系。但它们之间的差异并不能因此而被掩饰，或者说这种差异有没有不应是争论的焦点，只是媒体内在外在因素的合力作用使这些差异变得大还是小的问题。差异越大，公共新闻的传播效果、社会作用就越明显；反之，公共新闻的生长点则遭到抑制，公共性降低，民生色彩加重。

8. 论述关于公民新闻的观点，为什么说它是对自由主义理论和社会责任论的修正和延续？（华中师大2016年研）

答：(1)公民新闻的含义：

公民新闻(Civic Journalism)是一种积极地让受众参与报道重要事件的新闻实践。公民新闻是20世纪90年代美国新闻界提出的新闻理念，是对社会责任理论呼吁满足组成“大共同体”的各种不同团体的需要的直接反映。公民新闻是一种交互式新闻的形式，打破了现有的专业媒体组织垄断新闻内容的格局，使新闻生产的权力由媒体中心向受众中心转变；同时，它通过多渠道的新闻信息报道满足日益多元的公民的知情权需求。“公民新闻”还使传统媒体的信源结构发生变化，传统媒体对新闻信息的议程设置功能受到影响。

(2)公民新闻的影响：

公民新闻相较于传统新闻，其最突出的优点在于可以更容易地在第一时间在现场进行实时报道。在突发事件的报道中，它正在发挥越来越重要的作用。公民记者生活在社会的各个阶层，是“深入第一现场”最有发言权的“记者”。公民记者极有机会成为突发性事件的现场亲历者或目击者。同时，公民新闻的诞生，打破了“传播者”与“受众”之间的传统界限，从根本上改变了受众群体在传播中的地位，传播者和受众群体不仅完全处于平等的地位，还实现了传播主体的位移。

(3)公民新闻是自由主义理论的修正和延续：

新闻自由主义理论强调新闻业不受政府干预，认为理性是判断是非的标准，主张任何人都可以不受限制地传播新闻和发表意见，在观念的自由市场中，通过竞争使正确的意见最终得到承认。在保障公民的言论自由和扩大公民的话语权上，公民新闻可以算是自由主义理论的延续。公民新闻让公民参与新闻的发现、讨论、关注中来，尤其是对民生息息相关的事件，公民可以表述自己的想法，与决策者、学者、执法部门进行互动沟通，真正让新闻服务大众，积极有效地传播。公民新闻使普通民众在一定程度上有了话语权，民众舆论场的作用日益显著。但在强调言论自由的同时，公民新闻也强调加强受众的责任意识。

自由主义的传播理论所宣传的自由是传播者的绝对自由，忽略了公民作为受众的权利。而在现实社会，媒介集中和垄断使其越来越被少数人所控制，大多数人失去了表达自己意见的机会。社会责任理论对此作出了修正，公民新闻也强调新闻发布须遵循一定的原则，更加反映出公民对自己权利和责任的认识，强调作为社会的一员，既要保护自己的权利也要积极履行自己的义务。在这一点上，公民新闻和社会责任论一样是对自由主义理论的修正。

(4)公民新闻是社会责任论的修正和延续：

社会责任理论认为，自由是伴随着义务的，报刊应对社会承担责任，并以社会责任作为报刊业务政策的基础。公民新闻是对社会责任论呼吁满足组成大共同体的各种不同团体的需要的直接反应，在这一点上，它延续着美国媒介对社会责任理论的承诺。与此同时，公民新闻不仅要承担传统的媒介社会责任，还对媒介及新闻工作的职业道德素质和责任提出更高的要求，以促进社会责任论的发展和实现。公民新闻是公众参与的新闻，追求以人为本的价值理念，把公众利益特别是弱势群体的利益放在首位。其职责不仅停留在监督和报道的层面，还要致力于提高公众对于信息的接受和处理能力，关注公众之间观点的交流和对话质量，建构真正意义上的公共空间，提高公众对公共事务的批判意识和解决能力。在这个意义上，公民新闻是也是对社会责任论的修正和发展。

第二讲　新闻价值

2.1　复习笔记

【知识框架(庖丁解牛)】

- 新闻价值
  - 新闻价值理念的形成
    - 三个前提
    - 实际运用
  - 人能判断事实的新闻价值的原因
    - 新闻价值的含义
    - 公众对信息的选择
    - 传播者判断
    - 新闻从业人员发出信息时考虑的方面
    - 人们关注有价值的新闻的原因
  - 新闻价值实现的多重折扣
  - 几个问题的讨论
    - 新闻价值的十个要素
    - 刘建明教授四种新闻价值的观点：获知、激励、获益、娱乐
    - “反新闻价值”的新闻选择标准：“亲社会意识”
    - 泛新闻化现象

【通关提要(提纲挈领)】

本章主要讲述新闻价值的含义与判断标准，同时还对新闻价值理念的形成与实现的相关问题进行了详细探讨。本章考点主要以简答题为主，在学习时，要对新闻价值及其在新媒体语境下的发展做宏观掌握。

【考点难点归纳(厚积薄发)】

考点一：新闻价值(见表 2 - 1)　★★★★

表 2 - 1　新闻价值

新闻价值	具体内容
含义	指对新近发生或正在发生的事实(包括观点事实)的一种价值判断
形成前提	①传、受双方的共同认可(首要前提)，其中接受者的认可更为重要。传播的发生源于传播双方或多方的信息不对称(即信息势能的位差)，传播者出于利益、情感或寻找新信息的需要而发出信息，一旦受众接受了或产生回应，发出的信息便具有了“价值”。此信息若是新闻，且是传受双方共同认可的事实，即可视为具有新闻价值的新闻。

续表

新闻价值	具体内容
形成前提	②接受者的“不知”。假设接受者已经知道了某个事实，即便这个事实非常重大，也不具备新闻价值。对接受者来说，只有新鲜的、不知道的事实，才可能具有新闻价值。通常情况下，具备新闻价值的事实，应有以下“不知”的情形：a. 不知道的刚发生的事实(偶然的、突发的事实)。b. 不知道的最新变动。c. 不知道的最新发现(事实可能发生在过去，但才发现)。d. 不知道的最新发表的观点(被揭示的隐秘观点，更能引起关注)。e. 不知道的最新知识。f. 曾经发生的事实，但极少有人知道。g. 已知事实中出现了异常情况。 ③接受者的兴趣及与事实本身的关系或需要
实际运用	①新闻价值的共性与具体传媒选择事实的轻重安排。由于传媒的受众群体构成不同，对同一个事实，不同传媒在版面编排或广电新闻的排序，存在一定的差异。 ②由于不同传媒的服务对象不同，同一个事实在传媒的报道中，落脚点也有差异。 ③传媒要抓一些虽然新闻价值不大，但是公众关心或有情趣的事实，即凡是与人们的情感相关的事实都具有新闻价值，包括动物的活动
影响因素	包括：①事实发生的概率；②事实或状态的不确定性；③事实的发生与受众的利益的相关程度；④事实的影响力和影响面越广；⑤事实与接收者的心理距离。⑥著名人物身上发生的事实，或著名地点发生的事实；⑦事实中的冲突因素。⑧表现人的情感的事实。⑨具有心理替代性的故事性事实。⑩在比较中，事实带来的反差

考点二：判断事实具有新闻价值的标准(见表 2－2) ★★★★★

表 2－2 判断事实具有新闻价值的标准

要点	具体内容	
判断依据	①受众接受某条新闻时对其使用(实用)价值的判断。 ②传播者基于受众、传媒经济利益、政治利益和个人兴趣的考虑。 ③我国新闻工作者发出信息时，要考虑的方面有：a. 新闻对受众的使用价值(最重要)；b. 媒体的利益；c. 政治利益；d. 传播者的个人偏好。 ④人们判断新闻价值的原因有：a. 对异常事物的关注，这是人类的本能；b. 对相关利益的关注，特别是在市场经济的条件下，人们有了较强的利益驱动，与自身利益相关的事实便具有了新闻价值；c. 人对个人偏好的关注，因此，公众进行信息选择的过程可以概括为：选择性接触、选择性理解、选择性记忆(三层递进)	
帕梅勒·休梅克[美国传播学者]提出的关于新闻价值的四个方面	罕见的偏差	“偏差”是指超出常态的情形，即“越轨”。某些对个人的感受较为具体的偏差在宏观上通常是模糊的，通过统计可获得较为精确的偏差数据，因而具有新闻价值
	显著	即规范上的偏差，指某种行为违反了社会规范或产生了负面影响，即坏事通常有新闻价值
	煽动行为	指某种威胁社会秩序的“病变”，如骚乱党、邪教或有暴力倾向的精神病患者。它发生的概率低，因此具备一定新闻价值
	冲突和争议	一旦出现冲突和争议，就说明总有一方认为其他方“违规”因此这类事实具备新闻价值

考点三：新闻价值实现的多重折扣 ★★

(1)从意识形态的角度，我国的新闻传播业在尊重新闻传播规律的基础上负有宣传党的方针政策的责任，一些宣传部门不了解新闻传播规律，导致传播者遵循新闻价值标准选择事实时被宣传要求压制，这是新闻工作中常有的情况。

(2)从传媒市场的角度，报道简单的事件比报道一个复杂的事实容易。有价值的新闻需要投入更多的时间、精力、成本，即大信息大投入，小信息小投入。

(3)从新闻实务的角度，事件的发生时间、记者是否在场、值班负责人的个人偏好、省力原则(避重就轻原则)、事件本身的性质、影像的清晰度、传播渠道的容量、容纳新闻条数的限制、信息等级的确定等，都可能影响新闻价值的实现程度。

(4)倾向于报道与先入为主观念相符的事实。这是人们的正常心理表现，即便不是政治问题，是新闻工作者的个人偏好，也会有这种情形的出现，要注意不能走偏。

(5)倾向于报道与自身文化上接近或利益相关的事实。

(6)倾向于报道符合报道连续性的事实。

(7)在新闻内容的组合中，考虑到报道的整体性，更倾向于选择对比特色的事实

【考点拓展】新闻价值在新媒体语境下的发展(见表 2－3)

表 2－3 新闻价值在新媒体语境下的发展

要点	具体内容
新闻价值不仅体现在时效性，更重视对纵深的分析	①探讨新闻时，一直存在一个悖论：传统媒体声称新闻价值的要素包含时效性，但它们存在的前提恰恰是延迟性。因为存在时距，传统媒体才得以对已经发生的事件进行叙事，才可以选择合适的方式呈现这个值得报道的媒介事件，于是才有了新闻价值一说。 ②如今是一个将新闻线索当作新闻呈现的时代，反转新闻不停地成为媒介文化热点，如果仅仅追求时效性，那么传统媒体将不再具备可靠性、权威性等优势。因此，受众分析认定新闻价值的标准之一是纵深分析带来的实用性。互联网时代从不缺新闻，缺乏的是内容和信息的筛选机制及可信、高效的内容二次制作能力
地理接近性要素弱化，心理接近性延续和增强	互联网时代，地域限制被打破，“地球村”的实现早已不再是梦想，如今整个世界“变小”了，无尽的新鲜事尽可随时掌握。地理上的远近也不再是问题，人们更乐于接触更大的世界中与自己想法相近的人群，以此获得“远方的人亦与我相关”的更大心理共情和心理接近性
趣味性增强	新媒体时代，软新闻和趣味性新闻受到了青睐，一定程度上源于媒介对群众精神生活需求的把握。如今的公众早已不是最初传播意义上的“受众”，他们不仅经历了“用户”阶段，还开始成为“生产消费者”。公众既是媒体内容的消费者，也是媒体内容的再生者。例如，每次转发微博都是一次内容的再加工。在这过程中，媒介倾向于生产更加软性的新闻，同时公众也添加了趣味性的二次加工
受众对新闻价值提出新要求	新媒体时代，受众拥有了网络的技术赋权。在此之前，由传播者站在议题设置角度上赋予新闻价值。如今，受众倾向于主动搜索和交流，例如微博的热搜排行榜，受众考虑的是自我形象的塑造，而非是否符合新闻价值要求。因此，搜索的人多了，话题自然成为了热门。如此一来，新闻价值的合法性将面临前所未有的挑战，受众所关注的热点也不再以传统的新闻价值标准为参照，网络语境中的新闻工作者也无法依靠传统新闻价值标准来判断和选择新闻，更多依靠的是感性经验，从而揣测该新闻能不能获得更大的热度

2.2 考研真题

一、概念题

1. 新闻价值(四川大学2019、2018年研；西安交大2019年研；湖南大学2019年研；中央民大2019年研；兰州大学2019、2016年研；南林2019年研；中传2018、2016年研；云南大学2018年研；西南大学2018年研；浙工大2018年研；复旦大学2017、2014、2011年研；武汉大学2017年研；青岛大学2017年研；湖南师大2017年研；山东师大2017、2016年研；湘潭大学2017年研；安徽师大2016年研；上海交大2015年研；上海大学2015、2013年研；人大2014、2008年研；南京大学2014年研；江西师大2012年研；暨南大学2011年研；厦大2011年研；南开大学2010年研；北京大学2009年研)

2. 新闻选择(暨南大学2019年研；河南大学2019年研；上海大学2019年研；聊城大学2018年研；中传2016年研；南京大学2016年研；复旦大学2015年研；重庆大学2013年研；华南理工2012年研；山西大学2011年研；华农2009年研；南京师大2006年研)

3. 新闻框架(四川大学2019年研；重庆大学2018年研；清华大学2017年研；华中师大2015年研；人大2013年研)

4. 软新闻(上海大学2021年研；华南理工2018年研；暨南大学2017年研；青岛大学2017年研；华东师大2016年研；湖南师大2015年研；上海交大2014年研；电子科大2013年研；华农2011年研；中南大2010年研；湘潭大学2009年研)

5. Hard News(上海大学2015年研)、硬新闻(山西大学2017年研；江西师大2016年研；西南大学2016年研；北师大2014年研；湖南大学2014年研；上海大学2012年研；暨南大学2011年研；上海财大2010年研)

相关试题：硬新闻与软新闻(华农2010年研)

6. 有闻必录(暨南大学2017年研)

7. 新闻时宜性(华中师大2016年研)

二、简答题

1. 简述新闻价值的五要素。(青岛大学2017年研；江西师大2016年研；四川大学2014年研)

相关试题：

(1)新闻价值的评判标准。(中央民大2019年研)

(2)简述新闻价值构成要素。(广西大学2018年研；聊城大学2018年研；中南大2010年研；厦大2009年研)

(3)新闻媒体选择事实进行报道，应该如何判断新闻线索的新闻价值？(陕西师大2018年研)

(4)新闻价值的多重解释，至少写出两种经典解释。(上海大学2017年研)

(5)新闻价值的定义和要素。(复旦大学2016年研)

(6)怎样理解新闻价值要素“重要性”？请结合具体实例分析。(中山大学2015年研)

(7)简述新闻价值的要素，并结合具体案例对其中的一个或两个要素进行分析。(中山

大学 2015 年研）

(8) 简述新闻价值所包含的几个要素。（山东师大 2014 年研）

(9) 新闻价值的内涵是什么？（华农 2010 年研）

2. 简述新闻价值结构及其评估三原则。（厦大 2017 年研）

3. 简述新闻价值中“重要性”含义。（江西师大 2018 年研）

4. 如何理解“真实是新闻的生命，而新鲜是新闻的灵魂”？（武汉大学 2017 年研）

5. 新闻价值和新闻政策的关系。（上海财大 2013 年研）

6. 新闻价值就是新闻的价值吗？为什么？（湘潭大学 2016 年研）

7. 试述新闻报道的负面影响与“负面新闻报道”的界定与关系。（北京大学 2008 年研）

8. 如何理解新闻选择对新闻工作的意义。（复旦大学 2009 年研）

相关试题：为什么说新闻是选择的艺术。（复旦大学 2019 年研）

9. 什么是新闻选择？有哪些标准？（华政 2019 年研）

相关试题：

(1) 高质量新闻选题的标准。（河南大学 2019 年研）

(2) 结合实际谈谈如何选择新闻角度？（安徽师大 2016 年研）

(3) 试述新闻选择的依据。（聊城大学 2016 年研）

10. 简述时效性原则对新闻价值实现的意义。（暨南大学 2019 年研）

11. 如何理解“新闻是选择的结果”？在新闻选择的过程中，主要考虑哪些因素？（中山大学 2018 年研）

12. 怎样理解“新闻要新是其与生俱来的一个特点”？（山东大学 2018 年研）

13. 真实性是不是新闻价值的构成要素之一？为什么？（湖南师大 2015 年研）

14. 什么是软新闻？（江西师大 2013 年研）

15. 简述硬新闻与软新闻的区别，及其在新环境下的发展。（复旦大学 2017 年研）

三、论述题

1. 观点讨论：新闻价值是指事实所包含的足以构成新闻的种种素质的总和。（武汉大学 2011 年研）

2. 国家主席习近平提出，在报道会议新闻和领导人活动的新闻时，新闻工作者要凭三个要素来决定是不是进行报道，即“工作需要、新闻价值、社会效果”。请从党报的政治性和新闻纸性相结合的角度，对“工作需要、新闻价值、社会效果”进行评价。（人大 2013 年研）

3. 论述新闻从业者在进行新闻事实选择时的影响性因素。（北京大学 2009 年研）

4. 为什么新闻不是有闻必录？（中国科大 2019 年研）

相关试题：简要评价“有闻必录”的做法。（湖南师大 2016 年研）

5. 试论述新闻价值产生的背景以及主要要素，并回答新闻价值的影响因素有哪些。（电子科大 2019 年研）

相关试题：结合实际，谈谈你对新闻传播价值的理解。（陕西师大 2016 年研）

6. 人们说“狗咬人不是新闻”，而“人咬狗才是新闻”，谈谈你的理解。（河南大学 2019 年研）

7. 谈谈什么是硬新闻和软新闻？它们各自的特点是什么？（河北大学 2013 年研）

8. 结合实例，谈谈在当代媒介生态中对新闻价值的理解。（复旦大学 2021 年研；重庆大学 2018 年研）

相关试题：什么是新闻价值？新闻价值的传统标准和现在新的标准分别是什么？如何提高自媒体传播的新闻价值？（清华大学 2017 年研）

9. 学界关于新闻价值的几种观点？阐述你对新闻价值的基本理解。（人大 2016 年研）

2.3 考研真题详解

一、概念题

1. 新闻价值（四川大学 2019、2018 年研；西安交大 2019 年研；湖南大学 2019 年研；中央民大 2019 年研；兰州大学 2019、2016 年研；南林 2019 年研；中传 2018、2016 年研；云南大学 2018 年研；西南大学 2018 年研；浙工大 2018 年研；复旦大学 2017、2014、2011 年研；武汉大学 2017 年研；青岛大学 2017 年研；湖南师大 2017 年研；山东师大 2017、2016 年研；湘潭大学 2017 年研；安徽师大 2016 年研；上海交大 2015 年研；上海大学 2015、2013 年研；人大 2014、2008 年研；南京大学 2014 年研；江西师大 2012 年研；暨南大学 2011 年研；厦大 2011 年研；南开大学 2010 年研；北京大学 2009 年研）

答：新闻价值是指事实所包含的足以构成为新闻的各种要素的总和。新闻价值的要素有时新性、重要性、接近性、显著性、真实性、人情味、趣味性等。不同的社会形态、不同的阶级具有不同的新闻价值观和价值尺度。西方新闻学把读者兴趣作为新闻价值的试金石。无产阶级新闻学则把满足广大人民群众获取新闻的需求，注重社会效果作为新闻价值的基本含义。新闻价值理论产生于西方 19 世纪 30 年代的大众化报纸时期，它在新闻社会化、商品化的客观过程中应运而生。中国最早研究新闻价值的是徐宝璜。1918 年，他在《新闻学大意》（发表于《东方杂志》）中，设专章论述“新闻的价值”。

2. 新闻选择（暨南大学 2019 年研；河南大学 2019 年研；上海大学 2019 年研；聊城大学 2018 年研；中传 2016 年研；南京大学 2016 年研；复旦大学 2015 年研；重庆大学 2013 年研；华南理工 2012 年研；山西大学 2011 年研；华农 2009 年研；南京师大 2006 年研）

答：新闻选择是指新闻媒介对新近发生的事实加以鉴别遴选，择定其中能够和值得传播的事实的过程。新闻选择通常表现为对稿件的选择，其实质是对新闻事实的选择。新闻选择有两个主要标准：一是新闻价值标准；二是新闻政策标准。只有两个选择标准和谐统一，才是新闻的最佳选择。新闻选择包括三种类型：①内迫性选择。即使媒介得到的新闻都是值得发表的，但由于媒介技术条件及篇幅容量的限制进行的取舍和选择。②需要性选择。新闻媒体根据对受众已知需要的认识和未来需要的预期进行的新闻选择。③外迫性选择。新闻传播活动是在特定的社会环境中进行的，新闻媒体在受到社会环境等因素的制约时进行的选择和取舍。

3. 新闻框架（四川大学 2019 年研；重庆大学 2018 年研；清华大学 2017 年研；华中师大 2015 年研；人大 2013 年研）

答：新闻框架是指新闻媒体对新闻事实进行选择性处理的特定原则（或准则），这些原则来自于新闻媒体的立场、编辑方针以及与新闻事件的利益关系，同时又受到新闻活动的特殊规律(如新闻价值规律)的制约，它们规定着一家媒体对新闻事件的基本态度和本质判断。20世纪80年代开始，框架理论开始引进到新闻与传播研究领域，并由此诞生“新闻框架”的学术概念。在新闻报道中，框架是必然存在的。一般而言，由于新闻事件大都具有多种属性，在新闻时效性和新闻文本特性的要求下，新闻记者只能抓住事件的若干主要属性，并把它纳入一定的框架之中。

4. 软新闻(上海大学2021年研；华南理工2018年研；暨南大学2017年研；青岛大学2017年研；华东师大2016年研；湖南师大2015年研；上海交大2014年研；电子科大2013年研；华农2011年研；中南大2010年研；湘潭大学2009年研)

答：软新闻是指富有人情味、纯知识、纯趣味的新闻。它和人们的切身利益没有直接关系，只向受众提供娱乐，使其开阔眼界，增长见识，或供人们饭后谈资。软新闻的发生往往没有明确的时间界限，多属于延缓性新闻；另外，它的公开发表也没有时间的紧迫性，早一天晚一天并无大碍。

5. Hard News(上海大学2015年研)、**硬新闻**(山西大学2017年研；江西师大2016年研；西南大学2016年研；北师大2014年研；湖南大学2014年研；上海大学2012年研；暨南大学2011年研；上海财大2010年研)

相关试题：硬新闻与软新闻(华农2010年研)

答：硬新闻(Hard News)是指关系到国计民生以及人们切身利益的新闻，通常为人们的政治、经济、工作、日常生活的决策提供依据。它包括党和国家重大方针、政策的制订和改变，政局变化，市场行情，股市涨落，银根松紧，疾病流行，天气变化，重大灾难事故等。硬新闻有极严格的时间要求，报道必须迅速，有时，更需要争分夺秒。硬新闻的另一个要求就是报道要尽可能准确，信息尽可能量化。

6. 有闻必录(暨南大学2017年研)

答：“有闻必录”是19世纪中国传播界时兴的说法，是指当时记者听到什么就报道什么的不严肃态度。当时商业性报纸上编造的新闻很多，于是有的报纸在发表新闻时便强调本报“有闻必录”，所写新闻并非编造。从某种程度上，这种说法道出了新闻职业的特征。但是，“有闻必录”在广义上显然做不到，徐宝璜在我国第一部新闻学著作《新闻学》中指出：“‘报纸有闻必录’，此吾国报纸之一极普通之口头禅，且常引为护身符者也，其实绝无意义。”在这个意义上，“有闻必录”是早期报馆为保护自己的新闻报道不受社会干预，解脱责任而提出来的，也是用于招徕读者的一种形象化比喻，这种论点带有明显的客观主义倾向，早期在突破新闻检查方面有过积极作用，但后来不断遭到批判。

7. 新闻时宜性(华中师大2016年研)

答：新闻时宜性是指新闻报道应当是适宜时势的报道，即选择新闻发布的最佳时机以获得最好的传播效果。其中，“时宜”包括读者在当前最需要的信息和最适合当前形势下宣传需要的信息，报道中恰到好处的时机和方式。任何国家的新闻发布都不仅仅取决于新闻的时间性，还必须考虑何时发布更符合所代表的阶级的根本利益和需要。新闻传播主体根据受众需要和社会环境的变化，选择报道新闻事实的最佳时机，从而增加新闻价值，争取最佳的社会效果。

二、简答题

1. 简述新闻价值的五要素。（青岛大学 2017 年研；江西师大 2016 年研；四川大学 2014 年研）

相关试题：

(1) 新闻价值的评判标准。（中央民大 2019 年研）

(2) 简述新闻价值构成要素。（广西大学 2018 年研；聊城大学 2018 年研；中南大 2010 年研；厦大 2009 年研）

(3) 新闻媒体选择事实进行报道，应该如何判断新闻线索的新闻价值？（陕西师大 2018 年研）

(4) 新闻价值的多重解释，至少写出两种经典解释。（上海大学 2017 年研）

(5) 新闻价值的定义和要素。（复旦大学 2016 年研）

(6) 怎样理解新闻价值要素“重要性”？请结合具体实例分析。（中山大学 2015 年研）

(7) 简述新闻价值的要素，并结合具体案例对其中的一个或两个要素进行分析。（中山大学 2015 年研）

(8) 简述新闻价值所包含的几个要素。（山东师大 2014 年研）

(9) 新闻价值的内涵是什么？（华农 2010 年研）

答：新闻价值是指事实所包含的足以构成为新闻的种种特殊素质的总和。这种特殊素质就是新闻价值的要素，这些要素都具有能引起受众的共同兴趣、能引起受众的普遍关注的共同特征。新闻价值的五要素为：

(1) 时新性。它是指事实在时间上是新近发生的，在内容上是新鲜的。事情发生的时间越近，新闻价值越高；内容越新(包括最新的情况、最新的问题、最新的成就、最新的经验等等)，新闻价值越高。

(2) 重要性。它是指事实所具有的被多数人所关心的社会意义。若事实只对少数人产生影响，被少数人所关注，尽管事实对这些人是重要的，但谈不上具有新闻价值意义上的重要性。只有影响到多数人，为多数人所关心，才具有重要性。而且影响到的人越多，其新闻价值越大。凡是多数人迫切关心的事实，与多数人利害攸关的事实，在实际生活中多数人迫切需要解决的问题，都是具有重要性的。

(3) 显著性。它是指事实所涉及的人物、地点等因素为众人所瞩目，格外引人瞩目。显著性也指某些异乎寻常的事实，极好或极坏，这样的事实也会吸引人们的注意力。

(4) 接近性。它是指事实因在地理上或心理上与接受者十分接近，自然地能够引起受众的普遍关注。地理上的接近是指事实发生的地点就在接受者的周围，由于这类事件更容易对接受者的生活产生影响，因而它更为接受者所重视。心理上的接近是指某一事实会引起某类人的共鸣，会在相同“社会类型”的人中引起共鸣。

(5) 趣味性(或人情味)。它是指事实因为新奇，为人们所未料及；或富有戏剧性，情节曲折跌宕；或极具人情味，能引起人们的感情共鸣，因而这类事实对受众具有特别的吸引力。一般而言，奇闻趣事、社会新闻、曲折遭遇、感人事迹等都可归入此类。

在上述新闻价值的五个要素中，时新性是必备的，其他要素可多可少，所具备的要素越多，要素的程度越高，新闻价值就越大，就越会被人们所关注。

2. 简述新闻价值结构及其评估三原则。（厦大2017年研）

答：新闻价值是指选择和衡量新闻事实的客观标准，即事实本身所具有的足以构成新闻的特殊素质的总和。

（1）新闻价值结构：

系统性是新闻价值的一种本质特征。因此，关于新闻价值结构，可以从以下三方面加以把握：

①新闻事实。人们要通过新闻的接收和利用，来减少或消除自己对周围世界最新变动状态的不确定性。

②传播者。传播者是新闻事实与受传者之间重要的中介。正是由于传播者的能动性工作，使新闻事实由自在信息状态经过积极的扬弃获得了新质，转变为自为的新闻信息状态。

③受传者。受传者根据自己的需要，通过认知结构的接收机制，对新闻作品所提供的化入型新闻信息作积极的扬弃满足其自身的新闻需要。

（2）新闻价值评估三原则：

根据新闻价值的基本内涵以及新闻价值结构，评估一个事实是否有新闻价值，主要有三条原则：

①是否是新近发生的事实。陈旧的事实是没有新闻价值的。考古的发现之所以可以成为新闻，一方面在于这个事实是原来人们所不知道的，因而它还是“新”的；另一方面，它是人们的新发现，因而也是新的事实。

②是否有新的信息。新的事实是很多的，但许多新的事实并不带有新的信息。只有给我们带来新的信息的新的事实才是新闻事实。

③这个新的信息是否能引起普遍兴趣。许多新的事实有新的信息，但这些新的信息只是少数人感兴趣，那它的新闻价值就很小，甚至可以说没有新闻价值。

3. 简述新闻价值中“重要性”含义。（江西师大2018年研）

答：新闻价值是指事实内含的能够在多大程度上引起受众普遍关注的素质，是新闻传播主体衡量、选择新闻事实的依据。重要性是新闻价值五要素之一，是指某一事实在整个社会生活中的重要性，它对群众利益、社会生活、新农村建设、安居工程及国内工作、国外斗争有重要影响。

（1）新闻价值是衡量事实重要性的标准。事实和当前社会生活以及广大群众的切身利益有密切关系，就引起人们的关心，例如，政局的变动、政治决策、战争、重大经济信息、重要科技发明、天气的显著变化、重大的灾害、疾病以及当前国际政治经济的新动向等。事实与人们关系越密切，关系的面越大，新闻价值也越高。

（2）凡重要的事情几乎都具有新闻价值。因为重要的事情与人们的生存有密切的关系，是人们注意的主要目标；它们会影响社会的变动，甚至永久或暂时改变社会的进程；另外，重要的事情会出乎人们的预料，突破人们的正常思维，在心灵深处产生震撼。

（3）事实的重要性不是一成不变的，具有相对性。对不同国家、不同地区的受众而言，同一个事件具有的重要程度不同，往往具有易变性；一个长期存在的问题，也可能因某种因素的刺激突然变得重要起来而产生报道价值。事实的重要性还取决于关心的人数，关注人数的多寡，对受众数量有直接的影响。另外，时间越急迫，其新闻价值越大。时间上的紧迫性是指事件能立即产生影响，或急需解决的矛盾、冲突或社会焦点等。

4. 如何理解“真实是新闻的生命，而新鲜是新闻的灵魂”？（武汉大学2017年研）

答： 这句话强调了新闻的真实性和时效性对于新闻的重要性。1943年，陆定一将“新闻”定义为“新近发生的事实的报道”。“新近”即新闻的及时性、新鲜性，“事实”即强调新闻的真实性，可见新闻的基本特点是真实性和新鲜性。从新闻价值的角度看，具有时新性、重要性、接近性、显著性、趣味性等价值的事实才能成为新闻，而其中以“时新性”最为重要。

(1)“真实是新闻的生命”。

①新闻真实性是指新闻报道忠实于客观实际的性质和程度。真实性要求新闻所报道的事实必须同客观事实相符合，具体有三个方面的要求：a. 细节准确真实；b. 新闻报道的事实和客观的事实总体一致；c. 揭示事物的本质。

②真实是新闻的生命，这是衡量一切新闻价值的首要标准。马克思主义新闻观认为新闻的本源是事实，事实具有第一性，新闻具有第二性，事实是新闻的基础；新闻起源于社会生产和生活，这些都是客观存在并不以人的意识为转移的。

③新闻真实性是由新闻活动的主要出发点和最根本的特点决定的。新闻是由于人类生存和发展的需要产生的，媒体通过报道客观存在的事实可以满足人们了解环境变化的需要，而一切人类正确决策的前提是信息必须真实、全面。

④新闻真实性是媒介生存的土壤。如果新闻媒介传播的是虚假信息，就会失去受众的信任，降低媒介公信力，动摇媒介生存的根基。

⑤坚持新闻真实性是新闻工作的基本准则。无论是什么体制下的新闻从业人员，无论新闻传播的媒介形式如何，新闻工作者必须诚实、公正和严谨，切实保障新闻真实。

(2)“新鲜是新闻的灵魂”。

①新闻的时效性是指报道及时，内容新鲜。从理论上而言，时效性是指事实发生与作为新闻事实发生之间的时间差(时距)，同新闻面世以后激起的社会效果的相关量，即新闻产生应有社会效果的时距限度。时效性意味着新闻报道一要迅速及时，二要简短明了。

②时效性是新闻事实最重要的价值，具有时新性的事实加上其他任何性质都可成为新闻。事件发生和公开报道之间的时间差越短，新闻价值越大；内容越新鲜，新闻价值越大。

③新闻时效性是由新闻媒介的职能所决定的。新闻媒介的职能之一是沟通情况、提供新的信息，让人们及时调整自己的行为以适应环境变化。而人们采取恰当行为的前提是信息必须及时，因此，新闻报道如果不能如实报道最新发生的变化，就会失去赖以存在的基础，新闻报道本身也就没有价值。另外，对新闻媒体而言，时效性也是赢得更高的发行量和收视率的关键。

④新闻时效性体现了新闻工作者的专业素质。新闻工作者必须有足够的新闻敏感、敏锐的反应和判断能力，保证新闻的时效性。

(3)新闻的时效性和真实性应当辩证统一。时效性和真实性是新闻的主要特点，是一个不可分割的整体。尽管在新闻实践中，时效性和真实性有时会存在冲突，但二者的根本是统一的。只有把新闻的时效性和真实性辩证地结合起来，才能真正实现新闻的意义。

5. 新闻价值和新闻政策的关系。(上海财大2013年研)

答:(1)新闻价值的含义:

新闻价值是指一个新闻事实中所具有的能够引起受众共同兴趣的素质的总和。这些素质包括五个要素:①时新性,即事件是新近发生的而且是社会大众所不知道的,即时间近、内容新。②重要性,即事件要与当前社会生活以及广大群众的切身利害有密切关系。③接近性,包括地理上接近和心理上接近。④显著性,名人、胜地和著名团体、单位的动态往往为世人所瞩目。⑤趣味性,即事件要富有人情味和高尚的生活情趣。

(2)新闻政策的含义:

新闻政策是指关于新闻报道政策界限的规定。具体包括:能报道什么,不能报道什么,着重报道什么,一般报道什么,以及报道中应该注意些什么等。中国的新闻报道政策是以正面报道为主,符合"三贴近"原则,即贴近实际,贴近生活,贴近群众。

(3)新闻价值和新闻政策之间是对立统一的关系,具体表现如下:

①统一关系:两者都是进行新闻选择的标准。新闻选择,是指新闻机构对现实生活中发生的事实加以鉴别和挑选的行为,通过选择,选出媒体认为值得传播的事实加以传播。世界上每天都发生着各种各样复杂的事件,但媒体的传播渠道却很有限,比如报纸的版面、广播电视的波段及播出时间都是有限的,因此,新闻媒体不可能做到"有闻必录",必须要通过一定的选择标准来确定向受众报道哪些新闻事件。这其中,新闻价值是新闻选择的规律性标准,新闻政策是新闻选择的规范性标准,两者结合在一起,共同发挥选择新闻的作用。

②对立关系:两者可能相互压制对方作为新闻选择标准功能的实现。新闻价值理论从新闻的本质着手指导新闻的传播,是科学和公认的标准,对新闻选择有着重要意义,是新闻职业工作进行新闻选择的首要标准。但是新闻政策则是新闻事件——无论具有多大的新闻价值——能否通过新闻机构审查而进入传播程序的先决条件。另一方面,尽管新闻政策结合行政权力,从宣传效果的角度决定新闻传播与否,但却遭到一些新闻工作者的抵制和反抗,他们认为新闻价值是新闻选择的更高标准,一个新闻机构在进行新闻选择时,要根据新闻的规律,把新闻价值放在优先的位置来考虑,因为只有这样才能吸引更多的受众,新闻机构才能有更好的生存基础。

6. 新闻价值就是新闻的价值吗?为什么?(湘潭大学2016年研)

答:不能把新闻价值等同于新闻的价值。

(1)新闻价值的含义:

具体参见本章简答题第5题答案。

(2)新闻的价值含义:

新闻的价值是指通过新闻报道所带来的社会影响的大小、好坏的评价,包括政治价值、经济价值、社会价值和文化价值。新闻的价值是由宣传价值和新闻法规决定的。

①宣传价值。宣传价值是指事实本身所包含的有利于传播者、能够证明和说明传播者主张的素质。由于新闻媒介的背景不同、性质不同、办报(台)的方针不同,宣传价值表现出强烈的政治倾向、利益取向(国家或民族利益、团体利益)和价值取向。一般而言,宣传价值的素质包括五个方面,合称宣传价值"五性",即与新闻媒介所持的政治主张、价值标

准的一致性、针对性、普遍性、典型性和时宜性。

②新闻法规。新闻法规一般由国家的立法机关制定，对新闻事业有强制性，目的在于约束新闻报道，以免危害国家利益和社会公众利益。新闻法规是新闻选择的最后一道关口，其目的是把危害国家或人民利益的新闻卡下来，不准其公开传播。

(3)不能把新闻价值等同于新闻的价值。

①新闻价值考虑的是新闻是否能引起受众共同兴趣，而新闻的价值考虑的是新闻的社会效果。

②把新闻价值和新闻的价值混为一谈，实际上是把新闻价值和宣传价值混为一谈，是以宣传价值取代了新闻价值应有的地位，无形中排斥了新闻价值。

7. 试述新闻报道的负面影响与“负面新闻报道”的界定与关系。(北京大学2008年研)

答：(1)新闻报道的负面影响与“负面新闻报道”的界定：

①新闻报道的负面影响是指新闻报道公开传播后给社会造成的非预期的、不良的结果。根据效果的社会作用划分，新闻传播效果分为正面效果和负面效果。负面效果是受众接受信息后产生的对社会有消极作用甚至阻碍作用的效果。

②“负面新闻报道”是对社会负面现象所做的报道，通常聚焦于那些与现行社会秩序和道德标准相冲突的事件以及一切反常现象。犯罪、腐败、丑闻、性攻击、事故以及自然灾害等一类事件往往是负面报道关注的焦点。它的目的不在于歌颂光明或倡导，而在于暴露社会敏感灰暗的一面，使公众瞩目和警醒。与之相对应的是正面报道和一般报道。

(2)新闻报道的负面影响与“负面新闻报道”的关系：

前者的“负面”强调报道的影响和结果，即传播的效果，后者的“负面”则是指向报道的对象和内容。“负面新闻报道”并不等于负面影响，对社会的长远发展而言，负面新闻报道能够警醒社会，引起人们的重视和相关政策的出台和实施，更多的是产生正面影响。

8. 如何理解新闻选择对新闻工作的意义。(复旦大学2009年研)

相关试题：为什么说新闻是选择的艺术。(复旦大学2019年研)

答：新闻选择是指在特定的传播环境下，根据一定的价值取向对新闻事实、新闻作品的衡量与取舍。新闻选择实质上就是对能构成新闻的事实的选择。选择事实是新闻工作具有决定性意义的一环。

(1)新闻选择的必要性和必然性：

①从新闻传播的数量看，每时每刻发生的事实的总量远多于所有新闻媒介能够承载的新闻事实的信息的总量，因此，必须对无穷尽的事实加以比照和取舍。

②从新闻传播的质量看，传播者和决策人要以政治经济利益和文化价值取向作为选择新闻事实和新闻作品的首要依据，受传者也要以自己特定的标准取舍新闻，因此，新闻选择是不可避免的。

③从新闻媒介的生存发展看，新闻选择是其维护自身机制、安身立命的根本保证。没有正确的新闻选择，新闻媒介就不能满足受传者的需求，也不能完成创办人赋予的使命。

(2)新闻业务的三个主要环节都和新闻选择有着密切关系。

①新闻采访过程是不断挑选事实的过程。记者获得新闻素材的来源主要有两种途径，一是在新闻现场亲眼目睹，二是听别人介绍。在新闻现场，记者所看到的所有东西，不可

能全都记下来，必须有所选择。被采访对象在介绍情况时，滔滔不绝地讲述，可能向记者提供许多事实，记者就得不断地进行筛选，抓住重要事实不放，追问下去，直到全部弄清为止。

②新闻写作的过程是重新挑选事实的过程。新闻写作是组织事实、描述事实。为此，记者必须对采访到的事实作梳理、挑选，具体包括：哪些事实应该淘汰，留下哪些事实应写入新闻稿；哪些事实非常重要，在新闻稿中要突出；哪些事实只需一笔带过。“有闻必录”的新闻只会是流水账，写作前不挑选事实，就必然导致新闻主次不清，轻重不分，不合要求。

③新闻编辑过程是再一次挑选、审视事实的过程。编辑面对的是新闻稿，一篇新闻稿能不能用，当然要考虑到写作技巧。但取舍一篇新闻稿的标准，首先不是写作技巧，而是新闻稿中的事实。新闻工作有句行话，称“稿件的分量”，即指新闻稿中的事实，“有分量”是指这篇新闻稿所提供的事实重要，可以放在显要的位置上发表。事实有分量，写得也好，这当然是最理想的新闻稿。有些稿子，写作技巧不怎么好，但提供的事实十分重要，编辑经过文字加工，可以公开播发；有些稿子，尽管写得很漂亮，但提供的事实并无多大价值，就无法被编辑看中。

因此，作为一名记者、编辑，仅有生花妙笔是远远不够的，最重要的是要有挑选事实的过硬本领和迅速判断事实价值的本领，即有敏锐的“新闻敏感”。

9．什么是新闻选择？有哪些标准？（华政 2019 年研）

相关试题：

（1）高质量新闻选题的标准。（河南大学 2019 年研）

（2）结合实际谈谈如何选择新闻角度？（安徽师大 2016 年研）

（3）试述新闻选择的依据。（聊城大学 2016 年研）

答：新闻选择是指对现实生活中发生的事实加以鉴别，选出新闻媒介值得传播的事实。新闻采访、写作和编辑过程都和新闻选择有密切关系，新闻采访过程是不断挑选事实的过程，新闻写作的过程是重新挑选事实的过程，新闻编辑过程是再一次挑选、审视事实的过程。新闻选择的标准如下：

（1）新闻是新近发生的事实的报道，因此，选择的新闻事实一要真实，二要新鲜，要淘汰虚假、陈旧、人们司空见惯以及空话连篇的“事实”。

（2）新闻价值。指事实本身包含的引起社会各种人共同兴趣的素质。新闻价值的素质具体参见本章简答题第 5 题答案。

（3）宣传价值。指事实本身所包含的有利于传播者、能够证明和说明传播者主张的素质。宣传价值的素质包含以下五个方面，合称宣传价值“五性”。

①一致性。指与新闻媒介所持的政治主张、价值标准的一致性。这里的标准是政治上的“利”与“害”的问题。对于我国的媒体而言，就要以党的理论、方针、政策，以国家的法令和社会主义核心价值观作为选择新闻的标准。

②针对性。针对社会上的各种猜测、怀疑、歪曲、流言，选择事实进行有的放矢的宣传。针对性越强，宣传价值越大。

③普遍性。事实中所包含的思想观点对广大受众具有普遍的教育意义，从而能引起人

们广泛的注意，启发人们的思考，引导人们举一反三。

④典型性。事实不但要和作者想说的思想观点相一致，而且要有有力的观点，所选用的事例要能以一当十、以少胜多，使人心服口服。

⑤时宜性。有些新闻要选择适当的时机来发表，才能获得更大的宣传效益，避免引起不必要的思想混乱。

(4)新闻法规。新闻法规是新闻选择的最后一道关口。某一事实在政治上、法律上是否允许公开传播，这是任何新闻机构必须考虑的问题。新闻法规一般由国家的立法机关制定，对新闻事业有强制性，目的在于约束新闻报道，以免危及国家利益和社会公众利益。

10. 简述时效性原则对新闻价值实现的意义。（暨南大学 2019 年研）

答：新闻价值通常包括时效性、重要性、接近性、显著性、趣味性等五要素，而在新闻价值五要素中，时效性是一个基本前提，无论是硬新闻还是软新闻，时效性都是一条新闻必备的属性。因为社会需要的是新的情况、新的信息，没有新，其他四个要素即便全具备也不能是新闻，更不会有新闻价值可言。

(1)时效性建立在真实的基础上。时效性包括时间性与新鲜性两层的意思。时间性是指发生与被报道之间的时间差，时间差越小，时效性越强。信息时代，要力争在第一时间发出报道，新闻事业发展史即是争取时间性的历史。新鲜性是指新闻报道的新鲜感，表现在内容、视角、切入点、形式、主题等方面。新闻是一种很容易腐烂的商品，刚刚或正在发生的新闻事件最有新闻价值。事件发生后再去报道，新闻价值就要大打折扣了。但是时效性高的报道并不一定都具有新闻价值，因为人们对事物的认识是有一个过程的，探寻事实的真相需要时间，所以我们要去追求新闻的时效性，但是应该建立在真实的基础上，只有如此才能使报道具有新闻价值。

比如前些年美国媒体关于总统选举报道失误的事件就是因为媒体一味地追求时效性而导致的，由此可以看出时效性的要求不应被简单地理解为在报道时间上越早越好，正所谓“过犹不及”，凡事都应适度。如果因为一味抢先而导致报道失误，就有损于新闻的真实性原则，而真实却是新闻的生命。因此，报道事实有误的新闻严格说来已失去其合格性，时效性当然也就无从谈起，其新闻价值就更无从谈起。

(2)不同类型的新闻，其“时效性”侧重点不一样。

①事件性新闻力求时新，对国内外所关注的重大新闻事件朝着现场直播的同步报道上努力。而对于非事件新闻则更倾向于“时宜性”。一些社会问题、社会现象的题材本身不是最新的发生，而是存在一段时期的报道，是对某一问题、现象的新的发现、新的思考，是适应观众需要的。

②连续报道和系列报道在时效性上的差异。连续报道注重时效，力求时间上最新的报道，系列报道注重的是时宜性，追求的是内容的“新”，作为每一条在消息类新闻播出的新闻，系列报道采制时也要选好新闻由头，寻找恰当的新闻依据。

③网络新闻的时效性要求比电视新闻更强。

(3)不同的时期，新闻的时效性要求不同。在危机发生时，作为职业传播者的新闻、机构及新闻工作者的传播活动在提供有关信息和危机管理中扮演重要角色，危机作为“极度危险或艰难的动荡不定的局面”，充满了不确定性，从而使人们有焦虑、恐惧之感，在这个意义上，处理、化解危机的过程同时也是消除人们焦虑的过程。由于信息的定义之一即“减少接收者的不确定性的讯息”，而在危机状态下，不确定性往往成为人们焦虑、恐惧的原因，因此，准确、及时地传播有关信息，对于危机处理和化解至关重要。正是因为危机处理过程与信息传播的关联性，人们在危机发生时会特别关注信息传播系统提供的有关信息。因此，新闻传媒对危机事件的报道，必须迅速及时，这就决定了新闻传播的时效性在危机报道中表现出非同寻常的意义。

11. 如何理解“新闻是选择的结果”？在新闻选择的过程中，主要考虑哪些因素？（中山大学2018年研）

答：(1)新闻是选择的结果：

新闻选择是指对现实生活中发生的事实加以鉴别，选出新闻媒介值得传播的事实。从新闻生产的专业视角来看，新闻选择是新闻学专业知识、新闻工作经验和其他社会科学、自然科学知识的综合运用。新闻选择是新闻生产中最重要的工作之一。

之所以说“新闻是选择的结果”，是由新闻选择的必要性和新闻选择与整个新闻生产过程中的密切联系决定的。

①新闻选择的必要性：

a. 新闻是新近发生的事实的报道。因此，过去发生的事实(历史)、重复出现的事实(人们所熟知的、司空见惯的)以及虚假的“事实”便被排除在新闻之外。

b. 世界上每天发生的事件太多，为了解决报纸所面对的难以尽数的新近发生的事实与有限版面的矛盾，新闻工作者需要对新近发生的事实进行选择。

c. 从整个社会来看，新闻工作者是社会的把关人，新闻媒介是人们了解世界的窗口。新闻工作者通过新闻媒介向人们提供什么样的新闻，在很大程度上关系到人们如何看待这个世界，关系着人们思考什么、怎样思考以及思考的结果，关系到人们的思想和情绪。因此新闻工作者需要对新闻事实进行选择性地呈现。

②新闻选择与新闻生产过程的密切联系：

新闻采访、写作、编辑，是新闻业务的三个主要环节，都和新闻选择关系密切。新闻采访过程是不断挑选事实的过程，新闻写作的过程是重新挑选事实的过程，新闻编辑过程是再一次挑选、审视事实的过程。作为一名记者、编辑，首要的就是有挑选事实的过硬本领。我们经常所说的“新闻敏感”就是迅速地判断事实价值的本领、善于选择事实的本领。因此，新闻是选择的结果。

(2)新闻选择需要考虑的因素：

新闻选择的标准有很多，记者对事实进行反复地筛选，最后才把符合要求的事实写成新闻稿。对任何新闻媒介来说，新闻定义、新闻价值、宣传价值、新闻法都是新闻选择的四项主要标准。

①新闻定义。新闻是新近发生的事实的报道。根据这个新闻定义，所选择的事实一要真实，二要新鲜。为此，要淘汰下列事实：虚假的“事实”；陈旧的事实(当作背景用另当别论)；人们司空见惯的事实；空话连篇的“事实”。

②新闻价值。新闻价值是为了解决究竟选择什么事实才会引起公众兴趣这个难题的，是指事实本身包含的引起社会各种人共同兴趣的素质。新闻价值的素质有：时新性、重要

性、接近性、显著性、趣味性。

③宣传价值。指事实本身所包含的有利于传播者、能够证明和说明传播者主张的素质。宣传价值的素质包含以下五个方面，合称宣传价值“五性”：与新闻媒介所持的政治主张、价值标准的一致性、针对性、普遍性、典型性、时宜性。

④新闻法规。新闻法规是新闻选择的最后一道关口。某一事实在政治上、法律上是否容许公开传播，这是任何新闻机构必须考虑的问题。新闻法规一般由国家的立法机关制定，对新闻事业有强制性，目的在于约束新闻报道，以免危及国家利益和社会公众利益。

12. 怎样理解“新闻要新是其与生俱来的一个特点”？（山东大学 2018 年研）

答：新闻报道是时间性极强的文字作品。有人把它称为“易碎品”。它所害怕的压力不是重量，而是时间。有些新闻迟发一步，就可能成为没有价值的旧闻。这是由新闻自身的“一次性消费”特点决定的。

（1）新闻的“一次性消费”特点：

“一次性消费”是指新闻的主要价值和功能在于解决受众“不知道”的问题。一旦人们知道了，新闻的作用也就消失了，而这个“知道”一般情况下是一次性，有时甚至在很短的时间里，甚至是在一瞬间完成的。

“一次性消费”的同时也带来“排他性”。所谓“排他性”是指同样内容的新闻，哪一条先到受众那里，解决了他的“不知道”，后续而来的新闻，就不再起什么作用了。实践已多次证明，对同一事件的新闻报道因时间先后的不同，给受众的冲击和印象是不一样的，也就是说传播效果是不同的。先到的新闻好比“雪中送炭”，后到的新闻，充其量起个“锦上添花”的作用。

新闻的“一次性消费”特点决定了新闻要新，时新性是其与生俱来的基本特点。

（2）新闻“时新性”对新闻工作的启示：

①要加强今日新闻的采写。新闻姓新不姓旧。新闻事实发生的时间与把它传播出去的时间两者之差越小越好，越小新闻就越新鲜，也就越受读者欢迎。在香港的报摊上，可以切身体会到新闻“鲜活”的价值。到了下午，当天的报纸就降价，要两份搭配着卖，就像农贸市场的蔬菜，到了傍晚，就变成“大甩卖”。

②学会在报道中把最新鲜、最精彩的信息或内容“拎”出来。用最明显的形式摆在读者的面前。要学会从众多的新闻事实中提炼出最新鲜的那一点，有人把它称为“新闻眼”，犹如下围棋中的棋眼，一子牵动，全盘皆活。无论消息，还是通讯，新闻工作者都要高度重视新闻报道的开头。

③寻找新闻的最近点，尽可能找出某件新闻事实在今天的依据。选取采访当天所见到的一个具体场景，找到这件新闻事实“今天”的一个切入点，就会把时间性大大拉近，使它成为一条现在进行时的新闻。

各种媒体的竞争，实质上是对新闻时新性的竞争，或者说是采访速度、写作速度、播发速度的竞争。因此，新闻要新是其与生俱来的一个特点，谁优先具备时效性，谁先抢到新闻，谁就能争取到受众。

13. 真实性是不是新闻价值的构成要素之一？为什么？（湖南师大 2015 年研）

答：新闻是公众关注的最新事实信息的报道。新闻价值的构成要素通常分为不变要素和可变要素两种。真实性是新闻价值的不变要素之一。

(1)新闻价值的不变要素。不变要素是指任何事实信息要成为新闻都必须具备的能够适应和满足公众某种兴趣与需要的规定性素质。它们决定着事实信息新闻价值的有无。不变要素包括真实性和新鲜性两种。它们是新闻事实信息是否具有新闻价值、新闻能否产生和存在的决定性条件。

①真实性。真实性是新闻存在的基本条件。新闻是事实信息的报道，事实是新闻的本源和基础，没有事实就没有新闻。因此，新闻只能按照客观事物的本来面貌作真实的陈述。新闻如果失真、失实就不是新闻了，也就没有新闻价值了。在新闻价值诸要素中，真实性是一个最重要的不变要素。一切新闻要想产生和存在，首先要确认构成这一新闻的内容是否是客观存在的事实。

②新鲜性。新闻如果不新鲜也不可能成为新闻，当然也谈不上新闻价值。在新闻价值诸要素中，新鲜性也是重要的一个不变要素。一切新闻都必须新鲜，这是受众需要新闻的根本原因所在。一般说来，内容越新鲜，为受众提供的信息越新，信息量越大，新闻价值就越大。

(2)新闻价值的可变要素。“可变要素”是指事实信息要成为新闻所必须具备的能够适应和满足公众某种兴趣与需要的非规定性素质。可变要素包括重要性、接近性、显著性、趣味性。它们的存在决定着事实信息新闻价值的大小，是新闻事实信息体现其价值的重要条件。

①重要性是指事实信息内容的重要程度。事实信息内容越重要，新闻价值越大。判定某一事实信息内容重要与否的标准，主要看其政治或社会意义的大小，及其对社会公众产生的影响程度。对更多的人产生越大的影响，政治或社会意义越大，新闻价值也就越大。

②接近性是指事实信息内容与受众的接近程度。事实信息内容与受众在心理、利益和地理上越是接近和相关，其新闻价值越大。受众一般对与自己的心理和利益及所处地理环境接近的事实信息更感兴趣。

③显著性是指事实信息中的人物、地点和事件的知名程度。越是著名、越是显要、越是突出的人物、地点和事件，越能吸引受众，新闻价值也越大。

④趣味性是指事实信息内容引起受众产生兴趣的程度。越是受众感兴趣的事实信息，新闻价值越大。

上述六个要素是新闻价值的主要构成要素，通常，一件事实信息，只要具备两个不变要素，便具有了新闻价值，如果其同时具备的可变要素越多，新闻价值也就越大。

14. 什么是软新闻？（江西师大2013年研）

答：软新闻是指富有人情味、纯知识、纯趣味的新闻。它和人们的切身利益并无直接关系，只向受众提供娱乐，使其开阔眼界，增长见识，陶冶情操，或作为人们茶余饭后的谈资。

(1)软新闻的特点：

①软新闻的发生往往没有明确的时间界限，多数属延缓性新闻。

②软新闻的公开发表没有时间的紧迫性，它耐“压”，早一天迟一天并无大碍。

③软新闻很讲究写作技巧，须用生动活泼的文笔来写，写出情趣来，即“散文笔法”。

(2)软新闻的内涵与广泛价值：

内容上的生活化、戏剧化，表达形式上的趣味性都是软新闻的标签。软性因素在新闻中的扩展，成为当今新闻界的一个发展趋势，如软新闻激增，新闻栏目、版面等编排方式上的“软着陆”等。但硬新闻信息资源仍然占主要地位，只是我们更应该注意这类资源中所包含的生活及戏剧化因素，以及更为丰富的表达方式。软新闻信息资源的开发中，除了内容和形式更为灵活多样外，也受到硬新闻所持新闻价值观的影响，以求“软”中有“硬”。因此，硬新闻应该从软新闻开发中汲取创新因素，但汲取的目的是使硬新闻中的信息更好传达和为受众接受，硬新闻在信息内容上还要保持自己的特色。在对软性新闻资源开发时，还要以硬新闻为参照，发掘当中包含的主题，使软性新闻从边缘走向资源开发的中心地带。

软新闻在一定程度上满足读者的多元需求，根据社会生活的不断发展，软新闻集新闻策划、方式创新、形式多样、视野开阔等特点为一体，构成了软新闻的主要元素，特别是在当前的社会转型时期，软新闻的发展对于提升新闻媒介的核心能力，满足不同读者需求，注重新闻的娱乐化、生活化新闻宣传模式的转变都具有积极的意义和广泛的社会价值。

15. 简述硬新闻与软新闻的区别，及其在新环境下的发展。(复旦大学 2017 年研)

答：(1)硬新闻与软新闻的含义：

参见本章概念题第 4 题、第 5 题答案。

(2)硬新闻与软新闻的区别：

①区分硬、软新闻的关键在于重要性、趣味性和时间性。硬新闻重在迅速传递信息，强调时间性与信息的精确性，多为动态新闻和现场报道；软新闻对时间性不做过多要求，重在引起读者兴趣和情感呼应。

②不同的人(或群体)对新闻有不同的需求。但从总体上说，人类必须在硬新闻获得满足以后才会需要软新闻；新闻媒介也是以传播硬新闻作为生存、发展的基础。

③不同的新闻媒介对新闻有不同的需要。一般说来，严肃的高级报纸(在中国以党报为代表)以刊登硬新闻为主；大众化通俗报纸(在中国以晚报为代表)有更多的软新闻。

(3)硬新闻与软新闻在新环境下的发展：

①硬新闻在新环境下的发展：

a. 硬新闻的“软化”。随着我国改革的不断深入和市场经济的发展，人们的生产、生活方式发生了较大变化，对信息的需求也随之改变，形式多样、写作灵活的新闻报道越来越得到读者的喜爱。在这种新环境下，用来报道政治、经济、军事等方面的硬新闻开始“软着陆”。硬新闻的“软化”，就是在保持新闻内容基本不变的基础上，通过优化新闻结构、改变传播模式和方法，以提高新闻的可读性，实现良好的传播效果。具体表现在软策划、软包装和语言平实化三个方面。

b. 硬新闻的文本特征发展。随着媒介生态环境变化的加剧，硬新闻的文本特征在精炼性和开放性两个方面有大的发展。精炼是求简，理念上是标题即新闻、导语即新闻。精炼属于文本优化，其主要手段是一遍化写作——记者制作的硬新闻，受众只需要接收一次就可以领会其意思。文本开放性的涵义更为广泛，包括表达意见、利用各种编辑手段等，突出表现在硬新闻对深度的追求。

②软新闻在新环境下的发展：

a. 软新闻的“硬化”。当下新环境中，在保持服务性特色的同时，软新闻在优化信息结构、提高新闻质量方面正努力提高信息的品位。

b. 软新闻的报道形式更加平民化。在内容选择上表现为：抛开时事政治而关注百姓生活；注意力集中在新闻事件本身，偏爱暴力、灾害类新闻，多揭露阴暗；不注重问题的解决，满足于揭示和展示等；在报道方式上语言多轻松幽默，主观色彩浓厚，加强新闻的故事性，注重情节，放大细节；传播方式上加强与观众的互动，积极调动观众的参与热情。

三、论述题

1. 观点讨论：新闻价值是指事实所包含的足以构成新闻的种种素质的总和。（武汉大学 2011 年研）

答： 学术界对于新闻价值的定义不尽相同。题中所述观点实际上是一些学者从新闻传播者的角度对新闻价值做出的定义，因而具有合理性。

（1）新闻价值概述：

从整个新闻传播的过程看，对新闻价值的理解涉及新闻产品制作者与新闻产品接收者两个主体。

①对于新闻传播者而言，新闻价值主要是新闻产品与新闻事实之间的关系。从这一角度出发的“新闻价值”概念，具体如下：

a. 要素说。“新闻价值，是指事实所包含的足以构成新闻的种种特殊素质的总和。”“新闻价值就是事实本身包含的引起社会各种人共同兴趣的素质。”“所谓新闻价值，是指新闻事实满足社会需要的特殊要素的总和。”

b. 标准说。“新闻价值是新闻记者衡量和选择事实是否可以成为新闻的标准。”

c. 要素、标准合一说。“新闻价值是新近事实或相应作品所含新闻构成要素的总和。它是传播者选择事实和接受者选择新闻的客观标准。”

②对于接收者而言，新闻价值是指新闻产品对于接收者的价值。这一类型的定义有：

a. 满足需要说。“新闻价值是一关系范畴，是指新闻事实（客体）的素质对收受者（主体）的需要的满足。”“新闻价值是指新闻与收受者、社会之间的需求关系，表现为对收受者和社会需要的满足。”

b. 功能、效应说。“所谓新闻价值，是指新近发生的事实在传播过程中所履行的能满足人们知晓、认识、教育、审美等诸种需要的功能。”“新闻价值是某些事实所具有的在满足收受者新闻需要方面所具有的显在和潜在的作用。”“所谓新闻价值，就是新闻信息在传播过程中激发出来的适应社会创新需要的能量。”

（2）观点细述：

有些事实，因为它本身的某些特殊素质，而有别于其他的一般事实，正是由于这些特殊的素质使得它能够成为新闻，而新闻价值就是这些特殊素质的总和。新闻中所包含特殊素质有时新性、重要性、接近性、显著性、真实性、人情味、趣味性等。

2. 国家主席习近平提出，在报道会议新闻和领导人活动的新闻时，新闻工作者要凭三个要素来决定是不是进行报道，即“工作需要、新闻价值、社会效果”。请从党报的政治性和新闻纸性相结合的角度，对“工作需要、新闻价值、社会效果”进行评价。（人大 2013 年研）

答：新闻工作者应按照“工作需要、新闻价值、社会效果”三个要素，来决定是否报道会议新闻和领导人活动新闻，原因在于党报具有多重属性。

(1)党报具有政治属性。我国的党报是中国共产党的机关报，反映中国共产党的政治态度和政治主张，它必须坚定不移服从党的各项宣传要求和宣传纪律。

党报的政治属性决定党报须做到以下几点：①体现党性原则。②担负宣传责任。③在新闻报道中体现权威性。④将“讲政治”的要求融入报道中。⑤做好党和人民的耳目喉舌。

所以党报必须从本党的利益出发、按照党委的要求进行报道，其是否报道某个新闻事件的标准之一，是判断该事件的报道是否出于党组织的“工作需要”、能否推进党的工作进程。

(2)党报具有媒介属性。党报作为新闻纸，也有媒介属性，媒介属性要求党报在报道时应该做到：①新闻报道应该尽量接近事实。②以受众为导向，报道要从受众的角度出发。③根据接近性、时效性、重要性等新闻价值，来决定是否报道新闻与新闻在版面中的位置。④采取灵活的报道方式，尽量让受众接受，不拘泥于严肃的形式。

换言之，作为新闻媒体，为了吸引受众，并实现自身传播信息的功能，它必须要遵循媒体的各种传播特点，在报道时不能忽视“新闻价值”的重要性，否则就达不到满意的传播效果。

(3)党报具有文化属性。从我国的实际情况看，党报还具有文化属性：①作为出版产业的一部分，它是现阶段文化积累的基本载体之一。②党报要宣传党的路线、方针、政策，适应新形势、新任务的要求。这使党报肩负起宣传、记录、弘扬、延续中华民族文化的伟大使命。

因为担负着文化传承的重大责任，我国党报在报道时尤其注重社会效益的实现，它把能否取得良好的“社会效果”作为出版发行的重要衡量标准。

综上可知，习近平主席提出，在报道会议新闻和领导人活动的新闻时，新闻工作者要凭“工作需要、新闻价值、社会效果”三个要素来决定是否进行报道的原因在于，党报具有政治属性、媒介属性和文化属性等多重属性，不同的属性要求它在报道中遵循不同的要求。

3. 论述新闻从业者在进行新闻事实选择时的影响性因素。(北京大学 2009 年研)

答：新闻选择是新闻学全部知识、新闻工作经验和其他社会科学、自然科学知识的综合运用。新闻选择是新闻工作中最重要的工作之一。

(1)新闻传播者在选择事实的过程中始终受到价值取向的制约。

①决定传播价值取向的因素是多方面的，首先是新闻价值因素。对于新闻传播者而言，向受传者提供具有足够新闻价值的新闻，是他们最重要的职责。

②新闻受传者总是出于特定的社会需求去获知新闻，新闻也只有能够满足特定的社会需求才能实现它的价值。新闻之所以能够满足受传者的需求，实现自身的价值，按照唯物论的本源观，不是由新闻本身，而是由新闻所报道的事实具有能够满足受众需求、实现新闻社会价值的素质。

③新闻价值是事实内含的客观要素，人们认知和评估这种客观要素是有标准的。在长期、频繁的新闻传播收受活动中，传播者与受传者正逐渐形成判断新闻价值的较为稳定的看法，这种个人或团体判断新闻价值的主观标准就是新闻价值观，也即新闻价值取向。新

闻价值观虽说受到阶级、集团、文化水平、情趣爱好等影响，但总体而言，主要是受到传播实践的制约、检验和纠正。传播实践的核心是新闻的传播效果，即新闻公开传播之后引起广大受传者的兴趣和关注的程度。某一事实为受传者关注的程度越强，关注的面越宽，其构成的新闻的价值也越大。

④正因为如此，新闻传播者的责任之一，就是识别、判断和捕捉具有新闻价值的事实，并且尽可能广泛、充分、及时地报道这些事实。这对新闻工作者来说是一项重要的能力，也就是人们常说的新闻敏感。

(2)在实施新闻选择过程中，传播者受到传播环境和传播控制等多种内外因素的制约。

①传播环境包括媒介生态和传播生态两个方面。媒介生态是指媒介生存与运作的外部经济、政治、文化及国际环境，如经济的繁荣与贫瘠、政治的民主与专制、文化的进步与落后、社会的开放与保守、国际关系的紧张与缓和等。传播生态是指新闻体制、法制、规章、社会心理等与传播密切相关的社会条件及交通、通讯、物资供应等同信息物化过程相关的物质条件。所有这些方面，在很大程度上制约与规范着新闻选择的运作。

②传播控制是多方面的，包括国家、政党、社会集团运用法律、行政、经济制裁等手段的控制，也包括社会舆论与行业组织的控制，还包括内部新闻自由体制的控制。

③直接影响新闻传播者进行新闻选择、已内化为中国传播者习惯依据的各项因素是：a. 党性原则和党的新闻宣传工作纪律。b. 法律、法规和有关新闻传播的专门法律文件。c. 社会主导价值观。d. 新闻价值与宣传价值取向。e. 行业规范。f. 本媒介编辑方针与风格特征。g. 社会公德水准与社会心理承载力。h. 相关媒介新闻选择惯例的比较把握。

④对于新闻传播者而言，新闻选择是一种意识活动，是以传播功利为定夺，政策法律为依据，价值取向为首选的对新闻事实(大量通过新闻作品承载)反复权衡比较、评价分析的过程及其结果。这种选择随着传播环境的变化，经常有所改变。一个成熟的把关人，随着其经验的不断积累和对选择依据的娴熟把握，新闻选择也不断地趋于科学与和谐。

4. 为什么新闻不是有闻必录?（中国科大 2019 年研）

相关试题：简要评价“有闻必录”的做法。（湖南师大 2016 年研）

答：“有闻必录”是西方新闻学中一种比较早的关于新闻真实性的观点，是处于上升阶段的资产阶级为了争取话语权而提出的一个观点。这种观点主张：“只要听见某人讲过或者看到过某种材料的事实或者情况，新闻媒介就可以加以报道。”

“有闻必录”也是我国近代新闻史上重要的新闻传播观念之一。它的出现虽稍晚于第一批近代报刊，但其演变贯穿了整个近代新闻事业，是对新闻事业尤其是新闻业务具有重要影响的新闻观念。

(1)“有闻必录”的产生背景。“有闻必录”是 19 世纪 80 年代以后中国新闻界流行的一句口头禅。最早出自 1883 年 6 月 10 日上海《申报》的一则黑旗军获胜的新闻。作为一种新闻思想，在 70 年代的《申报》上已有所表述。它当时的主要含义是：只要是听到有人讲过的事实，报纸就可以报道，至于真伪如何，报馆不负责任。从此，这句口头禅作为报馆回敬外界各种指责的护身符而流行起来。这句话的另一种次要含义是：报馆所听到的重要新闻都应照样登载，不以利害关系和其他主观因素决定取舍。这种含义在当时使用极少，一直不占主要地位。“有闻必录”的说法与中国古代的御史制传统有关，是中西方传播观念融合形成的一种畸形产物。

新闻报道要求客观，提倡在新闻报道中尽可能采用"客观地叙述事实"的方式，反对新闻报道中的"客观主义"，反对"有闻必录"。

(2)"有闻必录"的弊端。在现代新闻观念中，新闻绝不是"有闻必录"的，原因有以下几个方面：

①"有闻必录"冲击了新闻真实性和客观性。19世纪上半期，"有闻必录"的实践大多是以"风闻"之事充当新闻。但在19世纪末20世纪初，我国处于社会变革时期，新旧观念激烈碰撞，民族危机不断加深，历经数次战争。此时，读者对于新闻真实性和客观性的要求上升，那种"风闻"而来的消息无法继续满足读者需要，因而受到强烈的批判。"有闻必录"的实质是强调新闻报道只须"照实直录"，只须机械、客观地去记录和陈述事实，而无须做主观的判断、选择和深入的调查、核实。如果把客观报道绝对化，过于夸大其作用，并且用"有闻必录"的观念和手法来曲解客观报道原则的科学内涵，特别是用客观报道新闻同反映立场倾向对立起来，这既不符合新闻工作实际，也不利于正确地认识和把握客观报道原则的科学内涵，更好地发挥其积极、有效的作用。

②"有闻必录"可能危害社会生活。如果媒体对所报道的事实不进行认真的调查和核实，任意地"有闻必录"，很可能会造成报道失实，甚至会导致以讹传讹，贻害社会，这是一种不负责任的做法。"有闻必录"所录之事可能牵涉到社会生活的各方面。假新闻的传播带来的危害是难以估计的。此外，"有闻必录"的做法除了可能招致新闻真实性存疑以外，报馆如果一味打着"有闻必录"的旗号，便可能引发对于他人名誉权等的侵犯。

③"有闻必录"所"录"之事太过琐碎。现实生活中每天发生的事情很多，任何一家媒体都做不到"有闻必录"。凡有所"闻"必"录"虽然在实践之中是不可能做到的，但是受"有闻必录"观念影响，媒体可能会将报道限于琐碎的、细致的新闻之中而在重大事件报道上有所缺失。

作为近代重要的本土新闻传播观念之一，"有闻必录"植根于中国传统社会及其新闻观，发展服务于近代新闻传播事业，有其积极意义与合理性。因此，对于"有闻必录"的研究和批判，要结合具体历史环境进行分析。

5. 试论述新闻价值产生的背景以及主要要素，并回答新闻价值的影响因素有哪些。(电子科大2019年研)

相关试题：结合实际，谈谈你对新闻传播价值的理解。(陕西师大2016年研)

答：新闻价值是指事实所包含的足以构成为新闻的种种特殊素质的总和。这种特殊素质就是新闻价值的要素，这些要素都具有能引起受众的共同兴趣和普遍关注的共同特征。

(1)新闻价值产生的背景：

西方主要国家的第一次工业革命基本完成、资本主义经济政治制度巩固下来以后，欧美国家的新闻传播从政党报刊进入大众报刊的时代。大众报刊的价值取向发生了根本性的变化、从为政治服务变成了盈利第一。在市场竞争中，报纸只有多刊登有吸引力的新闻才有可靠的财源。新闻被当作可赚钱的商品推向社会。这样，新闻传媒就要确立一定的标准，用以衡量哪些新闻事实更能吸引读者，哪些新闻平淡无奇，无法扩大报纸销路，这样就产生了新闻价值理论。

(2)新闻价值的主要要素:

具体参见本章简答题第1题答案。

(3)新闻价值的影响因素:

①事实发生的概率越小(包括意外、偶然、异常),便越有新闻价值。

②事实或状态的不确定性越大,减少不确定性的事实或信息便越具有新闻价值。

③事实的发生与受众的利益越相关,便越具有新闻价值。特别是直接发生在身边的与利益相关的事实。

④事实的影响力越大、影响面越广、越能立即产生影响力,便越具有新闻价值。

⑤事实与接收者的心理距离(兴趣、生活地域、性别、年龄、教育程度、专业特长、经济收入、民族或种族或宗族等)越近,便越具有新闻价值。

⑥越是著名人物,其身上发生的事实,越具有新闻价值;越是著名地点,那里发生的事实,也越容易引起受众的关注。这是由于人们的崇拜心理,或是对著名地点知悉而产生了关注意识、对故土依恋的怀旧心理等的缘故。

⑦含有冲突因素越大的事实,越具有新闻价值。一般地说,和谐等于平淡,冲突表现为竞技、论战、商业竞争、外交斡旋、战争等。凡是冲突都具有一定的新闻价值。

⑧越能表现人的情感的事实(悲欢离合),越具有新闻价值。

⑨越具有心理替代性的故事性事实,越具有新闻价值。这里涉及类似文学的故事母题,诸如英雄母题、撒旦母题、爱情母题等。生活中各种故事性事实,各不相同,看似繁杂,实际上也可以归纳为有限的几个"母题"。

⑩事实在比较中带来的反差越大,越具有新闻价值。

6. 人们说"狗咬人不是新闻",而"人咬狗才是新闻",谈谈你的理解。(河南大学2019年研)

答:美国《纽约太阳报》19世纪70年代的编辑主任约翰·博加特把新闻解释为"狗咬人不是新闻,人咬狗才是新闻"。这种说法被西方资产阶级报人作为选择新闻的标准一直延续至今。这句话表明新闻的特点之一,即异常性、新鲜性、猎奇性。自媒体环境下,"人咬狗"类的新闻层出不穷,究其原因,是新闻价值出了偏差,下文将对此展开分析。

(1)自媒体时代,"人咬狗"类新闻层出不穷。

①自媒体时代是内容生产的黄金时代,自媒体出现的最大意义就是给写作者赋权。它打破了传统媒体时代的内容垄断和渠道垄断,将内容生产和发布的权力放到了写作者手中。然而自媒体为了追求流量,不顾新闻专业主义与伦理道德,过分追求猎奇内容与煽情叙述,疯狂推送"人咬狗"类新闻。

②猎奇心理是受众心理之一,即要求获得有关新奇事物或新奇现象的心理状态。有受众需求便会有产品呈现,这无可厚非。在传统媒体时代,受众只能被动地获取新闻,然而在当下,搜索引擎的加持使受众拥有了自主选择的权力,再加上大数据、云计算等技术使个性化推送成为现实,受众爱看的猎奇类新闻便会不断呈现在受众面前,由猎奇信息构筑的信息茧房对受众和社会均有很大危害。

(2)自媒体时代,杜绝"人咬狗"类新闻是当务之急。

①认识到新闻价值是事实价值与认识价值的统一。新闻价值不仅体现在满足了社会与

公众对新闻的需要，还体现在新闻与公众相契合的价值观。新闻媒体只有理解人、尊重人、体贴人，找准品位与趣味的结合点，将那些真实地表达对世界和人生体验的认识作为题材，才能实现新闻的价值。

②坚持社会责任与党性的统一。党和政府主办的媒体是党和政府的宣传阵地，必须姓党。党的新闻舆论媒体的所有工作，都要体现党的意志、反映党的主张，维护党中央权威、维护党的团结，做到爱党、护党、为党；都要增强看齐意识，在思想上、政治上、行动上同党中央保持高度一致。

③树立正确的新闻价值的评判标准。新闻价值的评判标准关系到新闻价值的实现。而这个标准，不仅体现在新闻传播者对新闻的选择上，更依赖于观众的评价。评判新闻价值的标准一般是新鲜性、重要性、显著性、接近性与趣味性。其中，新鲜性包括事实在时间上的亲近性和内容上的新鲜性；而"趣味性"是指新闻事件具有新奇、反常、有趣、怡情的性质，但绝不是低俗、哗众取宠的。这一点是永远不变的。

7. 谈谈什么是硬新闻和软新闻？它们各自的特点是什么？（河北大学 2013 年研）

答：（1）硬新闻的含义和特点：

具体参见本章概念题第 5 题答案。

（2）软新闻的含义和特点：

具体参见本章概念题第 4 题答案。

8. 结合实例，谈谈在当代媒介生态中对新闻价值的理解。（复旦大学 2021 年研；重庆大学 2018 年研）

相关试题：什么是新闻价值？新闻价值的传统标准和现在新的标准分别是什么？如何提高自媒体传播的新闻价值？（清华大学 2017 年研）

答：新闻价值是选择和衡量新闻事实的客观标准，即事实本身所具有的足以构成新闻的种种特殊素质的总和；素质的级数越高，价值就越大。构成新闻的事实和材料本身所具有的能够满足社会公众对新闻需要的素质，是新闻事实满足传播主体新闻需求的承受度，其实质是对新闻本质及其特性的量化把握，是新闻系统的内在构成。

（1）传统新闻价值标准：

传统的新闻价值理论作为选择报道事实的标准，通常包含以下五个要素：

①时新性（又称时间性、新鲜性），即报道及时，内容新鲜。事件发生和公开报道之间的时间差越短，新闻价值越大；内容越新鲜，新闻价值越大。

②重要性，对国计民生的影响越大，就越重要，新闻价值也越大。

③接近性，包括地理上的接近，利害上的接近，思想上的接近，感情上的接近。凡是具有接近性的事实，受众关心，新闻价值就大。

④显著性，新闻报道对象（包括人物、团体、地点等）的知名度越高，新闻价值越大。

⑤趣味性，具有趣味性的事实，往往有新闻价值。

（2）当代媒介生态新闻价值的新标准：

当前，新闻传播进入新媒体、自媒体时代，新闻价值作为新闻选择的标准，其意义和内涵有所调整或扩展。具体分析如下：

①时新性向实时性转变。传统媒体受采编流程、发稿模式等因素限制，一个新闻事件

从发生到正式出现在新闻报道中，可能会有一定时间差。而新媒体普遍采用24小时不间断发稿的“实时新闻”模式，突破了时间和空间的限制。与此同时，受众也对新闻信息发布时间提出了更高的要求，他们希望看到的不单单是新闻，而是最新的消息。另外，如今的新闻生产不再专属于专业媒介机构，广大网民也是新闻的发布者，因此便克服了传统媒体在时间上的弊端。

②接近性向亲近性转变。传统的新闻价值判断，强调地理上心理上的接近；而新媒体时代的新闻报道，则更多地关注新闻中的信息与人的关系。新媒体时代，受众对情感、认知、信仰等方面的心理认同，可能会高于对事实的关注。在当前的技术条件下，受众更愿意选择与自己心理相接近的新闻，并在社群互动中进一步强化自己的价值认同。互联网时代，在算法技术的推送下，人们接收到的绝大多数信息都是自己感兴趣的，长此以往，便会产生信息茧房的不良影响。

③显著性向实用性转变。传统新闻机构习惯于关注社会名人、著名团体等，因为他们本身具有强大的号召力和影响力，抓住那些具有“显著性”元素的选题，能让媒介机构实现经济和社会效益的双赢。但新媒体的开放性消解了传统媒体的话语壁垒，任何人都可以成为新闻主角，都可以在网上获得关注。因此，“显著性”已不再是新闻价值的重要因素之一，对受众来说实用性才是关键。在互联网上，越来越多的普通人受到大家的关注，如前不久发生的李星星事件，便很快在网络上引起热议。

④趣味性向媚俗性转变。互联网环境下，受众的阅读方式由深阅读转向浅阅读，为了某类新闻在短时间内得到受众的关注，进而产生眼球经济，一些人会对新闻进行媚俗化和煽情化处理。传统媒体时代新闻生产的趣味导向，在当下已经“名存实亡”。同样是李星星事件，澎湃网在报道的时候为了吸引更多的关注，便在报道中过度报道未成年人的隐私，直接展示鲍某在床头的照片等，刻意进行细节描写，追求轰动的效果。

(3)提高自媒体传播的新闻价值的措施：

当下，自媒体已成为网络传播最活跃的主体和新兴舆论场，但自媒体传播的信息却良莠不齐，为了提升当下信息传播的新闻价值，传统的新闻价值选择标准不可遗弃，同时，也要加强对新媒体、自媒体的监管，整治自媒体传播环境，规范自媒体的传播秩序。

自媒体是指普通市民或机构、组织能够在任何时间、任何地点，以任何方式访问网络，通过现代数字科技与全球知识体系相联，提供并分享他们的真实看法、自身新闻的一种途径和即时传播方式，自媒体包括个人微博、个人日志、个人主页、空间、人人网、Facebook等。当前，自媒体已成为网络传播最活跃的主体和新兴舆论场，但自媒体传播的信息却良莠不齐，提高自媒体传播的新闻价值应当从以下方面考虑：

①传统的新闻价值选择标准不可遗弃。自媒体打破了传统大众媒体传受双方的界限，以微博、微信等平台的自媒体传播不受制于传统媒体的报道空间限制，随时随地都可以发布信息。也正因如此，自媒体传播环境中存在海量良莠不齐的信息。自媒体的传播者应当明确，传统新闻价值对重要性、接近性、显著性、及时性、趣味性等的要求不可遗忘，在发布和传播信息时应当考虑到社会效益。

②加强对自媒体的监管，治理自媒体传播的不规范现象。自媒体具有平民化、个性化，门槛低、运作简单，交互性强、传播迅速、良莠不齐、可信度低、相关法律不规范等特点。

自媒体传播的无序让虚假新闻传播更快、更广；新闻内容的低俗化愈演愈烈；新闻炒作盛行；个人隐私权、名誉权屡屡受到侵害。为此，社会各方应该共同努力，整治自媒体传播环境，规范自媒体传播的秩序。

9. 学界关于新闻价值的几种观点？阐述你对新闻价值的基本理解。（人大 2016 年研）

答：(1)新闻价值的含义：

具体参见本章概念题第 1 题答案。

(2)学术界关于新闻价值的观点：

学术界对于新闻价值的定义不尽相同，具体可分为以下几种观点：

①传播主体说(标准说)。持这一种观点的学者认为，新闻价值是新闻工作者选择新闻的标准。新闻价值是选择衡量新闻事实的客观标准，即事实本身所具有的足以构成新闻的特殊素质的总和，素质的级数越丰富、越高，价值就越大。

②接受主体说。持这一种观点的学者认为，新闻价值是对新闻受众的作用，是某些事实所具有的在满足受众新闻需要方面所具有的现在和潜在的作用。但是单一地强调受众的需要会使新闻的舆论引导作用失去方向。会给某些新闻单位的新闻媚俗找到借口，从而造成新闻格调的低下，不利于良好社会风气的形成，有时甚至会造成社会的不稳定。

③双主体说。持这一种观点的学者认为，新闻价值是新闻客体对新闻主体的作用，认为新闻传播中传播客体和传播主体是地位相等的。新闻价值就是新闻客体的属性、功能对新闻主体的效应。在此新闻主体指的是新闻的接受和传播者。这个定义很好地考虑和说明了新闻的传播的全过程，避免了只强调传播一方的弊端，但是这种理论下新闻的社会价值并没有体现出来。它只是单纯地强调了新闻主体的需要，而且有将新闻万能化的倾向。因为在现实生活中，新闻同时满足两个新闻传播主体的需要必然会存在“选择性理解”的问题，即传播主体和接受主体对同一新闻的理解有时会存在差异，接收主体和传播主体都认为新闻满足了其自身的需要，但是在客观效果上却与两者的意愿相反。

④社会效应说。持这一种观点的学者认为，新闻价值就是新闻的社会效应，新闻价值就是新闻信息在传播过程中激发出来的社会创新需要的能量。这一理论很好地考虑了新闻价值的社会效应，使新闻的社会作用很好地体现出来。但是它并没有考虑到受众的需要和传播者自身的需要，如经济、媒体的威望等等。这样的新闻价值只是对社会的价值，是充分强调社会作用的价值，它是在没有考虑传播者和受众的利益和兴趣的情况下所谈的价值。

(3)我对新闻价值的基本理解：

综合学术界公认度较高的提法以及现实中新闻产业的发展，我认为新闻价值应该这样来定义：新闻价值是新近事实或相应作品所含新闻构成要素的总和，它是传播者选择事实和接收者选择新闻的客观标准。理解新闻价值应从新闻接收者和新闻传播者两方面着眼。

①对于新闻接收者来说，新闻价值是新闻满足接收者信息需求的效用所在。具体表现为：a. 新闻应具有时效性，要及时为受众提供有关外界环境及其变化的信息，满足信息接收者的信息需求，报道受众必须知道的事实；b. 新闻应与接收者利益相关，报道受众应该知道的事实；c. 新闻应报道受众感兴趣的、想要知道的事实。

②对于新闻传播者来说，新闻价值是其选择和衡量事实是否值得报道的标准。对于有些新闻事实，即便受众不感兴趣，但只要其事实本身具有社会价值与报道意义，也需要进

行报道。如航天运载火箭升空的新闻，虽然与受众的自身利益关系不大，但因其事实重大，对于国家发展具有重要意义，就具有新闻价值。

当然，新闻工作者在选择筛选新闻事实时，这两方面的要求往往会有出入，无法同时满足受众需求和事实价值，因此，只有当新闻事实与社会需要完全吻合的时候，才能将新闻价值最大化。

第三讲　新闻真实

3.1　复习笔记

【知识框架(庖丁解牛)】

- 新闻真实
  - 新闻真实是事实的真实
  - 自然制约
    - 报道事实量少
    - 新闻工作面临的基本矛盾
    - 取决于接受者的认同
    - 受文化背景、现实政治经济体制影响
  - 新闻失实
    - 文学想象
    - 体制性失实
    - 新闻采访、写作与编辑过程中造成的失实
    - 新闻策划
    - 故意制造、传播虚假事实或虚张声势地夸大事实
    - 套话、套路写作
    - 有意不报道公认的具有新闻价值的公开发生的事实
  - 传媒对科学的误读
    - 具体情况
    - 原因
      - 记者缺乏理性思维
      - 新闻源常与利益挂钩

【通关提要(提纲挈领)】

本章主要讲述了新闻真实的含义、具体表现及制约因素，同时分析了新闻失实的原因。本章考点以简答题、论述题为主，在学习时，需把握新闻真实的内涵，了解新闻失实的具体原因及应对方法。

【考点难点归纳(厚积薄发)】

考点一：新闻真实　★★★★

1. 不同领域中真实的含义(见表3－1)

表3－1　不同领域中真实的含义

要点	具体内容
哲学真实	哲学的真实在于探究事物的本质。虽然各个哲学家对于事物本质的结论不同，但是他们都有一种探究事物本质真实的内在驱动力

续表

要点	具体内容
文学真实	文学的内容大多是虚构的，但又来源于生活，是生活的真实。从欣赏者的角度看，文学真实要求生活的真实或感情真实。从文学创作的角度看，文学的真实是艺术真实。总的来说，文学的真实，在于艺术的真实、感受的真实
宗教真实	宗教的真实，在于信仰的真诚。“心诚则灵”，虔诚地相信某种教义、许多具有相同信仰的人集聚后，氛围会非常融洽
司法真实	司法的真实以法律为准绳，以证据为依据。客观真实与司法真实是法理学领域的经典问题： ①“客观真实”论者以辩证唯物主义认识论为基础，认为查明案件的客观事实是完全可能的，因此公安司法人员根据证据所认定的事实应符合客观存在的案件事实。 ②“司法真实”论者认为在公检法机关运用证据证明案件事实过程中，只要遵循法定程序、规则与要求，就视为达到法律所认可的真实标准，而不追求裁判事实符合案件客观实际

2. 新闻真实的含义(见表3－2)

表3－2　新闻真实的含义

要点	具体内容
概念	新闻真实是指事实的真实，事实是检验新闻真实的标尺。然而新闻是对事实的叙述，而非事实本身，新闻与事实之间依然存在着一定的距离，如果二者间的距离适当，则认为新闻报道是真实的
具体表现	①构成新闻的基本要素必须完全真实。 ②新闻中引用的各种材料必须真实可靠。 ③新闻能表现整体上、本质上的真实。 ④对人、单位、事件的评价必须客观。 ⑤不能脱离新闻来源随意发挥。 ⑥新闻报道的语言必须准确

3. 新闻真实的制约因素(见表3－3)

表3－3　新闻真实的制约因素

制约因素	具体内容
新闻的选择性	由于新闻报道只能选取一部分事实，因而媒体无法全面地呈现世界的真实程度。传媒并非一面反映世界的镜子，无法依据世界本来的多样性反映社会现实。“媒介世界”与“现实世界”并不等同。尽管新闻是事实的一种反映，但新闻不能等同于真相
新闻工作面临的基本矛盾	新闻工作面临的基本矛盾是纷繁复杂的具体事件与简约的新闻报道间的矛盾，因而具体新闻的真实只能展现出一个认识过程。在新闻报道的过程中，事实本身在发展，人们对这个事实的认识也在发展。任何报道都仅仅是对事实的一种简约的、概括性的、从某部分入手的、扬弃的报道，无法完全展现原本的事实
接受者的认同	接受者的认同决定了新闻是否真实。真实的效果由传受之间的关系来完成，传受双方彼此信任，受方就会认为是真实的，否则相反。新闻的真实，要得到接受者的认同。受众的主观性成为新闻真实的一种标准

续表

制约因素	具体内容
文化背景、现实政治经济体制的影响	选择事实时往往会受到文化背景、现实政治经济体制的影响，因此其真实性难以被完全确认。相当多的新闻被来自政治和意识形态的、经济的、传统文化的无形力量，即看不见的权力，自动地删减、化装。文化背景影响新闻真实有若干情形，包括：①类型化新闻事实。②新闻礼仪化。③传媒有意无意地命名、定义事实。④新闻亮点由权势人物占据。⑤传播符号表达的内容较为有限，可能导致新闻接受者对真实的理解产生差异

考点二：新闻失实(见表3-4) ★★★

表3-4 新闻失实

要点	具体内容	
具体原因	文学想象	文学创作常用想象来写作，但不适用于新闻写作。“合理想象”可能导致记者凭主观臆想来报道新闻，由于无法核实，很难保证新闻真实。因此，在新闻写作中一定要避免“合理想象”
	体制性失实	由于政治需要或者经济利益需要，某些不实报道会得到默许和鼓励
	新闻采访、写作与编辑过程中造成的新闻失实	新闻采访、写作与编辑过程中造成新闻失实的原因有：①采访不深入；②新闻编辑过程的差误；③编辑中核实程序有误；④写作中作者想当然
	新闻策划导致“传媒假事件”泛滥	“传媒假事件”不是指假新闻，其“假”的特征有：①消息来源与报道者重合；②传媒假事件隐藏着传媒自身的公关需求，或记者的单纯职业主义动机；③方式上，传媒或记者导演事实；④结果产生暧昧的“真实”
	故意捏造、传播虚假事实或虚张声势地夸大事实	产生这类失实新闻的原因有：政治需要、利益驱动、追求轰动和耸人听闻效应、迫于竞争或生存压力等
	套话、套路写作造成的不真实	一些“套话+空话+美文学字句+固定套路”的新闻，所叙述的多为想象，并非真实的现实，应为假新闻
应对方法	应当建立新闻失实后的更正与答辩机制。新闻报道需要尽可能在第一时间发出，但是事实的发生、发展，以及人们对事实的认识有一个由浅入深的过程，因而在报道的开始阶段有可能出现差误，通常后续的报道应该自然而然地、不止一次地纠正以往报道中的偏差，直到事实被全面地、真实地揭示出来	

考点三：传媒对科学的误读(见表3-5) ★★★

表3-5 传媒对科学的误读

要点	具体内容
造成科学新闻失实的具体情况	传媒报道科学时，即使秉着非常真诚的态度，也有可能造成新闻失实，因为新闻报道与科学研究的工作性质存在差异，新闻工作的特点很容易导致科学新闻的失实。有以下几种具体情况： ①记者从事实的轰动性和影响力角度来选择科学事实，追求“眼球效应”。 ②新闻报道的受众往往需要得到肯定的精确事实，而科学的结论一般不确定或有附加条件的。 ③在表达科学术语时，新闻语言往往采用叙述性和形象性的语言，会导致一定程度的偏差

续表

要点	具体内容
造成科学新闻失实的原因	①记者缺乏理性，会造成伪科学新闻的泛滥。 ②新闻源常与利益挂钩

【考点拓展】网络新闻真实性的特征(见表3-6)

表3-6　网络新闻真实性的特征

要点	具体内容
可以提供关于报道对象的全景式的真实景象	网络媒介具备大容量、高速度、超文本、互动性、多媒体的特点，使得它在揭示新闻事实的真相过程中具有传统媒体无法相比的优势。网络新闻可以用多媒体手段呈现新闻事实的真实面目；相应地，新闻的收受者可以多通道了解、把握事实对象的信息。网络新闻传播以超链接形成超文本、以多媒体形成超媒介的再现新闻事实的方式，可以展现各种视角中的新闻事实
有可能使人们看到新闻事实更多的侧面	①网络新闻提供的特有的“自由传收性”，以前所未有的方式扩大了人们知情的通道，也开启了人们向他人告知周围事实世界最新变动情况的现实通道。互联网相对传统媒体的突出优势之一是，它为人们提供了自由收发信息的技术基础，为“知情自由”“表情自由”时代的真正到来提供了物质前提。 ②网络新闻传播使新闻源主体、传播主体、收受主体、控制主体之间的关系发生了一些根本性的变化。互联网使一些新闻不再经过传统新闻“守门人”的把关或过滤，而是直接与公众见面了。新闻事实的当事人、知情者等可以冲破职业传播者的垄断，将自己了解的真情实况告知网络新闻的浏览者
可以在宏观层面上弥补传统媒体呈现的新闻真实的不足	网络新闻是真正全球化的新闻，它以自己的技术优势，不仅给社会公众提供了自发自收的自由，而且提供了抵抗多种可能的收发限制，这就使网络新闻能够在一些新闻事件、问题、人物、现象上，形成独特的信息通道。通过网络新闻与传统媒介新闻的互补，人们更能比较准确、全面地了解周围的环境变化情况。这也可以看作是网络新闻对新闻整体真实的独特贡献

3.2　考研真题

一、概念题

1. 新闻真实性(北师大2018、2016年研；华南理工2017、2016年研；湖南师大2017年研；上海财大2014年研；华农2013年研；湘潭大学2009年研；中南大2007年研；人大2006年研)

相关试题：新闻真实(上海财大2021年研)

2. 合理想象(华政2019年研)
3. 报刊的有机运动(人大2018年研)
4. “用事实说话”(湖南师大2015年研；湘潭大学2015年研)
5. 新闻失实(南昌大学2020年研；江西师大2018年研)
6. 新闻反转现象(中传2017年研)
7. 事实真实(北京大学2016年研)
8. 含义论中的真实论(南京大学2016年研)

二、简答题

1．简述新闻失实的主要表现及其防范。(中传 2010 年研；南开大学 2005 年研)

相关试题：

(1)新闻失实的表现有哪些？如何防范？(河南大学 2019 年研)

(2)简述新闻失实的表现。(中南大 2018 年研)

(3)新闻失实报道的主要特征。(浙传 2019 年研)

(4)简述虚假报道的表现形式。(湖南师大 2015 年研)

(5)简述失实报道的产生原因及防治措施。(山东师大 2018 年研)

(6)简述互联网时代虚假新闻的特点和规避途径。(四川大学 2016 年研)

2．新媒体环境下核实新闻真实的方法。(人大 2017 年研)

3．新媒体语境下谣言的传播与消解。(华侨大学 2018 年研)

4．如何识别新闻稿件中的假新闻？(兰州大学 2018 年研)

5．简述新闻整体真实性的三种类型。(清华大学 2008 研)

相关试题：

(1)什么是总体真实？(武汉大学 2015 年研)

(2)简述新闻的整体真实。(山东大学 2015 年研)

6．谈谈你对“新闻真实有限性”的理解。(人大 2014 年研)

相关试题：结合理论，论述新闻真实性的不同层面。(上海交大 2020 年研)

7．新闻真实性的要求。(南开大学 2019 年研)

8．简述新闻传播者发布了失实报道后应该怎么办？(河南大学 2019 年研)

9．怎么处理新闻特稿文学性描写与新闻真实性的关系。(河南大学 2019 年研)

10．有人说反转新闻是新闻失真，有人说它是探求真相的方式，请谈谈你的看法。(四川大学 2019 年研)

相关试题：试析反转新闻的利与弊。(河北大学 2017 年研)

11．简述新闻失实的原因。(上海大学 2019 年研；兰州大学 2019 年研)

12．为什么本质真实不能成为新闻真实的衡量标准？(湖南大学 2019 年研)

13．新闻事实和新闻真实的异同。(中传 2019 年研)

相关试题：新闻事实与新闻真实有何关联？(湘潭大学 2016 年研)

14．结合新媒体环境探讨新闻真实是动态的。(人大 2019 年研)

15．“真实是新闻的生命，但新闻的真实性永远是相对的，是在动态中实现的，没有绝对的真实。”请简要陈述你对此观点的理解。(山东大学 2016 年研)

16．新闻真实性是什么？它的科学含义包含哪些内容？(上海大学 2018 年研)

相关试题：

(1)你是如何理解“真实是新闻的生命”这一命题的？(湖南师大 2015 年研)

(2)简述新闻真实性的内涵。(山东师大 2017 年研)

(3)论述后真相时代，如何理解新闻真实。(论述题，中传 2020 年研)

17．新闻真实性的含义是什么？简述坚持新闻真实性对我国新闻事业的极端重要性意义。(安徽师大 2018 年研)

相关试题：为什么坚持新闻真实性有极端重要性？（江西师大 2014 年研）

18. 关于新闻真实，学术界有哪些观点，这些观点的内容是什么？（人大 2016 年研）

19. 新闻如何用事实说话？（湘潭大学 2016 年研；安徽师大 2015 年研）

相关试题：

（1）简析新闻报道“用事实说话”。（同济大学 2018 年研）

（2）简述对“用事实说话”的理解，学界对此有何讨论。（上海大学 2017 年研）

20. 新闻报道中如何构建信息可信度？（江西师大 2014 年研）

21. 如何理解新媒体时代“新闻真实是一个过程”？（浙江大学 2017 年研）

22. 比较视野看待新闻真实的个性特征（如与历史真实、法律真实、文学真实比较）。（人大 2016 年研）

三、论述题

1. 论述虚假新闻表现形式及治理新闻失实的有效手段。（人大 2011 年研）

相关试题：

（1）为了防止假新闻和网络谣言，我国媒体应当如何用西方新闻事实核查制度保证新闻真实性？（清华大学 2017 年研）

（2）简述新闻失实的表现。（简答题，中南大 2018 年研）

（3）简述新闻失实的主要表现及其防范。（简答题，中传 2010 年研）

（4）新闻真实性受到各种自然条件的制约。（辽宁大学 2019 年研）

（5）结合案例，探究新闻报道失实的原因与防范对策。（安徽师大 2015 年研）

（6）试论防止虚假报道的措施与方法。（湖南师大 2015 年研）

（7）近年来常听说网络谣言盛行，需要治理网络谣言，谈谈你对网络是否谣言盛行、是否危害极大以及你如何看待这种说法并谈出你自己的看法。（江西师大 2015 年研）

（8）请你就互联网谣言的形成和扩散谈谈你的看法，并就如何识别、澄清、停止互联网谣言的扩散提出你的建议。（北京大学 2016 年研）

（9）论述新闻失实的表现有哪些？造成新闻失实的原因是什么？（湘潭大学 2017 年研）

（10）网络时代记者该如何避免谣言的传播？（南京大学 2017 年研）

（11）论述谣言治理的关键。（复旦大学 2014 年研）

（12）新媒体环境下，新闻真实性面临哪些挑战？请结合实例，从新闻业务的角度谈谈如何核实信息，避免新闻失实。（中传 2015 年研）

2. 新闻生产技术和新闻真实实现的基本关系。（人大 2017 年研）

3. 以网络推手为例，论述新闻炒作的表现，成因和危害，并谈谈如何整顿。（复旦大学 2011 年研）

4. 事实对传播者的制约。（云南大学 2019 年研）

5. 在自媒体泛滥，人人都是传播者的时代，“观点情绪泛滥而事实真相缺失”，谈一谈你对这句话的理解。（浙江大学 2019 年研）

6. 反转新闻的成因及对策。（兰州大学 2019 年研；安徽大学 2018 年研）

相关试题：

（1）试析反转新闻的利与弊。（河北大学 2017 年研）

(2)如何理解反转新闻？(兰州大学2018年研)

(3)请论述对“新闻反转剧”的看法。(青岛大学2017年研)

7．新闻准确性的具体要求有哪些？如何保证新闻的准确性？(河北大学2016年研)

8．针对虚假的网络炒作现象，论述新闻真实性的内涵。(山东师大2016年研)

9．结合2·19谈话以及具体实例谈谈新闻的真实性原则。(北京大学2017年研)

相关试题：新闻真实是什么？谈谈你对新闻真实的理解。(同济大学2017年研)

10．新闻的“本质真实论”。(华农2012年研)

11．试论“新闻并不代表真相，新闻是一种构造的真实，是事实的外表”。请用案例来分析媒介融合环境中新闻真实性的新形态。(上海大学2017年研)

四、材料题

1．新闻失实的成因以及防治办法。(河北大学2016年研)

2．新闻失实给媒体的公信力带来哪些危害？(河北大学2016年研)

以下为历年考研试题精选，未附答案，供读者参考

1．2015年12月，有网友爆料，在广西桂林西门菜市口附近某门店买了几只螃蟹，下锅蒸完一开壳，怀疑被注射了胶水，并配发照片“以图为证”。媒体关注到，在全国各地都有不少“螃蟹注胶”的传闻，但经当地市场监管局调查发现，并不存在注胶蟹。结合此案例，谈谈虚假信息传播的新特点及其危害。(分析题，暨南大学2017年研)

2．从拉斯韦尔提出的传播的社会功能(三功能说)角度，说明新闻为什么必须具有真实性？(简答题，青岛大学2017年研)

3.3 考研真题详解

一、概念题

1．新闻真实性(北师大2018、2016年研；华南理工2017、2016年研；湖南师大2017年研；上海财大2014年研；华农2013年研；湘潭大学2009年研；中南大2007年研；人大2006年研)

相关试题：新闻真实(上海财大2021年研)

答：新闻真实性是指新闻报道忠实于客观事实的性质和程度。真实是新闻的生命，是衡量一切新闻价值的首要标准。其内涵与其他领域的真实性有所不同。理论家运用概念和推论达到对现实的真实概括，文学家运用艺术形象达到对现实的真实反映，而新闻工作者则是通过对新近发生或正在发生的客观变化的具体、准确、一丝不苟的实录，反映事物的本来面目。新闻不容许有任何虚构或合理想象的成分。新闻的真实性既是我国新闻工作的基本要求，又是我国新闻工作的优良传统。

2．合理想象(华政2019年研)

答：合理想象是指新闻记者从已知的事实去推测记者没有采访到而可能发生的“事实”，并作为事实来报道。然而，新闻是事实的报道，以已经发生、正在发生的事实为依据，不允许以可能发生、将要发生的事实为“依据”。以已知的事实去推测可能发生的事实，这是逻辑推理的任务，而这种推测也只有在得到事实证明后才能成立。用想象来写作是文学的

创作方法，不能用于新闻写作。“合理想象”可能导致记者凭主观臆想来报道新闻，人们无法核对事实，就很难保证新闻真实。因此，新闻写作一定要避免“合理想象”。

3. 报刊的有机运动（人大 2018 年研）

答：报刊的有机运动是指马克思在 1843 年提出的关于报刊报道新闻的过程理论。马克思根据报刊的工作特点，论证了新闻报道具体事件的全过程，这个过程表现为整个报刊的有机的运动。该运动具有两层含义：①每篇报道由于侧重面的不同，单独看起来可能是片面的、有偏差的，但只要报刊的有机运动正常运行，事件的真相就会逐步清晰地表现出来；②新闻报道是一个动态过程，对新闻真实性的追求也是一个动态的过程。当一个事件发生时，报刊有义务第一时间发表，也有责任根据不断出现的新情况和新证据，自然而然地、不止一次地纠正以往报道中的偏差，直到事实被全面地、真实地揭示出来。因此，报刊报道的真实，应当表现为从相互矛盾的报道中得出的历史的真实。

4. “用事实说话”（湖南师大 2015 年研；湘潭大学 2015 年研）

答：“用事实说话”是指对新闻报道的客观公正与立场倾向关系的一种通俗、简练而又准确的概括。“说话”，就是发表看法，表明观点；“用事实说话”，就是将观点、看法、自己的立场和倾向寓于所报道的事实之中，通过事实的叙述将观点意见和立场倾向表现出来。所以新闻报道本身往往会显露出报道者的某种立场和倾向。

5. 新闻失实（南昌大学 2020 年研；江西师大 2018 年研）

答：新闻失实是指新闻报道中事实的不准确和不真实，或加入了偏见解释的报道方式。新闻失实突出表现在五个方面：①无中生有，凭空捏造；②添枝加叶，层层拔高；③要件残缺，隐瞒事实；④偷梁换柱，移花接木；⑤牵强附会，因果不符。目前，新闻失实呈现出趋向常态、故意性失实比例增大、入侵公共领域等特点。

6. 新闻反转现象（中传 2017 年研）

答：新闻反转现象是指针对同一新闻事实的报道，媒体的后期报道内容与前期的报道内容显现出较大差异，随着报道内容的不断深入与完善，新闻报道内容向着相反的方向改变，受众的立场也随着报道内容而急速两极化转变的新闻传播现象。从实质上来讲，反转新闻是由失实报道引发的一种新闻现象，它缺乏新闻的真实性，具有新闻来源多样化、新闻信息碎片化、新闻主体标签化、新闻标题夸张化、受众情绪激烈化、新闻传播短暂化等特征。反转新闻事件发展的初期和后期，舆情表达不一致或逐渐呈现逆向转化态势，甚至主流舆论或多数派意见与情绪也出现完全相反的逆转。

7. 事实真实（北京大学 2016 年研）

答：事实真实是新闻真实性的科学含义之一，即每一个具体新闻报道中的每一项事实，都要做到完全准确无误，有理有据。换言之，新闻报道中的主要新闻要素，均要引之有据、确凿可信，而且对这些要素的细节描述，不容许有丝毫的“合理想象”。另外，新闻报道中引用的一切资料，也要求有可靠的来源，必要时要有明确的交代。新闻真实具体有三方面的要求，即事实真实、总体真实（新闻报道的全部事实与实际生活中的同类事实要完全一致）和本质真实（能够通过事实的报道而揭示该事实发生、发展的原因及其本质）。其中，事实真实是最基本的新闻真实，是新闻工作者在实践操作过程中的基本规范。

8. 含义论中的真实论(南京大学2016年研)

答: 含义论中的真实论是指含义论关于三种"世界真实"的理论。含义论把行为当作内心理解的产物,认为个人行为受到个人对文化的共同解释的符号、形象或事件的意义理解的综合体的驱动。含义论倡导三种"世界真实":①客观世界真实;②媒介通过连续不断报道而呈现的世界真实;③受众内心存在的世界真实。由于受众的行为是从其内心对世界的理解出发的,因此受众内心存在的世界真实,一方面来自对客观世界的亲身感受,另一方面则深受媒介的影响。

二、简答题

1. 简述新闻失实的主要表现及其防范。(中传2010年研;南开大学2005年研)

相关试题:

(1)新闻失实的表现有哪些?如何防范?(河南大学2019年研)

(2)简述新闻失实的表现。(中南大2018年研)

(3)新闻失实报道的主要特征。(浙传2019年研)

(4)简述虚假报道的表现形式。(湖南师大2015年研)

(5)简述失实报道的产生原因及防治措施。(山东师大2018年研)

(6)简述互联网时代虚假新闻的特点和规避途径。(四川大学2016年研)

答: (1)新闻失实的主要表现:

①文学想象造成具体的新闻失实。文学创作常用想象来写作,但不适用于新闻写作。"合理想象"可能导致记者凭主观臆想来报道新闻,由于无法核实,很难保证新闻真实。因此,在新闻写作中一定要避免"合理想象"。

②体制性失实。由于政治需要或者经济利益需要,某些不实报道会得到默许和鼓励。

③新闻采访、写作与编辑过程中造成的失实,包括:

a. 采访不深入。

b. 新闻编辑过程的差误。

c. 编辑中核实程序有误。

d. 写作中作者想当然。

④新闻策划造成"传媒假事件"泛滥。

"传媒假事件"不是指假新闻,其"假"的特征有:

a. 消息来源与报道者重合。

b. 传媒假事件隐藏着传媒自身的公关需求,或记者的单纯职业主义动机。

c. 方式上,传媒或记者导演事实。

d. 结果产生暧昧的"真实"。

⑤故意制造、传播虚假事实或虚张声势地夸大事实。

产生这类失实新闻的原因有:

a. 政治需要。

b. 利益驱动。

c. 追求轰动和耸人听闻效应。

d. 迫于竞争或生存压力等。

⑥套话、套路写作造成的不真实。一些"套话＋空话＋美文学字句＋固定套路"的新闻，所叙述的多为想象，并非真实的现实，应为假新闻。

（2）治理新闻失实的有效手段：

①从思想上看，要深刻认识新闻失实的危害性和严重性，懂得真实是新闻生命的意义，把新闻失实现象提到重要位置加以重视并切实克服。全面形成治理虚假新闻的舆论压力。新闻行业要形成广大从业者普遍认同的伦理规范，并将其内化为发自内心深处的道德律令。

②从制度上看，要建立健全严格的防止失实报道出笼和严惩造假的规章制度。充分发挥新闻发言人的作用，及时澄清有关事实真相。新闻报道总是随着事件的暴露、发展、变化、结果而同步进行的，事件发展使得报道随之变动，只有从有关事件的全部新闻报道中才能得出对事件的完整认识。一旦出现虚假新闻，所涉及的当事人，无论是个人还是组织机构，特别是权威部门，应当通过新闻发言人及时发布真实信息，澄清事实真相，消除不实传闻，纠正视听偏差，保障社会舆论始终在健康的轨道上运行。

③从新闻行业、组织队伍方面看，要做好新闻报道队伍的组织整顿工作，把品质不良、弄虚作假者从队伍中清除出去。切实加强新闻行业的职业伦理建设，在职业伦理建设的内涵上要大力加强新闻专业主义理念的培育与养成。促使新闻从业者恪守真实、客观、公正等新闻专业准则，逐步加强新闻职业道德准则制定与修正过程的共同协商机制，让新闻从业者更加自觉地参与并认同新闻伦理准则。虚假新闻问题主要属于新闻职业伦理的范畴，主要依靠道德伦理来规范。除非虚假新闻触犯法律，在此意义上，治理虚假新闻的约束机制主要还是要靠新闻单位的自律与新闻行业的自律，特别是新闻行业的自律。

④在法律方面，推动新闻立法，运用法律武器，同通过假新闻谋私的不良现象作斗争，制裁不良造假者。建立健全治理虚假新闻的约束机制。一般而言，约束机制是指为规范组织成员行为而经法定程序制定和颁布执行的具有规范性要求、标准的规章制度和手段的总称。尽快建构起制度化的、来自传媒外部的新闻监管体系，包括主管机关的行政监督、新闻行业协会的行业监督、新闻评议会等对新闻媒体的社会监督。

⑤在媒介批评方面，整顿党风，淳化民风，领导机关和主要领导人带头，提倡真实新闻，反对虚假报道。开展媒介批评，对虚假新闻进行公开的批评。媒介批评是对媒介产品、媒介行为、媒介现象乃至媒介体制、媒介文化的是非、善恶、美丑、得失的分析评判，抨击虚假新闻是媒介批评义不容辞的使命。通过对虚假新闻的曝光与批评，可以充分发挥媒介批评惩恶扬善、祛邪扶正的作用，让新闻界对虚假新闻始终保持警醒，防微杜渐，自觉地抵制虚假新闻。

2. 新媒体环境下核实新闻真实的方法。（人大 2017 年研）

答：新闻真实，是事实的真实，新闻是对事实的叙述。新媒体环境下核实新闻真实的方法主要有以下几种：

（1）泛众传播视域下互联网信息的自我净化。传统媒体均有自身的出版、播出周期，而各种互联网传播形态提供了全天候的无缝信息流平台，摆脱了时空对新闻传播的限制，也打破了广播和电视新闻不可逆、不可选择的线性传播状况。多个声音、多方渠道构成源源不断的信息流，推动着事实真相的逐步呈现。社交用户在转发他人信息和表达观点的过程中，可以看到信息前后的原创、转发、补充、解释或更正的全过程，新闻真实的过程一览无余，每位参与者、旁观者都可以看到这些材料，这无形中也是一种网络传播素质的自我教育。在这种碎片化的、滚雪球式的信息交流过程中，原来比较模糊的事实，不断被新的材料补充、排除或更正，可能会有几次反转，但最终事实的线索会清晰起来，误传也会被纠正。

(2)采用技术手段，通过大数据核实。大数据在验证信息可信度上可以为记者提供很多帮助，其主要方法在于将信息与数据库进行比对，从矛盾或者不合逻辑之处验证信息的真伪。在新闻领域，目前此类应用主要有两种：一种是工具式的，如谷歌搜索等核查工具；另一种是专题和节目式的，定期推出专题确认近期内重要的或影响较大的信息的真伪。

(3)利用众包新闻生产模式核实。众包新闻是新闻机构借助网络技术，组织化地从用户那里获取报道灵感、素材以及资金等帮助的一种新闻生产模式，是新闻机构和用户之间一种通力合作。众包新闻重视、利用“群策群力”，具有鲜明的基于网络、面向非特定人群、公开、广泛的特征。在众包新闻生产过程中，可以通过用户的参与，如提供线索、发布照片等，对新闻信息进行核实，减少信息失实现象。

(4)专业媒体做好调查与把关。新闻媒体目前仍是人们获取信息最主要的渠道，其对信息的把关在一定程度上决定着新闻真实性的实现程度。无论是传统的采编人员还是新媒体编辑，当新闻事件展露苗头，一定要理性看待，严肃核实信息源，为大众识别真假信息，做真实报道。这体现了新闻从业人员的专业水准和职业修养，维护新闻的真实性也是维护媒体的公信力。

(5)权威机构及时公开信息。权威机构信息公开，媒体才有可能接近事实真相。信息公开能有效制止流言、谣言的传播。

(6)在新闻报道中利用专业人士的科学分析。对于涉及专业领域的新闻，可鼓励专业人士用专业知识加以分析和核实。

3. 新媒体语境下谣言的传播与消解。(华侨大学 2018 年研)

答：谣言是指一种以公开或非公开的渠道传播，对公众感兴趣的事物、事件或问题的未经证实的阐释或诠释。在新媒体语境下，由于网络传播的匿名、快速、广泛等特点，越来越多的谣言被制造出来。

(1)新媒体语境下谣言的传播：

①传播传受者的泛化性。新媒体很大的一个特征即是传播主体的匿名性。一方面，网络的匿名性给予一些因其自身地位限制而没有话语权的平民以“庇护”；另一方面，匿名性加剧了信息源的不明。谣言的传播者和制造者隐匿于网络之中，割断了谣言发布者和谣言的现实联系。近年来，随着中国网民人数的急剧上升，在公共领域中的受众媒介素养参差不齐，媒介素养较低的人群在面对多元信息时的分辨能力与质疑能力较差，这为谣言的传播提供了良好的土壤。如此一来，新媒体的传播特点如同在每个公众面前放了一个话筒，每个人都有可能成为谣言的传播者和接受者。

②传播渠道的裂变性。在新媒体环境下，互联网的用户具有高度的参与性和互动性。一些意见领袖罔顾事实真相，仅凭主观臆测和小道消息便将谣言发表到网络上。由于受众本身是多种媒体平台的用户，由意见领袖辐散的受众又通过朋友圈、微信公众账号、QQ 群组、贴吧、论坛等形式将谣言扩散开来。新媒体平台丰富多样且灵活性强，在谣言扩散的

过程中，各个媒体平台相互连通，相互影响，相互呼应，呈现浩荡之势，形成新媒体的大众传播、人际传播、群体传播共同传播的局面。

③传播内容的煽动性。在中国加速发展经济的情况下，许多由此产生的社会矛盾也隐藏于经济繁荣的外表下。在重大突发事件发生时，公众会带有刻板印象去看待政府的处置行为。在社会问责时，关于事发组织与政府的关系的谣言比比皆是。此类谣言之所以能够得到大肆传播，主要是由于这些谣言所呈现出的矛盾恰好符合公众对政府的心理预期而产生强烈共鸣。受众在面对这类具有强烈煽动性且符合心理预期的信息会缺乏自我分辨与纠错能力而盲信盲从。

④传播速度的瞬时性。在传统媒体当中，谣言通常表现为开始、饱和、高潮、消失四个阶段，然而在新媒体环境下，谣言往往是一出现即可创造一个浪潮，谣言的潜伏期和蔓延期之间的界限越来越不明显，主要有以下几个方面的原因：

a. 新媒体为公众第一时间知晓事件提供契机，而突发事件本身的不确定性决定了大量信息无法在短时间内传达出现，传受双方之间的信息不对等导致了公众对于事件信息十分渴求。关于事件的信息越少，公众对信息的渴求就越强烈，谣言得以传播的可能性就越大。

b. 谣言自身具有新闻性。卡普费雷曾在《谣言：世界最古老的传媒》一书中指出谣言本身就是新闻。而新闻的时效性要求谣言必须拥有较快的传播速度，否则它就失去了其存在的价值。

c. 在全民自媒体的基础上，谣言搭上了新媒体的技术便车，也成功借由新媒体达到了瞬时传播的效果。微博、微信、QQ 群组等互动性较强的新媒体能在几分钟之内将各类信息炒得沸沸扬扬。

⑤传播效果的最大化。新媒体具有强大的号召力和渗透力，在媒介融合的趋势下，传统媒体和新媒体相辅相成，形成了一个巨大的信息传播空间。在这种空间里，谣言同其他信息一起成为媒体争相报道的对象，并逐渐影响主流媒体的报道。传统媒体与新媒体的交叉重叠无论是对正面信息还是谣言信息的传播都起到了固化加强的作用，在重大突发事件的信息爆炸中造成谣言传播的受众范围极广、破坏性极强，传播效果上也达到了最大化。

(2)新媒体语境下谣言的消解：

①完善法律，加强网络监控管理。我国新媒体的监督体制尚未完善，尤其是对虚假信息的发布与传播还未有专业的法律法规出台。以微博为代表的新媒体早已成为现代信息活跃的集散地，法律上的不完善给了谣言散布者一个可乘之机。在大数据时代，人们仅依靠自身的知识与经验无法对信息进行正确的判断。所以，完善法律，建立可靠可信的信息发布机构，加强网络监控管理，对网络使用者进行及时监控，强化网络信息的预警机制势在必行。

②强化媒体的“把关”意识，注重意见领袖的作用。在新媒体开放式的环境中，很多受众在接受信息的过程中，往往依据自身的兴趣爱好、价值或者是心理情绪来对信息进行选择与转发，往往忽略了其信息的真实性和可信度。这种情况就需要媒体积极承担起“把关人”的重要角色，帮助受众过滤虚假信息，重视自身意见领袖的作用，对事件的真相进行探究与辨析，及时进行客观真实的报道，实现信息的公开，从媒体自身开始遏制谣言的传播。

③提高网民媒介素养，净化网络环境。谣言止于智者，在完善相关法律、网络监控和

强化媒体责任的同时，最为重要的是提升网民的自身素养，这也是抵制谣言的最根本方法。通过对网民媒介素养和道德自律的提高，让其在进行信息接收时保持清醒的头脑，能够对信息有正确的判断，提高自身对谣言的甄别能力，避免谣言的再次传播，并且尽可能地成为阻止谣言传播的主力军。

4. 如何识别新闻稿件中的假新闻？（兰州大学 2018 年研）

答： 假新闻是媒体所报道的各类事实出现新闻要素（时间、地点、人物、起因、经过、结果等）或新闻细节（事件细节、人物语言等）与客观事实不符的报道。这一类的新闻属于确凿无疑的假新闻。在工作当中，新闻工作者不仅要练就一双火眼金睛，对新闻的质量进行把关，而且更重要的是要从新闻的本质对其进行筛选，为读者留下真实的、准确的新闻信息。

识别假新闻的方法主要包括以下几个方面：

（1）务必核实新闻来源。为避免虚假新闻的产生，首先，记者应第一时间赶到新闻现场，尽可能多地掌握一手资料；其次，要尽量使用实名消息来源，避免使用匿名消息来源。路透社、美联社、《纽约时报》等西方主流媒体都对使用匿名消息来源进行严格的限制。使用匿名消息来源不仅降低了新闻的可信度，而且也为制造虚假新闻的人提供了可乘之机。读者主要看新闻的出处和消息来源的权威性，一般来说，大型新闻媒体机构和大型门户网站的消息会更加权威。

（2）辨别新闻要素的真假。新闻要素看起来简单，但在实际应用中却很灵活，因此，辨明一条新闻的时间、地点、人物、起因、经过、结果等要素的真假，就能有效地避免虚假新闻的出现。

①时间。新闻报道中，应当注重核查稿件中关于时间的具体情况，包括时间的对错、具体的时间等多个方面。

②人物。一个完整的新闻事件中的人物应该至少包括姓名、年龄、职业，甚至还应该包括体貌特征、家庭住址、教育情况和婚姻状况等。出于保护当事人隐私的目的，许多报道中故意隐去当事人的真实姓名，但如果没必要保护或在可以披露的情况下，应尽量用真实姓名为好。

③配图。大部分新闻都有配图，通过对新闻配图的分析，可以佐证一条新闻的可靠性，如果新闻配图是假的，那么新闻内容也不会太可靠，只有多个信息源组成的细节都完全一致，新闻的可靠性才会增加。

④其他要素。地点要素具有唯一性，比较容易分辨。新闻事件中的起因、经过和结果要符合一定的逻辑性，感觉反常就应该提高警惕，严加核实。虽然新闻报道侧重不寻常的事件和不寻常的人物，但不寻常不等于脱离事实，也要注意搜集事件经过的证据。

（3）加强新闻从业者道德素养。编辑作为传播新闻的重要把关人，除了要提高责任意识，还应注重新闻职业道德素养的修炼，不断训练和加强防范虚假新闻的基本功，同时，必要的知识储备与生活阅历也不可或缺。

5. 简述新闻整体真实性的三种类型。（清华大学 2008 研）

相关试题：

（1）什么是总体真实？（武汉大学 2015 年研）

(2)简述新闻的整体真实。(山东大学2015年研)

答：新闻的整体真实又称总体真实，是指对复杂或具有漫长过程的事件在报道时要反映各个事实的联系与事物的全貌，揭示全部的事实真相。整体真实不再把新闻的个体真实作为追求的唯一目标，而是同时追求如实地反映客观世界的整体。新闻整体真实的类型包括：

(1)连续报道的整体真实。连续报道的整体真实指若干条报道准确地组合，如实反映事物的整体面貌。社会和自然界的许多事件都有广阔的时空延续，媒体对它们的报道需要持续一定的时间，才能反映整个事件的真实情形。大的事件一般都有持续的发展过程和多种因果关系，媒体需要通过多层次、多侧面的报道，揭示它的各方面的联系。从理论上讲，个体事实的报道只能体现局部真实，随着事件发展进行多次报道，体现的则是对整个事件或全局的真实。

(2)反映事实量比的整体真实。反映事实量比的整体真实指按照不同类型的客观事实的比例，真实地报道这些事实的量比，即坏事与好事、消极现象与积极现象、挫折与成绩、缺点与优点、困难与顺利等这些对立事物在社会中出现的比例不同，有的具有普遍性，是大量的，有的不具有普遍性，是个别的、少量的。记者从事实的联系中观察、分析不同类别的事实的量比，按照不同比例再现这些事实，达到对立事物分布的整体真实。把整体真实视为选择不同类别事实比例的真实，是记者从宏观角度认识生活的重要理念。

(3)反映真象与假象的整体真实。反映真象与假象的整体真实指对客观事件的报道要符合该事物固有的真相，分清假象与真象，在假象事实与真象事实的联系上，反映事物的真实面貌。事物的假象与真象都是实际发生的，被反映后都具有表象真实。事物的真象是和事物自身的本质一致的，而假象则恰好与事物的本质相分离，但后者一般在新闻的持续报道中反映出来。误以假象为真象或误以真象为假象，都蒙蔽了事实的真相，常常造成新闻报道的整体失实。

6. 谈谈你对“新闻真实有限性”的理解。(人大2014年研)

相关试题：结合理论，论述新闻真实性的不同层面。(上海交大2020年研)

答：(1)新闻真实的含义：

新闻真实是指新闻与其反映对象是否符合：符合，就是真实的；不符合，就是不真实的。新闻真实既有真实性的问题，也有真实度的问题：真实性是好把握的，但真实度是难计量的。

就具体的或单一的新闻报道而言，新闻真实包含两个层面的意思：第一，新闻报道的对象是实际存在的、实有其事；第二，新闻对新闻事实的反映是全面的、正确的。就整个新闻传播界来说，面对的是具体真实和整体真实两个方面。但要实现整体真实非常困难，对新闻传播来说具有理想性的色彩，是一个长期争论的话题。

新闻真实具有以下特性：①新闻真实是事实性真实；②新闻真实是过程性真实；③新闻真实是有限度的真实；④新闻真实是即时性真实；⑤新闻真实是公开的真实。

(2)新闻真实的有限性：

新闻活动是一种在价值观指导下的认识活动，离不开意识形态的束缚和制约，因此新闻真实是有限度的真实。作为一种新闻理想的新闻真实在现实中难以完全实现。新闻真实的有限性包括以下几个方面：

①新闻真实是传播者认知限度内的真实。传播主体受时间、精力、经济、文化水平等限制，个人并不能做到万事全知。个人是文化网的行走者，文化和意识形态为传播主体打上深深的烙印，个人的认知是明显的意识形态和文化价值取向下的认知，新闻传播活动是精神认识活动，必然受传播主体认识的影响。因此新闻真实是传播者认知限度内的真实。

②新闻认识活动的特性限制新闻真实。新闻必须及时、迅速地反映、传播，这就为新闻失实埋下了隐患。在追求时新性的状况下，往往很容易忽视事实的真实性。新闻真实的发掘需要过程，是个有机的运动过程，因此新闻真实并不能保证一次无限制的真实。

③新闻真实是环境因素影响下的真实。构成新闻传受环境的政治、经济、文化、技术等因素，都会以各种方式影响新闻真实的范围和程度。新闻真实是传受双方相互承认的过程，新闻传播符号的有限、传播文化中的刻板印象、传播工具的限制、传播体制的控制等因素，决定了新闻真实具有相对性，不可能达到绝对真实。

综上而述，新闻真实并不是绝对值，而受各种因素的限制，其范围和程度有限，因此新闻工作者在日常的新闻传播活动中要注意新闻真实受限的因素，避免新闻失实和假新闻的发生。

7. 新闻真实性的要求。（南开大学 2019 年研）

答：新闻真实是指新闻报道忠实于客观实际的性质和程度。真实是新闻的生命，是衡量一切新闻价值的首要标准。真实性含义的基本要点是新闻所报道的事实必须同客观事实相符合，新闻写作对真实性的要求可以分为浅与深两个层面：

(1)浅层面重在要求新闻报道的具体事实必须真实准确，包括：

①确有其事。维护新闻的真实性，必须从源头抓起，首先要仔细查实与确认是否真正发生了具体事实。

②构成新闻的基本要素必须准确无误。即时间、地点、人物、事件、结果、原因，在任何一个环节上若有半点虚假，都会招致读者对整个新闻事实的怀疑。

③新闻中引用的各种资料必须准确无误。新闻报道中引用的各种资料，如数字、史料，还有背景资料等应该要确保准确真实，如果在引用的资料上出现差错，也会使读者对整个新闻存疑。

④新闻所反映事实的环境、过程、细节、人物的语言、动作必须真实。

⑤新闻中涉及人物的思想认识和心理活动等，必须是当事人所述。绝对不能虚构情节、合理想象、添枝加叶。

(2)深层面重在要求新闻报道的整体概括与分析要符合客观实际，包括：

①现象真实与本质真实要辩证统一。新闻报道中有具体事实，也有概括事实。我们把感官可以直接感受到的事实称为具体事实，而把感官不能直接感受到的事实称为概括事实。

②微观真实与宏观真实要有机结合。新闻报道中有个体事实，也有总体事实。报道个体事实要真实，它体现的是微观真实，报道总体事实也要真实，它体现的是宏观真实。不能在从报道个体事实到表现总体事实的过渡时发生“错位”。

③新闻报道的多层次真实。有达到现象层次的真实，有达到初级本质层次的真实，有达到二级本质层次的真实，有达到核心本质层次的真实。这些层次只有深浅之分，没有真

假之分。

8. 简述新闻传播者发布了失实报道后应该怎么办?（河南大学 2019 年研）

答: 新闻失实，从广义上说，是指新闻不能准确反映客观现实世界的真实面目，而造成的对于客观现实世界的虚假反映。从狭义上说，是指某一篇新闻报道中的事实与客观实际不相符合的情况。新闻必须真实，这是新闻工作的第一信条，然而当下，新闻失实却屡屡发生，若新闻工作者发布了失实报道，应做到以下几点：

(1)持续关注事件发展，注意收集受众反馈。快捷、及时、海量的现代网络传播技术给媒体信息的出错与纠正，均提供了更多机会与平台。新闻传播者发布报道后应持续关注事件发展与走向，并且注意受众通过网络评论、论坛回帖以及电话访问等途径发表的反馈。

(2)及时更正与纠错。媒体纠错早就被当作一项新闻道德规范与新闻职业规范，1906 年清政府颁布的《报章应守规则》中就已明确要求“记载有错误失实，经本人或关系人声请更正者，即须速为更正”。新闻报道需要尽可能在第一时间发出，但是事实的发生、发展，以及人们对事实的认识有一个由浅入深的过程，因而在报道的开始阶段有可能出现差误，通常后续的报道应该自然而然地、不止一次地纠正以往报道中的偏差，直到事实被全面地、真实地揭示出来。在当下，新闻传播者一旦发布失实报道，需要立刻更正与纠错，避免报道在网络上广为流传，造成恶劣影响。

(3)敢于承认错误，面向公众真诚道歉。刊登失实报道的媒体，几乎很少看到正式更正与道歉的。更多只是刊登一则新的否认性报道，俨然给人一种虚假失实报道与己无关的姿态。这种“高高挂起”的态度会损害媒体公信力，因此，新闻传播者应该敢于承认错误，真诚地为失实报道向公众道歉，自觉接受批评与惩罚。

9. 怎么处理新闻特稿文学性描写与新闻真实性的关系。（河南大学 2019 年研）

答: 新闻特稿是以报道新闻事件为其主要内容的特稿。它不仅需要向读者提供新闻事件详细过程的描述，帮助读者了解新闻事件的细节，还需要向读者提供对新闻事件的深入的解释和分析，让读者深刻地理解新闻事件。文学性描写与新闻真实性都是特稿应该兼顾的东西，要处理好两者的关系，应做到以下几方面：

(1)新闻特稿写作要把握好感情色彩的尺度。在特稿写作时，可适当加入一些感情色彩，这是新闻写作文学化的另一种表现形式。但是需要注意的是在加入感情色彩时，不要偏激，要符合读者的心理，要与读者产生共鸣，在能够获得真实报道的同时，给读者正确的引导，让读者有更加广阔的思考空间。

(2)真实性与文学化结合要恰当。真实性是新闻写作的灵魂，是新闻写作的重中之重，也是读者对新闻作品信赖的根本原因。因此文学性和真实性的比例一定要把握准确，否则就会失去新闻写作真实性的根本宗旨或影响新闻的作用，总之，新闻写作以真实性为本质，文学化是锦上添花，文学化和真实性恰当结合，会更好地提高新闻作品的质量和其应有的作用。

(3)特稿写作对具有文学色彩的词语应用要适度。新闻写作对文学性的把握要有度，特别是对文学色彩褒贬明显的词语，如果应用不当，就容易将读者引入到一个阅读误区中，使新闻写作失去真实性。

(4)避免“合理想象”造成的新闻失实。在新闻特稿写作中，会出现“合理想象”现象，新闻记者从已知的事实去推测记者没有采访到而可能发生的“事实”，并作为事实来报道。然而，新闻是事实的报道，以已经发生、正在发生的事实为依据，不允许以可能发生、将要发生的事实为依据。用想象来写作是文学的创作方法，不能用于新闻写作。“合理想象”可能导致记者凭主观臆想来报道新闻，人们无法核对事实，就很难保证新闻真实。因此，新闻中涉及人物的思想认识和心理活动等，必须是当事人所述，绝对不能虚构情节、合理想象、添枝加叶。

10. 有人说反转新闻是新闻失真，有人说它是探求真相的方式，请谈谈你的看法。（四川大学2019年研）

相关试题：试析反转新闻的利与弊。（河北大学2017年研）

答：在新媒体时代，随着互联网技术的赋权与赋能，人们拥有传播者和接收者的双重身份。然而在信息过载的当下，接近真相却并没有随着媒介技术的发展而进步，相反，新闻事件一再反转使得人们迷失在良莠不齐的信息海洋。对此，有人认为反转新闻是新闻失真，但也有人说它是探求真相的方式。我认为反转新闻的出现是新闻失真的表现，其弊大于利，作为受众和新闻工作者都应该提升自身媒介素养避免反转新闻的出现。

（1）反转新闻的内涵：

反转新闻是指在互联网传播场域中，对同一事件的报道出现一次或多次显著变化甚至反向变化的现象。媒体抢新闻，舆论评是非，这本身没错，但前提是要以事实为依据，做到客观公正、真实准确，必须遵循这个底线，否则就会对舆论生态和媒体公信力造成破坏。

（2）反转新闻出现的原因：

①记者报道失实与对公众焦虑的刻意迎合、刺激。记者和传播者忽视新闻专业主义和伦理道德，在报道新闻时敏锐地捕捉到了社会焦虑，并且通过选择性报道甚至虚假新闻不断刺激这种焦虑，以期获得眼球经济、轰动效应。

②在自媒体环境下，新闻报道的时效性变为即时性，媒体必须第一时间将最新信息公之于众，“抢时效”使得事实的核查缺失。与此同时，碎片化传播成为习惯。

（3）反转新闻是新闻失真的表现：

①反转新闻过分强调时效性，违背真实性原则。在新媒体时代，时效性成为了新媒体的天生竞争优势，因此拥有新媒体平台的传统媒体也更加注重时效性，为了抢新闻、抢头条，各个媒体在看到具有新闻价值的事件时都采取迅速行动。第一时间发布新闻，忽视了对事实的核查和深入调查。但片面地还原真相只会导致舆论偏向从而影响事件的发展，既违背了新闻的真实性原则又违背了自然客观规律。

②反转新闻代入主观情绪，违背客观性原则。“反转型新闻”大都聚焦于争议性事件，在事件报道的开始，媒体的报道就已经有意无意地将这些争议夸张、放大，使其标签化。如在“上海姑娘逃离农村”这一事件的初始报道中，“凤凰男”“孔雀女”“上海人”“农村”这些词汇以及标签就已经体现了该事件具有的矛盾，在编写内容中农村与城市的差距被放大，地域矛盾掀起了又一轮讨论的高峰。

因此，许多反转新闻都未能坚守新闻真实性原则，属于新闻失真。但不可否认也有一部分反转新闻可被视作探求真相的方式，因为新闻真实是过程性真实，从这一角度来看，若新闻工作者可保证新闻的真实与客观，那么不断的新闻反转可被视为传播者与受众共同探求新闻背后的真相的过程。

总而言之，反转新闻有时虽可视为媒介工作者同受众共同探求真相的过程，具有一定积极意义，但是某些时候其虚假本质却在破坏媒体公信力、侵害受众知情权、损害当事者形象。这要求媒体工作者和受众对反转新闻保持警惕，提高自身专业主义与媒介素养。

11. 简述新闻失实的原因。（上海大学2019年研；兰州大学2019年研）

答：新闻失实是指在新闻报道中事实不准确和不真实，或将带有偏见的解释编入新闻报道之中。以实际情况看，新闻失实最突出表现在五个方面：无中生有，凭空捏造；添枝加叶，层层拔高；要件残缺，隐瞒事实；偷梁换柱，移花接木；因果不符。就其性质来说，新闻失实可分为故意性失实和非故意性失实。

新闻失实的原因包括：

(1)党在指导思想和路线上的失误，会导致大范围、长时间的失实。历史证明，当党的指导思想和政治路线出现“左”的错误的时候，新闻事业不可避免地也会出现与党的路线错误相适应的失实报道，其中新闻工作者固然起了推波助澜的作用，但追根溯源，问题主要出自深刻的社会原因和政治原因。

(2)部分领导人党风不正，利用新闻报道谋私利。有些地方、部门党风严重不正，个别领导人想利用新闻来自我吹嘘、骗取荣誉，或掩盖劣迹、欺上瞒下。

(3)有些新闻单位片面追求经济效益，违背职业道德，导致新闻报道失实。20世纪90年代以后，传媒业竞争逐年激烈，新闻失实现象逐年加剧。近年来专业媒体记者恶意造假的新闻相当罕见，更多是由于各种主观或客观原因产生的失误，其中对新闻信息的核实不足尤为突出。

(4)记者、编辑队伍中的作风问题是造成新闻失实的重要原因。有些记者心浮气躁，急于成名，不惜弄虚作假博取知名度；有些记者怕苦怕累，不深入实际，靠电话、道听途说、想象编造故事。

12. 为什么本质真实不能成为新闻真实的衡量标准？（湖南大学2019年研）

答：(1)本质真实的定义：

本质真实有以下几种代表性的说法：①本质真实是指反映事物的客观规律。②本质真实是指全面反映情况。③本质真实是指正确的立场。④本质真实是指舍去假象、偶然性的事实，而必须报道真实、必然性的事实。上述的几种提法是不恰当的，或者说是不科学的。很显然，“本质真实”不能成为新闻真实性的衡量标准。

(2)新闻真实的定义：

真实性是新闻的本质规定。新闻真实性是指在新闻报道中的每一个具体事实必须合乎客观规定，即表现在新闻报道中的时间(When)、地点(Where)、人物(Who)、事情(What)、原因(Why)和经过(How)都经得起核对。新闻真实性不但要求每篇新闻都真实(即单个真实)，而且要通过连续不断的新闻报道反映出整个现实的真实(即整体真实)。

(3)本质真实不是新闻真实衡量标准的原因：

本质真实论者认为，新闻报道要揭示事物的本质，真实地反映事物本身所固有的内在联系，即新闻报道不能只反映事物的现象，而必须体现事物的本质与主流，片面的、偶然的现象不是真实的，只有事物的本质才是真实的。

但是，“要求所有的新闻都反映出事物的本质，达到所谓的本质真实，既不必要，也不可能”。理由如下：

①本质不等于主流。本质是决定事物性质、面貌的内在联系，它是相对于现象而言的；主流是指事物发展的主要方面，它是相对于支流而言的。作为社会的一种客观存在，主流能反映本质，支流也能反映本质。而且无论支流和主流，都是客观存在的。如果要求新闻报道做到“本质真实”，又把本质与主流等同起来，进而用主流代替本质，那么在一定情况下，新闻报道就必然会报喜不报忧，只反映主流不反映支流，这样就很难做到全面、如实地反映现实生活的全貌。

②“本质真实”的提法不科学。任何事物只有现象才是具体可感的，而本质则是抽象的，对本质的把握是通过对具体可感的现象加以归纳、演绎所得出的认识的结果。列宁说：“规律和本质是表示人对现象、对世界等等的认识深化的同一类的（同一序列的）概念，或者说得更确切些，是同等程度的概念。”既然“本质”是人对客观事物质的规定性的一种认识，那它就只有正确与错误、全面与片面、深刻与肤浅的问题，而不存在真实与虚假的问题了。

③时效性要求不允许新闻去反映和体现“本质真实”。新闻报道的基本要求是对新近发生或正在发生的、有传播价值的事实迅速做出符合事实真相的报道，而不能等到对事实的本质和规律认识清楚以后再去报道。因此从这一意义上说，要求新闻反映“本质真实”是勉为其难，也不符合新闻工作的实际。

④提出“本质真实”论是不相信群众智慧的表现。近些年来，由于经济、社会和教育的发展，人的素质有了很大的提高，受众接受和理解媒体传播的新闻信息的能力也提高很多。受众在接受新闻的过程中具有一定的独立性和自主性，他们会有自己的思考和判断。因此，新闻报道只须提供事实，让群众自己从事实报道中去得出结论，求得真理，无需新闻媒介去为他们指出事物的“本质”。从某种意义上说“本质真实”论流露出对广大受众智力的一种不信任甚至轻视。

⑤判断新闻报道是否真实的标准只能是现实中客观存在的新闻事实，而不是新闻报道者所持的政治立场、政治观点和所谓的“人民利益”。在新闻“本质真实”论者看来，“人民的根本利益”“党的原则和现行政策”是新闻报道的出发点：凡符合这个出发点的新闻事实，可以而且应该大力报道；不符合者，则不予以报道。如此说来，“人民的根本利益”“党的原则和现行政策”就成了先于新闻事实而存在的“理念”了。

真实是新闻的生命，坚持新闻真实性是新闻工作最起码的要求，也是最高要求，是新闻工作的第一信条。新闻报道的判断标准只有一个：是否符合客观存在。因此，“本质真实”不能成为新闻真实性的衡量标准。

13. 新闻事实和新闻真实的异同。（中传 2019 年研）

相关试题：新闻事实与新闻真实有何关联？（湘潭大学 2016 年研）

答：（1）新闻事实与新闻真实的含义：

新闻事实，是指一般事实中具有特殊素质的一种事实，即那些具有新闻价值的事实。自然界发生的事实和人类社会发生的事实统称普通事实，而只有那些新近发生的，能够引起普遍兴趣的新鲜事实，才能够被选择成为新闻事实。新闻事实不等于客观事实，新闻事实来源于客观事实，是最接近客观事实的事实，是主观认识和影响客观事实的实践活动的产物。客观事实是第一性的，新闻事实是第二性的。先有事实，后有新闻，没有事实就没有新闻；背离事实则是假新闻。确保新闻事实，需要加强政府对新闻单位和新闻工作者的管理和监督，加强新闻工作者的理论修养、知识修养和道德修养，坚持调查研究的方法。

新闻真实，是指新闻报道忠实于客观实际的性质和程度。真实是新闻的生命，是衡量一切新闻价值的首要标准。真实性含义的基本要点是新闻所报道的事实必须同客观事实相符合，具体要求有三方面：①细节准确真实；②新闻报道的事实和客观的事实总体要一致；③揭示事物的本质。坚持新闻真实性是新闻工作的起码要求，也是最高要求。新闻必须真实，是新闻工作的第一信条。

(2)新闻事实与新闻真实的异同点：

①相同点：新闻事实和新闻真实都以客观存在的事实为基础，不以人的主观意志为转移。二者都依据现实生活，依据物质存在，依据客观事实来反映和报道。

②不同点：

a. 新闻事实是未经过加工的新闻原材料。而新闻真实是经过筛选、把关和加工而呈现出来的新闻真实。

b. 新闻真实性是具体真实和总体真实的统一。新闻事实的真实性是新闻真实的初级阶段。新闻事实是指新闻报道对具体的客观事实作真实的反应，是具体的真实。而新闻报道的真实性是具体真实和总体真实的统一。在讲求具体真实的前提条件下，新闻报道要真实地反映客观事物运动变化的过程和客观事物的普遍联系，揭示客观事物相互联系相互发展中的内部规律性，做到总体真实。

c. 新闻真实性是微观真实和宏观真实的统一。即使保证了新闻事实的准确，但是从宏观上把握来说，要做到新闻真实，就单篇新闻作品来说，不仅要确保个别事实的准确无误，做到微观真实，还要求在事实的总体和相互联系上，符合客观事实，力求达到宏观真实。对新闻媒体来说，首先要做到每篇新闻真实可信，但每篇新闻真实并不等于真实地反映了整个现实世界，所以还必须对实际情况作全面客观的正确估计，通过控制报道的量和连续报道等方式做到宏观真实，不能只见树木不见森林。

d. 新闻真实性是现象真实和本质真实的统一。这就要求不仅要真实地反映事实的外在现象，更要深刻地反映事实，解释事物的本质，认识新闻事实的意义以及事物的本质和内部联系。

综上所述，要辩证地认识新闻事实和新闻真实的关系，避免陷入只讲新闻事实，不讲新闻真实的纯粹的客观主义倾向的陷阱。要在新闻真实性的基础和要求下，反映和报道新闻事实。

14. 结合新媒体环境探讨新闻真实是动态的。(人大2019年研)

答：新闻的真实性是指新闻报道忠实于客观事实。真实是新闻的生命，是衡量一切新闻价值的首要标准，其内涵与其他领域的真实性有所不同。理论家运用概念和推论达到对现实的真实概括，文学家运用艺术形象达到对现实的真实反映，而新闻工作者则是通过对新近发生的或者正在发生的客观变化的具体、准确、一丝不苟的实录，反映事物的本来面目。新闻不容许有任何虚构或合理想象的成分。

(1)新闻真实是过程性真实。过程性是指新闻真实是在报道过程中实现的。新闻报道都是在一定的过程中完成的。由于新闻事实客观上的各种差别、传播主体认识能力上的局限、传播目的的影响以及媒介通道信息容量的有限性等因素，决定了不同的新闻事实需要采取不同的过程方式加以报道。针对那些既复杂又重要的事实，特别是处于动态变化中的重要事实，必须通过过程性的、进行式的、连续性的多次报道来实现。

(2)新媒体时代过程性真实的体现。新媒体环境下，出现了“反转新闻”这一新名词。媒体出于对时效性的追求，都纷纷想要在第一时间将新闻传播出去。“反转新闻”大致分为两类，一是随着深入调查，新闻全貌一步步展现，相互矛盾的细节浮出，舆论随之发生改变；另一类是最初被炮制出来的假新闻逐渐被识破。新媒体发展带来的新闻操作和传播层面的改变，“反转新闻”在便利条件下层出不穷，尤其第一种，是新媒体环境下新闻动态真实的体现。

比如重庆万州公交车坠江事件，公交车将红色轿车撞到另一车道，然后冲出围栏，落入江中。刚发生时，基于为数不多的资料，所有媒体都认为是红色轿车逆行，导致公交车躲闪不及，所以才坠入江中。但随着调查的不断深入，发现是因为车内有乘客与司机发生冲突才导致这场事故，真相就此揭开。

(3)新媒体时代坚守新闻真实的举措。新媒体环境下，新闻真实的动态特征表现得愈发明显，这种反转新闻也越来越多地出现在我们的视野中。在新媒体环境下坚守新闻真实性，需要媒体和大众的共同努力。完整的新闻真实的实现是由新闻传播活动中的双重主体(传播主体和收受主体)共同完成的，是由新闻真实报道和理解真实、相信真实共同构建的。

①媒体目前仍是人们获取信息最主要的渠道，其对信息的把关在一定程度上决定着新闻真实性的实现程度。无论是传统的采编人员还是新媒体编辑，当新闻事件展露苗头，一定要理性看待，严肃核实信息源，为大众识别真假信息，做真实报道。这体现新闻从业人员的专业水准和职业修养，维护新闻的真实性也是维护媒体的公信力。

②新媒体时代，全民记者盛行，人人都是信息源，网民已经成为数量最多、覆盖面最广的信息生产和传播的参与者。公民要提高自身的媒介素养，不编造、不造谣、不传谣，增强信息辨别能力和理解能力，理性地善用媒体资源，维护健康的网络环境与新闻环境。

15. “真实是新闻的生命，但新闻的真实性永远是相对的，是在动态中实现的，没有绝对的真实。”请简要陈述你对此观点的理解。(山东大学2016年研)

答：(1)真实是新闻的生命。新闻的真实性是指新闻报道忠实于客观实际的性质和程度。真实是新闻的生命，是衡量一切新闻价值的首要标准。

①真实性含义的基本要点是新闻所报道的事实必须同客观事实相符合，具体有三个方面的要求：a. 细节准确真实。b. 新闻报道的事实和客观的事实总体要一致。c. 揭示事物的本质。坚持新闻真实性是新闻工作的起码要求，也是最高要求，新闻必须真实，是新闻工作的第一信条。

②新闻真实又分为具体真实和整体真实。具体真实指构成新闻的基本要素必须准确无误、引用的材料必须准确可靠、新闻中使用的背景材料必须完全真实，对新闻事实的解释和概括要合乎客观事实自身的逻辑；整体真实指整个新闻界真实反映了一段时空内的主流。

(2)新闻的真实性是相对的。新闻活动是一种在价值观指导下的认识活动，离不开意识形态的束缚和制约，因此新闻真实是有限度的真实，是相对的真实。作为一种新闻理想的新闻真实在现实中难以完全实现。新闻真实的相对性包括以下几个方面：

①新闻真实是传播者认知限度内的真实。传播主体受时间、精力、经济、文化水平等的限制，个人并不能做到万事全知。文化和意识形态为传播主体打上了深深的烙印，个人的认知是明显的意识形态和文化价值取向下的认知，新闻传播活动是精神认识活动，必然受传播主体认识的影响。因此新闻真实是传播者认知限度内的真实。

②新闻认识活动的特性限制了新闻真实。新闻认识活动必须及时、迅速地反映、传播，这就为新闻失实埋下了隐患。在追求时新性的状况下，往往很容易忽视事实的真实性。新闻真实的发掘需要过程，是个有机的运动过程，因此新闻真实并不能保证无限制的真实。

③新闻真实是环境因素影响下的真实。构成新闻传受环境的政治、经济、文化、技术等因素，都会以各种方式影响新闻真实的范围和程度。新闻真实是传受双方相互承认的过程，新闻传播符号的有限、传播文化中的刻板印象、传播工具的限制、传播体制的控制等因素，决定了新闻真实具有相对性，不可能达到绝对真实。

综上所述，新闻的真实性永远是相对的，是在动态中实现的，没有绝对的真实。新闻真实受各种因素的限制，其范围和程度有限，因此新闻工作者在日常的新闻传播活动中要注意新闻真实受限的因素，避免新闻失实和假新闻的发生。

16. 新闻真实性是什么？它的科学含义包含哪些内容？（上海大学 2018 年研）

相关试题：

(1)你是如何理解“真实是新闻的生命”这一命题的？（湖南师大 2015 年研）

(2)简述新闻真实性的内涵。（山东师大 2017 年研）

(3)论述后真相时代，如何理解新闻真实。（论述题，中传 2020 年研）

答：(1)新闻真实性的含义：

新闻的真实性是指新闻报道与所反映的客观现实的相符程度。新闻报道是客观事实在传播者头脑中的反映，通过某种符号向受传者发布的物化产物。这种认识的外化物(认识主体的产物)尽管其具有一定的主观性，但必须在总体和本质上同报道对象(认识客体)完全一致，否则就是对被反映的客观事物的歪曲，就是假报道或失实报道。

新闻传播必须真实，这是传播效果的要求。传播必须致效，这是一切传播活动的终极目的。新闻传播的实践经验告诉我们，为使传播致效，必须做到并确保：传播的事实有根有据，传播过程实事求是，传播结果与事实原貌完全一致。这三个环节绝不允许出任何差错，不然就不会有完全真实的新闻传播。

(2)新闻真实性的科学含义：

真实性的科学含义，有一个历史发展的过程，在不同的国家与地区，在不同操作层面上又有不同的要求。新闻传播真实性的科学含义具体包括以下三个层次：

①事实真实，又称为细节真实，即每一个具体的新闻报道中的事实，都做到完全准确无误，持之有据。包括：新闻事件的新闻要素，即 5 个 W 要确凿可靠；要素的细节描绘要有根有据；新闻报道中引用的一切资料要有可靠来源。

②总体真实，即不仅新闻传播的某一个事实、新闻媒介上的某一个报道是真实的，而且要求新闻报道的全部事实与实际生活中的同类事实，要完全一致。这个要求是针对传播者对于总体事实的全面把握而提出的。总体真实涉及对事实的宏观认识与新闻报道中报道

总量的科学把握问题。要在总体真实上达到要求，新闻传播者必须做更为深入的调查、核实与分析，对所报道的同类事实有总体的了解与认识，并努力使公开传播的事实同现实生活中的同类事实大致平衡，使受传者通过受传行为，对社会生活中的这类事实有全面的了解，而不致受到误导。

③本质真实，即能够通过事实的报道揭示该事实发生发展的原因及其本质。新闻报道应当真实地反映客观事物的运动变化过程和客观事物的普遍联系，揭示客观事物的相互联系、相互作用和发展中存在的内部规律性。

对于真实性科学含义的理解，大致上有以上三个层次。中外新闻传播者对这三个层次的把握是不同的。一般说来，西方国家的新闻媒介，主要要求做到第一个层面即“事实真实”。在中国，多数新闻传播工作者认为，应该全面地遵循真实性的三个层次的要求，但也有人对“本质真实”即新闻应揭示本质的要求持有异议。

17. 新闻真实性的含义是什么？简述坚持新闻真实性对我国新闻事业的极端重要性意义。（安徽师大 2018 年研）

相关试题：为什么坚持新闻真实性有极端重要性？（江西师大 2014 年研）

答：(1)新闻真实性的含义：

新闻真实性是指在新闻报道中的每一个具体事实必须合乎客观实际，即表现在新闻报道中的时间(When)、地点(Where)、人物(Who)、事情(What)、原因(Why)和经过(How)都经得起核对。真实性是新闻工作的职业要求。坚持新闻真实性是新闻工作的起码要求，也是最高要求，新闻必须真实，是新闻工作的第一信条。

(2)坚持新闻真实性对我国新闻事业的极端重要性。

①只有坚持真实，才有助于党和人民正确认识客观世界，更好地改造客观世界。一切正确的判断和决策都建立在真实的、全面的情况之上。大众新闻媒介是人们获得国内外所发生的重大事件信息的主要渠道之一。它对于人们的思想、行动，不论是领导机关的重大决策，或是企业单位的生产安排、人们的日常生活，都有巨大的影响。

②只有坚持真实，才能坚持真理，我们的宣传报道才会有振奋人心的力量，人民才会跟着共产党走。无产阶级新闻事业的全部历史证明了这一点。在革命战争年代，尽管我党的新闻事业的物质条件极差，规模也很小，但它却能顺应、赢得人心，并击破国民党的谣言攻击，一是靠我党的新闻事业为人民说话，二是靠真实取信于民。而报纸上只要有一个事实失实，人们就会怀疑九十九个事实的准确性。一旦人们对报纸心存戒意，将信将疑，报纸的宣传作用就将大大降低，甚至完全丧失。

③只有坚持真实，才能切实加强党和人民的联系，才能使人民和党心连心。党的方针、政策，总是根据现实的变动，考虑到具体、全面的情况来制定的。要使党的方针、政策为群众所理解、所接受，不但要讲清道理，还需要把现实情况真实地、全面地告诉人民，让人民和党一起来思考，人民才能正确理解它，自觉地去执行。一旦真实性原则受到动摇，党和人民相互联系的桥梁也就不再稳固。

④只有坚持真实，才能使我们的新闻事业取信于民，赢得人民的尊敬和信任，我们的新闻媒体才能具有权威和公信力。宣传要使人民信服，最重要的因素是宣传者在受众心目中的信任度。一旦受众怀疑宣传者的诚实，那么宣传者即使讲真话，也一时难以使受众信

服。在当前开放的环境中，新闻媒介在受众心目中的信任度显得更加重要。如今，国外电台、电视台、报纸、杂志通过各种手段瞄准中国，和我国的新闻媒介激烈地争夺受众。在此格局下，谁在受众的心目中信任度高，谁就能争取到受众；同一事件，不同的说法，哪家新闻媒介的信任度高，受众就相信哪一家的说法。

⑤只有坚持真实，才能“让中国了解世界，让世界了解中国”，营造有利于中国发展的良好国际氛围。当前，经济全球化不可阻挡，中国经济加速和国际接轨，中国公众通过媒介来了解世界，世界各国公众同样通过媒体了解中国。新闻报道的真实性，直接关系到中国对世界事务的判断以及世界各国对中国事务的判断。

18. 关于新闻真实，学术界有哪些观点，这些观点的内容是什么？（人大2016年研）

答：新闻真实性是新闻的特性之一，是新闻的生命。新闻真实是指新闻与所报道的对象相符合，新闻真实是事实的真实。首先，真实要求反映的对象是客观存在的，这是真实的事实基础；其次，真实是正确的、全面的反映，即揭示真相，这构成“真”的内涵。

目前学界的主要观点有：

（1）陈力丹的观点：

①传媒所呈现的真实是有限的。传媒通过对新闻和信息的选择、加工和报道，并不是对真实世界的完全再现，由于新闻框架、多重把关及时间、版面限制，它只能突出某一类具有新闻价值的信息。

②新闻真实是一个过程。作为对事实的一种认知，新闻真实突出表现为一个循序渐进的认识过程。一方面，事实的发生和演化是一个过程，真相在过程中显现出来；另一方面，人的认识也是一个过程。新闻传播具有较强的时效性要求，这就产生了新闻报道与具体事实之间关于是否真实的冲突。另外，认识主体自身种种物质与精神的局限也会影响事实的判断。

③新闻真实还取决于接受者的认同。人对外部信息的确认需要经过当事人的主观认同。新闻是否真实要通过传受之间的关系来完成。传受双方彼此信任，受方就会认为是真实的。

（2）郑保卫《新闻学导论》。新闻真实要求一切新闻报道必须完全按照客观事物的本来面貌反映事物，报道事物，新闻媒介对客观事物要如实反映，如实报道。

（3）李良荣《新闻学概论》。新闻真实性指的是在新闻报道中的每一个具体事实必须合乎客观实际，新闻报道的真与假只有一个标准：是否符合客观实际。

（4）黄旦《新闻传播学》。新闻真实性，就是指新闻与其所反映的客观现实必须完全相符。也就是说，新闻报道要如实地描写、解释现实生活真相，不可有些许的误差和曲解。

（5）童兵《理论新闻传播学导论》。新闻必须同报道对象（认识客体）完全一致，否则就是对被反映的客观事物的歪曲，就是假报道或失实报道。

19. 新闻如何用事实说话？（湘潭大学2016年研；安徽师大2015年研）

相关试题：

（1）简析新闻报道“用事实说话”。（同济大学2018年研）

（2）简述对“用事实说话”的理解，学界对此有何讨论。（上海大学2017年研）

答：新闻写作通过用事实说话来解决观点和材料的基本矛盾，具体而言，可以采用以下几种方法：

(1)选择典型事实说话。用典型事实说话是指选择最有新闻价值的事实说话。由于事实在现实生活中大量存在，新闻报道必须选择其中的精华部分，即典型事实。典型事实的选择标准：①必须是鲜活的、读者所未知的事实。②必须具有重要性而且是具体的事实。③接近性可以强化典型事实。④“有的放矢”是选择典型事实的一个标准。

(2)通过再现现场说话。“再现场景”是把新闻事实的某些现场情景具体地描述出来。新闻中的人和事，一般都是有形可感、有物可托的。俗话说“眼见为实”，把它们逼真地再现，使新闻报道做到有神、有形，使读者仿佛亲历其境、亲眼所见，加强新闻事实的可信性和说服力。一般而言，可感性越强，可信性和说服力就越高。采取再现现场说话的方式进行新闻报道时可以通过第一人称再现法进行。针对非现场报道类型的稿件，可以在叙述中穿插使用“现场再现”的描写手法。

(3)运用背景材料说话。新闻报道中的背景材料，常被称为“新闻背后的新闻”，对它所下的最简单的定义是“用来说明新事实的旧事实”。由此可见，背景材料本身也是事实，用背景材料说话属于用事实说话的一种方法和策略。运用背景材料说话，通过真实的背景材料表达记者的倾向，是客观报道的主要手法之一。

①善于联想。通过把所报道的新闻事实，与其他一件或几件事实关联起来陈述的方法，暗示与引导读者进行联想，得出结论。

②善于对比。把两件事或更多的事实放在一起横向对比或纵向对比，有助于发现问题，认识事物的本质。

③不同的背景材料表现不同的观点。报道同一新闻，选择不同的背景材料，会对读者的判断产生不同的影响，表现记者不同的倾向性和观点。

④综合立体地运用背景材料加大说话的深度和力度。同一个新闻事实，由于运用的背景材料不同，记者所表达的意见、看法。换言之，记者想通过这篇报道说的话，会有很大的差别。

(4)借助“直接引语”说话。借助“直接引语”说话是西方新闻界客观报道的一种重要手法，实际上是“借嘴说话”。报道中直接引用原话已经成为现代新闻写作不可或缺的手法，西方新闻教科书把它称为“新闻写作不可分割的组成部分之一”。直接引语用得好的报道，恰恰是文趣盎然、生动真实、现场感强、观点鲜明的报道。

20. 新闻报道中如何构建信息可信度？(江西师大2014年研)

答：新闻是广大受众欲知应知而未知的重要事实，是一种信息。新闻是新闻事实的反映，而这种反映不仅包括新闻事实本身，而且还包括与新闻事实有关的背景。此外，新闻从业人员在对新闻事实进行报道时必然要经过自己的主观认识，即他所报道的新闻事实是经过思维加工的结果，这种思维加工不可能是完全客观的，它必然存在作者对新闻事件的主观认识。因此，新闻的真实性包括新闻事实、新闻事实背景信息和报道者主观认识信息三个方面的真实。

(1)新闻事实的信息必须真实准确。新闻信息是对新闻事实的反映，这种反映必须是客观真实的，必须与产生新闻信息的新闻源形成对应同构信息。如果把来自不同新闻源的信息拼凑在一起，就不再是客观的信息，而是报道者主观创造的信息，就会失去新闻的真实性。虽然新闻报道对新闻信息有所取舍、选择，但是仍然必须建立在尊重新闻事实真实性原则的基础之上，否则只会降低新闻的真实性。

(2)新闻事实的背景信息必须准确无误。新闻事实的背景信息是新闻报道的重要组成部分，只有确保新闻背景信息的真实性，才能保证新闻报道的客观真实性。新闻事实的背景信息包括引文、数据、史料、有关人物等，除了要客观展示背景信息，还必须将背景信息与新闻事实有机统一起来，这样才能准确表达背景信息与新闻事实之间的相互联系，避免新闻失实的现象产生。

(3)新闻从业人员的主观认识信息要客观真实。虽然新闻事实和背景信息是客观存在的，但是要把这些客观存在的信息通过文字、图片或是视频展示给受众，就需要经过新闻报道者的主观加工，而新闻报道者对新闻事实进行理解和展示的过程必然要受到自己主观认识的影响。新闻报道者必须从实际出发，正确地对新闻事实和背景信息做出分析判断，才能让新闻报道中的客观事实与主观认识达到统一。

(4)加强新闻媒体的问责机制建设。只有加强新闻的审查和监督，才能更好地杜绝、防止新闻失实的现象产生。通过建立新闻从业资格年检制度，对于那些故意撰写虚假新闻的采编人员必须严肃处理，可以吊销他们的记者证甚至是取消他们的新闻从业资格，对于情节较轻者，也必须由其所在新闻媒体进行适当的惩罚。

21. 如何理解新媒体时代“新闻真实是一个过程”？（浙江大学 2017 年研）

答：新媒体是“所有人对所有人的传播”，其复杂的、立体的传播模式无疑对传统的新闻真实性提出了挑战，也丰富了这一概念的内涵。在新媒体时代，受众对于信息的实时性要求以及新媒体的自净功能导致某种程度上“新闻真实是一个过程”，也因此出现了一些“失实”现象，但这一论断不能成为新闻工作者规避自身应承担的职业责任的借口。

(1)新媒体环境下新闻真实是一个过程。

①稍纵即逝的真实。一切事物都处于运动中，绝对静止并不存在，新闻的真实性同样也并不绝对，具有相对性。在如今瞬息万变的信息社会中，相对于传统媒介而言，新媒体所呈现的真实稍纵即逝。因此，严格说来，新闻真实只是在一段时间内的事实。互联网的发展大大缩小了传递信息的时滞性，但也正因为网络时代的信息传递呈现数量多、速度快、修改信息操作简单等特点，导致相较于传统媒体而言，新媒体在新闻真实性的保持上无法长久持续，很多真实的信息由于种种原因被作者删除或者篡改的例子不胜枚举。

②发展中的真实。唯物主义认为，事物处在不停地运动发展过程之中。记者在报道新闻事件时，对真实的认知同样也存在一个由浅及深、由片面到全面的过程。尤其在一些社会危机事件爆发时，传统媒体和新媒体的相关报道铺天盖地，形成所谓的“新闻簇”，即在一段时间内，针对突发性事件或集体事件而发布的相关信息呈现出的聚集性、多样性、激增性态势或样式的报道。相关的每一条报道都是针对当前记者所了解获悉的客观信息的反映，随着对事件的深入了解，新闻报道也会不断更新、修正，而新闻真实就在这个变化发展的过程中不断接近真相。

(2)新媒体环境下新闻真实可能受损。不可否认，在新媒体时代，新闻对于时效性的追求愈发强烈，新媒体传播的实时性为其提供了技术条件。不仅如此，我国正处于社会转型期，社会矛盾加剧，“共时化”的灾难频发，因此公众对于信息的渴求也愈发强烈，若不能及时消除公众的信息不确定性，极有可能造成谣言、流言甚嚣尘上，同时也不利于媒介公信力的构筑。例如，在灾难报道中，新闻媒体的实时报道可能存在部分失实信息，在一定程度上，这种更迭式的报道中的部分失实是可以谅解的。但媒介必须及时更正错误信息，以消除错误信息对公众认知、态度、行为造成的负面影响，这是新媒介时代对新闻业提出的全新要求与行业守则。

(3)新闻工作者需恪守执业准则保证新闻真实。随着互联网媒介的勃兴，公众对于新闻的时效性要求转变为实时性，由于“时滞”的缺失，记者无暇对事实加以核实，许多新闻媒介盲目采取“先发枪再瞄准”的策略，将事实仓促归类打包，并对当事人进行简单的“标签化”处理。不仅如此，新媒体技术在一定程度上促进了媒介间的沟通与交流，促使媒介间相互设置议题，形成“扳机效应”，对于竞争对手关注的议题采取盲目跟随的做法，并非对事实加以进一步追问，而是仅仅增添背景和解释性的信息，导致事实不断引申泛化，甚至造成对新闻当事人名誉不可逆的伤害。这些都是不符合新闻的基本原则的。以“新闻真实是一个过程”为名，寄望于新媒体的自净功能来规避新闻工作者所应当承担的保证新闻真实性的责任，是有悖于新闻本性的。

综上，“新闻真实是一个过程”这一观点虽有其存在的合理性，但不应成为新闻工作者违背新闻真实性、规避责任的借口，不可以“新闻真实是一个过程”为名进行“先发枪后瞄准”。

22. 比较视野看待新闻真实的个性特征(如与历史真实、法律真实、文学真实比较)。(人大2016年研)

答：(1)新闻真实的含义：

新闻真实是指新闻报道忠实于客观实际的性质和程度。真实是新闻的生命，是衡量一切新闻价值的首要标准。新闻真实性表现在新闻报道中的要素，如时间(When)、地点(Where)、人物(Who)、事情(What)、原因(Why)和经过(How)都经得起核对。

真实性含义的基本要点就是新闻所报道的事实必须同客观事实相符合，具体有三个方面的要求：①细节准确真实；②新闻报道的事实和客观的事实总体要一致；③揭示事物的本质。坚持新闻真实性是新闻工作的起码要求，也是最高要求。新闻必须真实，是新闻工作的第一信条。

(2)新闻真实的个性特征：

新闻真实是事实的真实，新闻是对事实的叙述，事实是检验新闻真实的标尺。在比较视野中，新闻真实具有其个性特征。具体表现如下：

①新闻真实是有限时间内的真实。与历史真实相比较，一方面，新闻真实与历史真实具有相似特点。从历史真实的角度看，无论过去的时间长短，都无法精准还原历史的原貌，只能在现有的史料研究基础上，尽可能向真实靠近。新闻真实也是如此，新闻真实是相对的，受到多种因素限制，只能在有限的时间、有限的叙述里报道事实，很难做到完全意义上的真实。

另一方面，新闻真实与历史真实存在区别。历史真实也许不是当下的瞬时间的真实，但却是在更长的时间跨度中的真实。而新闻真实是瞬时的真实，由于新闻时效性要求，新闻真实往往只能是当下的、即时性的真实。

②新闻真实是循序渐进的真实。与法律真实相比较，新闻真实和法律真实的差别在于证据。法律真实是指裁判人员运用证据认定的案件事实，达到了法律所规定的、视为真实

的标准。在诉讼证明的过程中，法官运用证据、逻辑推理和经验法则，对案件事实的认定符合法律真实的要求、实体法和程序法的规定，达到从法律的角度认为是真实的程度。

一方面，法律真实应该是新闻真实的一部分或者全部，是新闻真实中去伪存真的、可以用证据证明的那一部分事实，是法律真实。新闻媒体所拍摄的、了解的、听到的、见到的，也许都符合新闻真实，却不一定符合法律真实，在制作节目的时候，要经过取舍，要按照法律真实的原则去鉴别。

另一方面，法律真实则依靠证词证物，必须要在事实得到确认之后才能提出上诉，而且终审判决之后很难再做出更改，但新闻真实却是循序渐进、逐步深入的过程。因为事实的发生、发展是一个过程，报道者对事实的认识也是一个过程，所以新闻真实是一个逐步接近真实的过程。相较于法律真实来讲，新闻真实可以循序渐进，一篇报道中展现的真实可能会被另一篇报道推翻。

③新闻真实是准确“再现”的真实。与文学真实相比较，文学创作与新闻报道都十分强调真实性原则。但文学的真实性与新闻的真实性有着不同的要求。文学对社会生活的反映是“再造”，新闻只能对社会生活进行“再现”。文学的真实性首先表现在“再造”的合理性上，而新闻的真实性首先表现在“再现”的准确性上。

文学要求人们把一切可能发生的事情统统视为“真实”，新闻则传播已经发生或正在发生的事实。新闻必须严格按照现实生活的本来面目，进行忠实地摹写和反映。准确地“再现”现实生活，首先，要求新闻作品中的每一个人物和每一个事件都必须是现实生活中真实存在的；其次，还要求新闻作品中有关人物和事件的任何一个细节，都必须是现实生活中人物和事件本身具有的细节，不允许加工和改造。从上述两个方面出发，新闻作品中的人物、事件以及有关细节，必须是通过直接或间接的方式加以证明的，否则，人们便无法判别它的准确程度。

但文学真实与新闻真实也存在相似之处，无论是文学的真实性，还是新闻的真实性，都还有比上述基本要求更高的要求，即要求文学或新闻作品要反映社会生活的本质，不能对社会生活的本质作歪曲的反映。

三、论述题

1. 论述虚假新闻表现形式及治理新闻失实的有效手段。（人大 2011 年研）

相关试题：

(1) 为了防止假新闻和网络谣言，我国媒体应当如何用西方新闻事实核查制度保证新闻真实性？（清华大学 2017 年研）

(2) 简述新闻失实的表现。（简答题，中南大 2018 年研）

(3) 简述新闻失实的主要表现及其防范。（简答题，中传 2010 年研）

(4) 新闻真实性受到各种自然条件的制约。（辽宁大学 2019 年研）

(5) 结合案例，探究新闻报道失实的原因与防范对策。（安徽师大 2015 年研）

(6) 试论防止虚假报道的措施与方法。（湖南师大 2015 年研）

(7) 近年来常听说网络谣言盛行，需要治理网络谣言，谈谈你对网络是否谣言盛行、是否危害极大以及你如何看待这种说法并谈出你自己的看法。（江西师大 2015 年研）

(8) 请你就互联网谣言的形成和扩散谈谈你的看法，并就如何识别、澄清、停止互联网

谣言的扩散提出你的建议。（北京大学 2016 年研）

（9）论述新闻失实的表现有哪些？造成新闻失实的原因是什么？（湘潭大学 2017 年研）

（10）网络时代记者该如何避免谣言的传播？（南京大学 2017 年研）

（11）论述谣言治理的关键。（复旦大学 2014 年研）

（12）新媒体环境下，新闻真实性面临哪些挑战？请结合实例，从新闻业务的角度谈谈如何核实信息，避免新闻失实。（中传 2015 年研）

答：（1）虚假新闻的表现形式：

①无中生有，凭空捏造。新闻失实最突出的表现是凭空捏造。每年各大媒体都会评选出年度"十大假新闻"，例如《2011 年十大假新闻》《2010 年十大假新闻》中的"新闻"几乎都是无中生有、凭空捏造的，"金庸去世""玉溪将发生 8.6 级大地震""中国作协作家团入住总统套房""李娜怀孕"等假新闻匪夷所思。

②添枝加叶，层层拔高。这类失实大量表现在追忆杰出人物、先进典型的报道里。

③要件残缺，隐瞒事实。上述两种失实，作者是采取凭空添加办法，"从无到有、从少到多"。与此相反，有些作者采用"减"法，在一个完整的事件中抽去部分事实，给读者造成真实的假象。作者通过巧妙地"取""舍"，使坏事变成大受表扬的"好事"，歪曲事物的本来面貌。毫无疑问，作者在写新闻时，需要对事实进行必要的取舍，但取舍的标准是真实地反映事物的本来面目，而不是按作者的主观臆想去塑造事物的面目。

④偷梁换柱，移花接木。在新闻中，把过去发生的事情写成现在出现的；把众人共同努力的成果写成一个人的成绩；把别人做的事说成是某个人做的。在电视、广播中，这方面的失实比较突出，有些电视台在拍摄专题经济新闻时，让一些长得漂亮的文工团员代替工人装模作样操作机器，代替农民来拍"喜摘丰收棉"，用合并畜群的办法来表示"牛羊成群"，用其他场合掌声的录音来表示"热烈欢迎"的气氛。

⑤因果不符。新闻指出的事件所发生的原因不符合实际情况，或把事件发生的多种原因归结成一个原因，或者风马牛不相及。

⑥作风漂浮，采访不深入，核查不严格。思想方法片面，相关知识缺乏。

⑦"合理想象"，为抢时效，牺牲真实。借助主观推理、想象和虚构，从已知事实推测记者没有采访到而可能发生的"事实"，并将推测作为事实报道。

（2）治理新闻失实的有效手段：

①从思想上看，要深刻认识新闻失实的危害性和严重性，把握真实是新闻生命的意义，把新闻失实现象提到重要位置加以重视和切实克服，全面形成治理虚假新闻的舆论压力。新闻行业要形成广大从业者普遍认同的伦理规范，并将其内化为发自内心深处的道德律令。

②从制度上看，要建立健全严格的防止失实报道出笼和严惩造假的规章制度。充分发挥新闻发言人的作用，及时澄清有关事实真相。新闻报道总是随着事件的发生、发展、变化、结果而同步进行的，事件发展了，报道也就随之变动，只有从有关事件的全部新闻报道中才能得出对事件的完整认识。一旦出现虚假新闻，所涉及的当事人，无论是个人还是组织机构，特别是权威部门，就应当通过新闻发言人及时发布真实信息，澄清事实真相，消除不实传闻，纠正视听偏差，保障社会舆论始终在健康的轨道上运行。

③从新闻行业、组织队伍方面看，要做好新闻报道队伍的组织整顿工作，把品质不良、

弄虚作假者从中清除出去。切实加强新闻行业的职业伦理建设，大力加强新闻专业主义理念的培育与养成。促使新闻从业者恪守真实、客观、公正等新闻专业准则，逐步加强新闻职业道德准则制定与修正过程的共同协商机制，让新闻从业者更加自觉地参与并认同新闻伦理准则。虚假新闻问题主要属于新闻职业伦理的范畴，主要依靠道德伦理来规范，除非虚假新闻触犯法律。在此意义上，治理虚假新闻的约束机制主要还是要靠新闻单位的自律与新闻行业的自律，特别是新闻行业的自律。

④在法律方面，推动新闻立法，运用法律武器，同通过假新闻谋私的不良现象作斗争，制裁造假者。建立健全治理虚假新闻的约束机制。一般而言，约束机制是指为规范组织成员行为而经法定程序制定和颁布执行的具有规范性要求、标准的规章制度和手段的总称。尽快建构起制度化的、来自传媒外部的新闻监管体系，包括主管机关的行政监督、新闻行业协会的行业监督、新闻评议会等对新闻媒体的社会监督。

⑤在媒介批评方面，整顿党风，淳化民风，领导机关和主要领导人带头，提倡真实新闻，反对虚假报道。开展媒介批评，对虚假新闻进行公开的批评。媒介批评是对媒介产品、媒介行为、媒介现象乃至媒介体制、媒介文化的是非、善恶、美丑、得失的分析评判，抨击虚假新闻是媒介批评义不容辞的使命。通过对虚假新闻的曝光与批评，可以充分发挥媒介批评惩恶扬善、祛邪扶正的作用，让新闻界对虚假新闻始终保持警醒，防微杜渐，自觉地抵制虚假新闻。

2. 新闻生产技术和新闻真实实现的基本关系。（人大2017年研）

答：（1）新闻真实的含义：

新闻真实是指新闻报道忠实于客观实际的性质和程度。真实是新闻的生命，是衡量一切新闻价值的首要标准。真实性含义的基本要点就是新闻所报道的事实必须同客观事实相符合，具体有三个方面的要求：①细节准确真实；②新闻报道的事实和客观的事实总体要一致；③揭示事物的本质。坚持新闻真实性是新闻工作的起码要求，也是最高要求。新闻必须真实，是新闻工作的第一信条。

（2）新闻生产技术和新闻真实实现的基本关系：

①新闻生产技术的发展帮助实现新闻真实。新闻生产最重要的技术创新来自于媒介技术的创新，即人类为驾驭信息传播、不断提高信息的生产与传播效率所采用的工具、手段、知识和操作技艺的发展。新闻真实的实现依赖于不断进步的新闻生产和呈现的技术手段，例如，2016年两会报道之时，《法制晚报》率先将360°全景虚拟现实技术带上两会，让读者获得崭新的自由观看体验，戴上全景立体眼镜便可以从任意一个视角去观看两会现场的画面，更能体现新闻报道的真实性原则。

②新闻生产技术的发展对新闻真实的实现提出更高的要求与挑战。新闻真实是环境因素影响下的真实，构成新闻传受环境的政治、经济、文化、技术等因素，都会以各种方式影响新闻真实的范围和程度。传播技术的限制，如文字、音像传播中的时空限制，客观上可能会导致新闻失实。即使是VR技术，虽然表面上能够让受众仿佛亲临新闻现场，却容易将其退化为新闻事件的观望者而非理性思考者和参与者，现象真实并不能保证本质真实。

③新闻真实的实现需求推动新闻生产技术的发展。技术的发展变革本质上来源于人类的需求，从这个角度而言，实现新闻真实反过来也推动了新闻生产技术的发展。例如，电

报、广播、电视等技术手段发明之后，其应用于媒体行业、应用于新闻报道必定有追求新闻真实的因素；再如 VR 技术应用于新闻报道，本质上也包含着新闻工作者对新闻真实的追求。

3. 以网络推手为例，论述新闻炒作的表现、成因和危害，并谈谈如何整顿。（复旦大学 2011 年研）

答：（1）网络推手和新闻炒作的含义：

网络推手是指借助网络媒介进行策划、实施并推动特定对象，使之产生影响力和知名度的人，对象包括企业、品牌、事件以及个人。网络推手实质就是“网络策划师”，指的是懂得网络推广并能应用的人，其推广的对象包括企业，产品和人。

新闻炒作是指在新闻发生和传播过程中，新闻提供者或新闻传播者有意识地介入其中，引导、强化部分新闻要素，以达到吸引受众注意、获取直接或间接商业利益的一种新闻运作手段。它的基本特点是预谋性、轰动性和商业化。网络推手所做的工作其实是网络时代新闻炒作的重要表现。

（2）网络推手进行新闻炒作的主要表现：

①在内容上，主要选取那些容易吸引人注意力的对象，对目标事件进行加工式引导，力求轰动效应。由于互联网上信息源的权威性和可辨性极其复杂，网民甄别与辨识的难度加大，“网络推手”则对其加以利用，进行恶意炒作。这种无序加剧了网络的混乱，热点事件变成网络暴力后的人为操纵。一些“毫无主见”的网民则会受“群体压力”的影响而表现出跟风从众的特征。

②在形式上，着意夸大事物的某些方面，将目标转移式放大，力求达到哗众取宠的效果。“网络推手”大肆从事目标事件信息的转帖和扩散，使得网络的声音被无限放大，网络言论空间迅速扩张，从 BBS 转帖、博客转载到 E-mail 传输，目标事件的信息得到了充分广泛的传播。而在这个过程中，目标事件信息通过差序流动被主流化，网络点击率骤然提升，极易形成焦点事件。

③在报道手法上，往往采用煽情手法，强调煽情性、故事性，对网民情绪进行非理性刺激。通常情况下，能够引起网民关注的热点正是社会矛盾的焦点，它的形成具有深刻的社会发展逻辑和价值诉求。“网络推手”将目标事件与热点议题相关联，以激起公众和网民心中的非理性情绪。

（3）网络推手进行新闻炒作的成因：

①法律监管的缺失。虽然我国已制定、颁布了多个治理网络违法犯罪的法律法规，但这些立法基本上仍局限于计算机信息安全，对网络信息操控的违法犯罪规制不多。

②经济利益的驱使。追求高额经济利益，是网络推手的原始驱动力。因为网络资源廉价易得，可利用其获取高额的商业回报，这让越来越多的人和企业想在这里淘金，连专业的论坛也逐渐将盈利模式转移到这些方面。

③特殊的社会心理环境。中国处在经济社会转型期，这个特殊的社会心理环境也是网络推手活跃的原因。当下中国，社会变迁带来人心浮躁，跟风追逐新潮，人人都怕落后于别人，传播学的“沉默的螺旋效应”极易发生。

（4）网络推手进行新闻炒作的危害：

①误导舆论，危害网络环境，不利于社会主义精神文明建设。网络推手推动下的新闻炒作，往往把焦点放在“星”“性”“腥”的要素上面，对受众，尤其是青少年的环境认知造成一种污染，不利于社会主义精神文明建设。

②通过人为制造的网络热点事件，扭曲网络舆论，让网民在不知不觉中充当其炒作的“托儿”或者“打手”，愚弄广大网民的同情心、正义感。为“吸引眼球”“博出位”，故意采用反社会、反主流、谩骂侮辱、黄色下流等方式来制作和传播信息，严重误导广大网民的价值观和审美观，破坏舆论环境。

③协助客户企业肆意攻击、抹黑竞争对手，助长企业间的不正当竞争，破坏诚信经营的大环境。新闻炒作败坏商业竞争氛围，可能会使某个行业、民族品牌的声誉遭到严重侵害，在广大消费者中造成极度安全缺失感。

④破坏社会诚信，颠覆真正的网络民意，让人们对网络信息难辨真伪，使网络信息可信度降低，也不利于媒体公信力构筑。

（5）整顿新闻炒作的措施：

①借鉴传统媒体的经验。作为一种新兴的媒体，互联网管理中还存在很多空白，这才给网络推手留下活动的空间，借助这个强大的传播平台牟取不法利益。遏制和打击网络推手，可以借鉴一些来自传统媒体的经验。传统媒体的社会责任感和运作的规范，几乎没有给网络推手留下活动的空间。这种社会责任感和运作规范不是在一天之内形成的。

②遏制和打击网络推手，就要加强对网站的管理。对于那些罔顾新闻道德、纵容网络推手，为网络推手的活动提供温床的网站，要进行严肃的处理。对于一些易于被网络推手所利用的网络传播形式，要及时进行研究，加强监管。

③推行自律专员工作机制，实现网站自律和社会监督的良好结合。网站作为网络精神食粮的提供者，更应该加强行业自律，主动行动起来，与网络推手划清界限，禁止网络推手渗透到网络编辑、论坛版主等岗位上来。互联网行业要进一步增强社会责任，提升整体素质，认真清理网上各类违法和不良信息，规范网络传播秩序和网络公关行为，构建规范有序、文明诚信的网络环境。

4. 事实对传播者的制约。（云南大学 2019 年研）

答：事实不以人的意志为转移，具有客观性。不论是新闻信息的传播者，还是其他类型信息的传播者都应当懂得“用事实说话”，尊重事物的客观性，这样才能够帮助传播者和传播对象认识世界和改造世界。对于新闻传播者来说，事实是新闻的本源，真实是新闻的生命。新闻的真实性既是我国新闻工作的基本要求，又是我国新闻工作的优良传统。事实对传播者的制约体现在以下几个方面：

（1）客观存在的事实制约着传播者报道的真实性。

事实制约着报道的真实性，是指事实是什么样子，传播者只能根据事实本来的样子进行报道。不管出自什么动机，面壁虚构、歪曲真相、蓄意造谣等做法，最后必定自食其果。类似事例在新闻史上屡见不鲜。只有据实报道，才能取信于民；报道不实，必然会在受众中失去信誉。由此也不难理解，不论哪个新闻机构，不论处于何种立场，至少在它们的公开声明中，都把真实性放在首要位置上。

（2）事实本身的逻辑性制约着传播者对事实的解释。

事实本身的逻辑性制约着对事实的解释，是指传播者必须按照事实内在的因果关系来解释事实。在这方面，尽管不同的新闻机构依据各自的宣传需要对事实会作出不同的解释，但历史地看，只有那些正确地按照事实本身的逻辑性来解释事实的，最终才会赢得人民的信赖，获得公信力；而对事实作歪曲解释的，最终必将受到历史的嘲弄。

(3)重大事实具有传播的必然性，决定了传播者非传播它不可。

重大事实具有传播的必然性，有些重大事件，本身具有必然被人们传播的力量，尽管它对新闻报道者是不利的，但新闻报道者也非报道它不可。原因在于，不论新闻机构是否报道，事实都会在受众中传播开来形成舆论，而新闻机构不报道，只会使它声誉扫地，陷入更加尴尬难堪的境地。1999 年 5 月，以美国为首的北约悍然轰炸我驻南斯拉夫大使馆，对这样一件震惊世界的大事，美国的新闻媒介是无法掩盖和回避的。于是他们就玩弄手法，写一条简短的新闻放在报纸版面十分不显眼的位置上，然后按照官方的口径，用不合事实的发展逻辑——“误炸”来解释这一事件。这样的报道除了暴露自己的理亏胆怯外，显然是无法让读者信服的。

上述分析说明，新闻机构不能为了自己的需要，想报道什么就报道什么，想怎么报道就怎么报道，传播者的报道行为是要受事实的制约的。

5. 在自媒体泛滥，人人都是传播者的时代，“观点情绪泛滥而事实真相缺失”，谈一谈你对这句话的理解。(浙江大学 2019 年研)

答：由于传播渠道和受众群体的变化，在商业逻辑与效率逻辑的共同主导下，内容的变化也成为必然。观点情绪泛滥而事实真相缺失本质上指的是后真相时代。

(1)后真相时代概念：

“后真相”源自政治学范畴，2016 年末特朗普当选美国总统被视为“后真相政治”的典型表现。在政治学中，后真相是指政客为了获取政治选举成功，一味地迎合大众情绪和心理而忽视真实情况，并从大众喜恶角度制造真假新闻、攻击竞争对手以博取同情和支持。随着相似事件井喷出现，“后真相”一词脱离原生话阈进入更广泛的社会议程中，在政治、传媒、经济、国际交往中“后真相”频繁“刷脸”。

需要明确的是，后真相并非指真相缺席，而是指真相被认知的过程更为崎岖，人们对谎言(虚假信息)的接受度变高，而对待真相的态度也更为平淡。受众不在意信息是否为真，他们更为在意的是信息背后的主张所包含的情感因素，当受众将自身想表达、宣泄的情绪发出后，便不再顾及舆论事件的后续发展，便纷纷离开舆论广场。

(2)后真相时代的解读：

①情绪化的传播。在社交媒体这个“口耳相传”的社区中，情绪化传播的特点比以往任何媒体时代都更为典型。研究表明，比起解释性或调查性的事实报道，以惊惧、愤怒或惧怕为情感色彩的报道总能得到更广泛的传播。现实中，从西方政客到东方媒体，从商业机构到个人大 V，从特朗普的推特到国内媒体每天制造的各类“鸡汤”，不同国家、地域、政治制度下的不同传播主体，面对社交媒体，大多采取了相同的传播策略：标签化的语言、简化而明了的结论、饱满的情绪……情绪动员成为常态。情绪化的表达、情绪化的呼吁往往与新闻事实的报道、新闻评论的呈现结合在一起。无论是“今天，转发这条微博”，还是“每一个母亲都该看看这段视频”，都体现了传播者对于大众情感的应和与唤起。本质上，

这些传播策略未必有主观恶意，而都是为了在社交媒体上获取关注、巩固认可，换取共鸣与支持，其结果却是整个舆论场的情感泛滥。

②模式化、标签化的传播。社交媒体上，机构和媒体账号年复一年聚焦相似的题材，且遵循着几乎相似的话语原型：环卫工总是“流汗又流血”，总是在工作中被不幸撞伤甚至牺牲；“微笑天使江豚，每72小时就死亡一头”的数据被反复引证，用来号召网民“别再让‘微笑天使’哭泣”；消防员常常“逆火而行”。相似的话语模式推导出相似的结论，指向相似的情绪。一条微博如何起标题、如何加话题、如何插入表情、如何使用诸如“扩散周知”“今天，为××发条微博”等话语元素，已经形成了一整套行之有效的操作模式。微博和新闻客户端上，为了迎合受众在碎片时间中对于“便捷”的追求，各式各样的“科普帖”“缩水版”与“10句话看懂”“1分钟看懂”大行其道，有限的篇幅内，实质上无法展开对于社会问题理性、深入的辩论，也无法使用丰富的论据、细节化的事实进行补充与论证。其结果是，事实被局部截取和放大，观点被高度概括和抽象，情感被贴上各式各样的模式化的标签。无论是对于公共事务的讨论，还是对于“常识”的传播，都被割裂、封装在一个个信息包中，以快速、碎片和随机的方式，出现在用户的信息流里。一方面，这固然意味着传播效率的提升；另一方面，这也带来了难以避免的标签化的认知、模式化的思考。

③传统媒体的市场地位急剧下降，转型生存成为关键词。近年来，传统媒体的市场地位急剧下降，转型生存成为关键词。在“创新”和“融合”的话语中，各地媒体的“两微一端”成为标配，“中央厨房”如火如荼，向新媒体阵地的进军成为当下最重要的发展机遇。与此同时，越来越多的传统媒体舍弃了曾经赖以生存的深度报道。于是，热点事件发生，各大媒体纷纷派出特派记者赶赴第一线的情景日益稀少，生产成本高、周期长的调查性报道日渐凋零，取而代之的是新媒体时代更为“便捷、高效、低成本”的操作方式：综合网上信息，或者联系当地的“公民记者”或“拍客”进行电话采访或连线采访。在一些事件中，观点与情绪的丰裕，与细节事实的稀缺形成鲜明的对比，共同成为移动互联网时代“后真相”的注脚。

(3)后真相时代形成的动因：

①随着技术变革深入新闻传播领域，新媒体与社交媒体的发展重塑传播格局。当社交媒体成为信息流动的主要载体时，信息数量爆炸式增长的同时也带来信息质量的鱼龙混杂，与之而来的信息核查能力的缺失更加剧虚假信息泛滥。现如今，新媒介和社交媒体使受众进入一个充斥着碎片化、真假难辨、零散信息的网络空间，媒体更多追求的是关注量与点击率，不需要对信息真实性负责，更遑论对信息把关。因此新媒体环境下，受众本身对信息形式、内容、类型的渴望成为信息供给者首要满足的因素，他们用受众乐于接受、符合大众情感走向的方式“描述真相”，不仅使真相呈现的方式“被”碎片化、也使对真相的议论掺杂着情感动员和情感满足因素。而社交媒体缺乏专业性的同时，主流媒体的权威信息缺位，也加剧了此状况。

②后真相的出现也与社会转型期问题的凸显有关。社交媒体进一步扩展了媒介的可接触性，因此在面临社会快速发展和转型时期的诸多问题时，社交媒体成为大众寻求发声、表达诉求的最佳途径。但是，大众的文化水平与媒介素养参差不齐、大众对平民文化的鼓呼与精英文化的消解以及社会群体中弥漫的民粹主义、反智主义，使受众面对碎片化信息时无法进行有效的核实与辨别，权威信息的缺位使获取话语权力的媒介使用者们容易被情

感左右，他们以感性认知取代理性实证，并诱发媒介审判、媒介暴力、人肉搜索等传播恶相频现。

(4)应对后真相时代的举措：

①新闻媒体：专业主义。2017年，一直以“快新闻”著称的老牌媒体BBC推出了“慢新闻”的概念。BBC国际总监兼新闻部副主任Francesca Unsworth说：“除了继续延续我们在突发新闻上的优势外，未来几个月中BBC将更加关注慢新闻。这意味着对话题有更深入的分析，还原事件的情景，并为观众提供新闻头条背后的事件和原因。”虽然新闻媒体应该着眼于从事实到价值的转换，但基本事实是价值延伸的基础，情感赋予太多，理性就会丧失。因此新闻媒体应当坚守新闻专业主义，特别是主流媒体更要积极进行舆论引导，将社会意见引入到同一个良性方向上。

②监管部门：新闻核实查验机制。“透明性原则”包括“公开的透明性”以及“参与的透明性”两个方面，前者指的是新闻生产者是否对新闻制作过程保持公开，包括告诉公众事实来源，向公众展示已经在报道中囊括一切有关的利益团体，而后者指的是使公众参与到新闻生产过程中来，包括允许公众对报道内容有所贡献，使用用户生成内容等。监管部门应增强新闻核实手段，并提高虚假新闻的制作成本。

③受众：增强辨识和批判能力。受众强化媒介素养和理性思考能力，应该寻求多方信息源，而不只是满足接受一方提供的消息，对不确定的消息保持怀疑的态度，并且做到不传播。

6. 反转新闻的成因及对策。(兰州大学2019年研；安徽大学2018年研)

相关试题：

(1)试析反转新闻的利与弊。(河北大学2017年研)

(2)如何理解反转新闻？(兰州大学2018年研)

(3)请论述对“新闻反转剧”的看法。(青岛大学2017年研)

答：(1)反转新闻的概念及现状：

反转新闻又称“舆论反转”“新闻反转剧”“逆转新闻”，是新媒体时代出现在舆论空间中的新现象。反转新闻通常是指一条新闻刚刚出来时，舆论迅速将矛头指向其中一方，然后随着更多新闻细节的公布，会使新闻剧情突然发生强大逆转，舆论态度立刻随着新剧情的出现摆向对立的方向。这样的新闻真真假假、反反复复，给舆论场带来了很大的冲击。反转新闻的特点概括为以下几点：①新闻来源不准确，大多数消息是通过自媒体用户自身发布；②话题以社会话题为主，这类话题能激起社会大讨论；③发布的内容主观倾向性强，容易误导大众。

同时，反转新闻作为近年来的新话题，其本身有很多值得研究的地方。事件的一再反转使得公众对媒体产生信任危机，是对媒体公信力的一个考验，也是对新闻专业主义的一种挑战。我们必须了解它产生的原因，根据原因提出相应的对策，这样才能保护媒体的公信力，才能坚守新闻专业主义。

(2)反转新闻的成因：

①新媒体时代下人人都有麦克风。新媒体时代下，自媒体具有开放性、即时性、互动性和广泛性的特点，这些特点使得自媒体的准入门槛很低，只需要简单注册，任何人都可

以建立自己的自媒体平台来发声、参与社会讨论，人人都有了麦克风。来自四面八方的声音充斥着整个舆论空间，主流媒体的声音却慢慢被消解，人们不再接受被“统一的声音”定义对错，而且，在这种环境下，信息的传递混乱而缺乏真实性，人人都有话语权，但没有人去调查取证，当各种意见被恶意引导，就可能变成具有破坏意义的舆论。

②媒体缺乏新闻专业主义。新闻的专业主义是一种独立于任何权威之外的新闻从业理念，它要求记者以客观、真实、准确的态度去报道事实，挖掘事情的真相，把事实的原生态展现在读者面前。但是随着科技的发展，社会节奏的加快，为了争夺受众资源，各种媒体之间充斥着白热化的竞争，整个媒体界莫名地陷入了一种“抢时效”的焦虑状态。人们越来越注重信息传播的时效性，有些媒体为了增加关注度开始迎合受众，一有线索就开始捕风捉影、第一时间抢占头条。因为信源单一不可靠，没有进行深入采访，还省略了严格的筛选、核实、审查环节，为了吸引受众的眼球迎合受众导致新闻内容碎片化、标签化，新闻标题夸张化等，没有坚持新闻的真实性原则，这样的做法不仅会为后续真相的反转埋下隐患，而且会透支社会的信任。

③意见领袖推波助澜。“意见领袖”指活跃在人际传播网络中，经常为他人提供信息、观点或建议并对他人施加个人影响的人物，是媒介信息影响的中继和过滤环节。在很多新闻反转中，由于主流媒体没有及时发声，使得话语权被“网络大V”所操控。“网络大V”往往拥有数以万计的粉丝量，一个转发再加上“网络大V”自身“独到”的见解，足够刺激粉丝情绪而失去理智。有些不负责任的“网络大V”只是随手转发，并没有去追查事件的真实性，他们的转发只能让事态越发火热，起到推波助澜的作用。

④受众缺乏媒介素养。媒介素养是人们面对媒介各种信息时所表现出的选择能力、理解能力、质疑能力、评价能力、思辨能力以及创造和制作能力。受众普遍具有刻板印象，导致人们在认知时先入为主，忽略个体差异，认为整体都具有这个特征。一看“城管、医生、专家、女司机、大妈、老人”等这些标题字眼，受众心里就已经因为刻板印象把这些群体标签化了，觉得不用看完文章，只通过浅阅读就可以知道整个事件的来龙去脉。这其实是缺乏冷静思考、不够理智的表现。

(3)反转新闻的对策：

①网络监管部门加大审核惩治力度。网络媒体时代，反转新闻的出现防不胜防。面对复杂多变的网络舆情反转现象，管理者应该采取正确的应对措施。a. 要加大新闻源头管理力度，建立信息的自我审核机制，完善信息公开制度；b. 需编制对假新闻的官方鉴定标准和鉴定流程；c. 可将官方网站、“两微一端”作为辟谣主战场，建立和强化辟谣机制；d. 建立舆情处置统一战线，设置带有监督举报、辟谣发布、案例曝光等功能的信息平台。

②媒体坚守新闻专业主义。新媒体时代，需要新闻专业主义精神的回归。媒体人应该回归新闻本位，严格遵守相关规章制度，恪尽职守、兢兢业业地履行专业主义职业责任，不要利欲熏心、为钱所动，尤其是为了某种目的策划不良新闻和虚假信息的行为，要坚决杜绝。坚持新闻的客观性、真实性原则，发扬实事求是的精神，理智思考不盲从。

③意见领袖正面引导网络舆论。受众由于媒介素质参差不齐，再加上普遍具有从众心理、刻板印象等特质，容易在新闻报道初期就引发一些不良舆论。这个时候不仅需要媒体极力查清事情真相，更需要具备较高素养的意见领袖，牢固把握网络意见这一舆情把控环

节，积极传播正面舆论，与理性网友站在一条线上，使理性网友的理性立场得到强化，使立场不确定的网友不要妄下定论、人云亦云，使原本站在错误立场的网友及时改正错误观点。只有意见领袖与主流媒体齐心协力正面引导网络舆论，才能扭转整个事态。

④受众增强理性，提高媒介素养。受众一要锻炼独立思考能力，不盲目跟风、不偏听偏信，切勿跟风随大流，要有质疑精神，对问题有自己的基本认知；二要提高掌握新媒介的使用能力，学会利用媒介获取多方信源，对媒介内容加以辨别，自主获取信息，加强抵御不良信息的免疫能力；三要增加知识储备，形成对相关专业知识的基本了解，从而提高对事物的理性认识和批判性思维；四要遵循网络用语规范，秉承网络道德和责任，不要让网络成为暴力和极端情绪的发泄口。

7．新闻准确性的具体要求有哪些？如何保证新闻的准确性？（河北大学2016年研）

答：新闻准确性又称为新闻真实性。通常是指在新闻报道中的每一个具体事实必须合乎客观实际，即表现在新闻报道中的时间（When）、地点（Where）、人物（Who）、事情（What）、原因（Why）和经过（How）都经得起核对。

（1）新闻准确性的具体要求：

①构成新闻的基本要素必须真实。通常包括时间、地点、人物、事件等，这是构成新闻的最基本因素。

②新闻所引用的各种资料必须确切无误。

③新闻所反映的事实的环境和条件、过程细节、人物的语言和动作等必须真实。

④新闻中所涉及的人物的思想认识和心理活动等必须是当事人所述，记者不能凭借主观臆断进行“合理想象”。

⑤讲究分寸，要留有余地。这包含着两层意义：新闻报道要客观全面，防止片面性与绝对化；绝对不可以点带面，用局部的观点现象推断整体。

（2）保证新闻的准确性的措施：

①加强政治理论和思想道德修养，提高政治责任感和社会责任心，坚定坚持和捍卫真理的信念，为了党和人民的利益，敢于承担风险，顶住压力，经受挫折，坚持说真话，不说假话。

②坚持唯物论的反映论，坚持实事求是，一切从实际出发，坚持深入实际，深入群众，深入社会现实生活，搞好调查研究。要冷静、科学地观察和分析各种社会现象，努力掌握真实、准确的第一手资料，写出能真实反映事物本来面貌的新闻作品。

③坚持辩证法，坚持全面地、发展地观察事物，防止片面性、绝对化地看问题，努力反映事物的整体面貌。

④严格制定各种规章制度，在采写、编辑、审发以及排版、印刷、传输等各个环节建立严格的责任制，堵塞造成新闻事实的各种漏洞。

⑤制定有关法规，运用法律手段，对报道严重失实且已对他人造成侵权和伤害的有关责任者给予必要的惩罚和制裁，增强纠正和处罚新闻失实的严肃性和权威性。

8．针对虚假的网络炒作现象，论述新闻真实性的内涵。（山东师大2016年研）

答：新闻真实性是指新闻报道忠实于客观实际的性质和程度。真实是新闻的生命，是衡量一切新闻价值的首要标准。真实性含义的基本要点就是新闻所报道的事实必须同客观事实相符合，具体有三个方面的要求：细节准确真实；新闻报道的事实和客观的事实总体要一致；揭示事物的本质。坚持新闻真实性是新闻工作的起码要求，也是最高要求。新闻必须真实，是新闻工作的第一信条。

网络炒作是指通过网络，在新闻发生和传播过程中，新闻提供者或传播者有意识介入其中引导、强化部分新闻要素，以达到吸引受众注意、获取商业利益的手段。通过对虚假网络炒作现象的分析可以得出，新闻真实性的内涵包括以下四方面：

(1)忠实地按照事实的本来面貌描写事实，做到事实的完全真实。

①新闻报道的具体事实真实无误。虚假的网络炒作往往会对某些具体事实进行夸大、隐瞒或扭曲，从而吸引受众注意，达到效果。

②新闻报道概括的事实必须真实。虚拟的网络炒作对事实进行二次加工，比如标题党等现象的存在，就违背了新闻真实性的内涵。

(2)从事实的联系、事实的总和中把握事实，全面地反映事实。

①每条新闻中的事实必须真实无误，从事实的联系、事实的总和中把握整体事实，全面客观地反映事实。

②全面，是指不以孤立的、静止的、片面的眼光看待新闻事实，而是从事实的全部总和、从事实的联系中去把握事实。

③单篇报道的真实，是整个新闻报道真实的基础，在此基础上，应该做到全面地、总体地把握宏观意义上的真实，才能真正对社会生活的全貌作出真实的反映，否则就很容易掉进歪曲和片面的陷阱。网络炒作一大弊端就在于事实呈现的片面性，炒作方通过编辑、剪辑等方式将信息塑造成自己想要达成的效果。

(3)深刻地反映事实，揭示事物的本质。

深刻，是指从全局出发认识新闻事实的意义，认识事物的本质和内部联系。虚假的网络炒作从选材、表达等方面都有很浅薄，以满足受众的猎奇心理。

(4)精彩地报道事实。

新闻通过选择典型的材料，以语言为媒介，报道事实的真相。报道写作时，要做到新闻语言准确、鲜明、生动和简练。

①准确，是指语言要切合被表现的对象，做到无懈可击。

②鲜明，是指旗帜鲜明，态度明确，一语中的，一针见血，不含含糊糊、吞吞吐吐。

③生动，是指具体形象，富于感染力。

④简练，是指用最经济的文字表达最丰富的内容。

网络炒作往往会选择一些具有煽情性的材料，以激起受众的同理心、同情心，从而引导舆论与社会情绪。

9. 结合 2·19 谈话以及具体实例谈谈新闻的真实性原则。(北京大学 2017 年研)

相关试题：新闻真实是什么？谈谈你对新闻真实的理解。(同济大学 2017 年研)

答：(1)新闻真实性是指新闻报道忠实于客观实际的性质和程度。真实是新闻的生命，是衡量一切新闻价值的首要标准。真实性含义的基本要点就是新闻所报道的事实必须同客观事实相符合，具体有三个方面的要求：①细节准确真实；②新闻报道的事实和客观的事实总体要一致；③揭示事物的本质。坚持新闻真实性是新闻工作的起码要求，也是最高要求。新闻必须真实，是新闻工作的第一信条。

(2)“2·19”谈话与新闻真实性原则。

①2016年2月19日，习近平在党的新闻舆论工作座谈会上发表讲话，就党的新闻舆论工作的性质地位、职责使命、基本方针、重要原则、创新思路、发展路径，以及党的领导、队伍建设等一系列重要理论与实践问题作了全面、系统、深刻的阐述，科学回答了事关我国新闻事业长远发展的一系列带有根本性、战略性、全局性的重大问题。

②本次谈话中，习近平提出了48个字的“党的新闻舆论工作的职责和使命”：高举旗帜、引领导向；围绕中心、服务大局；团结人民、鼓舞士气；成风化人、凝心聚力；澄清谬误、明辨是非；联接中外、沟通世界。其中，“澄清谬误，明辨是非”是对新闻真实性原则最直接的体现，是指新闻要坚持真实第一，要敢于直面社会丑恶，要引导广大民众客观、真实地看待当下中国发展的面貌，提高普通民众的国家认同感。

(3)在新闻工作实践中贯彻新闻真实性原则。

①新闻真实性原则的要求：

新闻的本源是事实，坚持新闻真实性是新闻工作的起码要求，也是最高要求。在操作层面，坚持新闻真实性原则要求以下几个方面。

a. 忠实地按照事实的本来面貌描写事实，做到事实的完全真实。新闻报道的具体事实要真实无误；新闻报道概括的事实也必须真实。新闻工作者必须要观察和了解大量生动具体的现象，尽可能搜集丰富而真实的材料。如果没有事实，没有材料，或者只抓住片面事实、点滴材料，就不可能正确认识事物的本质，也就不可能如实反映事物的本来面目。例如早期的“药家鑫事件”，许多作者在没有足够材料调查的基础上，仅凭药家鑫父亲的军人身份便编造药家鑫为“军二代”，从而煽动网民情绪，造成了非常恶劣的影响。

b. 从事实的联系、事实的总和中把握事实，全面地反映事实。新闻记者必须多动脑，对大量的现象以及它们的相互联系进行科学的分析研究，在复杂的现象中既有真相，又有假象，这就需要明辨真假，把真相和假象区分开来，进而揭露假象所掩盖的本质，更需要下一番辩证思考的工夫。在纷繁复杂的各种现象中去伪存真，不被假象所迷惑。例如在对企业进行采访调查时，有的企业会提前进行紧急治理与管控以保证企业形象。记者如果被表面现象所迷惑就很可能使新闻真实性原则受损，这种情况下有必要进行周边居民的暗访以及提前调查，以保证不被人为制造的假象所迷惑。

c. 深刻地反映事实，揭示事物的本质。深刻，就是从全局出发认识新闻事实的意义，认识事物的本质和内部联系。揭示事物的本质，是社会主义新闻事业真实性原则更高一个层次的要求。如果不能用联系的眼光全面地看待事物，媒体便会跌进假新闻的泥沼之中。例如之前的“张悟本绿豆”事件，有些记者依靠对治愈病人的采访以及张悟本个人的解释便对所谓的绿豆疗法加以报道赞扬，却没有深入地采访专业医疗人士的看法以及药理学方面的专家，从而被表象迷惑，丢失了新闻真实性。

②背离新闻真实性原则的做法：

在实际新闻工作中，很多新闻工作者常常因为片面地追求效率或者效果，忽视了新闻真实的原则。例如新闻工作者为了抢新闻而放弃了对信息源的核实，为了点击率而制造虚假新闻，放弃了新闻真实的原则，降低了媒体的公信力。尤其是在现今的新媒体时代，为了追求眼球效果，“标题党”“图片党”大行其道，甚至为了追求轰动编制假新闻。在互联网快速传播的流动中这些新闻又会被进一步扩大化，产生不良的社会后果。例如2017年初在微信、微博等自媒体爆红的文章《春节纪事：一个病情加重的东北村庄》与“上海姑娘逃离农村”事件，这些文章内容经过检验发现都是由作者虚构杜撰出来的人为臆想，是在没有亲身经历和调查的基础上，为了吸引受众眼球而罔顾新闻真实性原则编造出来的假新闻，这些新闻在网络上的广泛传播无疑造成了非常恶劣的后果。

③维护新闻真实性原则的举措：

维护新闻真实的原则，最根本地在于新闻传播的工作者提高自身素养，牢记新闻真实是新闻的生命。一方面，应当在高校新闻传播专业中对学生进行新闻真实性教育，培养未来新闻工作者的职业意识和新闻专业精神；另一方面，应当在新闻媒体内部，建设和完善新闻工作制度，通过各种职业培训、奖惩的方式，提高新闻从业人员的职业道德水平。

10. 新闻的“本质真实论”。（华农2012年研）

答：（1）新闻“本质真实论”的形成：

①1948年11月8日，华北《人民日报》发表《克服宣传报道中的客观主义倾向》，其中出现了“透过现象的表面，而找到本质的内在联系”的说法，可视为“本质真实论”的最早提出。

②1953年，《中国青年报通讯》第6期发表了陈绪宗的《新闻必须完全真实》一文，其中谈道：“我们所谓的事实，是本质的事实，是完全真实的事实。所谓真实和本质的事实，就是全面的符合于事物发展规律的事实，而不仅是表面的和片面的事实。”同年，《新闻业务》第20期中，华山谈道：“片面的偶然现象不是真实的。只有事物的本质才是真实的。”从此，新闻“本质真实论”的基础观点得以提出。

③20世纪50—70年代，“本质真实论”一直是新闻真实性理论的基石。直到70年代末80年代初，才开始有了对“本质真实论”质疑的声音。

（2）新闻“本质真实论”的内涵：

“本质真实论”是指认为新闻不仅要报道现象，更要报道本质的新闻真实观。有些事实是反映了事物本质的，而有些则不能。在“本质真实论”的指导下，就应该选择那些能够反映本质的事实予以报道。

其中，本质是哲学认识论的一个范畴，它是指事物本身所固有的、决定事物的性质与发展的根本属性。将本质与现象并举，通常是指一种认识过程中的深度问题。现象是表层的，而本质则是深层次的，需要一定的认识能力方可获取。一个事物的现象是容易形成共识的，在新闻报道中，时间、地点、人物等新闻要素勾勒了一个新闻事实的现象层面。但是一个新闻事实的本质并没有一个唯一的答案，因为持有不同价值观的人对同一现象的本质认识很有可能是大相径庭的。因而，对一则新闻的本质的认识和一定的价值观密切相连，在这个意义上，“本质真实论”是价值真实观的延伸。

（3）新闻“本质真实论”的成因：

“本质真实论”在新闻真实观中占有主导地位，其根本原因是它完全迎合新中国成立后不同时期的宣传以及政治斗争的需要。“本质真实论”的形成主要基于两方面原因：

①在新中国成立后的一段时期内，中国共产党对马克思主义、毛泽东思想教条化、扭

曲化的接受与阐释，这段时期中，党的新闻思想过度政治化，偏离了新闻领域自身规律的考察。人们将新闻视为一种服务于政治的工具。在新闻工作中，具体表现为迎合不同时期不同内容的宣传需要。当时的新闻理论思想中浓厚的意识形态性为“本质真实论”的产生和流行营造了有利的氛围。掌握了政权以及新闻话语权的人，可以很轻易地从政治利益需要出发来判断新闻是否达到了本质真实。

②阶级斗争的扩大化，使得新闻成为阶级斗争的工具，“本质真实论”一度成为别有用心者炮制虚假新闻的护身符。新中国成立后，由于处在社会主义建设初期，物质条件与社会意识还很落后，党在领导方面有失误，以及向苏联学习新闻思想中的教条主义、形式主义等因素的制约，从1957年开始，一切报纸、杂志、广播、电视、通讯社都是意识形态领域里进行阶级斗争的工具。

（4）对新闻“本质真实论”的评价：

①由于“本质真实论”是价值真实观的延伸，其价值取向是党的方针政策，一切宣传都不能违背这些方针政策，都要在党的指导下，服务于政治意识形态的需要。这样，“本质真实论”对新闻事业具体会产生积极还是消极的影响，就有赖于政治决策的合理性。

②“本质真实论”将政治意识和哲学意识同时注入对新闻真实问题的思考之中，显示了在政治领域强有力的影响力。这种影响力，是有闻必录真实观、客观主义真实观和价值真实观都难以企及的。

③“本质真实论”欠缺对新闻自身规律的探索，进而对新闻事业本身的发展形成桎梏。在迎合了一定的历史需要之后，其历史局限性越来越明显地体现出来，最终受到了政治与新闻的双重排挤。因为无论是政治还是新闻，都是缺少了民主与自由就难以持续发展的领域。

④对于新闻研究者们来说，“本质真实论”为新闻真实的研究提供了一种哲学视角。自70年代至今，哲学视角成为研究中一种重要视角，在对哲学视角的关注中，新闻哲学也悄然诞生。

⑤从新闻实践层面看，随着改革意识的推进，1970年之后的新闻界对“本质真实论”处于反思之中，但并未提出具有替代意义的新的新闻真实观。

11. 试论“新闻并不代表真相，新闻是一种构造的真实，是事实的外表”。请用案例来分析媒介融合环境中新闻真实性的新形态。（上海大学2017年研）

答：新闻的真实性是新闻的生命所在，也是新闻之所以深受广大受众爱戴的基石。然而一些新闻报道虽然从表面上看是真实的，但没有注意到现象真实与本质真实的区别，新闻并不代表真相。

（1）新闻传播必须真实。新闻传播的真实性，指新闻报道与所反映的客观事实的相符程度，新闻报道是客观事实在传播者头脑中的反映，通过某种符号向受传者发布的物化产物。新闻传播必须真实，这是传播效果的要求，传播必须致效，这是一切传播活动的终极目的。新闻传播的实践经验告诉我们，为使传播致效，必须做到并确保：传播事实有根有据，传播过程实事求是，传播结果与事实原貌完全一致，这三个环节绝不允许出任何差错，不然就不会有完全真实的新闻传播。

（2）新闻真实无法完全达到。新闻在主观上要求的百分百真实是很难达到的，在现实世界中，其真实性总是会受到或多或少的影响。主要有以下几个方面：

①媒介情境的非真实化。人们通过媒介去了解整个外部环境，媒介在真实的世界与受众之间扮演了一个展示社会现实的角色。媒介构建现实的过程是一个主体对客体的反映过程，从本质上来讲，媒介所构建的现实是一种“拟态环境”，即通过模拟现实而营造的环境，拟态环境与真实环境的区别在于对事实的选取与组合，人们往往生活在大众媒介所提供的经过加工的信息环境和自己所设想象的“假环境”之中。

②“守门人理论”认为绝对的客观性是不可能达到的。卢因的守门人理论指出，信息总是沿着包含有“门区”的某些渠道流动，在此过程中，或根据公正无私的规定，或根据守门人的个人意见，就信息或商品是否被允许进入渠道或者继续留在渠道里流通作出决定。媒介组织的把关过程分为两个阶段，第一个阶段是新闻采集阶段，第二个阶段是新闻加工阶段。绝对的客观性不可能达到。

③人们所接受的所谓真实信息很大程度上受媒介议程设置的影响。议程设置理论源自李普曼的《舆论学》，大众媒介往往不能够决定人们对某一件事物的具体看法，但是可以通过提供信息和安排相关的议题来有效地左右人们关注某些事实或者意见。大众传媒对事物和意见的强调程度与受众的重视程度成正比。该理论强调，受众会因媒介提供议题而改变对事物重要性的认识，对媒介认为重要的事件首先采取行动。

④在某种程度上，我们不能够百分百得到事实，只能无限接近于事实。所以新闻不是构造的真相，它具有一定的事实基础，其基本的原则就是从本质上保证新闻的真实性，但其受到主观和客观的多重影响，无法达到百分之百的绝对真实。

即便如此，记者也要时刻保持清醒的头脑看待问题，分析新闻素材，采写新闻作品。要观察和了解大量生动具体的现象，尽可能占有丰富而真实的感性材料，并且继续研究新的现象，从中发现更深刻的本质。

四、材料题

1. 新闻失实的成因以及防治办法。（河北大学 2016 年研）

答：新闻失实是指新闻报道脱离或违背客观事实，未能反映客观事实的实际情况。新闻失实的类型有故意性失实和非故意性失实。非故意性失实主要是由媒体从业者的专业能力不足造成的。故意性失实的原因比较复杂，有新闻队伍内部的问题，也有社会原因。《清华保安“迫降”表白无人机》属于非故意性失实。

（1）新闻失实的原因：

①技术赋权降低新闻准入门槛，进入“人人都是记者”的时代。很多新闻的第一手材料不再经过记者和媒体，公民可以直接借助社交软件上传事件发生的现场和直观感受。很多新闻源都来自网络和社交媒体，专业媒体只能在网络上发掘新闻线索，对事件进行跟进报道。与传统媒体相比，网络是一个十分开放、自由、多元的空间，在这个空间里，人们进行信息的交流与传播可以采用匿名方式，出现在网络上的信息可能没有确切的消息来源和具体的传播者姓名。这样，互联网就不可避免地出现一些鱼龙混杂、缺乏可信度的信息。

②新媒体的发展极大地冲击了以广播、电视、报纸为代表的传统大众媒介。传统媒体面临受众流失、广告下滑、人才出走等生存困境和竞争压力，为了抢速度、时效，往往不经采访调查就贸然采用信息源不明的网上消息。甚至为了发布“独家新闻”，新闻媒体可能

会自己策划、导演一些新闻假事件，例如媒体助推的“杨丽娟追星事件”。

③新闻伦理制度不健全，对虚假新闻的处罚不到位。现阶段我国新闻伦理制度不健全，并滞后于市场经济的发展。传统的新闻伦理制度受到市场经济和外来文化的冲击而被解构，适应新形势发展要求的、全新的、为社会所普遍认同的新闻伦理制度尚未建立，从转型期出现的伦理制度的断裂中产生了一系列新闻伦理问题。例如“纸馅包子事件”和“美国枪杀案是中国留学生制造”等重量级假新闻的系列出炉，中宣部、国家广电总局、新闻出版总署在北京电视台播发通告，严肃新闻出版工作纪律，一时间行业之风得到肃清。但“风头”一过，年底的假新闻就卷土重来。

(2)治理新闻失实的有效手段：

①从思想上看，要深刻认识新闻失实的危害性和严重性，掌握真实是新闻生命的意义，把新闻失实现象提到重要位置加以重视和切实克服，全面形成治理虚假新闻的舆论压力。新闻行业要形成广大从业者普遍认同的伦理规范，并将其内化为发自内心深处的道德律令。

②从制度上看，要建立健全严格的防止失实报道和严惩造假的规章制度。要经常开展新闻自律，有错必究，发生新闻失实要公开道歉，立即更正，接受社会监督。新闻失实发生侵权，给国家和社会造成严重损失和后果的，要依法处罚相关责任人。

③从新闻行业、组织队伍方面看，要做好新闻报道队伍的组织整顿工作，把品质不良、弄虚作假者清除出队伍。切实加强新闻行业的职业伦理建设，在职业伦理建设的内涵上要大力加强新闻专业主义理念的培育与养成。促使新闻从业者恪守真实、客观、公正等新闻专业准则，逐步加强新闻职业道德准则制定与修正过程的共同协商机制，让新闻从业者更加自觉地参与并认同新闻伦理准则。虚假新闻问题主要属于新闻职业伦理的范畴，主要依靠道德伦理来规范。在此意义上，治理虚假新闻的约束机制主要还是要靠新闻单位的自律与新闻行业的自律，特别是新闻行业的自律。

④在法律方面，推动新闻立法，运用法律武器，同通过假新闻谋私的不良现象作斗争，制裁造假者，建立健全治理虚假新闻的约束机制。一般而言，约束机制是指为规范组织成员行为而经法定程序制定和颁布执行的具有规范性要求、标准的规章制度和手段的总称。尽快建构起制度化的、来自传媒外部的新闻监管体系，包括主管机关的行政监督、新闻行业协会的行业监督、新闻评议会等对新闻媒体的社会监督。

⑤在媒介批评方面，整顿党风，淳化民风，领导机关和主要领导人带头，提倡真实新闻，反对虚假报道。开展媒介批评，对虚假新闻进行公开的批评。媒介批评是对媒介产品、媒介行为、媒介现象乃至媒介体制、媒介文化的是非、善恶、美丑、得失的分析评判，抨击虚假新闻是媒介批评义不容辞的使命。通过对虚假新闻的曝光与批评，可以充分发挥媒介批评惩恶扬善、扶正祛邪的作用，让新闻界对虚假新闻始终保持警醒，防微杜渐，自觉地抵制虚假新闻。

2. 新闻失实给媒体的公信力带来哪些危害？（河北大学2016年研）

答：媒体的存在依赖于受众，受众的信任是媒体的立足之本。新闻媒体只有通过提供真实的新闻报道，才能实现新闻传播的使命。不真实的新闻报道最终只能伤害媒体自身。新闻报道失实的危害如下：

(1)降低新闻媒体公信力。新闻媒体在公众眼里是尊重事实、客观公正的社会组织。它所从事的新闻报道是为全社会服务的。新闻媒体虽然没有裁决权，但它可以依据事实仗义执言，揭露事实真相，所以在公众中享有很高的威望。一旦让失实报道出现，甚至成了“造谣”，那么这个媒体就将失去公众对它的信赖，随即丧失媒体公信力。

（2）危及新闻媒体生存。评价一个新闻媒体要看它实践真实性准则的情况，在新闻报道中极少甚至没有发生失实报道，这个媒体的声誉就是好的；相反，经常出现失实报道就会让读者产生不信任感。经常出现失实报道的媒体，一旦在公众中形成印象以后，人们就不再不打折扣地相信它的报道了，以致于收看和阅读量持续下降。在媒体竞争如此激烈的今天，这样一来必然导致媒体的经营恶化，危及生存。这样说的目的在于强调失实可能产生的恶果，以引起对失实报道的重视，而不能把它当成一件小事。真实是新闻媒体的生命。

因此，作为新闻工作者必须重视新闻真实，提高对信息的甄别能力，坚守职业道德和新闻专业主义。同时要建立和健全保证新闻真实的法律规范；新闻单位应加强工作责任制，对可能造成失实的各个环节加强管理，凡有失实报道，做出自我批评；加强社会舆论对新闻机构的监督，毫不留情地揭露虚假新闻的行径。

第四讲　新闻客观性原则

4.1　复习笔记

【知识框架(庖丁解牛)】

- 新闻客观性原则
  - 客观性理念产生的背景及发展过程
    - 历史背景
    - 发展过程
      - 思想萌芽阶段
      - 形成阶段
      - 明确提出阶段
  - 新闻客观性原则的两个层面
    - 理念层面
    - 操作层面
  - 我国历史上存在的“客观主义”概念
    - 新闻和宣传领域的概念
    - 现在的新闻学界
  - 我国新闻中较多的主观操控现象
    - 人物报道
    - 国际会议相关报道
    - 采访时的疏漏
    - 报道新闻时的倾向
  - 新闻表现立场与客观报道之间存在矛盾
  - 客观的职业理念受到的自然而无形的影响
    - 记者的思维习惯
    - 事实本身的立场
    - 人对事实认知的相对性
    - 受众和记者间的认识冲突

【通关提要(提纲挈领)】

本章主要讲述新闻客观性原则的概念、发展过程、理论含义，并对其在实践中产生的问题、争议、矛盾等进行了详细探讨。本章考点主要以简答题、论述题为主，在学习时，要对客观性原则的理论内涵及现实矛盾进行辨析和掌握。

【考点难点归纳(厚积薄发)】

考点一：客观性理念产生的背景及发展过程(见表 4－1)　★★★

表 4－1　客观性理念产生的背景及发展过程

要点	具体内容	
历史背景	①19 世纪中叶，政党报刊开始向商业报刊转变。新闻机构为了尽可能地扩大受众群、实现盈利，提出了客观性理念。 ②19 世纪以来，哲学认识论中关于事物可知的信念得到确认。 ③传播科技的发展，如电影、电视、照相机的出现等支持着客观性理念	
发展过程	思想萌芽阶段	1702 年，英国第一家日报《每日新闻》的创办人马利特的告白是对客观性原则的最早表述
	形成阶段	19 世纪初，客观性理念的初期表现是“公正”“不偏不倚”
	明确提出阶段	①1900 年，美联社以传媒“社训”的形式提出“报道事实，而不发表自己的意见”的宗旨，第一次明确提出了客观性理念。 ②1919 年，美国记者李普曼在其文章《现代自由意味着什么》中提出了客观报道的理念，并在《自由与新闻》(1920)中第一次全面讨论了“客观新闻学”。 ③1924 年，克劳福德出版了《新闻伦理学》一书，第一次正式讨论及界定了“客观性原则”，并将其作为新闻业的一个专业道德标准，从而推广了该理念

考点二：新闻客观性原则的两个层面(见表 4－2)　★★★

表 4－2　新闻客观性原则的两个层面

要点	具体内容		
理念层面	职业理念	①新闻从业者要向公众无偏见地、客观地报告事实，并且相信能将事实和关于事实的价值(对事实的评价)分开。 ②新闻从业者在报道事实时，要做到尊重事实本身，对和事实有关的评论要持适当的怀疑态度	
	具体内涵	①诚实。即报道事实时，其本身是什么样就描绘成什么样，不随便添加个人好恶。 ②平衡、公正、超脱地对待事物。 ③不抱成见或持偏见、不固执己见，无党派色彩。 ④不牵涉个人利益。 ⑤只相信事实，怀疑别人出于价值观的判断，尽力将二者分开	
操作层面	要求及主要操作方法	①将事实和意见(包括价值判断)分开。 ②以超脱情感的中性词及观点表述事实。 ③尽力做到公正、平衡，为事实涉及的各方提供应答机会	
	具体说明	叙述性新闻	所叙述的内容要能被核实
		分析性新闻	能列出一系列消息源清单
		因果性新闻	使用猜测、推断的语句

考点三：我国历史上存在的“客观主义”概念　★★

1. 我国新闻和宣传领域使用过的“客观主义”的概念

“客观主义”的概念最早出现于 1948 年中共中央宣传部对华北《人民日报》关于自然灾

害报道的批示中。在当时背景下，是对新闻客观性理念的否定，是否定性的、批评性的政治概念。

2. 现在新闻学界学术讨论中的"客观主义"

(1)1991年，《中国新闻工作者职业道德准则》发布，较为正式地承认了"新闻客观性原则"。

(2)在学术上，"客观主义"是中性概念，指新闻报道要坚持"客观性原则"的主张。

考点四：我国新闻中存在较多的主观操控现象 ★★

(1)人物报道方面，主观定性在前、寻找例子证明在后。这和客观性原则相反。在报道人物时要客观，不要带有过多主观色彩。

(2)国际会议相关报道的主观色彩浓重。

(3)在采访时不注意平衡评价观点的选择。

(4)报道新闻时，使用带有倾向性的形容词、副词和有方向性的谓语动词。

考点五：新闻表现立场与客观报道之间存在矛盾 ★★

(1)公开发生的事实均可报道，即使该事实对报道方不利，关键是要找到合适的报道角度及客观的报道方式。

(2)涉及不同观点的争论，永远没有标准答案。涉及观点时，要尽可能站在客观的立场上去报道各种不同的观点。

考点六：客观的职业理念会受到自然且无形的影响(见表4-3) ★★★

表4-3 客观的职业理念会受到自然且无形的影响

自然影响	具体内容
记者的思维习惯	记者在报道事实之前已形成了自身认识问题的方式和思维习惯，这会影响其进行客观报道
事实本身的立场	一些事实诞生于一定的历史和环境中，是自然与社会的产物。本身可以体现一定的立场观点
人对事实认知的相对性	不同的人在对同一个对象进行采访时，可能呈现出完全不同的报道内容和风格，因此客观的标准是在比较中呈现的
受众和记者间的认识冲突	即便记者真诚地客观报道他们所选择的事实，也无法让每一个受众都感到"客观"

【考点拓展】新闻客观性的意义(见表4-4)

表4-4 新闻客观性的意义

要点	具体内容
保护新闻机构的利益	①客观性给新闻业提供了生存的保障。 ②客观性报道可以保护媒体，使之免于受到政客或其他社会势力的报复，也可以加强其新闻内容的可信度和对读者的吸引力

续表

要点	具体内容
保障新闻从业人员的利益	①客观性保护新闻记者免于以文字损害名誉诉讼和社论编辑的谴责，也可以避开新闻报道所隐含的价值观及其带来的其他后果。 ②运用客观性原则，能使新闻记者在选择新闻方面维持独立，也消除了对新闻记者在不一致的事实主张之间做选择的需要。 ③客观性原则还可协助新闻工作人员、转移言论责任，让消息来源为新闻报道内容负责。否则，对于报道千变万化的主题而言，记者本身非具备深厚的知识不可，而这点几乎不可能办到
维护民主社会的稳定	①新闻客观性报道，以支持既有的社会秩序，维护社会现状为基本取向。 ②客观性给社会公众提供了接受信息、了解世界的途径。 ③客观性有助于维护社会公正，保证信息公开

4.2　考研真题

一、概念题

1．新闻客观性(中山大学 2021、2019 年研；上海大学 2015、2013 年研；湖南大学 2010 年研；厦大 2007 年研；中传 2005 年研；人大 2005 年研)

2．新闻的倾向性(山东师大 2015 年研)

3．客观主义理论(聊城大学 2017 年研)

二、简答题

1．简述客观报道原则的内涵及优势。(中传 2012 年研)

相关试题：简述客观性报道原则的内涵。(西南交大 2018 年研)

2．简述新闻的客观性。(中山大学 2019 年研；人大 2011 年研；湖南大学 2010 年研；中央民大 2009、2008 年研；上海大学 2008 年研；厦大 2007 年研)

相关试题：

(1)在新闻报道中如何做到客观性？(南京大学 2019 年研)

(2)结合热点事件谈谈新闻客观性原则。(北外 2019 年研)

(3)谈新闻客观性的认识理解，以及如何保持新闻客观性？(浙工大 2019 年研)

(4)新闻客观性的主要理论与实践要求。(华农 2014 年研；武汉大学 2013 年研)

(5)简述客观报道原则的基本要求。(湖南师大 2017 年研)

(6)何为新闻客观原则？它是怎样确立的？如何保证新闻的客观性？(陕西师大 2018 年研)

(7)何谓新闻客观性原则？危机报道中如何坚持新闻客观性原则？(汕头大学 2018 年研)

(8)简要回答在新闻报道中如何再现事实的客观性。(湘潭大学 2015 年研)

(9)新闻的客观性是如何被认知和阐释的？(清华大学 2016 年研)

(10)如何坚持新闻的客观性？(厦大 2016 年研)

3．新闻报道不可能做到绝对客观，这意味着新闻报道的客观性原则是虚假的吗？请简

要说明理由。（中传 2017 年研）

4. 简述新闻的倾向性。（兰州大学 2019 年研）

5. 简要分析新闻倾向性与新闻客观性的关系。（山东大学 2018 年研）

相关试题：新闻客观性和倾向性能否共存，谈谈你的看法。（北京大学 2016 年研）

6. 如何理解“报道平衡”？（江西师大 2018 年研）

7. 客观主义理论的内涵。（华南理工 2016 年研）

8. 新闻客观性与新闻透明性的关系。（人大 2020 年研）

三、论述题

1. 论述新闻客观性原则产生的历史背景及其演变。（北京大学 2012 年研）

相关试题：

（1）简述新闻客观性原则（原理）。（北京大学 2010 年研；中青政治学院 2009 年研）

（2）什么是新闻的客观性？在实际工作中如何做到新闻的客观性报道？（青岛大学 2017 年研；河北大学 2015 年研）

（3）结合新闻客观性理解后真相。（安徽大学 2018 年研）

（4）结合具体新闻案例，谈谈客观性报道的基本含义及其操作原则。（中南大 2018 年研）

2. 试从新闻客观性的历史发展脉络出发，谈谈该理论之于中国当前新闻业的意义。（华南理工 2017 年研）

3. 在新媒体时代，新闻客观性受到哪些挑战？是否需要重构？如何重构？（湖南大学 2018 年研）

4. 参考材料：比尔·科瓦奇（Bill Kovach）和汤姆·罗森斯蒂尔（Tom Rosenstiel）在《新闻的十大基本原则》中提出：“记者依靠专业方法来证实信息。当最初发展出客观性的概念时，它并不表示记者不会带有偏见。但它要求采用检验信息的一致性方法——透明的证实方法——这种方法应该很精确，使个人偏见和文化偏见不会削弱其工作的准确性。具有客观性的应该是方法，而不是记者。”结合当前新闻传播实际，谈谈你对上述观点的看法。（人大 2018 年研）

相关试题：新闻客观是无法做到的，因而只能强调对于客观方法的追求，做到新闻客观就要充分考虑主观条件。谈谈你对这段话的理解。（武汉大学 2016 年研）

5. 在新闻实践中，同一事实，却会有不同报道，请谈谈你的理解。（苏州大学 2019 年研）

6. 西方国家把新闻客观性看作不死之神，你怎么看？（广西大学 2018 年研）

以下为历年考研试题精选，未附答案，供读者参考

客观性是理想，记者是有主观意识的。只要记者遵守专业主义准则，那么他们的报道是值得信赖的。（辨析题，武汉大学 2016 年研）

4.3 考研真题详解

一、概念题

1. 新闻客观性（中山大学 2021、2019 年研；上海大学 2015、2013 年研；湖南大学 2010 年研；厦大 2007 年研；中传 2005 年研；人大 2005 年研）

答：新闻客观性是新闻报道的基本特征之一，指新闻报道必须以客观实际为本源，按照事物的本来面貌来反映事物。它是新闻传播关系赖以建立的基本条件，也是影响新闻媒介信誉的重要因素。它有两层意思：①内容必须真实，即新闻报道所描述的对象必须具有客观实在性，不能无中生有、凭空捏造。②表述必须客观，报道者一般不宜直接在新闻中站出来发言，而主要是“用事实说话”，即寓情寓理于事实的筛选、内容的编排、版(画)面的处理之中。客观性不是客观主义，它对于新闻事实的见解主要通过客观的叙述形式，凭借事实本身的逻辑表现出来。

2. 新闻的倾向性(山东师大2015年研)

答：新闻的倾向性是指新闻报道者在报道或评述新闻事实时所表现出来的一种倾向。新闻的倾向性总是客观存在的。新闻的倾向性有两种表现形式：①选择事实，即选择的过程是新闻报道者的主观意志充分驰骋的过程，他们往往根据自己对社会生活的认识、利益追求、思想倾向等对事实加以选择，选择自己认为有价值的事实加以报道。②编写新闻，即在新闻编写过程中，渗透着新闻报道者对事实的评价。不同的新闻报道者因立场不同，往往会对同一事实做出截然相反的评价，从而表现出各自鲜明的倾向性。

3. 客观主义理论(聊城大学2017年研)

答：客观主义理论又称“自然主义”，最早是一个文学主张，后来被移植于新闻传播，主张在新闻报道中，不分主次，不区别现象与本质，把一大堆各不相属的材料罗列在一起，以示其客观性。它是中国共产党党报理论中的一个否定性概念，某些资产阶级的思想家或历史学家为了维护和巩固资产阶级的统治，否认阶级矛盾和阶级斗争，主张用“纯客观”或“不掺杂”主观见解的态度来研究历史。事实上，“客观主义”与“主观主义”相对，即唯物主义，承认主观意识是客观存在的反映，一切必须从客观实在出发的观点。这是一种哲学上的宏大观点，与具体的新闻写作无关。

二、简答题

1. 简述客观报道原则的内涵及优势。(中传2012年研)

相关试题：简述客观性报道原则的内涵。(西南交大2018年研)

答：(1)客观报道原则的内涵：

①报道内容的客观。这是指新闻报道者所报道的事实必须是客观存在的事物、人物、事件和现象，必须是现实生活中确确实实发生的事情，新闻报道者不能虚构、夸张，更不能无中生有，任意编造。客观报道原则对报道内容的客观要求是由新闻事实本身的客观性所决定的，因为凡是新闻事实都应当是客观实在的、可以感知和认识的东西，舍此，新闻将无法存在。

②报道形式的客观。这是指新闻报道者在报道新闻时，不宜直接在新闻中表达自己的观点和倾向意见，而是采用客观叙述的方式，将自己对新闻事实的立场观点和倾向意见寓于所报道的事实之中，通过所报道的事实的内在逻辑力量来对读者产生潜移默化的影响作用。客观报道原则对报道形式的客观要求是这一原则能够发挥作用，取得效果的前提和条件。

(2)客观报道的优势：

从实践看，客观报道原则之所以被新闻界广泛认同和普遍应用，是由于它有许多独特的优势，主要表现在以下几点：

①采用客观报道方式传播的新闻，强调以客观叙述事实的形式报道新闻，新闻提供的都是客观实在的事实本身，因而更加真实可信，具有说服力。

②采用客观报道方式传播的新闻，传播者对所报道的新闻事实不随意作主观上的解释，而是将自己的观点和意见寓于对新闻事实的客观报道之中，靠客观叙述的新闻事实的逻辑力量说话，因而更易于为受众所接受。

③客观报道方式是一种报道艺术，它是报道者熟练驾驭新闻体裁，巧妙表达立场倾向的智慧和能力的体现。一个成熟的、有经验的报道者往往都善于运用这种报道方式报道新闻，善于通过客观的报道形式去追求主观的传播效果。

客观报道原则的这些特点，使它具有其他报道方式所不具备的优势。因而，这一报道原则和报道方式一直为西方新闻界所推崇，也为世界新闻界所接受。

2. 简述新闻的客观性。（中山大学 2019 年研；人大 2011 年研；湖南大学 2010 年研；中央民大 2009、2008 年研；上海大学 2008 年研；厦大 2007 年研）

相关试题：

(1) 在新闻报道中如何做到客观性？（南京大学 2019 年研）

(2) 结合热点事件谈谈新闻客观性原则。（北外 2019 年研）

(3) 谈新闻客观性的认识理解，以及如何保持新闻客观性？（浙工大 2019 年研）

(4) 新闻客观性的主要理论与实践要求。（华农 2014 年研；武汉大学 2013 年研）

(5) 简述客观报道原则的基本要求。（湖南师大 2017 年研）

(6) 何为新闻客观原则？它是怎样确立的？如何保证新闻的客观性？（陕西师大 2018 年研）

(7) 何谓新闻客观性原则？危机报道中如何坚持新闻客观性原则？（汕头大学 2018 年研）

(8) 简要回答在新闻报道中如何再现事实的客观性。（湘潭大学 2015 年研）

(9) 新闻的客观性是如何被认知和阐释的？（清华大学 2016 年研）

(10) 如何坚持新闻的客观性？（厦大 2016 年研）

答：(1) 新闻客观性的概念：

新闻的客观性，是新闻最重要的专业概念之一。西方国家把客观性原则作为新闻媒介遵循的重要信条之一，它不仅是新闻工作的一种专业规范，也是主要的新闻专业理念。在我国，客观性原则也被作为新闻报道的基本特性之一，它是指新闻报道必须以客观实际为本源，按照事物的本来面貌来反映事物。新闻客观性有两层含义：

①内容必须真实，即新闻报道所描述的对象必须具有客观实在性，不能无中生有、凭空捏造。

②表述必须客观，报道者一般不宜直接在新闻中站出来发言，而主要是“用事实说话”，即寓情寓理于事实的筛选、内容的编排、版面的处理之中。客观性不是客观主义，它对于新闻事实的见解，主要通过客观的叙述形式，凭借事实本身的逻辑表现出来。

(2) 新闻客观性的内涵和要求：

①新闻传播的客观性，不仅仅指向主体对客观事实的符合，还意味着新闻传播主体的理性互动，即超越对事实的单面符合和个体理性能力的片面限制而达到“综合理性”。新闻客观性包含着动态地呈现客观事实的理性过程，除准确、公正、多面地报道之外，还应该

深入事实，通过理性的解说道出真相。

②就内容而言，新闻传播的事实，必须是客观存在或客观上正在发生与发展的事实。这种事实是一种实在物，是经过变动后出现的相对稳定的产物，或是正在变动过程中的事物，以及变化中呈现的各种状态，还可以是即将要出现变动的事物。在新闻传播实践中，为显示所报道事实的客观性，常常采用交代新闻来源、说明陈述事实的出处、忠实地叙述事实发生演变的经过、详尽地描述相关事件的细节、不厌其烦地引证大量资料、提供多种第一手材料等方法。

③就形式而言，新闻的客观性要求通过新闻事实的客观叙述等手段，运用事实的自身逻辑力量显现新闻传播的倾向性，即作者的立场观点不是通过作者自己的直接讲话，而是依靠事实的客观陈述表达出来。报道者应善于寓褒贬于客观叙述之中，而不随意加以主观的解释。在新闻实践中，客观性的形式上的要求，常令报道者置身于事实的背后，隐匿自己的观点，更不直接出面讲话，而是通过对能够表明自己看法的事实的精心选择，让事实自己"诉说"观点与见解，间接表达报道者的倾向性。

(3)新闻客观性的意义：

①客观性是新闻传播真理的基本方式，因为真理都是客观的。新闻报道的客观性和主观倾向是决然对立的，怀疑或反对客观性必然导致对事实的歪曲。

②人们获取正确认识的源泉是客观世界，新闻的客观性是受众认识生活的最有效的途径。新闻的表达虽然是主观的，但它的内容来自客观，客观报道能够促进人们对客观事实的正确认识。报道是对客观事实的反映，媒体能坚持新闻的客观性，就基本能够反映客观世界的面貌。

③新闻的客观性能够保证新闻的真实性，是新闻真理性的基本标志。客观性是新闻报道做到真实、全面、准确的前提条件，只有客观，才能接近事实，只有不断接近并揭示事实，才能得到真实。在这个过程中，全面和准确才得以存在，新闻的价值和意义才得以体现。

3. 新闻报道不可能做到绝对客观，这意味着新闻报道的客观性原则是虚假的吗？请简要说明理由。(中传2017年研)

答：客观性原则是新闻报道的重要原则之一，尽管在新闻实践中不可能做到绝对客观，但这并不意味着新闻报道的客观性原则是虚假的。具体分析如下：

(1)新闻报道的客观性要求：

新闻客观性是新闻报道的基本特征之一，是指新闻报道必须以客观实际为本源，按照事物的本来面貌来反映事物。它是新闻传播关系赖以建立的基本条件，也是影响新闻媒介信誉的重要因素。

新闻客观性包含两层意思：①内容必须真实，即新闻报道所描述的对象必须具有客观实在性，不能无中生有、凭空捏造。②表述必须客观，报道者一般不宜直接在新闻中站出来发言，而主要是"用事实说话"，即寓情寓理于事实的筛选、内容的编排、版(画)面的处理之中。

新闻的客观性理念要求在报道中，要尊重事实，对有关事实的评论要持一定的怀疑的态度。

(2)在实际的新闻工作中不可能做到绝对客观。

①新闻客观性原则本身存在悖论。客观性理念指导下的新闻报道并不能保证新闻都是客观的，即使真诚地采取客观的态度，也可能会无形中受到环境和历史传统的影响，导致报道不真实。

②影响客观性实现的客观障碍因素。在实践中，新闻工作者往往会受到种种客观存在的因素的影响，它们可能导致新闻报道的不客观。这些因素包括政治事件中的价值观、新闻人物的欺骗行为、很难做到观点的完全中立以及新闻时效性的要求等。

③新闻主观操控。客观报道是新闻工作的基本原则，但在实际的操作中，不可避免地被记者的主观因素所影响，记者在报道事实之前，其认识问题的方式和思维习惯已经存在了，而且记者对事实的感觉和知觉往往具有相对性。此外，新闻的客观性原则常常为“道德”所绑架，包括正面拔高典型人物，以及对反面人物或事件的“媒介审判”等。

④社会主义新闻事业要求旗帜鲜明与要求客观公正的矛盾。“有立场的客观性”是政治家对所控制的新闻传播的要求，这是一种较为开明的政治要求，但不是新闻职业的要求。这种情况下，如果事实与原有立场不冲突或冲突不大，客观可以做到；如果事实本身在根本上不利于报道者所代表的利益集团，客观难以坚持，隐瞒和歪曲不可避免。

(3)新闻客观性原则并不虚假。

①没有绝对的客观，客观性是相对的，但不是虚假的。从关于新闻报道客观性能否实现的一些争论中可以看出，传播要做到绝对客观是不可能的。从这个角度而言，客观性都是相对的，是尽可能地排除主观因素所达到的效果，而非完全排除主观因素。但与此同时，无论是哪一种传播方式，在表现手法上追求灵活、生动、新颖的同时，都必须尊重媒介规范，尽可能地去掉主观上的干扰和价值判断，努力做到准确无误地表达、表现事实，以保证传播的客观性，所以说媒介客观性原则并不是虚假的。

②客观性原则是媒体道德和社会责任感的体现，渗透于新闻工作实践中。新闻报道坚持客观性原则，提供给大众一个未经加工、未被扭曲的事实本身，让受众自己对是非曲直进行领悟和判断，是对受众“知晓权”的尊重，也是对受众接受和辨别能力的应有尊重，是新闻从业人员起码的道德准则。新闻工作者只是事实的传播渠道和纽带，而非大众的阐释者和教育者，这样有利于创造民主和平等的社会氛围与环境。同时，作为对于公众有着巨大影响的媒体，应当表现出社会责任感，不能利用自身的方便条件有目的、有预谋地组织事实甚至歪曲事实，以将自己的观点、思想传播给大众。从新闻成为一种现代职业之日起，这种道德准则和社会责任感就已经渗透在新闻工作实践中，绝大多数新闻工作者也致力于维护它们。

③客观性原则有利于新闻媒介的自我发展和保护。从媒体自身发展的角度来看，中立、不带个人意见的报道可以吸引更多的读者，从而帮助扩大发行量，带来广告收入。从这个意义上说，客观性原则可以给新闻媒介带来更多商业上的利润。同时，客观性的新闻报道可以使媒体和新闻从业人员不需要为新闻事实提供主观判断，对于某些有争议的问题，不需要他们成为这些方面的专家来进行处理，这也可以使其少受或免受议论、责备甚至报复，从而更好地保护新闻媒介和新闻工作者。而不客观、不真实，甚至虚假的新闻报道，对记者会产生致命的影响。客观性原则不仅是对客观事实的维护和尊重，对社会稳定、和谐的

期许和构建，也是对自身权益和自我发展的一种保护。因此，媒介的客观性原则有其存在的必要和意义，并不是虚假的口号。

4. 简述新闻的倾向性。（兰州大学2019年研）

答： 新闻的倾向性是指新闻报道者在报道或评述新闻事实时所表现出来的一种倾向。这种倾向有时表现得直接而明显，有时表现得含蓄而隐晦，但不论是什么样的表现形式，在新闻传播过程中，新闻的倾向性总是客观存在的。

（1）新闻倾向性产生的原因：

①从报道者个人而言，新闻是事实通过报道者的头脑所作出的反映。

②从新闻事业而言，在现实社会中，新闻事业隶属于一定的阶级、一定的政党或一定的社会集团，是一定的阶级、政党或社会集团的舆论工具，并为他们的特定利益服务。

③从接受者而言，他们往往要求传播者根据自己的倾向来解释事实，从而导致新闻传播具有倾向性。

（2）新闻倾向性的表现：

①选择事实。选择的过程是新闻报道者的主观意志充分驰骋的过程，他们往往根据自己对社会生活的认识、利益追求、思想倾向等对事实加以选择，选择自己认为有价值的事实加以报道。

②编写新闻。在新闻编写过程中，渗透着新闻报道者对事实的评价。不同的新闻报道者因立场不同，往往会对同一事实作出截然相反的评价，从而表现出各自鲜明的倾向性。

5. 简要分析新闻倾向性与新闻客观性的关系。（山东大学2018年研）

相关试题：新闻客观性和倾向性能否共存，谈谈你的看法。（北京大学2016年研）

答： 我认为，新闻的客观性与倾向性的关系是对立统一的关系，因此二者是能够共存的。

（1）新闻客观性与新闻倾向性的内涵：

①新闻客观性是新闻报道的基本特征之一，指新闻报道必须以客观实际为本源，按照事物的本来面貌来反映事物。它是新闻传播关系赖以建立的基本条件，也是影响新闻媒介信誉的重要因素。它有两层意思：a. 内容必须真实，即新闻报道所描述的对象必须具有客观实在性，不能无中生有、凭空捏造。b. 表述必须客观，报道者一般不宜直接在新闻中站出来发言，而主要是“用事实说话”，即寓情寓理于事实的筛选、内容的编排、版（画）面的处理之中。

②新闻的倾向性是指新闻报道所反映出来的认识层面的态度、评价和取舍。倾向性作为一种爱憎情绪普遍存在于人类认识活动之中，包含需要倾向（从物质和精神需要出发对客观事物的态度指向）、观念倾向（从一定观念出发对客观事物的主观评价）和信仰倾向（在一定世界观人生观支配下对客观事物是非的取舍标准）三层结构。新闻报道作为人类认识活动的一种成果，也因此带有倾向性，新闻的意识形态性尤其从根本上决定着新闻的倾向性。

（2）新闻客观性与新闻倾向性的关系：

①二者内在地包含在新闻之中，相互依存。没有立场，纯客观的新闻是不存在的；而光有立场，脱离客观事实的也不是新闻。

②客观性是倾向性的基础，客观性制约倾向性。新闻报道者只能在尊重事实的基础上

表现自己的倾向，努力做到倾向性与客观性的统一；作者或者新闻机构对于客观事实的态度在新闻报道中反映，是作者或新闻机构的立场、观点、方法。

(3)新闻客观性与倾向性辩证统一。

新闻是一种无形的意见，越是好的新闻，就越善于在内容上贯彻自己的意见。新闻报道虽然是基于客观事实，本身也包含着新闻工作者的主观思想。所以新闻倾向性与客观性是辩证统一的关系。

客观性要求新闻必须绝对忠于事实，不能有主观随意性，不可以“把没有的事实加上去”。而倾向性要求新闻有立场、有观点、有态度。两者之间似乎存在矛盾，但又是统一的，互相依存、互相作用。真正的新闻都应当如刘少奇所说：一方面是“客观的、真实的、公正的、全面的”，另一方面又是“有立场的”。

①新闻的客观性与倾向性不可偏废。如果只强调倾向性，新闻报道会犯主观主义错误，即只强调表现立场、表达观点，而无视新闻事实本身，结果或者歪曲客观事实，或者仅仅把客观事实当作某种观点的注脚与例证。如果只强调客观性，则会犯客观主义错误，即只是强调报道新闻、传播信息，而弃置新闻传播的政治使命和社会责任，丧失应有的原则立场。因此，客观性和倾向性一旦偏废，都会导致新闻的自毁，不是好的新闻报道。

②新闻客观性是倾向性的基础和前提，客观性制约倾向性。任何新闻只能从客观事实出发表明倾向，只能以客观事实为依据来表示意见、表明观点，而不能脱离事实的基本性质和本来涵义而过度发挥。新闻不论具有何种倾向，都应当是事实本身意见的转述和阐发，新闻的倾向性应当“无一字无来处”。新闻的客观性与倾向性是源与流的关系，如果颠倒了二者的关系，则可能滑进事实为政治服务的泥沼。

③人类丰富的新闻实践为正确处理新闻的客观性与倾向性的关系提供了理论和范本。“纯客观报道”是不存在的，尽管西方新闻界部分人士喜欢鼓吹“纯客观报道”，标榜“不偏不倚”“超然中立”，但无论在理论还是在实践中，“纯客观报道”都是站不住脚的谬误。在实践中，新闻报道总会体现某种倾向性，且应当是从场面和情节的描述中自然而然地流露出来，而不应当由记者特别地把它指点出来，不应当向受众硬塞结论。正如胡乔木所言，新闻应当成为一种“无形的意见”。

6. 如何理解“报道平衡”？(江西师大 2018 年研)

答：新闻报道的基本原则是真实、公平和客观，这些基本的原则是通过运用平衡的手段来实现的。新闻工作者如何在新闻报道中体现平衡，这是新闻工作者必备的职业素养，也是新闻工作者职业责任和社会责任的高度统一。新闻报道中体现报道平衡，需要做到以下几点：

(1)记者要有平衡意识，在采访写作中把握平衡。

①让各方都说话。在新闻报道中，不论是批评者还是被批评对象都享有平等的权利。“我可以不同意你的意见，但我不能剥夺你公开发表意见的权利”，采访者只有具备平衡的意识，才能在舆论监督中做到平衡。

②措辞言语上不掺杂记者自己的情绪。媒体记者在写作报道新闻时不能带有自己的态度和情绪，语言上要特别注意。

③只说出事实，体现过程。在新闻报道中，特别是对于一些揭露批评性的报道，记者

只需要把采访的过程和真实的信息告诉给读者。在这个采访的过程中，记者不能妄下结论来评判一个人的好坏，只需要体现这个过程，让受众根据这一采访过程去理解去评判。

(2)编辑记者在编排写作的过程也要体现平衡。

①版面编排的平衡。在新闻报道中包含尖锐矛盾或者观点严重对立的争论时，可以从新闻版面的编排上体现出一种平衡。即把代表对立双方利益、观点的报道或者是图片以对称的形式组合到一起。不过新闻报道一般并不追求绝对的平衡，因而在编排上只需要报道组合基本对称形成明显对照即可。

②在新闻实践中，平衡报道既是一种原则，又是一门艺术。它可以让受众通过获得全面的信息、多方的观点，做出自己的判断，从而真正感受到新闻报道的客观、公正、真实，这也是每个新闻工作者的职责所在。

7. 客观主义理论的内涵。(华南理工 2016 年研)

答：(1)客观主义理论的含义：

客观主义理论(Objectivism)脱胎于自由主义报刊理论，主张新闻只记录发生的事实，有闻必录，不主张对新闻事实进行选择与组织。客观主义又被称为“自然主义”，最早是文学主张，后被移植于新闻传播，主张在新闻报道中不分主次、不区别现象与本质，把一大堆各不相属的材料罗列在一起，以示其客观性。客观主义不是客观性，也不是我国新闻事业所要求的客观报道。

(2)客观主义理论的特点：

①要求新闻必须是对事物“纯客观”地进行描述，做到所谓“不党不私”“不偏不倚”。

②客观主义原则上符合新闻规律，是任何国家、任何阶级的新闻报道必须严格遵循的基本准则，但实际上只是某些资产阶级报人所标榜的原则。

③客观主义标榜“纯客观报道”，所追求的只是对事物现象的单纯罗列，并不能如实地反映事物的本质，不符合新闻规律。

④客观主义属于资产阶级新闻思想，否认报道具有倾向性，其本质是抹杀和掩盖其阶级属性，通过对事物表象的简单罗列，掩盖或歪曲事物的本质，势必给读者以错误的导向。

(3)客观主义在实践方面的缺陷：

在新闻的实际操作中，客观主义是不可能完全实现的，因其受到两方面的制约：

①客观主义受到来自政府、金融财团、公众舆论等社会各方面的控制，无论哪个国家哪种制度，新闻报道势必要符合国家的核心价值观以及投资人的利益，不可能做到完全客观不带任何倾向的材料罗列。

②客观主义受到新闻从业人员主观意识的控制，只要新闻报道的主体是人，便不可避免地会在报道中流露出自我观点的表达，无法真正做到客观主义。

9. 新闻客观性与新闻透明性的关系。(人大 2020 年研)

答：(1)新闻客观性与新闻透明性的含义：

①新闻客观性的含义。新闻客观性原则可以分为两个层面，一个是理念层面，一个是操作层面。在理念层面上，新闻客观性作为新闻专业主义的重要职业规范，强调新闻实践是一门独立的专业，要诚实、超脱、平衡、公正地对待事物，不抱成见或持偏见，不固执己见、不牵扯个人利益，只相信事实，怀疑出于价值观的别人的判断，努力将二者分开。

在操作层面上，新闻客观性强调事实与意见、新闻与言论分开，以超脱情感的中性词汇、观点表述事实，努力做到公平和平衡，为事实涉及的各方提供应答机会。

②新闻透明性的含义。“透明意味着在新闻报道中植入一种新的意识，说明新闻是如何获得的以及为什么要用这种方式表达。”它强调从业者要对新闻采集过程(“如何获得”)和写作前提(“为何如此处理”)，即整个新闻生产过程有所交代、开诚布公地展现在大众面前。

从定义的视角看，“透明性”并没有否定或替代客观性的机制或要求，甚至可以说，它延续着对“事实至上”新闻使命的追求。新闻透明性强调以科学的核实方法保证新闻的真实，而这种透明精神与科学方法与客观性的基本原则完全相同。

(2)新闻客观性与新闻透明性的关系：

①透明性是互联网时代新闻客观性的转向与变革。“透明性”理念及实践的出现，依然处在西方新闻业内部变革之中，延续着主流新闻业的基本价值规范，延续着新闻客观性关于事实、真相的要求。它脱胎于新闻客观性的基础之上，诞生在互联网新型开放式的语境之下。换言之，透明性在新闻业的出现和扩散，是新闻客观性在互联网时代的变革与转向。

互联网的开放式架构打破了大众传播的单向性，传播权力的下放使得专业传播者的垄断地位被打破，草根大众都可以自由参与传播、对媒体和新闻工作者提出质疑，因此，仅仅靠客观性已不足以应对新技术时代的民主问题，还必须让新闻生产过程更为透明公开，“接受公众的检验”，提升媒体的公信力。

透明性是新闻业对互联网技术、对新型受众参与方式的一种规范性回应：如何面对互联网的众声喧哗，如何保持新闻业的对于事实至上的客观性追求。作为规范的透明性，其核心依然强调两点：“新闻工作者必须把真相作为首先要效忠的原则，还必须把公民作为最高的效忠对象。”这与新闻客观性不谋而合。

②透明性是对新闻客观性理论内涵的丰富与发展。任何一种新生事物的出现都是“传统中的变革”。透明性作为互联网时代西方新闻业从理念到实践的某种调整，自然也紧密联系着客观新闻业的传统。

透明性强调新闻报道要立足于客观性要求的“准确”，为公众获知信息提供基本保证；进一步将对事实的处理方法和前提揭示出来，既可以让公众深入琢磨、检验事实本身，也可以让“事实”附着的不同价值和视角呈现出来并彼此交锋，这就以更开放的方式重新定义了客观性，是互联网时代语境下对新闻客观性理论内涵的丰富与发展。透明的新闻生产就像一场多方参与的“对话”，这种围绕事实、真相展开的对话过程，为人们在实践中彼此交流最终达成共识的“客观”奠定了重要路径，自然也构成了新闻业和公众享受互联网技术恩泽的一种理想前景。

③透明性是对传统新闻客观性的辩证扬弃。透明性与客观性存在着内涵上的差异，它们领域不同、实践特性不同。新闻透明性坦承主观偏见的存在，它虽然依然坚持客观性所坚持的事实与意见、新闻与言论的边界，但它否定客观性的基础，即“事实与价值完全分割”，转而承认二者无法彻底分离。透明性认为，“事实”以及经报道后的事实——“新闻”，都是基于特定价值观下的建构，也存在很多个层面，归根到底，事实或真相是以社会参与为基础，并在公共讨论中得到明辨。

传统的客观性理论因其理想化、机械化、空泛化而一直处于争议之中，有学者认为它是新闻工作者逃避社会责任的策略仪式，有学者认为它是现实实践永远无法到达的乌托邦。随着网络时代的到来与新闻理论的发展，我们对于新闻客观性的认知越来越趋于现实、趋于可行。透明性就是对传统客观性原则的辩证扬弃，它既抛弃了传统客观性理论中不符合实际的内容——事实与价值完全分割，又肯定了客观性的理论内核——事实至上。

④透明性和客观性的融合发展。“透明性”还带来了一种新型的报道形式——“对话新闻学”，这是新闻透明性与客观性深度融合的产物，它创新了新闻报道的形式，丰富了新闻客观性的内涵与外延，且强调了透明性必须继承并且融入与客观性紧密相连的新闻专业主义之中。

三、论述题

1. 论述新闻客观性原则产生的历史背景及其演变。（北京大学 2012 年研）

相关试题：

（1）简述新闻客观性原则（原理）。（北京大学 2010 年研；中青政治学院 2009 年研）

（2）什么是新闻的客观性？在实际工作中如何做到新闻的客观性报道？（青岛大学 2017 年研；河北大学 2015 年研）

（3）结合新闻客观性理解后真相。（安徽大学 2018 年研）

（4）结合具体新闻案例，谈谈客观性报道的基本含义及其操作原则。（中南大 2018 年研）

答：新闻客观性原则，是指传播主体在报道自身之外的对象时，不能用自己的意识、意志、情感等改变对象的本来面目，即不改变对象自身的内容。其产生的历史背景及演变如下：

（1）客观原则是新闻传播业伴随着社会政治、经济、文化、科学等同步发展的产物。

①在自由主义经济条件下的物质生产方式要求新闻实现市场化运作，为满足大部分人的信息需求，必然要有客观报道的形式。

②该原则的出现，受到当时科学中的经验主义和文学中的现实主义的影响。他们深信自己应当写真，在报道中侧重事实，剔除所有偏见、个人色彩和风格，如实地报道新闻。

（2）客观原则的产生与发展“还有一个哲学基础”。

①新闻的客观性原则植根于人的精神交往需要和人的社会性道德意识，同时也植根于人的理性精神和求真意识。

②新闻的客观性原则更是自由主义报刊理论的必然产物。自由主义报刊理论强调，新闻报道的目的不是向公众提供某种必须遵循的意见，而是客观反映现实，它把客观地向公众提供事实作为新闻报道的最高标准和新闻从业人员的职业道德标准。

（3）便士报是客观原则发育的肥沃土壤。

便士报中的新闻都是对事实的陈述，最终便士报取得胜利。这不仅标志着报纸由“言论纸”过渡到“新闻纸”，告别政党报纸的“黑暗时代”，更意味着客观性成了新闻界人人必须遵行的法则。

（4）通讯社特别是美联社的诞生与发展，是客观报道原则得以确立的重要动力。

①通讯社强化新闻的商品性。通讯社为将自己采集的新闻供给持有不同立场、不同办报方针的报纸，只能提供客观的事实信息。

②1900 年美联社改组，将“报道事实，而不报道意见”作为宗旨，这是西方国家第一次

正式把客观性定为新闻传播原则，也标志着“客观性”作为一个重要新闻观念的问世。

③1923年美国《新闻规约》对客观原则的确认，是客观报道原则确立的最终标志。

(5)到20世纪30年代，客观已成为新闻界常见的说法。

2. 试从新闻客观性的历史发展脉络出发，谈谈该理论之于中国当前新闻业的意义。(华南理工2017年研)

答：新闻客观性是现代新闻发展的核心要素，只有具备客观性的不失偏颇的新闻报道才能产生良好的社会效应。作为新闻理论中的基本概念之一，新闻客观性在今天已经成为一种公认的新闻语汇和普遍模式。

(1)西方新闻客观性理论的历史发展脉络：

①西方长期以来形成的客观性法则源于其自由主义的意识形态与多元社会结构所强调的个人权利、言论自由至上。正如《报刊的四种理论》指出，客观报道的理论起源于19世纪，英美新闻界视之为20世纪前25年中对于新闻学的独特贡献。在美国新闻界中，客观报道的加速发展，是由于报纸中政党派性的衰落以及报纸由表示意见的刊物变为传播新闻的工具所造成的，记者认为他们的工作需要一种超然的态度，需要成为当代争论的旁观者而不是参加者。新闻是单纯的纪事；意见必须与新闻明确地分开。

②20世纪中期，有一批学者对客观性法则持怀疑态度。1947年，哈钦斯委员会经过大量调查后指出，彼时报刊已发展出一种奇怪的客观性——由于半真实、不完全、不概括而产生的假客观性。经历了50年代“麦卡锡事件”后，人们开始看到，在“客观性法则”的堂皇外衣下，新闻业过分强调那些所谓科学的操作步骤和要领，非但无助于反映客观现实的本来面貌，反而可能使报刊丧失道义上的责任转而维护和掩饰现行权力结构中的不公平和非正义。

③20世纪60至70年代，新新闻主义、倡导性新闻学、调查报道、精确新闻学等新的新闻报道形式的出现，在实践中对理想化、完美化的客观性提出了更复杂的挑战。这些新的新闻理论中，有的在客观性要求下寻求更大的自由空间，有的则追求、强化完美的客观性。与此同时，新闻学家在理论上也在不断地批判和反思，众多学者和新闻记者认为，绝对平衡的客观报道趋向于零。

但基本来说，新闻客观性作为历史的积淀，早已在近百年的发展过程中深入人心，成为一种公认的词汇和普遍的模式。它代表了现代社会对新闻媒介的常识、期望，是人们构思、定义、安排、评价新闻文体、新闻实践和新闻机构的标准。并且，为了在形式上尽力实现客观性，人们总结了一系列的写作方法，包括忠于事实、确定正确与可靠的消息来源、平衡处理资讯、消除偏见、讲究报道的完整性等。

(2)中国新闻客观性理论的历史发展脉络：

①19世纪70年代至“五四”前，新闻客观性理论在中国萌芽，《申报》开中国客观报道之先河，“有闻必录”是新闻客观性在中国的最初表现。但是19世纪末至20世纪初，随着中国民族矛盾、阶级矛盾越来越激化，“不偏不倚、客观公正”的立场难以站住脚跟。

②五四运动后至1949年，是新闻客观性在中国的发展与“流行”期。徐宝璜、邵飘萍等新闻学者提出了新闻客观性思想，《大公报》《申报》《新闻报》等报纸也都进行了新闻客观性理论与实践。另外，伴随着信息需求，当时中国的通讯社事业也逐步兴盛起来。通讯社要

把新闻销售给立场不同、方针不同的各种报纸，自然也要标榜自己的新闻是超越于政党、阶级之外的。

③1949年新中国成立后至70年代后期，是新闻客观性在中国的衰落期。马克思主义新闻思想在中国落地、生根的过程，也正是客观主义新闻思想在中国衰落的过程。从建国以后的一个很长时期内，由于我国持续地开展一场接一场的政治运动，报刊上的每一篇文章都必须鲜明地表达政治立场和政治倾向，客观报道难有用武之地。

④1978年改革开放至今，是新闻客观性在中国的复兴期。1978年12月，党的十一届三中全会召开，冲破长期以来"左"倾错误的束缚，中国社会开始了具有深远意义的转折。在此背景下，中国掀起了第二次思想解放的浪潮，逐步确立了解放思想、实事求是的方针，并实行改革开放。在这一背景下，新闻界根据实事求是的精神，探讨新闻思想和新闻理论，对西方客观报道思想做引介和分析，并为其所用，建立了社会主义新闻理论中客观性的要求。同时，中国记者对客观报道思想展开的研究与实践，也丰富了新闻客观性"复兴"的内涵。

(3)新闻客观性理论对中国当前新闻业的意义：

虽然新闻客观性原则具有一些局限性，但不论是中国还是西方，客观性已经作为一种被普遍认可的原则，也是新闻工作者的工作指导。新闻客观性理论对当下中国的新闻业发展具有重要的现实意义：

①新闻客观性原则作为一种新闻理想，像一面旗帜一样引领着新闻学的健康发展。正如李普曼所言，客观性原则是新闻学成为专业的一个标志。虽然在新闻实践中客观性原则有种种局限性，但是就如理想的法律专业的信念是"公正"、医学专业的信念是"救死扶伤"一样，"客观、公正、真实地传播新闻事实"也是新闻专业的一种信念。这种信念如同黑夜中的启明星一般，指引着新闻学的健康发展，让其不至于迷失在金钱和权力的漩涡里。虽然在新闻实践中难以达到百分之百的客观公正，但是只要朝着这个方向努力，总能达到无限接近的制高点。无论何时，向受众传递客观真实的新闻事实，都应是所有新闻人的理想。

②新闻客观性原则是对记者采写新闻报道的约束力。新闻客观性原则让更多的新闻从业者在这个物欲横流的社会，尚能拥有一种美好的新闻信仰——客观公正。虽不能及，心向往之。这种信仰可以从道德上制约新闻从业者客观公正地报道新闻事实。我们不必纠结于在新闻实践中究竟把客观性践行到了什么程度，也不必纠结于新闻客观性是否真的可以完全做到，最重要的是每一位新闻工作者都把客观性原则当做一种信仰，铭记于心。因为目前在我国尚没有相关法律约束记者的职业行为，恪守新闻的客观性原则被写进新闻从业人员的《新闻职业道德》中，既是道德，就是隐存在记者内心的良知。

3. 在新媒体时代，新闻客观性受到哪些挑战？是否需要重构？如何重构？(湖南大学2018年研)

答：新闻的客观性，是新闻最重要的专业概念之一，是指新闻事实不以人的主观意志而改变的基本特征，传播者在从事新闻报道时，要尊重事实，如实地反映事实的本来面目。新闻客观性有以下两层意思：内容必须真实，即新闻报道所描述的对象必须具有客观实在性，不能无中生有、凭空捏造；表述必须客观，报道者一般不宜直接站出来发言，而主要是"用事实说话"。新闻报道的客观性，是新闻专业主义的核心。

在新媒体环境下，人们获取新闻资讯的范围更加广泛，获取方式更加自由。新媒体的广泛应用，使得人人都有可能成为新闻的发布者和传播者，新闻真实性和客观性受到极大挑战。

(1)新闻客观性受到的挑战：

①新媒体时代新闻把关过程弱化挑战新闻客观性。在新媒体时代，网络新闻的编发依靠“网络编辑”完成，“网络编辑”是网络新闻的采集、编辑、发布的工作者，一条新闻的采集到制作，再到最后的发布都由“网络编辑”一人完成，其把关工作也是由“网络编辑”一人完成，在进行新闻报道时，“网络编辑”不可避免地把自己的思想加在其中，就会使新闻报道的主观性更强，违背了新闻的客观性原则。

②新媒体时代新闻从业者职业素养不高挑战新闻客观性。传统媒体在选拔记者编辑时，对职业素养要求很高，而现在的新媒体没有独立的采访权，对于新闻只是简单的复制、粘贴，所以在招聘网络编辑时的要求也就放低了，这就会导致网络编辑的基本素养不高，如果网络编辑对自身的职业素养要求不高，社会责任感不强，在新闻报道中就会出现新闻客观性模糊，新闻的客观性遭到了主观性的侵入。

③新媒体时代传受本位模糊挑战新闻客观性。随着微博、微信等自媒体的应用和发展，越来越多的受众也参与到新闻的发布中，受众群体庞大，文化水平参差不齐，受众利用自己手中的媒体工具，进行信息传播时，不会考虑新闻的客观性，而是从自己的角度出发，想说什么就说什么，而网络编辑在选择这些新闻时，很难对其进行核实，其新闻的客观性难以保证。

新媒体环境下，理论和实践对新闻客观性的批判并未真正颠覆客观性理念的地位。新闻的本质和受众的信息需求呼唤客观性的重构。

(2)重构新闻客观性的方式：

在新媒体时代，新闻客观性原则虽然屡屡受到挑战，但新闻客观性依然是新闻工作者应该遵守的信条，应该力图重构新闻的客观性。具体而言，在新媒体时代重构新闻客观性应当从以下方面着手：

①提高新闻工作者的职业素养。新闻工作者在日常生活中，要加强学习，努力提高自身的职业素养，增强自己的社会责任感，在报道新闻时要把事实和意见分开，以超脱情感的中立观点表述事实。在日常工作中更要严格要求自己坚持新闻的客观性原则，做到不偏不倚，准确全面、呈现内容，不以一己之立场报道新闻。

②加强新媒体的新闻把关。对于新媒体来说，要做好“把关”工作，加强对要发布的新闻的审查和把关。新闻虽然讲究客观性，但发布新闻事件的毕竟是人，其主观性一定是有的，新闻报道不要求纯客观，但是要最大限度地接近客观性，所以新闻把关是保证新闻客观性的一个重要的环节。

③传统媒体发挥优势占领报道制高点。对于传统媒体来说，应继续发挥自己的传统优势，利用自己多年积累下来的权威性，在新闻事件发生之初，迅速占领报道的制高点，以客观、全面、真实的新闻吸引受众的注意。现在的很多传统媒体正在尝试走媒介融合的道路，这样可以吸引一部分网络新闻的受众。受众阅读的新闻来源直接是传统媒体，其客观性就有了保证。

④完善规章制度，加强网络监管。新媒体时代，应该完善相应的新闻规范，加强对网络新闻的监督。对于一些恶性的损害新闻客观性的报道，如虚假新闻，应该予以相应的惩罚，以保障新闻的真实性和客观性。

⑤提升受众的媒介素养。受众应有正确分析理解媒介信息以及提出批评意见的能力，要明白媒体的新闻报道所构建的真实是经过多因素融合筛选出来的。受众要理性地去判断信息的真伪，并能发表自己的见解，提高自己的媒介参与能力。

在全球化的今天，“客观公正”已成为国际新闻业的共同标准，是统一的新闻信条。在新闻业承担的内容生产和社会责任的关系中，在信息爆炸与众声喧哗中客观地进行新闻报道才是重塑传统媒体新闻公信力的关键所在。

4. 参考材料：比尔·科瓦奇(Bill Kovach)和汤姆·罗森斯蒂尔(Tom Rosenstiel)在《新闻的十大基本原则》中提出：“记者依靠专业方法来证实信息。当最初发展出客观性的概念时，它并不表示记者不会带有偏见。但它要求采用检验信息的一致性方法——透明的证实方法——这种方法应该很精确，使个人偏见和文化偏见不会削弱其工作的准确性。具有客观性的应该是方法，而不是记者。”结合当前新闻传播实际，谈谈你对上述观点的看法。(人大2018年研)

相关试题：新闻客观是无法做到的，因而只能强调对于客观方法的追求，做到新闻客观就要充分考虑主观条件。谈谈你对这段话的理解。(武汉大学2016年研)

答：我认为该观点具有一定的合理性。

新闻客观性是新闻报道的基本特征和原则之一，是指新闻报道必须符合客观实际，按照事物的本来面貌来反映事物，态度上不偏不倚。它是新闻传播关系赖以建立的基本条件，也是影响新闻媒介信誉的重要因素。

但从长期的新闻传播实践看来，做到绝对的新闻客观是不可能的，做到新闻客观就要充分考虑主观条件。因此，对于新闻工作的客观性，应当强调的是操作方法上对于新闻客观的追求，即以客观性标准检验新闻信息，而不是要求记者或媒体的观点、看法完全客观，毫无立场。

(1)绝对的新闻客观是无法做到的。新闻客观性原则长期生存于悖论之中，因为客观性理念指导下的新闻报道并不能保证新闻都是客观的，即使真诚地采取客观的态度，也可能会无形中受到环境和历史传统的影响，造成报道不真实、不客观。

新闻客观确实很难做到，但是新闻客观并不是客观主义，并不是对于客观的绝对追求。作为一种可望但不完全可即的目标理念，客观性原则应当成为一种新闻职业的追求、一种评判新闻工作的原则。将客观性原则作为职业理念，是一种对新闻职业的保护策略。在操作层面上，新闻客观是将对于新闻事实的见解，主要通过客观的叙述形式，凭借事实本身的逻辑表现出来。

因此，我们不能只强调对于客观方法的追求，也不能片面排斥人的主观性。新闻的创造过程必然是主客合一的，以主体为主导的客观性也需要主体的理性互动，即产生综合理性。在新闻创作中要做到主客合一，将新闻客观作为职业理念和原则不懈追求。

(2)考虑主观性的新闻客观操作要求。在操作层面，新闻客观的内涵有两层：内容必须真实，即新闻报道所描述的对象必须具有客观实在性，不能无中生有、凭空捏造；表述必须客观，报道者一般不宜直接在新闻中站出来发言，而主要是“用事实说话”，即寓情寓理于事实的筛选、内容的编排、版(画)面的处理之中。在充分考虑主观性因素影响的前提下，做到新闻客观需要做到以下要求：

①诚实。在报道事实之前，没有故意隐瞒和突出某方面的念头，不能随便添加个人的好恶在其中。

②超脱、公正、平衡地对待事物。对一件事总有不同的解释，其中有不同的利益所在，因而新闻记者要十分小心地面对事实，尽可能全面展示，给当事的各方以表达、表现的空间。平衡应成为职业新闻工作的一种本能表现。

③不抱成见或持偏见，不固执己见。在报道的时候，职业是记者，不能按照个人的观点倾向和偏好来报道。要克制个人既定的看法，尽可能按照事实的本来面目来报道。

④不牵扯个人利益。有些事实如果涉及个人利益，也要尽可能跳出个人利益的圈子，从职业角度去衡量和报道这个事实。

⑤只相信事实，怀疑别人所做的价值观判断，努力将二者分开。在操作上，“客观性”是“如何去报道”的问题；作为一种理念，“客观性”要求记者以理性和冷静的态度看待事实、报道事实，以便于读者从客观的叙述中发现真相。

5. 在新闻实践中，同一事实，却会有不同报道，请谈谈你的理解。(苏州大学 2019 年研)

答：在现代新闻实践中，对于同一事件的报道，不同的媒体机构会从不同的角度出发进行解读，往往会出现不同甚至相反的声音。随着互联网的进步以及自媒体时代的到来，上述情况更加普遍，自媒体使得传统媒体话语权下放，舆论场出现了“百家争鸣”的局面。究其原因具有以下几个方面：

(1)阶级利益和立场导致同一事件的不同报道。当新闻作为一项社会事业参与社会活动，就不可避免地与社会上各种利益集团产生各种各样的关系。在现代社会中，新闻事业不可能随心所欲、为所欲为，它必然会受到社会上诸多利益集团出于各种目的，采用各种形式，自觉或不自觉地施加的各种影响。

(2)新闻从业人员的个人原因导致同一事件的不同报道。新闻报道和事实并不是一回事。新闻报道实际上是记者、编辑经过认识和评价过的事实。不管新闻从业人员如何要求自己遵守客观、公正的职业准则，或是他们自我标榜自己是毫无个人偏见的实际上其主观性总是或多或少有意识或无意识地存在着。他们的个人价值观、个人经历、文化背景，以及情感偏好等都会在对事实的加工中体现出来。

6. 西方国家把新闻客观性看作不死之神，你怎么看？(广西大学 2018 年研)

答：新闻客观性被视为“不死之神”，最初由加拿大学者哈克特与中国学者赵月枝在合著的《维系民主？西方政治与新闻客观性》一书中提出。这是一本以新闻客观性为切入点，剖析北美传媒境况的批判现实主义力作。该书把新闻客观性称为“不死之神”，并把“不死之神”作为第四章的章题。“不死之神”这个称呼自此成为了新闻客观性的代名词，传遍新闻传播的业界和学界。

但我的看法是：在现实的新闻实践活动中，完全的客观是难以实现的。但新闻客观性应当作为新闻界一种永远的理念上的追求，并尽力在操作实践中贯彻这种理念。

(1)《维系民主？西方政治与新闻客观性》中对新闻客观性的理解：

“新闻客观性”一直为人们所瞩目，但讨论焦点在于“新闻是否客观”“新闻能否客观”等狭窄的命题。《维系民主？西方政治与新闻客观性》突破了这一思想藩篱，超越了对定义的追逐与纠缠，对新闻客观性的范畴做出了系统且多角度的审视。这也是新闻客观性被称为不死之神的原因。

从新闻道德的角度，新闻客观性被视为一种规范化的理想和目标。从认识论的角度，新闻客观性假定“反映世界”或“全真地捕获世界”是可能的。从形式主义的角度，新闻客观性是采写新闻的实践和技术标准，还是某些社会组织框架的观念基础之一，以及公众话语中对新闻期望的共识的一部分。

因此，新闻客观性在该书中不是一个孤立的概念，而是一套完整的“体制”——理想、假定、形式、机构、话语。新闻客观性既是宏观理论，又是微观实践；既是职业信仰，又是操作程序。一言以蔽之，新闻客观性是理念与形式的统一。

(2)新闻工作中难以做到完全客观。

①新闻客观性原则长期生存于悖论之中，因为客观性理念指导下的新闻报道无法完全保证新闻的客观性，即使记者个人真诚地采取客观的态度，也可能潜在地受到历史或周遭现实因素的影响，导致报道失实。可能影响新闻客观性的因素有政治事件中的价值观、新闻人物的欺骗行为、很难做到观点的完全中立、新闻时效性的要求等。

②影响客观性实现的障碍因素包括：a. 政治事件中的价值观。b. 新闻人物的欺骗行为。c. 很难做到观点的完全中立。d. 新闻时效性的要求等。

③新闻活动中往往存在主观操控。客观报道是新闻工作的基本原则，但在实际的操作中，新闻的客观性原则常常为“道德”所绑架，除了正面拔高典型人物外，反面的情形便是较常见的“媒介审判”等。

④要求新闻旗帜鲜明与要求客观公正之间存在矛盾。“有立场的客观性”是一种较为开明的政治要求，主要针对政治家对其所控制的新闻传播而言，并非新闻职业本身的要求，这种情况下，如果事实与原有立场不冲突或冲突不大，客观可以做到；如果事实本身在根本上不利于报道者所代表的利益集团，客观难以坚持，隐瞒和歪曲不可避免。

⑤从认识论的角度而言，影响新闻客观传播的自然而无形的因素包括：a. 记者在报道事实之前，其认识问题的方式和思维习惯已经存在了。b. 不少事实本身体现了一定的立场观点。c. 记者对事实的感觉和知觉具有相对性。d. 即使真诚地以客观的理念来报道，仍然难以让每位信息接收者都感到“客观”。

(3)新闻客观性是一种理念要求。

客观性原则是一种新闻职业追求，用以评判新闻工作的原则，我们应将客观性原则作为自身的职业理念，以保护新闻职业。

在报道事实时，要尊重事实本身，保持对有关事实评论的怀疑态度。其具体要求具体参见本章论述题第 4 题答案。

第五讲 传媒的基本职能及与社会各方面的关系

5.1 复习笔记

【知识框架(庖丁解牛)】

- 传媒的基本职能及与社会各方面的关系
  - 传媒是舆论的表达者
    - 边沁的观点
    - 马克思、恩格斯的观点
    - 陈力丹的观点
  - 从传媒与政治的关系定性传媒职能
    - 西方报刊发展的三个历史阶段
      - 官报
      - 党报
      - 商报
    - 新闻与政治意识形态的关系
    - 列宁的观点
    - 毛泽东的观点
    - 传媒的“喉舌”功能
    - 媒体工具论
    - 作为上对下治理技术的传媒
      - 定位
      - 特征
      - 功能
    - 教育论
    - 报纸“通上下”的职能
    - 法西斯主义对传媒职能的极端错误认识
  - 传媒的四大基本职能
    - 拉斯韦尔和赖特的观点
    - 瓦耶纳的观点
    - 关于传媒的“舆论监督”
  - 传媒与经济
    - 现在传媒身兼的职能
      - 文化产业
      - 为社会公共利益服务
    - 对传媒职能的认识
    - 大众传媒在市场领域和社会领域的不同作用
  - 传媒形态
    - 麦克卢汉的“媒介即讯息”
    - 法兰克福学派的哈贝马斯

【通关提要(提纲挈领)】

本章主要讲述传媒的基本职能、传媒与政治、经济的关系，同时从技术角度出发来定位传媒。本章考点主要以简答题、论述题为主，在学习时，要对传媒的职能及其与社会各方面的关系做整体把握。

【考点难点归纳(厚积薄发)】

考点一：中国新闻业的先行者对新闻行业的不同的认识角度(见表5-1)　★★

表5-1　中国新闻业的先行者对新闻行业的不同的认识角度

要点	具体内容
从新闻职业意识角度定位传媒	《申报》："天下可传之事，湮没不彰者比比皆是。本报随时记载当今之事，使留心时务者，于此可以得其概，不出门户而周知天下事。上而学士大夫，下及农工商贾，皆能通晓"
从新闻与政治意识形态关系角度定位传媒	梁启超认为报刊是"政本之本，教师之师"，给予报刊无法承受的重任："今日吾国政治之或进化、或堕落，其功罪不可不专属诸报馆"

考点二：传媒是舆论的表达者(见表5-2)　★★★

表5-2　传媒是舆论的表达者

人物	主要观点
边沁	舆论表达的最重要的因素是报纸
马克思、恩格斯	①"报刊是广泛的、无名的社会舆论机关。报纸是作为社会舆论的纸币而流通的。" ②报刊与舆论的关系就像驴子(报刊)和它驮着的麻袋(舆论)；报纸是舆论的承载物
陈力丹	传媒是舆论的表达者是一种泛化的表达，是人们的总体感觉，无法在理论上给予清晰的证明。但它本身就表达了从"传媒代表国王"到"传媒代表舆论"认识的转变，使得"舆论"带有"人民主权"的内涵

考点三：从传媒与政治的关系出发定性传媒职能　★★★★★

1. 西方报刊发展的三个历史阶段(见表5-3)

表5-3　西方报刊发展的三个历史阶段

历史阶段	具体内容
封建集权制下的"官报时期"	现代报刊出现于欧洲中世纪末期，因而在报刊诞生的时候便受到王权的直接控制，或直接由政府部门创办报刊，或特许少数王权信任的出版商出版报刊，对报刊内容实行书报检查，同时严格查禁其他非官方的出版物
新闻自由条件下的"党报时期"	资产阶级革命时期和革命成功以后的一段或长或短的时期，在结社自由和新闻自由的条件下，政党活动极为频繁，政党报刊成为报刊的主体，即使是商业性的报刊，也带有明显的政治倾向，投入到各自选择的政治宣传和讨论中

续表

历史阶段	具体内容
商报时期	19 世纪中叶，党派报刊逐渐消失。很多报刊不再具有明显的阶级性、政治性，而是以营利为目的。报刊的观点是围绕着利益转移，报刊的观点是围绕着利益转移，报刊的自身利益(尤其是经济利益)往往决定该报刊的政治倾向

2. 新闻与政治意识形态的关系

(1)资本主义国家传播的新闻，总体上体现出资本主义国家主流人群的意识形态。资本主义国家的新闻形式上通常是自在和多元的，但在无形中受到多种政治、经济、文化传统的力量的制约。

(2)社会主义国家传播的新闻，总体上渗透着社会主义特有的观念。社会主义国家的新闻，一般是有组织的和一元的，需要与中央权力组织的观点一致；重大的新闻需采用国家通讯社的通稿。

(3)一个国家大众传播媒介刊播的新闻，总体上带着国家意识形态的烙印。

(4)从整体上看，新闻带有明显的意识形态印记，在矛盾冲突较激烈的时期表现得更明显，如社会主义阵营和资本主义阵营“冷战”时期的新闻具有强烈的政治性。

(5)观点对立并非判别新闻阶级性的尺度，观点对立的新闻不一定具有阶级性，也可能是同一个阶级、集团内部的不同观点。阶级内部的差别和分歧具有政治性，而非阶级性。意见差异是常态，完全一致反倒异常。

3. 列宁的观点：“报纸是集体的组织者”

(1)1901 年，列宁提出：“报纸不仅是集体的宣传员和鼓动员，而且是集体的组织者。”这个观点被斯大林概括为党和苏维埃报刊的基本职能。

(2)20 世纪 30 年代起，“报刊是集体的组织者”开始被引入到中国共产党的报刊上。

(3)20 世纪 50 年代以后，“报纸是集体的组织者”这一论断被写入新闻理论教材。

(4)1987 年以后，在中国新闻理论研究里基本否定且弃用了报刊“组织作用”的说法。

4. 毛泽东：报纸的力量和作用在于使党的纲领路线同群众见面(见表 5－4)

表 5－4　毛泽东：报纸的力量和作用在于使党的纲领路线同群众见面

要点	具体内容
观点	1948 年，毛泽东提出了党报思想内涵：“报纸的力量和作用，就在它能够使党的纲领路线，方针政策，工作任务和工作方法，最迅速最广泛地同群众见面”
背景	晋绥地区在土地改革中存在先“右”后“左”的问题，《晋绥日报》和新华社晋绥分社的宣传报道中也出现同样的问题。因此，毛泽东要求党报应注重“上情下传”的功能，“我们的政策，不光要使领导者知道，干部知道，还要使广大的群众知道。有关政策的问题，一般地都应当在党的报纸上或者刊物上进行宣传”
内涵	党报需要宣传党的方针政策，还要注重反映群众的呼声，以及满足读者新闻需求的基本职能。党报也是报纸，除了宣传任务以外，也要满足人民对新闻的需求，履行报纸的基本职能

5. 传媒的"喉舌"功能(见表5－5)

表5－5　传媒的"喉舌"功能

要点	具体内容
梁启超的"喉舌"观点	1896年，梁启超在《时务报》上发表论文《论报馆有益于国事》，强调报刊的主要作用是"通上下"，认为报刊是政府的耳目喉舌。梁启超认为，在报刊出现前，皇帝和百姓都长着喉舌，却无法相互沟通。因此，他的理想是现代报刊既可以做皇帝的喉舌，又可以做百姓的喉舌，双方可相互沟通
"党的喉舌"比喻（出现频率最高）	①延安《解放日报》社长博古1944年在一个内部讲话中使用了"喉舌"比喻，他认为："我们要成为党的喉舌，必须要贯彻党性、群众性、组织性、战斗性。每一个做党报记者的同志要认识到自己作党的喉舌……是很光荣的。"这是现在看到的较早的论述。 ②毛泽东在著名的《对晋绥日报编辑人员的谈话》的一段话中，谈到"党报的力量和作用"的表现方式，即党报作为党的领导机关的一个专门对外说话的部门，发挥了单向传播的作用。 ③1948年，党的领导人之一刘少奇在其《对华北记者团的谈话》中用"桥梁""导线"的比喻来说明传媒的职能
"人民的喉舌"观点	①邹韬奋和他主办的刊物被誉为"人民的喉舌"。 ②1956年，胡耀邦作为共青团的领导人为《中国青年报》讲话时，谈到该报应做"代表群众的喉舌"

6. 媒体工具论(见表5－6)

表5－6　媒体工具论

要点	具体内容
报纸是阶级斗争的工具(最常见)	①1918—1920年间，列宁曾三十多次地提出"报刊是XX的工具"。 ②1930年8月，中共中央机关报《红旗日报》创刊号发表了当时党的总书记向忠发写的发刊词，较早地谈到这个观点。 ③30年代中期，共产党员张友渔在北平发表的多篇文章中论证过此观点。 ④1957年，毛泽东说："在世界上存在着阶级区分的时期，报纸又总是阶级斗争的工具。在阶级消灭之前，不管报纸、刊物、广播、通讯社都有阶级性，都是为一定阶级服务的"
报纸是无产阶级专政的工具	20世纪60—70年代，党中央机关报上出现了"报纸是无产阶级专政的工具"这一说法，具体为："报纸是在上层建筑和意识形态领域对资产阶级实行全面专政的工具"，这完全是谬误。实行专政是公检法的职能，而非传媒的职能。传媒是精神单位，不是暴力机关
报纸是社会主义建设的工具	列宁认为这一思想整体上是正确的。但在1918—1919年推行超越历史条件的"战时共产主义"时期，他认为报纸的监督作用地位英语司法相等，具备审判和惩罚的权力，由此防止偷懒、盗窃等社会问题。这种观点过分放大了报纸的政治性，赋予了报刊不应承受的政府职能，限制了报纸作为新闻纸最基本的报道、辩论和娱乐等功能

7. 作为上对下治理技术的传媒(见表5-7)

表5-7 作为上对下治理技术的传媒

要点	具体内容
传媒定位	传媒是中央权力或上一级权力约束下一级地方官员，特别是基层官员的有效渠道。在政府治理技术的变革中，传媒被纳入权力结构中，成为行政权力和技术治理的一部分，成为中央权力系统寻求对地方官员进行约束的新手段
主要特征	①传媒不是企图约束大众，而是旨在惩处违纪官员，在全体官员面前起到迅速而快捷的惩戒作用，并在全国民众面前迅即树立并巩固党和政府公正无私的形象。 ②在传媒舆论监督的发展和规范过程，党和政府逐步把传媒纳入行政权力；党和政府在对传媒舆论监督授权的过程中不断调整传媒权力边界
传媒功能	①为中央决策提供事实依据。 ②为政府设置议事日程

8. 教育论(见表5-8)

表5-8 教育论

要点	具体内容
传媒是精英代表（理论基础）	传媒负有教育的功能，但这并非传媒的主要作用，而是一种附带作用。强调教育论的人一般是精英代表或掌握权力者，他们认为传媒高于传媒接受者，有责任或有权力教导人们。随着文化知识在社会的普及，这种关于传媒职能的认识逐渐淡化，新一代具备文化素养的传媒受众会带着批判的眼光审视传媒的行为
观点辨析	社会是分层次的，大众的受教育程度和知识文化水平参差不齐，从这个概念上出发，媒体是“教育者”的观点可以成立；但这种认识难以得到普遍的认同和接受。此外，把在某方面进行专业教育的传媒的主要职能归为教育是合理的

9. 报纸“通上下”的职能认识(见表5-9)

表5-9 报纸“通上下”的职能认识

要点	具体内容
梁启超	1896年，梁启超在《论报馆有益于国事》一文里阐述了开设报馆的理由，提出报纸“通上下”的功能，后来被较多的政治家接受，成为认识传媒政治职能的一种普遍说法
刘少奇	刘少奇使用“桥梁”“导线”的比喻来说明传媒的职能，重点强调传媒并非单向传播，而是彼此沟通交流、你来我往的双向传播
刘建明	新闻媒体肩负着报道政令、法律和社会规范的任务，使社会管理机构的指令能够及时地传达到老百姓那里。新闻媒体发布政令，指导民众行动，保持国家统一，强化社会管理，往往发挥着组织和直接整合生活的作用
观点辨析	传媒的基本职能是满足公众对新闻的需求，而非简单的“通上下”。国家政治制度中均有“通上下”的专业信息系统，公众也有法律规定的“通上”途径，政治家通过传媒了解下情只是偶尔为之。以传媒的报道作为治理国家的“下情”信息渠道是不合理的，因为传媒主要报道的是新闻，“通上下”只可能是琐碎的而并非系统的

10. 法西斯主义对传媒职能的极端错误认识

(1)陆定一发表在延安《解放日报》的文章《我们对于新闻学的基本观点》(1943)做过分析。陆定一认为，法西斯主义的新闻观是“新闻就是政治本身”，即这种“主义”把新闻提高到与政治的地位，为造谣开辟了道路。他的批判是正确的，直击法西斯主义新闻观的要害。

(2)戈培尔认为，谎言重复千遍就变成真理。他在传播中抓住了群众心里，公然宣扬愚弄人民。应从伦理上的要求(目的和手段)来衡量法西斯主义针对传媒职能的这类认识，应出于正当的目的来把握规律性的传播现象。

11. 论说传媒与政治关系的职能定性

(1)资本主义国家所宣传的新闻自由带有天然的虚假性、欺骗性，而在社会主义国家，在处于初级阶段的社会主义中国，所追求的新闻自由从根本上是真实的、是可以被逐渐接近的。

(2)在我国，传媒要坚持党性原则，具有宣传党的方针政策的责任。但不该用同一种观念强加于外国人，不要采用“以阶级斗争为纲”时代的话语和思维方式批判他人。问题可以讨论，但要采用科学的态度来分析问题，摆事实，讲道理。

考点四：新闻专业意识下的传媒职能定位(见表5-10) ★★★★★

表5-10 新闻专业意识下的传媒职能定位

<table>
<tr><th>传媒的基本职能</th><th colspan="2">主要内容</th></tr>
<tr><td>拉斯韦尔和赖特的观点</td><td colspan="2">①对环境进行监测，“桅杆顶端的瞭望哨”。
②使社会各部分为适应环境而建立相互关系。
③使社会遗产得以代代相传。
④提供娱乐(由赖特补充)</td></tr>
<tr><td rowspan="2">赋予地位的职能和“麻醉功能”</td><td>赋予人和事物知名度</td><td>一些内容，如事实、人物、商品、意见等，只要通过大众传媒的报道，就会带来一定的知名度或社会地位，从而给大众传媒支持的事物带来一种正统的效果</td></tr>
<tr><td>“麻醉功能”</td><td>传媒提供的过量信息会占据公众有限的休闲时间，使得人们疏远了很多社会关系；传媒以丰富多彩的内容虚幻地满足了公众，使他们由原先的积极参与事件转变成消极地认识事件，降低、削弱了人们的行动能力</td></tr>
<tr><td>瓦耶纳的观点</td><td colspan="2">传媒职能包括：①主要的报道职能；②随意的辩论职能(表达观点)；③附带的娱乐职能</td></tr>
<tr><td>“舆论监督”职能</td><td colspan="2">“舆论监督”是关于传媒职能的说法，为我国所独有，从大的方面来看是传媒代表某级党政权力的监督，较小程度上是传媒代表公众对各种社会事务的监督</td></tr>
<tr><td>文化产业</td><td>定义</td><td>由德国学者马克斯·霍克海默和西奥多·阿多诺《启蒙辩证法》(1947)一书中提出。联合国教科文组织从文化产品的工业标准化生产、流通、分配、消费的角度进行界定，提出文化产业是按照工业标准，生产、再生产、储存以及分配文化产品和服务的一系列活动</td></tr>
</table>

续表

传媒的基本职能		主要内容
文化产业	传媒业是一种文化产业	在浙江舟山召开的全国报纸管理工作会议(1992)，较早地提出了“报纸是商品，报社是企业，报业是产业”的观点，同时还提出，新闻传播具有政治、信息、文化、监督四种性质，认为报纸具有五个功能，即传播、教育、监督、知识、娱乐
	传媒产业的双重职能	①作为文化产业，传媒要盈利，维持自身的生存和发展，这本身是市场竞争的一部分。 ②作为文化事业，传媒要承担相当的社会责任，为社会公共利益服务。 ③文化产业和文化事业常处于矛盾之中，应从两方面认识传媒职能，在两者之间寻找适当的平衡

【考点拓展】大众传媒在市场领域和社会领域的不同作用

在美国传播学者萨尔蒙和格拉泽合写的一本关于舆论研究的书里，他们从若干个方面分析了同一个传媒在市场领域和社会领域发挥着不同作用的情形，具体见表5－11。

表5－11　大众传媒在市场领域和社会领域的不同作用

要点＼领域	市场领域	社会领域
自由是	否定的	肯定的
自由保护的是	被听到的权利、个人的表达	听的权利、表达的满足
传播是	受到私人控制的	受到社会保护的
舆论是	个人各自的“财产”	公众争议和评议的结果
媒介职能是	一种信息源	一种对话的触媒
是否有进入的权利	没有(指参与媒介活动)	有
观点一致性的显现渠道	通过竞争观念和选择自由	通过论证和互动

考点五：从传媒形态本身定性传媒的职能　★★★

(1)代传播科技是传媒的重要组成部分，在一定程度上，传媒不同的外在形态体现了传媒是一种传播技术，这种职能的实际控制者是传播技术。

(2)麦克卢汉提出的“媒介即讯息”，实际上表明传媒形态本身(非传媒内容)带来的一种“职能”。

(3)法兰克福学派的代表人物哈贝马斯在《交往行动理论》中提到，传播除了被政治、意识形态控制以外，还被一种无形的力量所控制，即科技力量。科学技术的合理性意味着控制的合理性。在某种意义上，谁掌握了技术，谁就对媒体的内容有所掌控。如今，科学技术已承担使政治权力合法化的职能。

【考点拓展】新时代马克思主义新闻观的创新路径(见表 5－12)

表 5－12　新时代马克思主义新闻观的创新路径

要点	主要内容	
概况	新时代马克思主义新闻观面临复杂的传播格局和舆论环境，马克思主义新闻观实现持续创新发展的必然选项是牢固坚守马克思主义新闻观的核心内容，开辟新的创新路径，从而不断探索传播新课题、应对传播新挑战	
路径	创新新闻传播理念	面对复杂的新闻传播形势和舆论场域，作为我国新闻传播指导思想和行动指南的马克思主义新闻观，应继续创新传播理念，转变新闻舆论传播思路，从党的工作全局角度出发，积极探索创新符合当下人们信息传播和接收习惯的理念方法，不断提升新时代马克思主义新闻观的有效性、针对性和创造性，提升新闻舆论工作的传播效果
	创新新闻传播方式	新传播形势下，为继续推动马克思主义新闻观创新优化，推动我国新闻事业健康发展，增强在国内和国际舆论场中的主导权，应在新闻传播方式下持续创新，探索新型传播应用形式和场景，提升新闻舆论的传播力和影响力
	创新新闻舆论话语表达	加快创新新闻舆论的话语表达，构建符合现代人们表达与接收习惯的新闻传播话语体系至关重要。对内传播中，要善用人们喜闻乐见的方式传播新闻内容，弘扬和传播社会正能量，拉近与人民群众的距离，优化新闻舆论的引导效果；对外传播中，要在准确把握所在国人们的话语习惯下功夫，加快打造一批融通中外的新概念、新范畴、新表述，搭建好中外沟通的桥梁纽带，传播好中国声音
	创新新闻舆论引导格局	新时代背景下，为进一步强化马克思主义新闻观的指导地位，将党的新闻舆论工作继续推向前进，应着力推动构建具有鲜明时代特征的新闻舆论引导格局。通过优化顶层设计，促进新闻事业改革和媒体融合继续深入，加快探索破解当前舆论领域难题的新举措新思路；准确把握当前舆论领域的斗争形势，深入开展线下舆论斗争，严防错误思潮攻击渗透主流舆论场；加强舆论领域法治建设，综合运用内容和技术管控手段，确保马克思主义新闻观的主导地位；加强媒介素养教育，提升新闻舆论工作者和广大人民群众的媒介使用水平，夯实主流价值观基石

5.2　考研真题

一、概念题

1. 喉舌论
2. 新闻批评(中传 2018、2013 年研；山东大学 2010 年研)
3. 监督批评权(厦大 2010 年研)
4. 新闻媒介功能(中国科大 2019 年研)
5. 新闻传播媒介(四川大学 2019 年研)
6. 新闻事业的一般功能(上海财大 2018 年研)
7. 新闻媒体的双重属性(华农 2017 年研)
8. 大众传播的麻醉功能(人大 2016 年研)

二、简答题

1. 简述新闻传媒的一般功能。(中央民大 2019 年研)

相关试题：

(1)大众传播媒介的社会功能。(西安工程 2015 年研；江西师大 2012 年研；华农 2010 年研)

(2)新闻事业有哪些重要的社会功能？(山东师大 2014 年研)

(3)大众传播媒介的功能是什么？(山东师大 2015 年研)

(4)简述当代新闻事业的基本功能。(山东师大 2017 年研)

(5)请结合实例，简述新媒体时代下主流媒体的社会功能。(上海财大 2018 年研)

(6)大众传播的"四功能说"是指哪些功能？(华农 2010 年研)

(7)关于媒体的功能有三个隐喻：mirror，watchdog，marketplace，试对其进行解释。(复旦大学 2016 年研)

2. 简述媒体的政治功能。(复旦大学 2015 年研)

3. 简述媒介的隐性功能。(河南大学 2019 年研)

4. 简述新闻媒介的双重属性。(中传 2019 年研；聊城大学 2018 年研)

相关试题：

(1)新闻媒体的双重属性及其对当代中国新闻业影响。(安徽师大 2017 年研)

(2)认识到报纸和广播电视产品的商品性，对我国新闻工作者有何积极意义？(江西师大 2012 年研)

(3)媒介对社会经济的促进作用主要体现在哪些方面？(江西师大 2015 年研)

(4)新闻事业作为上层建筑，它区别于其他上层建筑的特点是什么？(山东师大 2015 年研)

(5)简述大众传媒组织的公共性与公益性的根据，以及受其制约的表现。(湖南大学 2018 年研)

(6)新闻媒介的商品性的积极意义与消极影响。(华农 2013 年研)

(7)简略评述新闻事业性质的多重属性。(中传 2016 年研)

5. 简要评价"喉舌论"。(厦大 2018 年研)

6. 在现代民主政治中，新闻媒介的作用主要体现在哪些方面？(河北大学 2015 年研)

相关试题：在现代民主政治中，新闻媒介已经成为重要的中介机构，其作用主要体现在哪些方面？(江西师大 2012 年研)

7. 新闻媒介如何促进社会的整合？(河北大学 2016 年研)

8. 媒体如何承担"监测环境"的职责？(河北大学 2016 年研)

9. 媒介发挥引导舆论作用的路径有哪些？(河北大学 2017 年研)

10. 新闻媒介的正效应与负效应。(河北大学 2018 年研；湖南大学 2017 年研)

相关试题：简述拉扎斯菲尔德的大众传播负功能。(上海大学 2017 年研)

11. 简述新闻事业的工作原则和经营方针。(广外 2018 年研)

12. 简述我国新闻事业的基本性质和特点。(青岛大学 2017 年研；聊城大学 2016 年研)

三、论述题

1. 联系实际，谈谈新媒体环境下我国舆论格局的变化以及主流媒体应该怎样提升舆论引导艺术。(中传 2014 年研)

相关试题：

(1)新媒介环境下如何进行舆论引导？(中传2016年研)

(2)在新媒体时代，如何发挥传统媒体对舆论的引导力。(复旦大学2015年研)

(3)现如今新媒体和舆论导向的关系。(北外2019年研)

(4)简述新闻媒介与舆论导向的关系。(简述题，中南大学2020年研)

2. 结合媒体实例，论述广播电视媒体的公益属性与经营属性。(暨南大学2017年研)

以下为历年考研试题精选，未附答案，供读者参考

1. 简述大众传播的功能。(简答题，华科2021年研；武汉理工2007年研)

2. 拉斯韦尔认为传播有几种社会功能？(简答题，南理工2010年研)

3. 大众传播的“四功能说”是指哪些功能？(简答题，华农2010年研)

4. 联系新闻传播实际，论述社会主义新闻事业的功能。(论述题，湖南大学2008年研)

5. 联系新闻事业与大众传播的功能，解读“新闻是人类求生存图发展的需要”这句话。(论述题，河北大学2016年研)

6. 新闻事业发展的基本规律有哪些？(简答题，河北大学2017年研)

7. 论述新闻媒体的正效应与负效应。(论述题，安徽师大2018年研；黑龙江大学2014年研；江西师大2012年研)

5.3 考研真题详解

一、概念题

1. 喉舌论

答：喉舌论是指报刊是党、政府、人民或读者的耳目喉舌，既起着沟通信息的作用，又发挥检测环境的功能，同时还能引导舆论。将传媒的职能视为“喉舌”，是一种通过比喻表达的对媒体功能的认识，这是一种单向的传播。这一形象性提法来自西方。早在19世纪初，资产阶级报人都纷纷以国民的耳目喉舌自居。马克思也认为：“报刊按其使命来说，是社会的捍卫者，是针对当权者孜孜不倦的揭露者，是无处不在的耳目，是热情维护自己自由的人民精神的千呼万应的喉舌。”在我国，最早提出喉舌观的是梁启超，1896年梁启超在《时务报》上发表论文《论报馆有益于国事》，强调报刊的作用是“通上下”。

2. 新闻批评(中传2018、2013年研；山东大学2010年研)

答：新闻批评是指通过新闻媒介面向全社会所发布的公开批评。新闻批评所监督的内容具有广泛性，几乎涉及社会生活的方方面面。由于它把批评的内容公开诉诸于社会公众，能够在相当大的范围内引起人们的注意，或关心、同情，或愤怒、谴责，因而具有不可阻挡的巨大社会影响力。新闻批评以事实报道为基本手段，以严密的跟踪为操作方式，从而形成这种舆论监督形式在真实性和持续性上的独特优势。新闻批评具有开放、自由的内容和形式，吸引公众广泛地参与社会监督，让参与者能够自由地、充分地发表意见。新闻批评是一种自下而上的社会监督。

3. 监督批评权(厦大2010年研)

答：监督批评权是指公众对社会生活中的方方面面进行监督和批评的一项权利。在现代社会里，大众传播对人们社会生活的方方面面都存在着重要的影响。许多传播内容都会

直接影响到受众的利益。因此，广大受众对传播媒介的活动拥有进行社会监督的正当权利。受众对媒介活动进行社会监督控制的手段可以分为四种：①个人的信息反馈。②结成受众团体，以群体运作方式对媒介活动施加影响。③诉诸法律手段。④通过影响媒介的销售市场来制约媒介活动。

4. 新闻媒介功能(中国科大2019年研)

答：新闻媒介功能是指新闻媒体的存在对于社会的意义。新闻媒介的功能有：①环境监测。环境监测是指新闻媒介在特定社会的内部和外部收集和传达信息的活动。②解释与规定。新闻媒介并不是单纯的“告知”活动，它所传达的信息中通常伴随着对事件的解释，并提示人们应该采取什么样的行为反应。③社会化功能。社会化功能是指新闻媒介在传播知识、价值以及行为规范方面具有重要的作用。④提供娱乐。目的在于调节身心，给人们提供喘息的机会和轻松的时间。⑤授予地位。授予地位指媒介通过新闻报道等多种形式，能够授予个人、团体、社会问题以及社会运动以显赫地位，即抬高其身价、扩大其知名度。⑥促进社会准则的实行。这一功能主要指媒介可以通过揭露某些背离公共道德的行为，以发起有组织的社会行动。⑦麻醉精神。麻醉精神指公众与媒介接触时耗费太多时间，从而越来越疏于行动但又误以为参与了社会行动。

5. 新闻传播媒介(四川大学2019年研)

答：新闻传播媒介是指新闻传播过程中传播者与受传者之间的中介，是信息的物质载体。没有媒介，社会交往和对信息的共享与交流就中断了。新闻传播媒介，是现代社会中最重要的纽带和“生命链”。新闻传播媒介是传播媒介的一种，但两者又有区别，新闻传播媒介以报道与评述事实的最新信息为内容，而一般的传播媒介则是一切讯息符号的载体。

6. 新闻事业的一般功能(上海财大2018年研)

答：新闻事业的一般功能是指新闻事业对社会所发挥的作用。新闻媒体的根本特性决定了新闻事业具有共同的功能与作用。具体而言，新闻事业的一般功能有五个方面：①沟通情况，提供信息。新闻媒介向社会提供信息，最主要的是世界的最新变动和公众最关心的社会现象。②进行宣传，整合社会。新闻媒介通过反映、影响、引导社会舆论来实施其强大的宣传作用。③实施舆论监督。中国的新闻舆论是党和人民的耳目喉舌，理应代表国家和人民利益来实施舆论监督。④传播知识，提供娱乐。新闻媒体传播和人们当前的生活、生产、工作有密切关系的知识，并使人们不断了解人类社会文化的发展；同时传播许多奇闻轶事、各地风土人情、文娱节目等趣味性内容。⑤作为企业，赢得利润。新闻媒介具有商品性，同一般企业一样，需要自负盈亏。

7. 新闻媒体的双重属性(华农2017年研)

答：新闻媒体的双重属性是指新闻媒介具有形而上的上层建筑属性和形而下的信息产业属性。新闻媒介是独立法人，在政治上必须恪守党性原则，为公共利益服务；在经济上必须自主经营、自负盈亏、依法纳税，按社会主义市场经济的规则运行。确立新闻媒介的双重属性——“事业性质，企业管理”，极大地解放了新闻媒介的生产力，给新闻媒介带来了许多积极的变化。

8. 大众传播的麻醉功能(人大2016年研)

答：大众传播的麻醉功能是拉扎斯菲尔德和默顿的大众传播社会功能观的主要内容之

一。拉扎斯菲尔德和默顿认为，现代大众传播具有明显的负面功能。它将现代人淹没在表层信息和通俗娱乐滔滔洪水当中，人们每天在接触媒介上花费大量的时间和精力，降低了积极参与社会实践的热情：他们在读、在听、在看、在思考，但是，他们却把这些活动当作行动的代替物。他们有知识、有兴趣，也有关于今后的各种打算，但是，当他们吃完晚饭、听完广播、读完晚报以后，也就到了睡觉的时间了。拉扎斯菲尔德和默顿把这种现象称为大众传播的“麻醉作用”，认为过度沉溺于媒介提供的表层信息和通俗娱乐中，就会不知不觉地失去社会行动力，而满足于“被动的知识积累”。“麻醉功能”是一种对传媒功能的批判性喻证。

二、简答题

1. 简述新闻传媒的一般功能。（中央民大 2019 年研）

相关试题：

（1）大众传播媒介的社会功能。（西安工程 2015 年研；江西师大 2012 年研；华农 2010 年研）

（2）新闻事业有哪些重要的社会功能？（山东师大 2014 年研）

（3）大众传播媒介的功能是什么？（山东师大 2015 年研）

（4）简述当代新闻事业的基本功能。（山东师大 2017 年研）

（5）请结合实例，简述新媒体时代下主流媒体的社会功能。（上海财大 2018 年研）

（6）大众传播的“四功能说”是指哪些功能？（华农 2010 年研）

（7）关于媒体的功能有三个隐喻：mirror，watchdog，marketplace，试对其进行解释。（复旦大学 2016 年研）

答：新闻传媒的功能是指新闻媒体的存在对于社会的意义。美国学者赖特在《大众传播：功能的探讨》（1959）中，继承了拉斯韦尔“三功能说”，并在此基础上围绕新闻传媒的功能问题提出了“四功能说”。除了拉斯韦尔提出、赖特补充的媒介四大功能外，另一位传播学者拉扎斯菲尔德和社会学家默顿指出媒介具有另外三种功能：授予地位、促进社会规范的实行和麻醉精神。其中前两种是正功能，后一种是负功能。

（1）环境监测。环境监测是指新闻媒介在特定社会的内部和外部收集和传达信息的活动。这里包括两个方面：一是警戒外来威胁，二是满足社会的常规性活动（政治、经济、生活）的信息需要。在这里，大众传媒的新闻报道起着尤其重要的作用。

（2）解释与规定。新闻媒介并不是单纯的“告知”活动，它所传达的信息中通常伴随着对事件的解释，并提示人们应该采取什么样的行为反应。新闻信息的选择、解释和评价将人们的视线集中于某些特定的事件，社论或评论也都是有明确意图的说服或动员活动。“解释与规定”的目的是向特定方向引导和协调社会成员的行为，其含义与拉斯韦尔的“社会协调”是一致的。

（3）社会化功能。社会化功能是指新闻媒介在传播知识、价值以及行为规范方面具有重要的作用。现代人的社会化过程既是在家庭、学校等群体中进行的，也是在特定的新闻媒介环境中进行的。这个功能与拉斯韦尔的“社会遗产传承”功能是相对应的，也有一些学者将之称为新闻媒介的教育功能。

（4）提供娱乐。赖特在拉斯韦尔的基础上，补充了媒介的第四种功能——娱乐。该功能的目的在于调节身心，给人们提供喘息的机会和轻松的时间。赖特认为，娱乐功能是媒介功能中最为重要的一种功能，当然，也是最为受众所赏识的功能。新闻媒介中的内容并不都是务实的，其中相当一部分是为了满足人们的精神生活的需要，如文学的、艺术的、消遣性、游戏性的内容。新闻媒介的一项重要功能是提供娱乐，尤其在电视媒体中，娱乐性内容占其传播的信息总量的一半以上。

(5)授予地位。授予地位指媒介通过新闻报道等多种形式，能够授予个人、团体、社会问题以及社会运动以显赫地位，即抬高其身价、扩大其知名度。这也是政界领袖、企业界人士及影视界人士乐此不疲的原因。该功能能够促成社会组织和个人日益自觉的社会行为，因此，从事“公众关系”的人越来越多，并且到达了很高的职业化水平。

(6)促进社会准则的实行。这一功能主要指媒介可以通过揭露某些背离公共道德的行为，以发起有组织的社会行动。这样，可以迫使公众采取一定的行动去反对他们曾经私下予以容忍的偏向，弥合“个人态度”和“公共道德”之间的差距。大众媒介之所以具有这种功能，就在于其本身具有公开性和社会性的特性。

(7)麻醉精神。麻醉精神指公众与媒介接触时耗费太多时间，从而越来越疏于行动但又误以为参与了社会行动。该功能体现在两方面：①让人沉醉于虚幻满足之中。②由此剥夺了人的行动能力。就此，拉扎斯菲尔德和默顿认为，大众媒介是最高尚、最有效的一种社会麻醉品，中毒的受众甚至都不了解自己的病端。对于该功能的批判，在今天仍有意义。

2. 简述媒体的政治功能。(复旦大学2015年研)

答：媒体是信息传递重要而有效的介质，作为社会公器，在政治系统和公众之间担负着桥梁和纽带的中介性作用。从传媒的历史发展看，媒体可以成为强有力的政治报道和政治宣传工具，不断推动政治制度的变革。从现实看，大众传媒通过对信息的筛选、整合并最终传播的过程，体现着自己的社会价值与核心功能；同时，通过其政治功能的有效发挥，在政治系统、执政者和社会公众之间构筑健康、有序、和谐、统一的运行机制，最终建立起可持续发展的和谐政治秩序和社会秩序。总体而言，媒体的政治功能主要表现为以下几方面：

(1)政治整合功能。现代社会的治理面临着比传统社会更加复杂和困难的现实，如何使公众在基本价值和目标上达成一致，化解冲突，保持社会稳定状态是执政者必须解决的实际问题之一。正确处理利益分化和多元化过程中的各种社会关系，协调好、解决好各种矛盾和冲突，整合具有不同利益要求的社会力量，最终达成妥协和一致是解决上述问题的有效方法。媒体在这个过程中，可以通过所具有的政治整合功能服务于社会系统和政治系统，搭建一个社会各个层面、各个系统交流沟通的平台，弘扬社会公众共同认知和追求的普遍价值观，实现社会的健康发展。

健康的政治系统要求公众要有适度的政治参与，舆论过程就是社会公众参与政治的方式之一，而在舆论过程中媒体起着举足轻重的作用。大量不容忽视的证据已经逐步表明，媒介议程设置的功能是显著的。议程设置是大众参与政治决策的重要方式之一，媒介通过对不同议题的内容设置，形成有助于政策最终形成的舆论氛围，因此，媒体的媒介议程设置能够整合各方利益，引领民意走向。

(2)政治社会化功能。政治社会化是指通过社会互动从而形成政治态度和政治行为的过程，这是一个复杂的系统信息传播过程，在传播主体、政治体系和受众之间进行。除了作为中介性质的家庭、群体、学校等传播渠道之外，政治社会化主要是依靠大众传媒来实现的。

作为政治系统的子系统，大众传媒在社会化，尤其是政治社会化的过程中承担着不可替代的重要作用。政治教育培训过程是政治社会化的一种表现形式，随着现代科学技术的发展，媒体作为人类信息传播的主导性渠道，成为现代社会人们学习和获取信息的重要方式，使其可以承担政治教育的功能。政治教育培训的终极目的之一，是培养公民个体具备与政治系统所需要和匹配的政治人格，这也是政治社会化的重要内容，而在这方面，媒体尤其是大众传媒的涵化作用影响巨大。政治文化的形成、发展、传播、继承是一个长期的过程，这个过程需要依靠政治社会化来完成，媒体帮助这个过程不断进行着循环和再造，成为政治社会化不可或缺的有机组成部分。

(3)政治传播功能。在政治沟通中，大众传媒是最重要的研究对象，狭义的政治沟通就等同于传媒沟通。现代通讯技术的发展和兴盛，满足了人类沟通交流的需要，也使媒体成为政治沟通的主要通道和平台。民主的本质在于统治者与被统治者之间的沟通，而沟通的目的就是彼此说服对方。媒体在政治说服的过程中，起到了中介和桥梁作用，利用自身的传播和引导优势，汇集政治精英和社会公众的政治说服目标和内容，促进两者之间的良性互动与双向沟通，同时将政治说服的影响渗透到社会的各个阶层和角落，从而影响执政者和社会公众的思想和行为，为最终达成政治一致和妥协服务。

另外，公共政策的制定和执行也涉及公众的参与程度问题，只有公众广泛参与才能达到政策所希望的效果。因此，动员广大公众参与政策的制定和执行，也是政治说服的重要组成部分，这正是通过媒体来实现的。

(4)政治监督功能。政治监督的主要内容是对于权力和腐败进行必要监督。进入现代社会后，除了法制的健全、政体的完善、公民社会的发展，媒体成为政治监督常见的方式。在转型社会中，媒体担负着对社会系统和政治系统运转的双重监督职能。对社会系统的监督体现在弘扬传统文化和价值观、倡导主流理想和生活观念、监督监测有损社会风气和道德风尚的思想和行为。而政治监督则是根据党和政府的要求，对党和各级行政部门及人员进行监督，防止腐败和滥用职权等行为的发生。

3. 简述媒介的隐性功能。(河南大学 2019 年研)

答：美国社会学家罗伯特·默顿(R. Melton)在《明显的和潜在的功能》一文中提出了大众媒介的显性功能和隐性功能。他把隐性功能叫作无意图的、无意识的、未能预想的功能效应。

(1)媒介的隐性功能是构建拟态世界、打造脑海图景。媒介无意中为人们建构起一个由真真假假的影像所组成的虚性世界，并使人把这一虚性世界完全当成真实的生存环境，而对影像所自出的实性世界反倒一无所知。脑海图景是个经过简化的“伪环境”，其作用在于把臆想的秩序及联系加诸庞杂混乱、无所适从的身外世界，变无序为有序，从而为自身提供一个“可触可见可思议”的环境。

(2)媒介工作者通过媒介事件和媒介人物营造媒介环境，进而把“不可触、不可见、不可思议”的实性世界投射给人们，为人们提供一个可知、可感、并且仿佛也能亲身经验的虚性世界，即一个间接的、人为的、虚化的媒介环境。大众媒介在人们同世界本身之间竖起一道不见实物而只是虚影的隔离帷幕。

(3)隐形功能是隐藏在传播活动的过程之中，为传播者所始料不及的、突然或很长时间才反映或显示出来的效能，通常被人们看作是额外任务而不被欢迎和理解。

4. 简述新闻媒介的双重属性。(中传2019年研；聊城大学2018年研)

相关试题：

(1)新闻媒体的双重属性及其对当代中国新闻业影响。(安徽师大2017年研)

(2)认识到报纸和广播电视产品的商品性，对我国新闻工作者有何积极意义？(江西师大2012年研)

(3)媒介对社会经济的促进作用主要体现在哪些方面？(江西师大2015年研)

(4)新闻事业作为上层建筑，它区别于其他上层建筑的特点是什么？(山东师大2015年研)

(5)简述大众传媒组织的公共性与公益性的根据，以及受其制约的表现。(湖南大学2018年研)

(6)新闻媒介的商品性的积极意义与消极影响。(华农2013年研)

(7)简略评述新闻事业性质的多重属性。(中传2016年研)

答：在社会主义市场经济条件下，新闻事业不但是一种在精神上、道义上的强大力量，而且还是一种强大的经济力量。新闻媒体不但要促进社会主义市场经济的发展，其本身也是社会主义市场经济不可或缺的有机组成部分，进而形成新闻事业具有双重属性的新认识，即新闻事业具有形而上的上层建筑属性和形而下的信息产业属性。

(1)新闻媒介的双重属性：

作为反映意识形态的精神产品的生产者，新闻媒介从属于上层建筑范畴；同时，作为经济实体，新闻媒介又是信息产业的重要组成部分。这就形成了新闻媒介的双重属性：意识形态特殊性和一般行业属性，简言之，就是政治属性和商品属性。

①新闻媒介的政治属性。新闻媒介作为精神产品的生产机构，与立法、司法、行政机构一样，同属于上层建筑，在社会上具有强大的影响力。新闻媒介的政治属性要求我国社会主义新闻媒介坚持党性原则。政治家办报是党对所有的新闻媒介提出的政治要求，要求新闻媒介生产的精神产品必须坚持正确的政治方向，以正确的舆论引导人民。

②新闻媒介的商品属性。新闻作品在流通过程中，是一种特殊的商品，具有商品属性，新闻媒介实行“独立核算、自负盈亏、照章纳税”的企业化管理形式，所以新闻媒介又具有一般行业的属性，需要加强新闻事业的经营管理。

“事业性质，企业管理”是上述双重属性在当前我国新闻事业的外在表现形式。这意味着，新闻媒体的双重性质决定它不能像一般企业那样可以自由出入市场、可以作为“无主管企业”、可以自定方针，而是必须服从党和政府领导。但可以在管理上采取企业方法，新闻媒介是独立法人，在经济上必须自主经营、自负盈亏、依法纳税。换言之，新闻媒介在政治上必须恪守党性原则，经济上则按社会主义市场经济的规则运行。

(2)新闻媒介双重属性的价值：

确立新闻媒介的双重属性，实行“事业性质，企业管理”，极大地解放了新闻媒介的生产力，给新闻媒介带来许多积极的变化。

①新闻媒介之间形成了积极竞争的态势。竞争的直接目标是争取更多的受众——报纸要扩大发行量，电台要提高收听率，电视台要提高收视率。为了吸引受众，就要不断下功夫改进版面、改进节目，使宣传、新闻报道更加生动活泼，使广播电视节目更加丰富多彩，从而使新闻媒介更加注意塑造自己鲜明的个性特点。

②新闻媒介更加注重人才的培养和设备更新。竞争，归根到底是人才的竞争，也是设备的竞争。为了更真实、更迅速、更深刻、更生动地反映现实，制作受众喜闻乐见的节目，新闻单位就需要方方面面的人才，需要不断地更新设备。自1993年以来，中国各大报都实现了办公自动化，电台、电视台的设备基本达到或接近国际水平。

③新闻媒介更加注重受众的反馈。媒介竞争态势的形成标志着中国新闻媒介从过去的以传者为中心向以受者为中心过渡，新闻媒介比以前更加重视受众的需要，满足受众的要求，媒介内容也向贴近生活、贴近受众倾斜，重视媒介的受众定位，不断进行受众调查。新闻媒介栏目不断变化，热点追踪不断转移，其中心轴就是受众需要。

④新闻媒介更加重视自身管理，重视投入产出的效益，开源节流，发展壮大。新闻媒介在做好宣传党的方针政策的同时，放开手脚搞活经营。

总之，对新闻媒介双重属性的认识给中国新闻媒体带来重大转机、重大变化。

(3)新闻媒介双重属性带来的问题：

当然，新的转变也带来新情况、新问题。有些新闻媒介为争取受众，不惜降低报格、台格，传播一些低级庸俗的煽情新闻和格调低下的节目；有些新闻媒介搞有偿新闻，甚至整个新闻版面标价出售给一家企业。实践证明，精神产品和物质产品在竞争过程中会走向不同方向。物质产品在市场竞争中会往价廉物美的方向发展；精神产品则不同，在竞争中，它们的自然倾向却是降低格调。为了单纯地追求受众数量，精神产品从阳春白雪走向下里巴人。在竞争中，如何保持新闻媒介一定的品位，是我国新闻媒介需要解决的问题。

5. 简要评价“喉舌论”。（厦大2018年研）

答：(1)“喉舌论”的形成与发展：

①在中国，最早提出喉舌论的人是梁启超，他最早把报纸性质概括为“耳目喉舌”，真正地在实践中把报刊当作政治活动的武器，正是他明确提出了政党报纸的概念。可以说，“喉舌论”自最初提出，便早已具有了浓厚的政治色彩，突出强调了新闻传媒的政治宣传功能。

②辛亥革命时期，以孙中山为代表的资产阶级革命派将政党报纸的理论树立为真正的办报指导原则。他们高度重视报刊宣传在革命斗争中的作用；公开承认报纸的党派性，明确提出为革命办报的主张；提出党报要重视舆论的制造、指导以及党报须重视民意。

③新中国成立后，以马克思、恩格斯、列宁、斯大林、毛泽东为代表提出的新闻学说等观点，在新闻事业性质的定义上举足轻重的地位。毛泽东根据社会存在与社会意识的关系，指出报纸属于意识形态范畴，是一种上层建筑，是一定社会的经济基础通过新闻手段的反映。经过一段时间的积累和发展，胡耀邦同志在《新闻工作的性质问题》中指出：“我们党的新闻事业，究竟是一种什么性质的事业呢？就它最重要的意义来说，用一句话来概括，我想可以说党的新闻事业是党的喉舌，自然也是党所领导的人民政府的喉舌，同时也是人民自己的喉舌。”

④江泽民同志在《关于党的新闻工作的几个问题》中也指出："我们国家的报纸、广播、电视等是党、政府和人民的喉舌。"习近平同志的新闻舆论观强调，要牢牢坚持党性原则，确保新闻媒体成为党和人民的喉舌。所以，党和政府、人民的喉舌，这种对新闻传媒性质的界定成为中国新闻传播观念的基础。

(2)对"喉舌论"的评价：

"喉舌论"是马克思主义新闻学的基石，中国共产党一贯坚持对中国新闻事业的领导，从不讳言党领导下的社会主义新闻事业是党、政府和人民的耳目喉舌。党认为新闻媒介不仅仅是党的耳目喉舌，也是政府与人民的耳目喉舌，也就是说，新闻媒介不仅要使上情下达，也要使下情上达、上下互达。新闻媒介不仅要坚持党性原则，而且要坚持人民性、群众性等原则，对党和政府负责的同时也要对人民负责，对上负责的同时也要对下负责，对领导负责的同时也要对群众负责。

6. 在现代民主政治中，新闻媒介的作用主要体现在哪些方面？（河北大学2015年研）

相关试题：在现代民主政治中，新闻媒介已经成为重要的中介机构，其作用主要体现在哪些方面？（江西师大2012年研）

答：新闻媒介在现代民主政治中的发挥着巨大作用，体现在以下方面：

(1)维护政治权力的合法性。统治阶级为了维护自身统治，除依靠暴力镇压一切反抗，用法律手段、行政手段制裁一切有害于他们的统治的行为外，还必须使自己的思想为其他阶级的人所接受。大众媒介维护政治权力合法性的主要手段就是传播统治阶级的意识形态，统一人们的观念、凝聚社会精神，用"软权力"维护统治阶级的合法性。

(2)参与政治决策。大众媒介参与政治决策主要通过两种方式实现：沟通信息和影响舆论。大众媒介通过提供媒介对客观世界的报道，影响人们对客观环境的判断。其中，媒介传播的信息量的多少以及重要程度是最主要的两个变量。大众媒介的"议题设置"功能使得某些重要信息凸显出来，改变了客观世界的本来面貌，从而影响了人们对时事的判断，进而改变了政治决策。

(3)塑造政治文化。大众传媒对政治的影响力相当程度上是通过塑造政治文化实行的。它不断阐述一个国家政治制度的合理性，澄清一个国家的政治目标，鼓励大众参政议政，唤起大众意识和政治热情。

(4)进行舆论监督。在大众媒介产生的初期，媒介常常是以公开的舆论代表的身份出现的。大众媒介在实施舆论监督时扮演了一个中介的角色，媒介将公众的监督传达给政府，同时也将政府的所作所为呈现给公众，以使政府接受公众的监督。大众媒介不仅能反映舆论，还能影响、引导甚至制造舆论。

7. 新闻媒介如何促进社会的整合？（河北大学2016年研）

答：现代社会结构的复杂性，使得社会需要一种在全社会范围之内交流与沟通的整合工具。大众媒介传播的大众化特征，使得它成为社会整合的最佳工具之一。在现代社会，大众传媒整合作用主要表现在两个方面：

(1)提供全社会共享的价值观念。大众传媒的优势在于传播的广泛性和无所不在的渗透力。大众媒介不仅可以传播主流价值观念，使之达到全社会的共享，还可以利用媒介运作，构建出某些促进社会发展的价值观念，并将其纳入主流价值观念的范畴。

(2)协调社会各个利益集团以求平衡。从这个意义上说，大众媒介是“社会公器”，各个利益集团都有权使用媒介为自身的利益服务，包括维护知情权、表达权、监督权、批评权等。

总的来看，一方面，媒介的产生和发展受制于整个社会系统；另一方面，作为社会总系统的一个有机组成部分，在与社会各系统的互动中，媒介又扮演着日益重要的角色。而当代社会已进入信息社会，媒介作为社会主要信息系统，对社会各个方面的渗透也更加深入了。

8. 媒体如何承担“监测环境”的职责？(河北大学 2016 年研)

答： 拉斯韦尔在 1948 年发表的《传播在社会中的结构与功能》一文中，最早提出了传播的三项基本功能——环境监测功能、社会联系与协调功能和社会遗产传承功能。这三项功能是一切社会传播形态的基本功能，大众传播不仅具备这些功能，而且起着重要的作用。

(1)“监测环境”的内涵：

大众传播能够对人们身处的世界的新近变化做出及时反应，为人们的生存发展提供必要的预警，为人们的决策应对提供科学的信息支撑。因此有人把大众传媒比喻为社会的瞭望者。

环境监测功能肯定了大众传播对人类生存发展的正面意义。不过，如果过度强调危险和威胁，便可能导致社会的恐慌。这一点对于大众传媒如何把握报道的正负面平衡具有警示意义。

(2)如何承担“监测环境”的职责：

①新闻必须致力于消除读者的不确定性。新闻要回答人们所关心、所渴望了解的情况，每一条新闻至少不应该使读者产生新的疑惑。提供信息是新闻媒介的首要功能。社会需要新闻媒介，首先就因为它们能满足人们获取信息的需求。

②在新闻事件的报道中遵循客观性报道操作方法，秉持客观性原则与中立立场。即完整(或称全面)、平衡(或称对等)、使用非感情色彩的中性语言、注意引语的运用、避免记者直接发表意见等。

③“监测环境”的职责对新闻业务提出了新要求。它要求将一次性的终端报道变为分阶段的连续报道，加强深度报道，加强新闻的综合评述，加强全方位报道。

9. 媒介发挥引导舆论作用的路径有哪些？(河北大学 2017 年研)

答： (1)舆论引导的内涵：

舆论引导是指一定政党、组织、群体、个人针对特定社会舆情，依据一定的社会意识形态来设置议题，引导公众形成正确的公共利益共识、社会信念、社会情感和社会价值观的实践活动。它具有鲜明的导向性、调控性、互动性和艺术性特征。舆论引导的载体主要包括大众传媒、新兴媒体、社会活动和口头语言这四种类型。

(2)舆论引导的内容：

舆论引导主要包括三方面内容：①对当前社会舆论的评价；②对当前社会舆论及舆论行为的引导；③就某一社会事实制造舆论。

(3)舆论引导的基本原则、基本态度和基本方法：

①要有理论自信、制度自信、道路自信，这是做好舆论引导工作必需的自信和实力。

②公开信息、揭示真相是舆论引导的基本原则。

③相信大众、尊重事实、敬畏法律是舆论引导的基本态度。

④讲究舆论引导的艺术是舆论引导的基本方法。

a. 紧贴社会热点，新闻媒体不失语。

b. 先发制人，抢占舆论制高点，抢占公众的“第一印象”。

(4)舆论引导的路径：

①通过持续不断的信息流，构筑现代信息环境，作用于人们的认识，引导舆论。

②通过直接或间接的意见表达引导公众意见。这是指新闻媒介通过报道中隐含的意见倾向(即通常所谓“用事实说话”)，或者通过直接的评论，表达观点立场，引导舆论。

10. 新闻媒介的正效应与负效应。(河北大学2018年研；湖南大学2017年研)

相关试题：简述拉扎斯菲尔德的大众传播负功能。(上海大学2017年研)

答：(1)新闻媒介把整个世界呈现在人们眼前，但新闻失实、信息污染干扰误导受众。个人的亲身经历或人们口口相传是极其有限的，新闻媒介的传播可以超越时间和空间，我们对当今世界的了解，绝大多数来自于新闻媒介。但正因为对新闻媒介的极度依赖、信赖，往往使我们轻信新闻媒介，甚至受骗。

(2)新闻媒介联结了世界，却淡漠了人际关系。新闻媒介把个人、世界联系起来，增强各国、各地区人民彼此了解和交流，但每个家庭之间却变得封闭起来，人与人之间的亲身交往被人与机之间的交流所取代，人际交往日益淡漠；在家庭内部，广播电视有时也会成为拆散家庭的分离器。

(3)丰富了知识，却降低了思考能力。新闻媒介使人们了解很多知识，但这些知识往往零碎而不系统，肤浅而不深刻。一个人每天有过多的时间被广播电视“牵着鼻子走”，根本无法独立思考。电视控制了受众的思想，可能会使受众的思想趋于简单化，成为“思想懒汉”。

(4)改变了人们的时空观，却诱发了个人无限的欲望。新闻媒介使人们在同一时间作不同空间的比较，从安于现状到不满现状，到改革现状。这使人们不再墨守成规，而是立志改革，锐意进取，这也是一种积极的变化。但新闻媒介带来的这种不安于现状的强烈愿望，既可以变成改革现状、造福社会的力量，也可以诱发个人不切实际的求名、求利、求享乐的欲望，引发社会不安定。

(5)促进了人类文明的发展，却污染了社会空气。新闻媒介源源不断地向人们输送各种信息，沟通国内外联系，促进交流，加快社会民主化进程，加强经济的横向联系。对于社会进步和繁荣的贡献是显而易见的。但同时，新闻媒介，尤其是广播电视的不少节目污染了社会空气，这在西方社会表现得尤为明显。如广播电视中的黄色新闻和色情片、凶杀片泛滥成灾，导致了犯罪率的上升。

11. 简述新闻事业的工作原则和经营方针。(广外2018年研)

答：(1)社会主义新闻事业的工作原则：

社会主义新闻事业的工作原则是坚持群众性原则，贴近实际，贴近生活，贴近群众，即“三贴近”。

①“三贴近”的核心和实质。为人民服务，为社会主义服务，为党和国家工作大局服务，

永远同人民群众保持密切的血肉联系。

②“三贴近”原则对新闻工作提出的要求：

a. 在贴近实际方面，一定要遵循马克思主义认识论，坚持一切从实际出发、实事求是，真实地反映建设中国特色社会主义的实践；要适应群众的接受能力，形成与社会主义初级阶段相适应的思想观念；要贴近中心，贴近大局，不能远离改革开放和现代化建设的主战场；要敢于说实话、鼓实劲、求实效，不求形式上的轰轰烈烈。

b. 在贴近生活方面，要以生活为源泉，忠实地反映生活实际；要抓住生活本质，反映生活中的难点、热点问题；必须跟上生活变化的新节奏，传递生活变化的新信息，满足群众精神文化生活的新需求。

c. 在贴近群众方面，要高度重视群众的主体地位，吸引群众广泛参与新闻工作；要高度重视听取群众的意见、要求和呼声，尽最大努力实现群众的切身利益，所有工作都要着眼于能为人民群众办实事、办好事；要高度重视人民群众多层次、多方面、多样化的信息需要，满足人民群众的精神文化需求。

③切实贯彻“三贴近”原则，对加强、改进新闻工作的重大意义。

a. 为新闻工作进一步落实“三个代表”重要思想和科学发展观提供了有效途径；

b. 是新时期改进新闻工作的突破口；

c. 有利于增强新闻工作的针对性、实效性、吸引力和感染力。

(2)社会主义新闻事业的基本方针：

社会主义新闻事业的基本方针是指为社会主义服务、为人民服务、为党和国家工作大局服务的“三为”方针。

①社会主义新闻事业必须遵循“三为”方针的原因：

a. 这是社会主义经济基础对新闻事业提出的必然要求；

b. 人民是社会主义新闻事业的主人，也是社会主义新闻事业的服务对象；

c. 服务于党和国家工作大局是社会主义新闻事业一项根本任务。

②“三为”方针对新闻工作的要求：

a. 坚持社会主义的政治方向；

b. 坚持为人民服务的宗旨；

c. 坚持以正面宣传为主的方针。

12. 简述我国新闻事业的基本性质和特点。(青岛大学2017年研；聊城大学2016年研)

答：中国新闻媒体的基本性质是：新闻媒体既是党和政府的耳目喉舌，也是人民的耳目喉舌。这一基本特性决定了我国新闻媒体的宗旨、格局、宏观管理模式和运行模式，形成了具有中国特色的社会主义新闻体系。其主要特点如下：

(1)中国新闻媒体的最高宗旨是在党的基本路线指导下，始终把社会效益放在第一位，全心全意服务于人民群众，促进现代化建设。

(2)自觉地接受共产党领导，无条件地宣传党的方针政策、国家的法律法令。

(3)新闻媒体实行“全党办报、群众办报”的工作路线。新闻媒介要努力宣传党、国家的方针政策、法律法令，满足群众的需要；同时，党组织和人民群众支持新闻媒介。

(4)新闻事业是以党报为核心的多品种、多层次媒介并存的格局。党报对宣传党的方针政策、国家法律法令以及传播信息具有举足轻重的影响。

(5)新闻事业属于国有资产，为全民所有。至少到目前为止，中国还没有公开承认的私营的新闻媒介和集体股份制的新闻媒介。

(6)新闻事业基本上实行"事业性质，企业管理"的运行方式：在宣传报道上严格按党性原则进行；而在经营上，各新闻媒介是独立法人，自主经营，自负盈亏，依法纳税。

三、论述题

1. 联系实际，谈谈新媒体环境下我国舆论格局的变化以及主流媒体应该怎样提升舆论引导艺术。（中传2014年研）

相关试题：

(1)新媒介环境下如何进行舆论引导？（中传2016年研）

(2)在新媒体时代，如何发挥传统媒体对舆论的引导力。（复旦大学2015年研）

(3)现如今新媒体和舆论导向的关系。（北外2019年研）

(4)简述新闻媒介与舆论导向的关系。（简述题，中南大学2020年研）

答：互联网已经成为最活跃、最具生命力和影响力的新型媒体，也因此迎来发展的战略性机遇。要正确实现网络环境下新闻媒体的舆论引导工作，应做到以下几个方面：

(1)全面认识网络传播的基本特性和规律。网络媒体与传统媒体有着许多相同的属性：二者同样是社会舆论的工具，同样具有反映舆论和引导舆论的功能，又同样是党和政府联系人民群众的桥梁和纽带。这就要求新闻媒体适应网络传播的新特点，在引导社会舆论的同时，还要坚持新闻"三贴近"原则，及时反映人民群众的呼声、愿望和要求，通达民意。

(2)正确认识网络舆论的自身特性。互联网有虚拟性、隐蔽性、发散性、渗透性和随意性等特点。发端于网络上的舆论有着区别于传统舆论的自身特性，如意见主体上自由而分散，传播渠道上多元共生，网络内容散乱复杂，正确引导网络舆论要认识到网络舆论的这些特性。

(3)加强舆论引导针对性。网络环境的公开性和低门槛为社会各阶层的利益诉求和情绪宣泄提供了一个很好的渠道，客观上能起到心理疏导、安抚情绪和缓和矛盾的作用。但网络媒体不能只作为公众的意见发表平台，而要紧紧围绕公众普遍关心的社会热点问题，针对人们的各种思想和意见做好引导。

(4)弘扬舆论主旋律。网络舆论引导要包容多样，在多元中立主导，在多样中谋共识，实现弘扬主旋律和提倡多样化的有机统一。面对那些影响社会稳定、不利于社会和谐的少数杂音噪音，应该加以过滤，用真实、有益、建设性的舆论主导传播空间。

(5)建立网络舆情监测判断机制。网上舆论热点的出现是有规律的，也是可以预测和把握的，建立健全网上的舆情搜集、报送、分析判断机制很有必要，这样才能保证突发事件发生后，在最短时间内完成网络舆情汇集报送工作，第一时间掌握民情，强化对舆论的有效引导。

(6)提升网络舆论回应能力。政府上网是参与网络舆论、提升回应力的最好形式。网上反映的往往是人民群众迫切关心的问题，应该及时予以回应，满足群众的知情权。设立网上发言人，可了解民情动向，征求网民意见，问计于民，逐步引导网上舆论朝着客观、理性、成熟的方向发展。

(7)培养网络上的意见领袖。网络传播中的意见领袖的作用不容忽视，他们的影响力远远高于一般人，能够引起人们注意，引导主流言论，实际上也成为网络媒体舆论引导的主要力量。加强对意见领袖的引导，是主流媒体进行正确引导舆论的有效补充。

(8)借助传统媒体放大引导。传统媒体的权威性、公信力是网络媒体无法比拟的优势所在，应充分发挥传统媒体的舆论主导地位和舆论影响力，使网络舆论能够通过传统媒体加以概括和集中报道，不仅可以正确地引导舆论，还可以产生网络舆论迅速扩大的效果。

(9)改进网络舆论把关方式。舆论把关应改堵为疏，立足于平等对话和协商，在充分尊重人们言论自由、允许多种不同观点和意见发表的同时进行积极疏导。

(10)加强网络道德建设。加大控制网络舆论的力度，制定关于散布不良言论惩戒措施，对网络舆论引导产生不良影响的行为进行法律惩治。督促网络加强自我约束，落实社会责任，强化行业自律，辨别信息的真实性，引导网民文明上网，增强网民的媒介素养。

2. 结合媒体实例，论述广播电视媒体的公益属性与经营属性。(暨南大学 2017 年研)

答：中国广电媒体曾长期定位于单一的事业性质和宣传功能，随着市场经济的发展和改革开放的深化，这种定位得到了应有的调整和完善：媒体的产业性质和经营功能逐步被确认，广电媒体具有事业和产业的双重属性，具有宣传和经营的双重功能，已经成为不争的共识。

(1)公益性与经营性的统一并存关系。广播电视媒体的“公益性”是指其不以盈利为目的、服从于国家主流意识形态需要、服务于人民群众的精神文化需求的本质属性。“经营性”则特指广播电视媒体对资源的管理、组织、利用以及价值回收的行为方式与过程。广播电视媒体的公益性和经营性并不是相互独立的不相容概念，也不是资产和产品的客观天然属性，而是广播电视媒体的所有者与操控者的主观价值取向与行为方式，处于统一并存的状态。

①新闻与频道、频率作为公共资源，被定位为公益性产品和资产，但在实践中仍然存在经营性行为。例如，新闻产品普遍存在支付稿费的有偿使用形式，频道、频率作为媒体传播节目的载体也普遍被用于开发、获取受众有限的注意力资源，再将其出售用以换取广告收益。

②有线电视网络自本世纪初从有线电视台剥离，以公司的形式独立运营，产生了巨大的市场增值收益，其经营性毋庸置疑。但是作为公共信息的传输平台，有线电视网络还应该服务于“公益性”的价值取向，以确保国家的政治安全和文化安全。

③广播电视媒体的广告，从发布形式上分为以宣传为目的的公益性广告和以经营为目的的商业性广告。广告的经营性体现在媒体与广告商之间的一种完全的经济贸易关系——以货币形式买卖受众注意力资源，但是广告处于媒体生产链的末端，并非独立的经营行为，而是统一于媒体公益性价值目标下的一种经营方式。

(2)公益为本，经营为用。对于广播电视媒体而言，公益性是其本质属性，表现为媒体的根本价值取向；经营性是其附属属性，表现为媒体的行为过程和行为方式。

①广播电视媒体及其产品和资源的利用，都必须坚持公益至上的根本价值目标，而不能以谋取经济利益为唯一目的。

②广播电视媒体应当追求资源效益利用的最大化，树立经营的观念，采用经营的方式，

注重经营的过程和效益的管理，以作为实现公益性目标的手段。

③广播电视媒体应当追求传播市场占有的最大化，以检验其公益性价值目标的实现效果和经营的成果。

④广播电视媒体的经济效益必须服从于社会效益，市场需求的感性、广告投放的市场化与传播媒体所应有的理性与公益性之间存在一定的“矛盾”，广播电视媒体的政治、文化属性共同决定了“矛盾”发生时必须优先确保社会效益而非经济效益。

(3)广播电视媒体公益性和经营性内容的传播。

①公益性广播电视内容的供给。广播电视公共服务机构应当建立向全体公民平等提供均等、优质的广播电视产品和服务，以满足广大人民群众基本的广播电视收听、收看需求的公共服务体系。公共服务类的节目具有非赢利性和政府主导性，但是并不应由政府包办，除了少量的时政新闻必须制播合一外，大部分公共服务节目都可以在制播分离的基础上，通过委托制作、合作制作、市场交易等方式提供，充分利用社会资源进行市场化提供，提高效率，防止政府失灵和权力寻租。

②经营性广播电视内容的供给。除了时政新闻节目制作以外，经营性广播电视节目制作可以实行制播分离。首先实现内部分离，把可经营的节目制作剥离出去，形成市场主体，独立核算，提高效率，成为面向电视机、手机、互联网等不同播出终端的内容提供商，与市场上的民营节目制作公司形成竞合关系，同时建立成熟的广播电视节目交易市场。在做强做大广播电视主业的同时，广电媒体要勇于创新，适时而动，以主业为依托、以市场为依据、以数字化技术为支撑，开展一系列新媒体业务，如移动电视、IPTV、车载电视、楼宇电视、手机电视等，为这些终端量体裁衣地提供内容，以满足用户的个性化需求，在获取用户青睐与满意的基础上谋求更大的市场效益。

第六讲　新闻出版自由

6.1　复习笔记

【知识框架(庖丁解牛)】

- 新闻出版自由
  - 新闻出版自由理念的提出
    - 书报检查制度
    - 早期文献
    - 书报检查的内在矛盾
    - 书报检查对思想的扼杀
  - 18 世纪有关新闻出版自由的宪法性文献：《人权宣言》、美国宪法第一修正案
  - 20 世纪共产党人有关新闻出版自由的实践
    - 列宁《怎样保证立宪会议的成功》
    - 中国共产党《向导》周报
    - 毛泽东的贡献
    - 我国宪法第 35 条及进一步阐发
  - 国际上有关新闻出版自由的文件
    - 《世界人权宣言》
    - 国际文件
  - 不能因言获罪的理论与实践
    - 伏尔泰的观点
    - 允许说错话
    - 处理言论冲突时的原则
    - 诽谤罪去刑
  - 有关表达自由的理性讨论

【通关提要(提纲挈领)】

本章主要讲述新闻出版自由理念的产生、发展和流变，同时还对新闻出版自由在不同国家及社会制度中的理论内涵及现实应用进行了探讨。本章考点主要以简答题和论述题为主，在学习时，要对新闻出版自由的内涵和外延进行宏观掌握。

【考点难点归纳(厚积薄发)】

考点一：封建王权下的书报检查制度(见表 6－1)　★★★

表 6－1　封建王权下的书报检查制度

要点	具体内容
英国的皇家特许出版制度	①1530 年，英国建立了皇家特许出版制度； ②1557 年，皇家特许出版公司成立，公司特许条例规定：在王国以内，除公司会员和女王特许者外，印刷一律禁止； ③1570 年，伊丽莎白女王建立皇家出版法庭(即星室法庭)，严厉地惩罚批评政府的印刷品
法国的出版检查制度	①1537 年，建立出版检查制度； ②1544 年，国王弗朗西斯科一世发布了禁止编制书籍目录，严厉惩戒出版、传播、阅读禁书的国民； ③1561 年，传播带有诽谤性或煽动性传单和小册子的人将遭受鞭刑
俄国的书报检查制度	①1796 年，俄国女沙皇卡特琳娜二世建立了书报检查制度； ②1862 年，尼古拉一世颁布了比书报检查更严格的“铁的法典”，成立最高书刊检查委员会，并规定不得攻击政府、法律、道德、宗教、君权及国家和个人荣誉
德意志神圣罗马帝国的书报检查制度	①1524 年起，德意志神圣罗马帝国在各邦逐渐建立了书报检查制度； ②1608 年，当时的皇帝要求预审印刷出版物； ③1628 年，费迪南二世实行出版特许制； ④法国大革命时期，严格管理进口出版物和翻译书籍； ⑤1819 年，德意志联邦为了镇压大学生民主运动加紧了对书报检查的力度，马克思将其称为“实行严格书报检查制度的著作时期”和“大斋期”

考点二：历史上关于新闻出版自由的代表作和两个宪法性文件(见表 6－2)　★★★★★

表 6－2　历史上关于新闻出版自由的代表作和两个宪法性文件

要点	具体内容	
代表作	约翰·弥尔顿的《论出版自由》(1644)	①人人都有自由出版的权利，不必经过特权的允许。 ②反对书报检查制度和因言获罪。 ③主张从各种各样的信息中获得真理(观点的自由市场)。 但是弥尔顿的“出版自由”不包含新闻传媒的出版，对新闻书持不屑态度
	詹姆斯·密尔的《论出版自由》(1811)	詹姆斯·密尔从公共领域和私人领域两个范畴考察出版自由。其基本思想是： ①正确和错误的意见之间没有明确标识，因此正确的观点和错误的观点都要自由地公开。 ②出版自由是对人类利益的最佳保护，只有获知得更加全面，才更有可能做出正确的选择，并且出版自由能够促使公众对选择的信息有良好获知。 ③提出出版侵害问题。出版作为一种工具，能对个体名誉及政府行为产生影响，应有适当的界限
	马克思的两篇政论(1842)	马克思继承并丰富了弥尔顿关于新闻出版自由的理念，他的两篇政论《评普鲁士最近的书报检查令》《第六届莱茵省议会的辩论——关于新闻出版自由和公布等级会议辩论情况的辩论》批判了书报检查制度，阐述了实现新闻出版自由和指定新闻出版法的必要性
	约翰·斯图亚特·密尔的《论自由》(1859)	约翰·斯图亚特·密尔提出新闻出版自由带来了“多数人的暴虐”，即社会上的多数人利用自己的数量优势压制少数人发表意见。他主张人们具有平等的发表意见的权利，即使只有一个人持有不同意见，这种意见也不能被压制

续表

要点	具体内容	
两个宪法性文件	法国《人权宣言》第十一条(1789)	“思想和观点的自由交流是人类最宝贵的权利之一。因此，每个公民都有言论、写作和出版的自由，但应对法律所规定的滥用这种自由的行为负责。”这是世界上最早对公民表达自由实行保护的宪法性文献
	美国宪法第一修正案(1791)	“国会不得制定任何关于下列事项的法律：确立宗教信仰，或禁止宗教信仰的自由行使，或剥夺言论或出版自由，或剥夺人民和平集会和要求纠正冤屈的权利”

考点三：马克思与恩格斯的新闻自由观(见表6－3)　★★★

表6－3　马克思与恩格斯的新闻自由观

要点	具体内容
马克思和恩格斯从八个方面揭示书报检查的非法性和逻辑矛盾	①以当事人的思想方式为衡量标准，并规定为制度和法律。例如，凡是不符合书报检查官意见的思想即为有罪。 ②先假定所有的传播内容为怀疑对象，这是典型的精神恐怖的做法。 ③在法律程序上，书报检查制度使得书报检查官集原告、辩护人、法官三种角色于一身。 ④知识水平平庸的官员检查具备专业知识的作家、学者、艺术家，存在明显的逻辑矛盾。 ⑤书报检查只准许政府批评新闻出版，却不允许传媒发表批评意见(只许州官放火，不许百姓点灯)。 ⑥书报检查造成社会认识的颠倒和交往道德的败坏。马克思认为政府知道自己只能听见自己的声音，却幻想听到的是人民的声音，并要求人民也沉溺于这种幻想。 ⑦书报检查实际上是一种愚民政策，会阻碍社会、民族、个人的精神发展。没有政府的许可，媒体没有任何自由。 ⑧书报检查靠暴力和以暴力相威胁造成一种虚假的人为安定
恩格斯提出的“新闻出版自由”的三个衡量标准	①发表意见前不必请示汇报。 ②发表的途径畅通——“自由无阻”。 ③发表的是自己的意见而不是言不由衷、捉刀代笔的意见

考点四：书报检查对思想的扼杀　★★

经过封建王权对书报长期的检查与控制，传播者的自由精神早已萎缩，习惯于提前自我检查，替当权者考虑什么应该报道和什么不应该报道，这种习惯经过了一代一代的传染，在人们头脑中形成了不可逾越的高墙。恩格斯对这种自我检查深恶痛绝，认为这比官方检查制度糟糕一千倍。

考点五：20世纪以来共产党人关于新闻出版自由的文献　★★

(1)1917年，列宁在《真理报》上发表《怎样保证立宪会议的成功(关于出版自由)》，提出了社会主义胜利后，共产党人关于实现社会主义新闻出版自由的设想。

(2)中国共产党第一个中央机关刊物《向导》周报(1922)的发刊词——由陈独秀撰写的《本报宣言》中提到“不自由毋宁死”，展示了中国共产党争取新闻出版自由的决心。

(3)毛泽东在争取出版自由方面的贡献：

①1920年毛泽东在湖南《大公报》组织讨论湖南共和国的建设时，就提出新闻出版自由

的大政方略。

②1945 年毛泽东在党的七大政治报告中提出："人民的言论、出版、集会、结社、思想、信仰和身体这几项自由，是最重要的自由。"

(4)我国宪法第 35 条做出了关于公民言论、出版等自由权利的相关规定。温家宝总理在 2007 年提出"民主、法治、自由、人权、平等、博爱"是人类共同追求的价值观；胡锦涛在党的十七大政治报告中提出"保障人民的知情权、参与权、表达权、监督权"；2016 年，习近平在互联网背景下论证了如何依照宪法和法律进行网络意见管理："形成良好网上舆论氛围，不是说只能有一个声音、一个调子，而是说不能搬弄是非、颠倒黑白、造谣生事、违法犯罪，不能超越了宪法法律界限。"这些都是对我国宪法第 35 条的进一步阐释。

【考点拓展】我国社会主义新闻出版自由的性质及特点(见表 6－4)

表 6－4　我国社会主义新闻出版自由的性质及特点

要点	具体内容
性质	①社会主义新闻出版自由是最广大人民共同享有的自由。 ②社会主义新闻出版自由是社会主义民主权利的重要组成部分。 ③社会主义新闻出版自由以剥夺敌对阶级和敌对势力的新闻出版自由为前提
特点	①社会主义新闻出版自由摆脱了资本的奴役。 ②社会主义以公有制为主体的经济基础决定了新闻出版自由是人民群众不受资本奴役而享有的平等权利。 ③对境外资金进入媒体实行严格控制。 ④媒体经营活动强调把社会利益放在首位。 ⑤社会主义新闻出版自由强调充分自由和正确导向的统一。 ⑥社会主义新闻出版自由坚持民主和法制、自由和纪律的统一

考点六：国际上关于新闻出版自由的文件　★★

(1)1948 年，联合国通过《世界人权宣言》。这个宣言提出了得到普遍接受的、关于人权的最低标准，成为联合国成员国行为的指导准则。此宣言的第 19 条提出："人人有权享有主张和发表意见的自由。"但因为只是宣言，规定较为简单，所以约束力低。

(2)1966 年，联合国大会通过两个与新闻出版自由相关的文件：《经济、社会和文化权利国际公约》《公民权利和政治权利国际公约》。这两份公约明确了权利与实施措施。但二者在权利实现方面各有侧重，前者偏重强调公民希望国家为自由做些什么，后者偏重强调公民不希望国家干涉什么。

考点七：不能因言获罪的理论与实践(见表 6－5)　★★

表 6－5　不能因言获罪的理论与实践

要点	具体内容
概述	言论自由是一项基本人权，其要点是不能因言获罪。意见多元是人类社会的一种自然现象，捍卫言论自由也就是允许别人说与自己意见相左的话。几百年来，人类社会为争取言论自由乃至表达自由，经历了无数斗争

续表

要点	具体内容	
伏尔泰的观点	1906年，英国女作家霍尔在《伏尔泰的朋友们》一书中概括了伏尔泰对于言论自由的观点：“我虽然不同意你的说法，但我誓死捍卫你说话的权利”	
允许说错话	公民有表达自己观点的权利，即使表达的观点是错误的，也不应扼制其言论自由，言论自由即允许说错话。“因言获罪”的案件并不少见，这是不少当权者扼制言论自由的基本操作，人民的表达自由应该受到法律、法规和法治化理念的保障	
处理言论冲突事件时需遵循的原则	“实际恶意”	当没有证据证明发言者存在“明知自己陈述有错”或“漠视事实真相”时，不应对其发表的不准确言论进行惩处。原因是在新闻传播过程中，由于时效和利用资源有限的限制，媒体不可能保证每则报道都是准确无误的；就公民个人而言，由于自身掌握的信息有限，也不能做到对事实的精确表达
	“公众人物”	作为公众人物，面对公民和媒体对自己的批评意见乃至尖锐攻击，需要容忍，在原则上不追究发言者责任
	“明显而即刻的危险”	除非言论会造成明显的、迫在眉睫的危险，否则不要轻易压制言论
	罪刑法定	法无明文规定不为罪，法无明文规定不处罚
	“最小限制”	公权力为了公共利益，在没有其他可替换方法时，才能以最小限制当事人权益为限度限制其言论自由
诽谤罪去刑	这是目前世界法学界的主流认识，认为“靠给诽谤言论定罪是不必要的”。公共机关和官员由于具有名誉的公共性和有限性，以及公权力为自己辩护的手段具有多样性，不能提起诽谤罪	

考点八：关于表达自由的理论讨论 ★★★

1. 表达自由受到四方面的法律限制

表达自由在诽谤、侵犯隐私权、侵犯知识产权、泄露国家机密这四方面的发表权，会受到法律的限制，但是在不同国家，这些限制的尺度不同。

2. 新闻出版自由的拥有者

言论自由和新闻出版自由的主体不同，言论自由可以是公民个人的权利，也可以是新闻出版机构的权利。而新闻出版自由的主体则一般被理解为新闻出版机构，这种自由对发行人来说是指发表什么或不发表什么的自由，但对公众来说则仅是一种“被听到的自由”。另外，在单个媒体内部，也存在内部新闻自由。媒体经营者和媒体工作者的意见分歧如何协调解决，也是需要讨论的。

3. 不能将“传媒是新闻出版自由的主体”搬到中国

在拉丁文国家中，新闻出版自由属于传媒，但根据我国宪法和基本法，不论是新闻自由还是出版自由，其权利主体都是公民。我国学界对“出版自由”和“新闻自由”的翻译都是“freedom of the press”。

4. 西方新闻传播业的自由主义政策

西方新闻传播业的自由主义政策主要包括三个要点：观点的自由市场、自行调节的过程和传媒的社会责任。18 世纪以来，“观点的自由市场”理论得到重视，认为言论和信息都可以在市场上流通，若出现不好的内容，便会在市场运行中被自然淘汰掉。但历史实践表明，不利的精神产品在相当程度上被保留，并且给社会带来了不公。

1947 年美国哈钦斯委员会提出了一系列关于新闻专业意识的原则，形成了《一个自由而负责任的新闻界》报告。关于传媒的社会责任主要分为四点：

(1)新闻传播业在享有自由权利的同时必须履行相应的社会责任。

(2)在美国，新闻出版自由仅是传媒的权利，所谓的保护新闻出版自由只不过是对传媒发行人权利的保护，而非对个人和社会利益的保护。

(3)鼓励新闻自律，追求意见的公正表达。

(4)建立新闻评议会，为受到新闻传播业伤害的个人、团体提供申诉的机会。

5. 如何保障普通公民的声音被听到

因为个人的社会地位和掌握的表达资源不同，并不是每个人发出的声音都能被听到。言论自由是每个公民的权利，但是如何公平地保证每个人有发言的机会值得思考。

6. 新闻出版自由使用“liberty of the press”表达意见

一般习惯用“freedom of the press”来表达新闻自由，但现在有更多学者倾向使用“liberty of the press”。“freedom”表示完全不受限制的自由，而“liberty”表示除了法律合理强加的限制以外，不受任何限制的自由。相较而言，后者表述更加科学。

6.2 考研真题

一、概念题

1. 新闻自由(湖南大学 2018、2017 年研；复旦大学 2017 年研；聊城大学 2017、2016 年研；湘潭大学 2017 年研；上海大学 2016 年研；首都师大 2015 年研；安徽师大 2015 年研；厦大 2014 年研；江西师大 2014 年；华南理工 2013 年研；中央民大 2009 年研；中南大 2009 年研；山东大学 2008、2004 年研；中传 2005 年研)

2. 观点的自由市场(河南大学 2019 年研；浙江大学 2016 年研；南开大学 2006 年研；武汉大学 2003 年研)

3. 自由主义报刊理论(南林 2019 年研；河南大学 2019 年研；辽宁大学 2015 年研；上海大学 2013 年研；北师大 2013 年研；华南师大 2013 年研；华农 2011 年研；上海财大 2010 年研)

4. 美国宪法第一修正案(清华大学 2009 年研；人大 2006 年研)

5.《论出版自由》(清华大学 2018、2011 年研；北京大学 2016 年研；复旦大学 2015 年研；华中师大 2015 年研；人大 2014 年研；中央民大 2013 年研；中国政法 2012 年研)

相关试题：约翰·弥尔顿(中传 2016 年研；南开大学 2010 年研；中央民大 2007 年研)

二、简答题

1. 简述弥尔顿与《论出版自由》。(中传 2015、2007 年研；四川大学 2005 年研；浙大 2003 年研)

相关试题：

(1)简述《论出版自由》的背景和主要内容。(浙大 2018、2016 年研)

(2)谈谈你对弥尔顿的新闻自由的理解。(华中师大 2018 年研)

2. 出版自由观念建立的理念基础是什么?(浙江大学 2017 年研)

3. 简述马克思主义在新闻自由问题上的基本观点。(中传 2010 年研;厦大 2010 年研;中南大学 2008 年研;中央民大 2007、2005 年研)

相关试题:

(1)马克思和恩格斯关于新闻出版自由的观点。(复旦大学 2015 年研)

(2)简述马克思主义新闻自由观。(山东师大 2018 年研)

4. 简述表达自由的价值。(华科 2018 年研)

5. 如何理解新闻自由的相对性?(人大 2005 年研)

相关试题:

(1)如何理解新闻自由的相对性和具体性?(中传 2005 年研)

(2)简述新闻自由的相对性。(兰州大学 2007 年研)

6. 简述托马斯·杰斐逊的新闻自由观。(南开大学 2007 年研)

相关试题:

(1)简述杰弗逊在新闻思想方面的贡献。(华南理工 2019 年研)

(2)简述托马斯·杰弗逊对美国新闻事业的贡献。(中传 2010 年研;华师 2010 年研)

7. 新闻自由与传媒规制之间的关系。(南京大学 2019 年研)

8. 简述资本主义新闻自由的实质。(中传 2018 年研)

9. 自由主义新闻传媒理论的哲学基础、思想来源、重要特征、历史作用和现实漏洞。(上海大学 2018 年研)

10. 国内外法规对于滥用新闻自由权利的限制主要表现在哪些方面?(湖南师大 2015 年研)

11. 你认为以“惩治谣言”来限制言论自由合理吗?(浙江大学 2016 年研)

以下为历年考研试题精选,未附答案,供读者参考

1. 辨析:有些西方发达国家的新闻媒体经常对本国政府首脑及其政策进行抨击,这种现象说明这些国家有真正而充分的新闻出版自由。(中传 2007 年研)

2. 简述自由主义报刊理论的基本内容。(武汉大学 2006 年研)

3. 自由主义报刊理论的核心精神是什么?(江西师大 2015 年研)

4. 自由主义报刊理论的内涵及其主要观点。(山东师大 2018 年研)

5. 请简述自由主义的媒介规范理论。(浙工大 2018 年研)

6. 自由主义媒介规范理论有哪些主要观点?(华农 2013 年研)

7. 简述英国思想家约翰·洛克关于思想言论自由的具体观点。(南京师大 2009 年研)

8. 以《查理周刊》为例,谈谈西方自由主义的特点和弊端。(北京大学 2016 年研)

三、论述题

1. 论述现代新闻自由观。(北京大学 2008 年研)

相关试题:

(1)论述新闻出版自由。(中传 2015 年研)

(2)阐述新闻自由的内涵并谈谈你对新闻自由的认识。(江西师大 2013 年研)

(3)结合杰斐逊和汉密尔顿的论战，分析出版自由。(福建师大 2018 年研)

2. 论述近代西方新闻自由思想的发展过程及其历史作用。(暨南大学 2017 年研)

3. 新闻自由的口号是在什么情况下提出来的？应该给予什么样的历史评价？(北京大学 2007 年研)

4. 试论坚持新闻自由与社会责任的协调统一。(湖南师大 2016 年研)

5. 试论述新闻出版自由与新闻传播社会控制的关系。(湖南师大 2017 年研)

6. 论述社会主义新闻自由思想及其现实意义。(暨南大学 2016 年研)

6.3 考研真题详解

一、概念题

1. 新闻自由(湖南大学 2018、2017 年研；复旦大学 2017 年研；上海大学 2016 年研；聊城大学 2017、2016 年研；湘潭大学 2017 年研；首都师大 2015 年研；安徽师大 2015 年研；厦大 2014 年研；江西师大 2014 年；华南理工 2013 年研；中央民大 2009 年研；中南大 2009 年研；山东大学 2008、2004 年研；中传 2005 年研)

答：新闻自由是指新闻传播领域内实施的言论自由与出版自由，包括新闻采访自由、传递自由、报道自由和收受的自由、报纸的出版自由、广播和电视的播送自由、发表新闻评论及开展批评的自由。新闻自由这个口号，是 1644 年由英国资产阶级政论家约翰·弥尔顿在《论出版自由》一文中提出的，1789 年载入法国《人权宣言》，美国独立战争后正式列入宪法条款。资产阶级曾利用它作为反对封建文化专制主义、实行资产阶级民主政治的武器；无产阶级也借此宣传自己的主张，打破统治阶级对社会舆论和精神交往的垄断。“新闻自由”推动了近代新闻事业的迅速发展。

2. 观点的自由市场(河南大学 2019 年研；浙江大学 2016 年研；南开大学 2006 年研；武汉大学 2003 年研)

答：观点的自由市场，是自由主义媒介规范理论的核心观点。自由主义媒介规范理论也称报刊的自由主义理论，是在 17、18 世纪资产阶级革命时期，同极权主义制度及其规范理论的斗争中形成的。其核心反映了资产阶级自由主义的观点，即认为报刊应该是“观点的自由市场”，是实行自律的自由企业。主要观点包括有：①任何人都拥有出版自由而不必经过政府当局的特别许可；②除人身攻击以外，报刊有权批评政府和官吏，这种批评是正当合法的；③新闻出版不应接受第三者的事先检查，出版内容不能受到任何强制；④在涉及观点、意见和信念的问题上，真理和“谬误”的传播必须同样得到保证。

3. 自由主义报刊理论(南林 2019 年研；河南大学 2019 年研；辽宁大学 2015 年研；上海大学 2013 年研；北师大 2013 年研；华南师大 2013 年研；华农 2011 年研；上海财大 2010 年研)

答：自由主义报刊理论，起源于欧洲，盛行于美国。其主要内涵是探讨新闻自由和政府、社会、个人的关系，具体包括：①报刊不受政府的干涉；②报刊拥有对政府的监督权；③“观点的自由市场”和“自我修正”理论；④对事实的信念。报道的最终目的是客观地反映现实，让人们对外部世界形成独立的见解。该理论把客观地向公众提供事实作为新闻报道的最高标准和新闻人的职业道德标准。客观性报道，是自由主义报刊理论在新闻实践中的具体体现。

4. 美国宪法第一修正案（清华大学 2009 年研；人大 2006 年研）

答：美国宪法第一修正案，是对现代世界新闻政策理念产生重大影响的宪法性文件。1787 年在费城召开的美国联邦制宪会议制定的美国宪法，没有将新闻出版自由等公民权利明确列入其中，遭到反联邦派的反对。1789 年，经过一番激烈斗争，各州虽然均已接受宪法，但 1791 年又通过了对宪法的 10 条修正案，后来称为《权利法案》，并成为宪法的一部分。《权利法案》第一条明确规定，国会不得指定任何法律剥夺言论或新闻自由。法案还规定了个人自由权利，包括宗教信仰自由、言论出版自由以及和平集会自由等。至此，新闻出版自由作为宪法的重要补充得以在书面上确立下来。1791 年的美国宪法第一修正案在美国新闻传播史上的历史地位是十分重要的。

5.《论出版自由》（清华大学 2018、2011 年研；北京大学 2016 年研；复旦大学 2015 年研；华中师大 2015 年研；人大 2014 年研；中央民大 2013 年研；中国政法 2012 年研）

相关试题：约翰·弥尔顿（中传 2016 年研；南开大学 2010 年研；中央民大 2007 年研）

答：《论出版自由》是 1644 年由英国资产阶级政论家约翰·弥尔顿提出的关于主张思想、出版自由的小册子。在这本小册子中，约翰·弥尔顿在人类历史上第一次提出了“出版自由”的口号，在实质上相当于第一次提出了新闻自由的口号。约翰·弥尔顿的这篇文章提出了反对封建集权主义强化控制出版言论自由的有力论点，强烈谴责了当时整个封建检查制度的理论和实践。从约翰·弥尔顿这种思想出发，形成了现代关于“观点的自由市场”以及“自我修正过程”的概念，即让所有想说什么的人都自由地表达自己的思想。《论出版自由》被后世誉为“世界上第一本提出出版自由，反对封建传统书刊检查制度的著作”，也是关于思想自由、传播自由的最为重要的文献之一。

二、简答题

1. 简述弥尔顿与《论出版自由》。（中传 2015、2007 年研；四川大学 2005 年研；浙大 2003 年研）

相关试题：

（1）简述《论出版自由》的背景和主要内容。（浙大 2018、2016 年研）

（2）谈谈你对弥尔顿的新闻自由的理解。（华中师大 2018 年研）

答：（1）弥尔顿“出版自由”口号的提出：

约翰·弥尔顿是最早在新闻传播理论领域中树起“出版自由”大旗的人。他生活、活动在 1640 年英国资产阶级革命前后，既是一位著名的文学家，也是一位争取新闻自由的伟大斗士。

1640 年英国革命即将爆发，他匆忙从意大利返回英国，参加反对君主政体的斗争。当时，由于他所出版的一些小册子接连遭到了国会出版委员会的长期审查，并于 1644 年被招至法庭质问、审讯，弥尔顿遂在法庭上当众宣读了他主张思想、出版自由的伟大文章——《论出版自由》。

在这本小册子中，弥尔顿在人类历史上第一次提出“出版自由”的口号，在实质上也相当于第一次提出了新闻自由的口号。

(2)《论出版自由》的主要内容：

①弥尔顿的这篇文章提出了反对封建集权主义强化控制出版言论自由的有力论点，强烈谴责了当时整个封建检查制度的理论和实践。他强烈地反对专制集权的书报检查制度，呼吁“让我有自由来认识、抒发己见，并根据良知来做自由的讨论”，认为这才是一切自由之中最重要的自由。

②他强烈要求公民拥有依据个人的良知自由地获取信息、陈述及辩论的权利。他认为，人们运用自己的理性就可以独立地辨别正确与谬误、分清好坏，而要想运用这种才能，人们就必须不受限制地去了解别人的思想和观点。

③弥尔顿坚信，真理是可以肯定、可以辩明、可以被表达出来的，只要让真理参加“自由而公开”的斗争，真理本身就具有战胜其他谬误而存活下来的无可比拟的力量。

④正是从弥尔顿的这些思想里面逐步形成西方资本主义新闻自由思想中两个最重要的概念，即“观点的自由市场”以及真理具有“自我修正”的属性。

(3)对弥尔顿及其《论出版自由》的评价：

①弥尔顿的这篇文章被后世誉为“世界上第一本提出出版自由，反对封建传统书刊检查制度的著作”，也是关于思想自由、传播自由的最为重要的文献之一。人们赞誉他为新闻自由这一伟大命题最早的、最富权威性的阐述者之一。

②在这本小册子中，弥尔顿在人类历史上第一次提出“出版自由”的口号，在实质上也等于第一次提出新闻自由的口号。该口号具有更为深远的历史意义，它在某种程度上标志着人类步入一个新的时代，一个由专制统治逐步走向民主政治的时代，一个人真正开始成为人的时代。

③施拉姆等在《报刊的四种理论》中对《论出版自由》作出这样的评价，它“在自由主义传统上写出了主张思想自由的光辉的论点”。弥尔顿关于新闻出版自由的思想虽然在他所处的时代遭到了压制，但它却对于18世纪以后的西方新闻传播事业产生重大而又深远的影响，弥尔顿也因为他的杰出思想而受到后世人们的普遍尊崇。

2. 出版自由观念建立的理念基础是什么？(浙江大学2017年研)

答：新闻出版自由的理念有着深厚的政治、经济、宗教和思想背景，而不是一个简单的口号。出版自由观念经过了新教洗礼和资本主义经济、政治斗争，在个人主义自由观的基础上逐渐形成，新闻出版自由的观念是个人主义的自由权在新闻出版领域的自然延伸。个人主义的自由权是个人的权利，因此，新闻出版的自由权也是个人的一项基本权利。

(1)出版自由观念建立的宗教源泉。西方的新闻出版史上也曾经有过专制主义，主要来自两个系统——天主教和君主制。天主教的专制表现在对人的信仰自由、追求真理的压制；君主制则在教会的压力之下，一方面与教会携手压制异端，另一方面为了保证自己在世俗领域的统治，在经济上、政治上、出版上采取专制的手段，随意侵犯个人利益，并且通过书报检查制度钳制言论。

打破天主教和君主专制的首先是新教改革。新教对信仰自由的肯定客观上为教徒个人阅读并阐发自己对圣经的理解提供了自由权，因此，用出版手段来表达观点也就是不可压制的了，否则便是违背了新教的基本教义。在新教背景下的英国，弥尔顿站在清教徒的立场来谈论信仰、言论、出版自由，并将“出版自由”的口号首次公开表达出来。

（2）出版自由观念建立的政治经济动力。新教改革之后，以英国为首的西欧资本主义经济逐渐在思想上、政治上寻求合理性。由于新教改革中必然产生个人主义，新教就成为资本主义的一种动力。

①政治上，宗教宽容精神得到肯定，对宗教信仰自由的保护也慢慢扩展到政治领域，这是资本主义政治自由合法性的宗教来源。由此，由宗教改革所确立的信仰自由的合法性也使得出版自由的合法性得到了肯定。

②经济上，资本主义经济关系的萌芽和发展是资本主义制度形成的根本因素，包括出版自由在内的许多自由权与经济自由、政治自由相互促进、相互配合。尽管很难说哪一个因素是绝对的前提，但经济的因素给个人自由提供了物质基础，在思想上也形成了“财产权是神圣不可侵犯的、是自由的条件”等观念。

总之，资本主义因素的成长使得新教改革取得的客观成果不同程度地转化为资本主义的有机因素，从而导致信仰自由转为科学自由、学术自由以及政治自由。出版自由作为表达真理不可或缺的手段也因此获得了自由的特性。

3. 简述马克思主义在新闻自由问题上的基本观点。（中传 2010 年研；厦大 2010 年研；中南大学 2008 年研；中央民大 2007、2005 年研）

相关试题：

（1）马克思和恩格斯关于新闻出版自由的观点。（复旦大学 2015 年研）

（2）简述马克思主义新闻自由观。（山东师大 2018 年研）

答：马克思主义在新闻自由问题上的基本认识是：

（1）新闻自由是一个阶级范畴。

①新闻自由不是抽象的，而是具体的；不是绝对的，而是相对的。在阶级社会里，只有一定阶级的新闻自由，没有超阶级的、绝对的新闻自由。

②一个阶级的新闻自由，总是建立在剥夺另一个阶级的新闻自由的基础之上的。一个阶级的新闻自由，是以另一个阶级的不自由、丧失自由为条件的。

（2）新闻自由是一个历史范畴。

①新闻自由的提出和发展都是历史的产物，它存在于一定的历史阶段，而不是永恒的东西。新闻自由的历史发展过程总是和社会发展的总趋势密切联系着的。

②新闻自由是在资产阶级反对封建专制主义的新闻统制的斗争中提出来的。无产阶级在反对资产阶级的新闻统制中接过这面战旗并写上无产阶级的要求。

③到了共产主义，阶级和阶级差别消亡了，人人都能享有最充分的新闻自由，到那时，民主越完全，它也就越迅速地成为不需要的东西，越迅速地自行消亡。新闻自由作为一种政治权利，也就没有必要存在，这个口号会自行退出历史舞台。

（3）新闻自由是一个政治范畴。

①和别的自由、民主一样，新闻自由既是目的，又是手段。在一定历史时期和斗争阶段，新闻自由是努力争取的一个目标，各个阶级都把它写入自己的斗争纲领之中。

②但是归根结底，新闻自由并不是最终目的，而仅仅是一种手段。人们争得新闻自由以后并不满足，而是以新闻自由为手段，去创办报刊，开办电台和电视台，去为夺取政权和巩固政权组织舆论、影响舆论。

③在这种情况下，新闻自由就成了争取更高的经济利益和政治利益的武器与阶梯。新闻自由对于每个公民而言，都是极为可贵的基本权利。

4. 简述表达自由的价值。（华科 2018 年研）

答：（1）表达自由的含义：

表达是人们将自己的思想、情感、意见等用语言、表情、动作等表现、显示、公开出来。“自由”在法律意义上是指在法律规定的范围内随自己意志活动的权利。表达自由主要有两方面的权利：

①表达内容的自由，即表达者可以自由地表达自己的思想、情感、意见、观点、主张、信息、知识，只要不侵犯他人的权利，不侵犯国家安全或者公共秩序。

②表达方式的自由，即自由地使用各种媒介或方式，包括传统的报纸、杂志、诗文、绘画、雕刻、出版，或新兴的电子媒介来表达所要表达的内容。

（2）表达自由的价值：

关于表达自由的价值，学界已经有过很多的讨论和论述，比较详尽。概括言之，表达自由的价值主要表现在以下几个方面：

①表达自由是获知真理的前提。表达自由对真理获取的作用，起源于约翰·弥尔顿在其名著《论出版自由》中的论述。根据真理论，只有赋予人们表达自由的权利，才能真正实现意见的交流与传播，使人们更容易在自由的较量中相信和接受真理。辩证唯物主义指出，事物是不断变化发展的，这就决定了我们不可能穷尽对一个事物的认识，而只能囿于某一个阶段。那么，为了追求真理所需的公开辩论，必须以自由的表达为前提。

②表达自由是健全民主的基石。表达自由之于民主的价值，一方面在于它是人民表示同意和进行多数人统治的前提；另一方面则在于它能够实现民主监督，是“制约公共权力和避免民主从多数统治走向多数暴政的重要保障”。总之，公民能否充分地享有表达自由，是民主政治能否得以开展的前提，也是衡量政府是否是民主政府的标尺。

③表达自由是自我实现的内在需要。人因为有意识而称其为人，这一本性决定了每一个心智健全的人都有把自我思想和对外界的理解表达出来的欲望，这是人生理和心理的本能需求。如果压抑表达，其智力就不能在与外界交换思维成果中获得正常的延伸发展，就谈不上个人的发展。此外，人作为社会性动物，就必然要与外界发生联系，要对外界表达自己的意愿，施加自身的影响，这是实现自我价值的需要，也是维护个人尊严的必要方式。

④表达自由是维护社会稳定和促进文化繁荣的重要保证。历史一再表明，禁锢思想、压制言论是导致社会动乱和革命发生的根源。而在社会稳定的基础上，表达自由有利于促进文化和艺术的繁荣。只有在表达自由的条件下，才有可能出现百家争鸣、百花齐放的社会面貌；只有允许一些人去尝试表现新的文化样式，才能为传统的文化内容注入新鲜血液，从而增强民族的文化丰富性，丰富人民的精神生活。反之，对表达自由的控制和扼杀，除了导致社会动乱外，还会带来文化发展停滞不前的灾难性后果。

5. 如何理解新闻自由的相对性？（人大 2005 年研）

相关试题：

（1）如何理解新闻自由的相对性和具体性？（中传 2005 年研）

（2）简述新闻自由的相对性。（兰州大学 2007 年研）

答：新闻自由作为人的一项基本权利，并不是绝对的，而是相对的，是一定范围、一定限度的自由。新闻自由的相对性，实质上是指新闻自由的条件性，即新闻自由总是在一定条件下的自由。这种条件性表现在以下几个方面：

(1)新闻自由具有历史性。

新闻自由的历史性，大致包含以下两方面的意思：

①新闻自由的含义本身具有历史性。新闻自由是在社会演进过程中，民主政治的产品，它的意义是变动的，随时间、空间而各不相同。在不同历史时期，人们理解的新闻自由是有差别的，其历史内涵是有所不同的，对此，在前面新闻自由的发展中已经作过阐述。

②新闻自由的实践具有历史性。新闻自由，与人类所有的具体的自由一样，是人类自身历史发展的产物，不是人类与生俱来的绝对权利。新闻自由的历史性表现为，从新闻自由被看作是人的自由权利的那天起，新闻自由就随着人类历史的演变而演变，起伏而起伏，发展而发展，在不同的历史阶段，新闻自由的实质性范围、水平是不同的，这是由具体的历史环境、历史条件决定的。

需要注意的是，有人以中国的历史传统缺乏新闻自由为理由而否认新闻自由概念的合理性和新闻自由的必要性，这种看似历史主义的观念恰好背离了历史主义的精神。中国的历史传统中缺乏新闻自由的思想和实践，是由中国传统的历史经验事实所决定的，历史发展到今天，新闻自由已经成为人们的基本权利，当然要践行新闻自由。

(2)新闻自由的关系性。

①新闻自由，是人的自由，是在人与人的关系中实现的自由。认识的自由实现于人与客体对象的关系中，法律自由、道德自由实现于人与人、人与社会的各种具体的关系之中。

②新闻自由是人的一种社会权利，是一种从自身出发，而又指向他人、指向社会的自由。相对思想自由的内向性而言，它是一种外向性的自由。

③作为社会的人，他的权利的运用或实现只能发生在社会关系之中，自由权利的实行，必然会关涉或影响到他人的物质利益或精神利益；而涉及他人利益的自由，就要受到他人利益的限制，自由权利的运用者就要对他人负责，对社会负责。

④"真正的自由，是生活在文明社会中的人，带着其所有的约束与负担，通过从中发现必要的手段来发展他自己的道德个性，使自己不断从这种奴役状态中解放出来。"新闻自由的关系性，决定没有绝对的新闻自由，新闻自由必须和他人的权利相平衡，即任何人在行使自己的新闻自由权利时，也有尊重他人同样权利的义务。

(3)新闻自由在现实社会中有着实际的界限。

①没有绝对的自由、没有纯粹的民主，自由不是为所欲为，不是无政府主义。只有那些天真幼稚的幻想家才会把新闻自由设想为不受任何约束和限制的。

②但新闻自由的界限不能随意设定，只有恶劣的界限是随意的，优良的界限必须反映公民的统一意志，并以国家意志的外化形式——法律规定下来。因而，法律就是自由的界限。

6. 简述托马斯·杰斐逊的新闻自由观。(南开大学 2007 年研)

相关试题：

(1)简述杰弗逊在新闻思想方面的贡献。(华南理工 2019 年研)

(2)简述托马斯·杰弗逊对美国新闻事业的贡献。（中传 2010 年研；华师 2010 年研）

答：托马斯·杰斐逊是《独立宣言》的主要起草者、美国第三任总统、资产阶级革命家。1775 年第二届大陆会议上杰斐逊执笔起草了《独立宣言》，成为北美殖民地人民反英斗争的旗帜，它在历史上第一次以政治纲领形式宣布了民主共和国的原则，被马克思誉为“第一个人权宣言”。

杰斐逊的新闻自由观认为：

(1)世界上每个政府都有人类的弱点和腐化堕落的胚芽，为防止政府蜕化，必须由人民来监督。为防止犯错误，就必须通过报纸让人民充分了解公共事务。虽然他们有时也会被引入歧途，但将会迅速纠正自己。

(2)民意是政府存在的基础，要向人民提供关于它们自己事务的全部情况，并且力争做到使这些报纸深入到全体人民之中，而不是在政治贵族中传播信息。第一个目标是给人民打开所有通向真理的道路。迄今为止，找到的最好的办法是新闻自由。

(3)言论出版自由与政府的秩序是一致的，正派的政府不会被言论打倒，决不能限制出版自由，除非对公民的名誉造成损害。人权法案没有明确宣布言论自由，实在是令人不能容忍的疏漏，必须在今后的立法中予以纠正。

(4)他要求新宪法应该包括一个声明，即联邦政府将永远不限制报纸发表任何它们高兴发表的东西；也不减轻出版商对于所发表的错误事实承担的责任。对诽谤不必恐惧，说实话就不是诽谤，即使纯粹的诽谤，也有人民做出公正的判断。

杰斐逊关于新闻自由的名言至今仍被人们广为流传：“如果由我来决定选择一个没有报纸的政府，还是要没有政府的报纸，我会毫不犹豫地选择后者。”“离开了对新闻出版自由的保障，就无其他自由的保障可言，当公众舆论允许自由表达时，其力量是不可抗拒的。”“没有监察官就没有政府，但是，哪里有新闻出版自由，哪里就可以不需要监察官。”

7．新闻自由与传媒规制之间的关系。（南京大学 2019 年研）

答：新闻自由是指公民拥有出版权、采访权、发布权，包括：不受批准自由出版报刊，即不必向政府申请营业执照或交付保证金，在政治上、经济上不受限制，人人都拥有出版权；不受任何形式的事先审查，可以发布任何新闻和发表任何意见(事后的追惩在任何国家都存在，即不容许报刊自由地损害国家、社会、个人)；不受限制地自由接近新闻源。

传媒规制是由政府和相关媒体管理机关对媒体进行监管和控制，主要包括对媒体机构准入及运作过程中的监管。对广播电视媒体进行规制的法律规约既有国际公约也有国内立法。

(1)新闻自由需要传媒规制来避免权力的滥用。新闻自由在任何国家都不是没有边界的，都会受到国家安全、社会公共利益以及他人合法权益的限制。但限制的条件只应由法律规定，如需要尊重他人的权利和名誉；保障国家安全或公共秩序，或公共卫生或道德。我国宪法第 51 条规定：中华人民共和国公民行使自由和权利的时候，不得损害国家、社会、集体的利益和其他公民的合法的自由和权利。

由此可见，媒体享有的新闻自由权利是一种相对权利，是在法律规定的范围内，在相对于他人或其他状态保持不受约束、不受控制和不受妨碍的前提下，才能按照自己的意志和利益行使的权利。因此，用法律来规制媒体内容是有合法依据的，但要依据一定的原则来进行。

(2)过多的管制会导致媒体的自我审查，损害新闻自由。新闻自由是一国民主政治与人权保障的基石，媒体的主要功能是传递信息和监督社会，既要满足公众知情的权利，同时也要在客观上对政府行为进行监督，媒体实际上行使的是表达自由权，这种权利一般由国家的根本大法宪法所规定的言论自由引申而来。

总的说来，对于媒体的表达自由，政府应当实行“保护为主，规制为辅”的原则。在民主国家，媒体通常享有较大的活动空间，尤其是对新兴媒体互联网，政府规制的范围更为有限。

8. 简述资本主义新闻自由的实质。(中传2018年研)

答：(1)新闻自由的基本内容：

新闻自由又称出版自由，属于公民民主权利中的一种，是宪法所规定的言论、出版自由在新闻传播活动中的体现和运用，是公民通过接受、传递新闻而实现的一项民主权利，是公民民主权利的重要组成部分。新闻自由既是新闻传播者从事新闻传播的自由，也是现代公民精神交往自由、言论自由、思想自由等人身权利在新闻传播中的体现。在人类思想史上，新闻自由概念的产生和成熟是人类文明的巨大进步，为新闻事业的成熟打下了基础。

新闻自由主要包括四个方面的内容：①依法创办报刊、广播电台、电视台等新闻传播媒介的自由；②在法律许可的范围内从事新闻采访、搜集的自由；③在报刊、电台、电视台发表新闻和言论的自由；④在法律许可的范围内发行报刊、传播新闻的自由。

17世纪英国诗人、思想家约翰·弥尔顿于1644年发表了题为《论出版自由》的演说，正式提出了言论出版自由的口号，在当时反映了资产阶级反对僧侣、国王的利益诉求，传播了资产阶级民主、自由的思想，抨击了封建主义的宗法思想，动摇了封建专制秩序的基石，顺应了时代发展的潮流。

(2)资本主义新闻自由的实质：

资本主义新闻自由思想是从言论自由、出版自由逐渐发展演化而来的，由16世纪罗马教皇实行原稿审查制度而产生，经历了从古典到近代的演变，形成了现代新闻自由思想。新闻自由是资产阶级处于新兴的、上升时期的、为反对封建统治、顺应历史发展趋势、符合广大人民群众的愿望而提出来的一个伟大的口号。当下，新闻自由几乎得到所有国家的承认，各国都通过宪法或其他普通法，直接或间接地声称和保护新闻自由。

但是，当代垄断资本控制下的新闻自由，是资本主义私有制和无政府集团通过新闻手段竞争的反映，具有虚伪性和反动性。其已失去了资产阶级初期反对封建统治、争取自身包括广大劳动人民言论自由权利的特征，变得为金钱所奴役，只为少数人所享有。当代资产阶级的新闻自由具有以下特点：

①资产阶级新闻自由是资本主义私有制和无政府集团通过新闻手段竞争的一种反映。当代资产阶级新闻事业是建立在资本主义私有制的经济基础之上的，属于私人所有的企业。随着竞争和垄断的加剧，这些私营企业越来越集中在少数垄断资本家、垄断报系和垄断财团的手中，成为他们盈利的工具。

②资产阶级新闻自由以不损害资产阶级根本利益为前提，当新闻事业涉及国家利益和垄断财团利益时，新闻舆论则会保持高度的一致。例如，《华盛顿邮报》是美国一家有着巨

大影响的报纸。这家以客观、公正自居的报纸在它的《记者手册》中明确规定，作为一家在首都出版的报纸，在报道国家安全时有双重职责，要格外谨慎地处理敏感信息，编辑们要严格审查那些有害国家安全的信息，要通过新闻界的自律，防止涉及国防、情报和外交事务等政府秘密的泄漏。

③当代资产阶级新闻自由还要受法律和其他各种方式及手段的控制。法律界定了新闻自由的范围和程度，新闻活动的各个环节都受法律的调节，有关的法律如：诽谤法、对新闻出版的事前限制、记者守则、新闻自由与公正审判问题等。通讯社是新闻媒介消息的重要来源，垄断资本通过控制通讯社进而控制新闻的发布。新闻自由还受到政府的各种公关手段控制，如政府及各种组织召开的新闻发布会、记者招待会、“吹风会”以及记者俱乐部等。

④采取突出、淹没、抑低、夭折、封杀等新闻编排手法是西方资产阶级新闻媒介处理敏感新闻的惯用手法。“突出”是指对于他们认为重要的新闻，突出加以报道；“淹没”是指对于不得不刊登，又不愿意引人注意的事件，刊登在内页不显眼的地方，使之淹没在巨大篇幅的新闻与广告之中；“抑低”是指在版面上排在下半版、不显著的地位，使用小标题，标题中使用贬义词等；“夭折”是指对于不愿广为流传的新闻，只在报纸的一次版中刊登。在当天版的其他版次中删去；“封杀”是指对于不愿报道的新闻事件加以隐瞒、完全不予报道，或干脆不予理睬。

⑤从世界范围来看，当今世界新闻传播秩序存在不平衡的情况，少数西方发达国家的新闻自由流通是建立在不发达国家新闻流通不自由的基础之上的。少数西方发达资本主义国家依仗着强大的经济实力和先进的科技实力，建立了新闻信息流通的巨大网络。这种新闻信息交流的垄断，给不发达国家的新闻交流造成了极大的限制。

9. 自由主义新闻传媒理论的哲学基础、思想来源、重要特征、历史作用和现实漏洞。（上海大学 2018 年研）

答：（1）自由主义新闻传媒理论的哲学基础：

自由主义新闻理论起源于17—18 世纪的资产阶级革命时期，诞生于与封建新闻专制的斗争中。依照西方学者的看法，新闻自由所涉及的绝不仅仅是报刊自身的问题，而是涉及哲学、政治学中的基本问题。从哲学基础而言，该理论源于西方启蒙思想家的自由主义政治哲学。理性原则、自然法则、权力制衡学说是构成自由主义报刊理论的三个理论前提：

①理性原则。弥尔顿在《论出版自由》一书中，从理性原则出发，提出出版自由的论断。他认为，真理是确定无疑的东西，是通过人的理性表达出来的，只要允许真理参加自由而公开的讨论，真理就会显现出战胜一切谎言和谬误而为人们普遍接受的力量。

②自然法则。约翰·洛克进一步发展自然权利说，第一次提出“天赋人权”的基本原则，即生命、自由、财产是人人享有的不可剥夺、不可转让的权利。自由既然是人的天赋权利，那么出版自由、言论自由（新闻自由）是无需任何权威认可的自然权利。

③权力制衡。这是自然法则的必然延伸。为保障自由，免受专制主义的压迫，必须让权力分立，以权力制约权力。为实行有效的舆论监督，必须实行言论自由。这样，言论自由的意义从哲学原理上升到政治学原理，从人的一般性质上升到国家的性质。由此确立了言论自由在国家政治结构中不可动摇的地位。

(2) 自由主义新闻传媒理论的思想来源：

在17世纪的欧洲，欧洲早期的思想家们在为资产阶级革命进行舆论准备的过程中所提出的关于人的理性、人的权利、国家性质和作用等一系列学说，不仅构成了整个西方资产阶级社会政治理论的核心，而且成了西方各国自由主义报刊理论的主要思想来源和基础。具体包括：

①弥尔顿于1644年发表《论出版自由》，主张人的理性高于一切，言论出版自由是天赋人权的一部分，让一切思想、主张都公开地表达出来，真理必定会在思想的自由市场上击败谬误，由此发展出自由主义报刊理论的两大基本原则——“观点的自由市场”和“真理的自我修正”。

②1789年，尼斯金在为一个出版商做辩护时提出出版自由包括论证自由和批判政府的自由，并把这种批判视为新闻自由的基础。

③杰斐逊在1787年写给爱德华的信中企图把民主国家学说和报刊自由主义理论付诸实践。

④密尔主张保护少数的激进自由主义理论体系。

⑤洛克从自然权利说出发，第一次从理论上论证了资产阶级天赋人权的原则，提出了分权学说，奠定了西方的社会政治制度，包括报刊制度的理论基础。

总之，自由主义新闻传媒理论以西方资产阶级启蒙思想家的自由主义思想为源头，对人类理性的力量深信不疑，坚持包括言论和出版、新闻自由在内的天赋人权的思想。

(3) 自由主义新闻传媒理论的重要特征：

①强调报刊独立性和市场的独立性，反对国家干预，即政府和报刊存在一种二元对立的关系。主张报刊只对法律和社会负责，政府不得采取任何措施干预控制报刊，其唯一的职责是采取措施保护新闻自由。

②强调大众媒体作为独立的力量对于政府权力的监督作用，报刊凭借其强大的舆论威力被称为独立于行政、立法、司法外的第四种权力。

③主张“观点的自由市场”和自我修正理论。弥尔顿在《论出版自由》中提出的理论被希伯特认为是自由主义新闻理论的两个重要观点。“观点的自由市场”是指报刊要给予人民充分信息并提供给人民群众、各党派自由表达的平台；自我修正是指人民具有理性，真理在与谬误的斗争中必然会取得胜利。

④对事实的信念。报刊自由主义理论强调，报道的最终目的不是向公众灌输某种标准的观点，而是客观地反映现实，让人们对外部世界形成独立见解。

(4) 自由主义新闻传媒理论的历史作用：

①早期自由主义理论对打破极权主义专制制度和等级观念，确立自由、平等和权利的思想，推动社会进步起了巨大的作用。在资产阶级建立起自己的统治之前，资产阶级新闻自由的口号和思想曾使得西方资产阶级报刊冲破封建专制的桎梏，帮助消除了人们心灵中的桎梏，为人类开辟了新的远景。

②在西方资产阶级革命后，西方报业争取资产阶级新闻自由的斗争，既可服务于资产阶级民主政治的建设进程，又可服务于资本主义以市场为导向的经济体制，其作用依然重要。自由主义的传媒理论对西方新闻传媒业的运作，包括西方传媒业界在有关自身同社会、

同政府的关系问题上的所作所为，产生根深蒂固的影响。而西方传媒业同社会、同政府的关系与西方新闻传媒业的自律有密切的联系。

③自由主义新闻传媒理论以理论的形式阐释并论证新闻自由的合理性和必然性，为新闻自由的更好发展提供启示及支持，西方国家制定了为指导传媒业实践的一系列原则，即政治上和经济上的独立性原则，主张在新闻自由的界限问题上由司法体系充当控制角色的法制化原则，以及传递信息内容上的市场化、多样化原则。

(5) 自由主义新闻传媒理论的现实漏洞：

自由主义的新闻传媒理论作为一种规范性的理论，其新闻自由观是一种理念，而不是对现实的描述。在人类社会进入理想状态之前，这种理念在置于不平等的现实之中时便显示出一系列漏洞。

①在区分新闻自由和滥用新闻自由的界限问题上，不能形成明确的认识。从倾向于把政府视为新闻自由的对立面的立场出发，该理论一味强调绝对的自由和人民的理性，带有不切实际的空想成分。它对于新闻自由的限度问题，对于传媒业本身如何才不至于滥用新闻自由却缺乏说明。由于难以明确对传媒的正当限制的范围，也难以明确政府在传媒社会控制中的正当参与范围，在自由主义的新闻理论及体制下，西方社会形成了对传媒基本上放任自流的立场。这种立场，显然不利于约束传媒业滥用新闻自由。

②没有充分重视西方传媒所有制的私人性质同传媒职能的公共性之间的矛盾，没有充分重视公共利益同市场逻辑和效率之间的平衡问题。它过度相信市场机制在调节新闻传媒业工作中的作用，过于相信资本主义的私人企业制度能解决传媒的经济支撑问题，使之达到经济上的独立，从而为其政治上的独立奠定基础，过于相信“观点的自由市场”及其自我修正过程，忽视了市场机制本身无法解决新闻传播中的公平问题，忽视了私有制传媒的放任自流的市场竞争蕴含着市场易被财大气粗者垄断的倾向，没有洞察资本主义的企业制度本身蕴含着垄断资本力量通过施加经济压力而操纵传媒的危机。

进入20世纪后，上述危机日益成为现实问题，资本取代政府控制了媒体；煽情、娱乐新闻泛滥；自由竞争被垄断取代，垄断扼杀意见自由市场。后果是新闻自由成为一句空话。

10. 国内外法规对于滥用新闻自由权利的限制主要表现在哪些方面？（湖南师大2015年研）

答：世界上大多数国家对本国新闻媒介的管理采取法律形式。新闻法规（以立法形式通过的法律条文和行政颁布的规定、规则）是国家实施管理的主要依据。

世界各国的新闻法规有三种形式：一是以立法形式正式颁布的《新闻法》，欧洲大多数国家都采取此种方式。其特点是法院审理案件只能依据和服从《新闻法》。二是以最高法院和上级法院的判例为标准来审理新闻案件，即判例法，而没有成文的《新闻法》，在英国、美国、加拿大、澳大利亚、新西兰等国家通用。三是有些国家并没有单独成文的《新闻法》，而把新闻法规的有关条文写入《宪法》《民法》《刑法》以及其他的专用法律条款中，例如《少年法》《保密法》等，在日本、新加坡、印度等国中采用，中国目前也是如此。

为了防止滥用新闻自由危害国家和公众，各国的新闻法规对新闻报道和评论作了一定的限制。这种限制有多有少，执行过程也有宽有严。但国家安全法、诽谤法和隐私法却是大多数国家所共有的。

（1）国家安全法。新闻媒介不得以任何形式危害国家安全，尽管表达上有所不同，但这是各国新闻法规不可或缺的条文。这包括：不得煽动以武力及其他手段推翻合法政府，破坏国家制度和社会秩序；不得泄露国家机密；不得煽动宗教、民族对立，等等。

（2）关于新闻诽谤。诽谤罪的确认，在西方国家通行的标准，一般有四个条件：一是特定的对象，可以让他人确认的对象，不是泛指。例如"无官不贪""无商不奸"，虽然指责了所有政府官员、所有商人，但不是指向特定对象，不构成诽谤罪；二是歪曲、夸大、捏造事实；三是必须含有恶意；四是公开传播，造成对象的名誉损害。

在中国，诽谤罪称作新闻侵权，又称作侵害名誉罪。近些年，随着新闻侵权案的日益增多，新闻官司不断跃升。最高法院于1998年8月31日公布了《关于审理名誉权案件若干问题的解释》。不久，最高法院副院长提出判定新闻媒介侵害名誉权的主要标准是两条：一看报道是否真实；二看是否有借机诽谤诋毁的内容。如果媒体报道"严重失实"或"主要内容失实"或有诽谤内容就会构成侵权。这个标准和西方通行的标准基本相同。

无论是西方还是中国，在新闻报道中，真实性是防止触犯诽谤罪的最主要手段；在确认诽谤罪时，新闻真实是否定诽谤罪的最有力的辩护措施。

（3）关于隐私权。隐私权虽然是个人神圣不可侵犯的生存权，但在世界绝大多数国家包括中国的宪法中都没有提到这个概念。在法律词汇中出现隐私权的条文还是近百年的事，但也只有近几十年才逐渐被社会所重视。因为随着各种电子监视器无孔不入地侵入人们的私生活，人们越来越感到正常生活受到威胁，需要运用法律来保护自己。在确认犯隐私罪时，真实不起作用，唯一能起作用的是"新闻价值"。法院在判决时，常以传播内容是否有新闻价值作为决定性依据。

11. 你认为以"惩治谣言"来限制言论自由合理吗？（浙江大学2016年研）

答：我认为以"惩治谣言"来限制言论自由是不合理的。谣言是在社会中出现并流传的未经官方公开证实或者辟谣的信息，这些信息中也有事实内核，只是在传播过程中被歪曲或夸大。如果的确是谣言，应当依法惩治，但不能把"惩治谣言"作为限制言论自由的借口。

（1）对谣言的惩治有法可依。惩治谣言，需要依法。《刑法》中规定了侮辱罪，诽谤罪，损害商业信誉、商品声誉罪，编造、故意传播虚假恐怖信息罪等，这些罪名适用于谣言。依照《中华人民共和国治安管理处罚法》第二十五条规定，"散布谣言，谎报险情、疫情、警情或者以其他方法故意扰乱公共秩序的"，可以"处五日以上十日以下拘留，可以并处五百元以下罚款；情节较轻的，处五日以下拘留或者五百元以下罚款"。对于上述的谣言传播行为，都有专门的法律条文进行规范，造谣者也会因为传播谣言的行为受到惩罚和整治。例如"抢盐风波"事件，造谣者"渔翁"被处以行政拘留10天，罚款500元的处罚；"军车进京"谣言事件对散布谣言的李某、唐某等6人依法予以拘留。而限制言论自由于法无依，而且也不能真正起到预防规范谣言的作用。因此，对谣言的惩治必须依据法律，而不能仅因为谣言的出现便限制言论自由的权利。

（2）治理谣言应尊重人的基本权利。言论自由是公民的基本权利，这一点在中国的宪法里有明文规定予以保护。言论只有在直接煽动叛乱、反抗等行为时，才构成犯罪，把合法的政治言论或思想论述当作教唆煽动，是最大的不宽容。当然，言论自由也有其边界，不可以随意造谣。一切有关言论的案件，其问题在于所发表的言论在当时所处的环境及其性质下，是否能造成明显而即刻的危险，产生实际祸害。因此对于谣言应该结合具体情况具体分析，而不能一概而论对言论实行管制。

(3)谣言会在观点的自由市场中被战胜。1644 年，弥尔顿在《论出版自由》的演说中，提出“观点的自由市场”这一重要思想。在公开、自由的观点市场中，正确的言论会像好的商品一样被人们接受，错误的言论则会像劣质的商品一样遭到市场的淘汰、摒弃。因此在对基本事实的展现之中，我们需要有足够的耐心和包容，允许不同的声音。在多元信息的竞争之中，谣言自然就会被破除，而不是用公权机器动辄让其销声甚至匿迹。在互联网的时代背景下，方便快捷的社交软件为制造谣言、传播谣言提供了便利，其传播力和破坏力也呈几何级增长。但与此相伴随的，真相的传播力也极大提高。例如天津塘沽爆炸事故发生后，微博、微信上出现种种谣言，但同时也有大量的辟谣帖紧随其后，将谣言一一破除、粉碎。

因此，现在对于谣言惩治的当务之急是完善相应法律法规，并树立政府权威，对于谣言及时辟谣，形成谣言反应机制，而不是以“惩治谣言”为名对言论自由进行限制。

三、论述题

1. 论述现代新闻自由观。(北京大学 2008 年研)

相关试题：

(1)论述新闻出版自由。(中传 2015 年研)

(2)阐述新闻自由的内涵并谈谈你对新闻自由的认识。(江西师大 2013 年研)

(3)结合杰斐逊和汉密尔顿的论战，分析出版自由。(福建师大 2018 年研)

答：新闻自由思想，是从 16 至 17 世纪欧洲反对皇权特许出版制和罗马教皇原稿审查制中提出来的，经历从古典到现代的演变，最终形成当代的新闻自由观。论述现代新闻自由观就必然首先提到古典新闻自由思想。

(1)古典新闻自由思想。古典新闻自由是指封建社会末期欧洲各国积极争取的出版自由。英国人约翰·弥尔顿最早提出出版自由的口号，开创古典新闻自由的理论。他在《论出版自由》中提出其核心观点：谴责压制真理；呼吁给予人们发言权，提出出版自由的“天赋论”；人们运用理性可以辨识真理和错误，真理具有不可战胜的力量；提出出版自由是人类幸福的保证，反对书报检查制。

(2)现代新闻自由观。现代新闻自由观是指从 18 世纪起在西方兴起的以讨论政治问题、批评政府为主要内容的、争取发表意见的自由。1776 年制定的美国《独立宣言》成为近代新闻自由思想的起点，1789 年法国的《人权与公民权利宣言》、1791 年美国的宪法修正案和英国学者约翰·斯图亚特·密尔的《论自由》一书是近代新闻自由思潮的代表。

①美国《独立宣言》提出赋予人民的自由权，构成现代新闻自由的思想基础。18 至 19 世纪美国精神领袖杰斐逊提出新闻自由“至上论”，成为近代新闻自由思想的集中代表。

②现代新闻自由理论的另一个伟大成果是密尔的“讨论发现真理论”。他认为，真理是在讨论中发现和完善的，新闻出版自由提供讨论的机会，也提供人们认识真理的机会。密尔坚决反对剥夺任何人发表意见的权利，他认为，假定全体人类持有一种意见，而仅仅一人执有相反的意见时，人类要使那一人沉默并不比那一人(假如他有权力的话)要使人类沉默更为正当。密尔的自由观不同于古典的新闻自由理论，他还给自由规定了界限。

总而言之，现代新闻自由理论具有伟大的意义。杰斐逊的“自由至上论”和密尔的“真理发现论”痛击思想专制与言论惩罚，为资本主义制度的建立打下思想基础。现代新闻自由是政治上的管理器，有效地涤荡了政治阴谋和丑陋，遏制了各种腐败与社会恶行。在新闻自由的约束下，没有任何官员可以一意孤行，报业在民主政治中成为政府的公共监督者。密尔提倡人类只有通过讨论，在交换意见的自由市场中，才能发现真理，认识和改正自己的错误，拓展了人类认识的领域，对人类的科学进步具有普遍意义，但也包含消极因素。

(3)当代新闻自由观中的责任意识。当代新闻自由则是要求承担社会责任的自由，是20世纪兴起的、重视受众知情权和维护公共利益的自由。当代新闻自由不限于媒体和记者的行业自由，也赋予受众使用媒介、表达意志的权利。

①当代新闻自由观的背景。一方面，传媒的垄断程度越来越高，所谓“观点的公开市场”的理念与实际的社会现状发生尖锐的矛盾，经济利益刺激下，黄色新闻泛滥；另一方面，社会各界对媒体的过度自由提出强烈谴责，要求报纸、广播与电视公正地传播多种意见，有效地保护公民的权利和利益。

②当代新闻自由观的内容。1947年美国的“新闻自由委员会”出版小册子《一个自由而负责任的新闻界》，集中阐述当代新闻自由思想的内容：

a. 报业应当享有新闻自由，反对集权势力和金融寡头对报界的控制。

b. 人类的思想和行为并非完全合于理性，报业的自由放任主义是有害的，主张积极的自由，即“有做……的自由”，使人民能利用报刊表达自己的意见。

c. 报刊必须承担社会责任，新闻自由以社会责任为规范，报道新闻要正确而有意义。

d. 政府不仅仅允许自由，还必须积极地推动自由，对报业滥用自由加以干涉。

当代新闻自由思想修正了现代新闻自由思想中自由放任的观点，强调政府在传播活动中的正当干预，是新闻自由思想的重大进步。它扩大了公民新闻活动的权利，维护了公共领域中信息传播的秩序；要求报业承担社会责任，提高了媒体的法治意识和伦理意识；遏制了报界破坏和滥用新闻自由的低俗风气，维护了新闻自由的真正价值。

2. 论述近代西方新闻自由思想的发展过程及其历史作用。(暨南大学2017年研)

答：新闻自由既是新闻传播者从事新闻传播的自由，也是现代公民精神交往自由、言论自由、思想自由等人身权利在新闻传播中的体现。近代西方新闻自由思想从言论自由、出版自由逐渐发展演化而来，由16世纪罗马教皇实行原稿审查制度而产生，经历了从古典到近代的演变，形成了现代新闻自由思想。总体而言，近代西方新闻自由思想的发展过程和历史作用可以分为以下几个阶段：

(1)古典新闻自由理论的产生与演变。城邦时代的古希腊人试验了言论自由，古希腊、古罗马早期朴素的言论自由思想和实践，经历过中世纪黑暗的宗教势力压迫后显示出其精神价值；文艺复兴运动激发了人民自由地表达政治、宗教和艺术思想的欲望，给黑暗的宗教统治带来了破坏性力量，并最终形成西方的自由运动；当新兴的资产阶级开始登上历史舞台时，他们和封建势力、宗教势力进行激烈的政治斗争和思想斗争，提出了出版自由的系统思想。

①弥尔顿和《论出版自由》。约翰·弥尔顿是古典新闻思想的创始人。1644年11月24日，弥尔顿在国会质询中发表了著名的演说——《论出版自由》，强烈抗议国会全面恢复检

查出版物的法令，提出通过自由、公开的讨论来决定观点的胜负。《论出版自由》提出了反对封建集权主义强化控制出版言论自由的有力论点，强烈谴责了当时整个封建检查制度的理论和实践，被后世誉为“世界上第一本提出出版自由，反对封建传统书刊检查制度的著作”，也是关于思想自由、传播自由的最为重要的文献之一。弥尔顿的出版自由思想是传媒自由主义理论的基础，也是近代资产阶级新闻传播的思想基础。从他的出版自由思想里面逐步形成了西方资本主义新闻自由思想中两个最重要的概念——“观点的公开市场”以及“真理具有自我修正的属性”。

②洛克的思想自由学说。约翰·洛克是英国资产阶级革命时期杰出的哲学家、激进的政治思想家，也是西方自由主义理论的创始人之一。洛克为光荣革命所确立的立宪制度辩护，他批判了“君权神授”论，论述了君主立宪制度的合理性，也提出了关于思想言论自由的观点：

a. 人的自然权利有四项内容——生命权、自由权、财产权和惩罚权，自由是其余一切权利的基础。离开思想、意愿、意志谈论自由是无意义的，只有人能凭头脑中的思想，自由地说话或保持沉默，才算获得了言论或保持安宁的自由。

b. 任何人都有一种不可侵犯的自由权利，即任意使用各种词汇表达自己的思想。

c. 从道理上讲，不能指望任何人抛弃自己的观点，盲从于不可理解的权威，无论人们怎么错误，理性是其唯一的向导。在不同的见解中保持和平，履行人类的职责和培养友谊，对所有人有益。

③孟德斯鸠的言论自由思想。18 世纪，法国著名启蒙运动思想家、社会学家、资产阶级国家学说和法学理论的奠基人查理·路易·孟德斯鸠依据法律框架，对古典新闻自由做了全面的总结，提出了自由的法治思想，使新闻自由思想更上了一个台阶。孟德斯鸠关于言论自由的思想有以下内容：

a. 自由不能为所欲为、不受约束，自由要以法律为依据。在一个法治的社会中，自由是有权做一切法律所允许的事情，而不是被迫做不应做的事。

b. 言论自由应该得到保障。思想自由是人的一种权利，言语不能构成犯罪的证据，因为它只是停留在思想里。言语只有在准备、随从或紧跟一种犯罪行为的时候，才构成犯罪。

c. 文字比言语更能被永久保存，但它们只要并非为叛逆罪而准备，也就不能被当作犯叛逆罪的证据。

古典出版自由思想把新闻自由看作人的“天赋人权”、自然权利，认为个人通过与他人签订契约的方式建立国家和政府，并通过政府保护个人的权利，从而得到公民权利(包括新闻自由、言论自由)。古典言论自由、新闻自由观念为后来新兴资产阶级争取新闻自由的法律保障奠定了基础，它们最具代表性的实际成果，一是体现在法国《人权宣言》中，二是体现在美国的《权利法案》中。

(2)近代新闻自由理论的发展与成熟。18 世纪，欧洲已处于由封建社会向资本主义社会转型的时期，当时社会、政治、经济、思想文化等领域新旧力量的碰撞十分激烈，在全欧范围内发生了思想文化革新运动——“启蒙运动”。伴随着资产阶级政权的建立和巩固，以及资产阶级对出版自由的追求和斗争，很多国家逐渐接受了出版自由思想，相继取消了报刊审查制度。

①美国建国前后新闻自由的法制化。17 世纪中期，经过北美殖民地人民几十年的辛勤劳动，殖民地的经济、文化和教育事业获得了长足发展，为新闻事业的发展提供了客观条件。1682 年，宾夕法尼亚政府将保护言论自由等公民的权利写入了政府基本法（相当于宪法）。1735 年“曾格案件”是北美殖民地人民争取新闻自由所获得的第一次重大胜利，为报刊批评政府提供了一个合法的榜样，并为美国新闻诉讼的司法实践中确立了基本原则。1776 年，杰斐逊起草的《独立宣言》通过，提出资产阶级最为激进的民主主义原则，表达了美国人民对自由和民主的渴望。美国宣布独立后，各州按照宣言的原则分别制定了州宪法，大多规定了保障公民的言论自由。1787 年联邦宪法的十四条修正案（《人权法案》）的第一条就规定了国会不得制定剥夺人民言论或出版之自由的法律。经过一系列案例实践、政治斗争和法律制定的过程，新闻自由逐渐在美国走上了制度化、法制化的轨道。

②杰斐逊的新闻自由思想。托马斯·杰斐逊是资产阶级统治者中真诚地企图把“民主国家”的学说和报刊自由主义理论付诸实施的政治家。正是在杰斐逊执政时期，美国的新闻自由传统才得以最终确立。他对新闻自由传统的形成有着重大的历史贡献，其突出成就是促成了美国第一宪法修正案的通过。杰斐逊的新闻自由思想主要包括以下内容：

a. 言论自由是人的天赋人权，政府应该以法律保障一切人的言论自由。

b. 新闻媒体是重要的信息来源和向导，它必须不受政府控制才能在民主社会中发挥作用。

c. 报纸是民主政治中不可轻视的公共监督者，它可以促进社会的和平改革，自由报刊应该成为对行政、立法、司法三权起到制衡作用的第四种权力。

d. 人是可以由理性和真理支配的，人民有智慧和正确的判断力，经得起新闻自由的滥用；除借助用以惩治造谣诽谤行为的法律所保有和提供的有益处罚手段之外，公众在全面听取有关各方的意见后，自会做出判断，对虚假的推理和观点加以匡正。

③密尔的新闻自由思想。约翰·斯图亚特·密尔是英国 19 世纪唯心主义哲学家、资产阶级自由主义的典型代表人物之一。《论自由》是密尔自由主义思想的代表作，体现了 19 世纪 50 年代英国资产阶级的要求，在其第二章“论思想自由和讨论自由”中，密尔以深刻的思辨逻辑论证了思想自由对于人类福祉的重要性，他认为思想、言论自由是人们发展个性和智慧以促进社会进步的必要条件，真理是在讨论中被发现和完善的，新闻出版自由提供了自由讨论的机会，也提供了人们认识真理的机会。密尔相信只有通过自由的言论，才能全面实现人的价值，使其成为真正意义上的人。

近代新闻自由理论和古典新闻自由理论相比，由原来的感性的、枝节的论述，转为较为理性的、系统的论述，尤其是经过资本主义国家的推行，新闻自由才能够落实到新闻传播实践中，逐渐走上了法制化轨道。

3. 新闻自由的口号是在什么情况下提出来的？应该给予什么样的历史评价？（北京大学 2007 年研）

答：新闻自由思想，是人类历史发展到一定阶段的产物，这一口号的提出有其特定的历史背景与历史意义。

（1）新闻自由口号提出的背景：

①17 世纪初到中期，近代报刊在欧洲普遍出现，出版自由作为社会普遍关注的问题也

随之而生。而欧洲资产阶级反封建统治的展开，则把出版自由问题推向革命斗争的前沿阵地。“在欧美资产阶级革命史上，几乎任何一个国家的资产阶级都提出过‘出版自由’的口号。”但纵观欧洲历史，为新闻自由而进行的最为持久、最早、最猛烈的斗争出现在英国。

②1643 年 6 月，英国国会恢复出版特许制度，并成立出版检查委员会。1644 年 8 月，弥尔顿未经当局审查便出版了关于离婚问题的小册子，受到议会的强烈谴责，并被传至国会出版委员会接受质问，他在国会作了长篇演讲，系统阐述了出版自由思想。11 月，他出版自己的演讲词，即《论出版自由》。在这本小册子中，弥尔顿在人类历史上第一次提出“出版自由”的口号，在实质上也等于第一次提出新闻自由的口号。

(2)对新闻自由口号的历史评价：

①出版自由(新闻自由)口号提出的历史意义，在于它从某种程度上标志着人类步入一个新的时代，一个由专制统治逐步走向民主政治的时代，一个人真正开始成为人的时代。

②施拉姆在《报刊的四种理论》中对《论出版自由》做出了这样的评价：它在自由主义传统上写出了主张思想自由的光辉的论点。虽然这篇文章没有全面论述言论自由和出版自由的原则，但是在当时提出了反对集权主义控制的强有力的论点。

从弥尔顿的思想出发，形成了现代关于“观点的公开市场”以及“自我修正过程”的概念，即让所有想说什么的人都自由地表达自己的思想。真实的、正确的思想会保存下来，虚假的和错误的思想会被克服。政府不应该参加战斗，也不应该协助其中一方。虽然虚假的意见可能取得一时的胜利，但真实的意见通过吸引了新的力量来维护自己，会通过自我修正过程最后战胜其他意见而保存下来。

总之，新闻自由口号的提出，对世界新闻事业的发展产生的重大的历史意义是不容忽视的，它是西方世界的重要文明成果之一。

4. 试论坚持新闻自由与社会责任的协调统一。(湖南师大 2016 年研)

答：新闻自由，是指媒体和公民在新闻传播活动领域所享有的自由权利。新闻自由属于一种民主权利，它是新闻传播活动得以实现的必要保证。社会责任要求媒介要在对社会负责的前提下开展活动。

(1)正确认识新闻自由与社会责任的辩证关系。按照对社会责任理论的一般理解，新闻自由的权利伴随着媒体要承担一定的义务和责任，没有自由，就无法履行责任，而不承担相应的义务和责任，自由的权利也无法得到保障。在这里，起核心作用的是道德意识与道德责任，这是媒体职业行为的底线。如果一家媒介机构在享有新闻自由权利时无节制地放任自己，任意冲破道德底线，连起码的道德意识与道德责任都不讲，将自己的自由权利建立在危害社会公共利益和侵害他人合法权益的基础上，那么它就等于剥夺了自己的自由权利，因为社会不会允许它如此放任，而总要采取一定的手段对其行为进行限制。社会责任理论提出者之所以强调，必要时政府可以对滥用新闻自由的行为进行干预，以保证媒体能够履行社会责任，不侵害社会与公众的利益，其根本原因就在于，这是最终能够保障正当的新闻自由权利的一种必要的手段。

(2)坚持新闻自由与社会责任的协调统一。社会责任原则是新闻工作中的一项重要原则，一切新闻机构及广大新闻从业者都要明确这一原则的深刻内涵，要自觉地把要求新闻自由权利同履行相应的社会责任与义务结合起来，坚持自由与责任的协调统一，真正做到既讲自由权利，又讲责任意识，合理、合法地行使社会赋予自己的新闻自由权利，认真履行自己应当承担的各种社会责任与义务，以圆满实现自己的社会功能，有效发挥自己作为社会与公众耳目喉舌的作用。

①需要谨慎行使自己的新闻自由权利，而绝不滥用新闻自由权利。要注意把握好新闻传播中的道德底线，要知道哪些传播行为是允许的，哪些传播行为是不允许的。

②需要牢牢树立责任意识，要自觉地以维护国家安全、社会稳定、民族团结，促进经济发展、世界和平和人类进步作为自己义不容辞的责任，要尽可能地使自己的传播活动能够同上述目标有机地联系起来。

③需要确立明确的受众观念，要自觉地运用自己手中的传播权力为社会与公众提供有效的服务，须知自己的传播权力来自于受众，因此必须真正用于为受众服务上，任何不为受众服务的传播活动都是一种不负责任的行为，最终都要受到受众的抵制和惩罚。

④需要保障媒体拥有充分的新闻自由权利和实现这些权利的必要条件，以使其能够更好地借助这些权利来履行自己的社会责任、道德责任和政治责任。

总之，只有坚持新闻自由与社会责任的协调统一，才能既保障媒体拥有充分的新闻自由权利，又确保媒体能够很好地履行自己的社会责任，使媒体的社会功能能够得到圆满实现，使媒体能够充分发挥自己的社会作用。

如今，随着互联网、手机、微博等新的媒介形态及传播方式的出现，社会已经进入了“自媒体”时代。在这种情况下，只要具备了一定的传播条件，“人人都有麦克风”，“人人都是传播者”，“人人都是评论者”，可以说普通民众拥有了越来越多的信息与新闻传播的自由权利，由此也应当承担相应的社会责任。作为一个传播者，每一个媒体使用者都要增强责任意识，要使自己的传播行为符合法律、道德和必要的专业规范，共同来维护新闻自由与社会责任的统一。

5. 试论述新闻出版自由与新闻传播社会控制的关系。（湖南师大2017年研）

答：（1）新闻出版自由的含义：

新闻出版自由这个口号，是1644年英国资产阶级政论家约翰·弥尔顿在《论出版自由》一文中提出的，1789年载入法国《人权宣言》，美国独立战争后正式列入宪法条款。资产阶级曾利用它作为反对封建文化专制主义，实行资产阶级民主政治的武器；无产阶级也借此宣传自己的主张，打破统治阶级对社会舆论和精神交往的垄断。“新闻自由”推动了近代新闻事业的迅速发展。

公民的新闻出版自由权利主要包括：公民的获知权、信息选择权、意见表达权、批评监督权等。媒体及新闻从业者的新闻出版自由权利具体包括：采访权、写作权、报道权、传播权、批评监督权等。

（2）新闻传播社会控制的含义：

“社会控制”是指社会对某一事物所形成的制约和限制。这种控制通常是由一定社会通过其政治制度、法律制度、文化传统、社会理念、道德及价值观念等等，来制约和规范某一事物，从而实现对这一事物的制约和限制的。

（3）新闻出版自由与新闻传播社会控制的关系：

①正确认识新闻出版自由与新闻传播社会控制的辩证关系。新闻自由的权利伴随着一

定的义务和责任。没有自由，就无法履行责任，而不承担相应的义务和责任，自由的权利也无法得到保障。在这里，起核心作用的是道德意识与道德责任，这是媒体及其从业者职业行为的底线。

社会责任理论之所以提出在必要时政府可以对滥用新闻自由的行为进行干预，以保证媒体能够履行社会责任，不侵害社会与公众的利益，其根本原因就在于，这是保障正当新闻自由权利的一种必要的手段。

②实现新闻出版自由与新闻传播社会控制的统一。

a. 媒体及其从业者谨慎行使自己的新闻自由权利，而绝不滥用新闻自由权利。

b. 牢牢树立责任意识，自觉地以维护国家安全、社会稳定、民族团结，促进经济发展、世界和平和人类进步作为自己义不容辞的责任，要尽可能地使自己的传播活动能够同上述目标有机地联系起来。

c. 确立明确的受众观念，要自觉地将自己手中的传播权力用于为社会与公众提供有效的服务，须知自己的传播权力来自受众，因此必须真正用在为受众服务上。

d. 保障媒体及其从业者拥有充分的新闻自由权利和实现这些权利的必要条件，使其能够更好地借助这些权利来履行自己的社会责任、道德责任和政治责任。

6. 论述社会主义新闻自由思想及其现实意义。（暨南大学 2016 年研）

答：(1)社会主义新闻自由概述：

社会主义新闻自由是社会主义制度下公民依法在新闻传播领域享有的言论和出版自由。对这一定义的理解，应该强调两个方面：①它是社会主义性质的；②它是属于全体人民的。社会主义新闻自由，与资产阶级所提倡的新闻自由有原则区别，社会主义新闻自由是在马克思主义指导下的新闻自由，是在坚持四项基本原则前提下的新闻自由，是在无产阶级政党的路线、方针指引下，在社会主义国家宪法和法律规定范围内的新闻自由，其最终目的是建设社会主义社会。社会主义新闻自由不仅是新闻界的自由，更是全体人民群众的新闻自由，是人民群众通过新闻媒介了解情况、发表意见、参与政治的权利。社会主义新闻自由的核心内容有两个方面：人民群众享有宪法规定的通过新闻媒介知情和表达的权利；新闻从业人员在新闻业务活动中享有各项职业权利。

(2)社会主义新闻自由的特点：

①社会主义新闻自由以剥夺敌对阶级和敌对势力的新闻自由为前提。无产阶级在夺取政权之后，首先应着手进行的一项工作就是封闭和取缔敌对的反动的报刊。只有这样做，才能维护和巩固无产阶级政权，从而实现和维护社会主义新闻自由。

②社会主义新闻自由建立在生产资料公有制的经济基础之上。在社会主义制度下，新闻资产属于全民所有，私人不能独自创办或控制新闻事业。生产资料公有制使得社会主义新闻自由的享受主体非常广泛，同时又为社会主义新闻自由提供了强大的物质保证。

③社会主义新闻自由是一种由无产阶级政党领导的自由，是民主和集中的统一，自由和纪律的统一。社会主义国家的执政党是无产阶级政党。所谓执政党，是指在国家和社会各项事业中居于领导地位的党。社会主义国家的一切事业和一切活动都应接受共产党的领导，新闻事业和新闻活动也不能例外。社会主义新闻自由是一种在人民内部享有的民主权利。在人民内部，一切民主权利(包括新闻自由)的行使都坚持民主和集中的统一，自由和

纪律的统一。

(3)社会主义新闻自由的现实意义：

①保障公民基本权利。在我国，新闻自由属于人民。保障公民的知情权、参与权、表达权以及监督权等基本权利是社会主义新闻自由的应有之义。当公民的权利受到侵害时，新闻媒体发挥舆论监督作用，及时披露相关事实，从而引起人们的普遍关注，通过舆论压力促使有关方面解决问题，使人们的利益得到保护。

②有利于媒体发挥“社会公器”的职能。在大众传播时代，大众传媒是“社会之公器”。换言之，大众传媒应该代表全社会最大多数人的共同利益，以维护整个社会的有序运行为己任，这与我们坚持的社会主义新闻事业的根本性质和任务也是相一致的。社会主义新闻自由的发展有利于媒体更好地发挥“社会公器”的职能，维护广大人民群众的利益。

③有利于提高媒体的国际化程度。在新闻自由思想的指导下，媒体的报道时效和采编水平得到提高，同时传播技术得到更新。这些变化有利于进一步提升传播力竞争力，积极参与国际竞争。当前，积极构建定位明确、特色鲜明、功能互补、覆盖广泛的舆论引导新格局，积极打造语种多、受众广、技术先进、信息量大、影响力强、覆盖全球的国际一流媒体，成为各大媒体的战略目标。只有确保充分的新闻自由，中国媒体才能真正走向世界、报道世界、参与世界、影响世界。

第七讲　新闻法治

7.1　复习笔记

【知识框架(庖丁解牛)】

- 新闻法治
  - 区分“法制”与“法治”
    - “法制”：“rule by law”
    - “法治”：“rule of law”
  - 世界上的两大法系
    - 海洋法系(英美法系)
    - 大陆法系(法兰西法系)
  - 新闻传播法的渊源
    - 国际条约和公约
    - 中国的宪法
    - 国家的基本法、一般法律
    - 法规
    - 行政规章
  - 中国新闻传播立法的历史
    - 光绪皇帝发布“上谕”(1898)
    - 《大清报律》(1908)
    - 《中华民国暂行报律》(1912)
    - 袁蒋时期与新闻传播相关的法律法规
    - 三部新闻法草案(1988)
  - 新闻法的基本理念和应有的内容
    - 与新闻传播法相关的“四权”理念
    - 新闻法应包含的大体内容
    - 我国新闻法难以出台的原因
  - 我国新闻传播的法律体系
    - 新闻传播的宪法原则
    - 新闻与司法
    - 特殊信息的发布和报道
    - 新闻传播活动与人格权、著作权
    - 新闻信息产业
    - 新闻传播业的行政管理
    - 涉外新闻传播活动的行政管理
  - 我国新闻实践中的“新闻官司”
    - “新闻官司”的出现
    - 走出“以阶级斗争为纲”的阴影
    - 处理“新闻官司”的原则

【通关提要（提纲挈领）】

本章主要讲述新闻法的理念及内容，同时还论述了世界范围内新闻法的发展历程及我国新闻传播的法律体系，本章考点主要以简答题为主，在学习时，要对新闻法的基本理念及内容做整体把握。

【考点难点归纳（厚积薄发）】

考点一：区分“法制”与“法治”（见表7－1） ★★★

表7－1 区分“法制”与“法治”

要点	具体内容
法制	①作为名词，是中性概念，即法律制度的简称。 ②作为动词，对应“rule by law”，即通过法律进行统治，主体是统治者，是指统治者用法来为政治服务
法治	“rule of law”，法是主格，即用法来治理政治，是一种相对稳定的以法管理
区分二者的意义	①我们的目标是追求法治。“法治”与“人治”相对立，区别有：a. 法治强调人民主权和法律治理，以法律来防止“人存政举，人亡政息”的发生；b. 法治主张法律面前人人平等，反对法律之外和法律之上的特权。 ②理解“新闻法治”。制定新闻传播法是要实现新闻传播领域的法治，厘清了“法治”和“法制”概念，才能理解“新闻法治”的内涵

考点二：世界上的两大法系（见表7－2） ★★

表7－2 世界上的两大法系

类别 要点	海洋法系	大陆法系
发展历程	又称英美法系、英吉利法系，始于英国。由于美国曾是英国的殖民地，接受了英国的这种法律体系	又称为法兰西法系、拉丁法系。始于古罗马（核心部分是意大利），后来中心从意大利转到法国。欧洲大陆各国的法律基本属于大陆法系，其中最典型的是《拿破仑法典》
特征	海洋法系尊重不成文的习惯法、案例法，在广义上使用“新闻传播法”概念。政治自由一般由习惯法确认	①大陆法系尽可能涵盖所有情况，其新闻传播法也必须是成文法，应有新闻传播法来保护新闻出版自由。 ②凡是法治国家都有新闻传播法，只是法的表现形式有所不同，大陆法系国家大多都有新闻传播法
共同前提	“法律的目的不是废除或限制自由，而是保护和扩大自由”	

考点三：新闻传播法的渊源(见表7-3) ★★★

表7-3 新闻传播法的渊源

要点	具体内容
制定原则	制定新闻传播法，遵循“下位法服从上位法、下位法不得违背上位法”的原则。新闻传播法作为一般性质的专门法律，其上位法是宪法和国家基本法，参照相关国际法
制定依据	①以宪法为主要依据，新闻传播法需解释宪法的有关条文并将其具体化。 ②内容不能与同一级别的其他一般法律冲突，要参考已有的相关法规和行政规章制定。 ③新闻传播法颁布后，已有的与新闻传播相关的法规和行政规章不能与之冲突。若有冲突，或修改，或以新颁布的法律为准。 ④新闻传播法、新闻法规和行政规章的内容，不能违宪
内容依据	①国际条约和公约。 ②宪法。 ③国家的基本法、法律。 ④法规。即国务院制定的规则。 ⑤行政规章

考点四：中国新闻立法的历史(见表7-4) ★★★★

表7-4 中国新闻立法的历史

要点	具体内容
中国现代新闻立法开始	1898年，光绪皇帝发布了一道“上谕”，宣布中国以后要实行开放报禁，这是最早的与新闻出版相关的法令。该法律准许官民办报，且同意上海《时务报》改为官报
中国历史上最开放的一部新闻法颁布	1908年，经慈禧太后同意颁布了《大清报律》，这是中国历史上最开放的一部新闻法
1912年“暂行报律冲突”	《中华民国暂行报律》颁布，要求实行注册登记、不得攻击共和国体制、实行更正制度
袁世凯和蒋介石时期	袁世凯政府颁布《报纸条例》《出版法》《修正报纸条例》，蒋介石政府颁布《新闻记者法》《修正出版法》，内容都没有超出《大清报律》
中国形成三份新闻法草案	到1988年，中国形成三份新闻法草案。包括：①上海新闻法起草小组的草案；②国务院新闻出版署起草的草案；③社科院新闻与传播研究所的草案

考点五：新闻法的基本理念和应有的内容 ★★★★★

1. 与新闻传播法相关的“四权”理念(见表7-5)

表7-5 与新闻传播法相关的“四权”理念

要点	具体内容
知情权	又称“知晓权”，由美联社记者肯特·库柏首先使用，是指公众通过传媒享有了解政府工作情况的法定权利，属于新闻自由范畴
隐私权	1890年，美国大法官路易斯·布兰迪斯和哈佛大学法学教授塞缪尔·沃伦共同提出隐私权的概念，主张“不受干扰的权利”

续表

要点	具体内容
隐匿权	指新闻提供者在与新闻传媒建立关系时拥有的一种权利
更正与答辩权	指新闻内容出现差错，如人名、地点、时间或事实有误，当事人有权提出要求更正或答辩。1948年国际新闻自由委员会通过了《国际新闻错误更正权公约》(草案)

2. 新闻法应包含的大体内容

(1)总则。

(2)新闻传播媒体的创办。包括：①注册登记制；②无登记的追惩制；③批准制，又称许可制；④保证金制。

(3)新闻工作者的权利及义务。

(4)法律范围内对传媒的管理。

(5)更正与答辩。

(6)新闻侵权与诉讼的程序和惩罚条款。

(7)外国新闻机构驻华人员的管理。

(8)附则。

考点六：我国新闻传播的法律体系 ★★★

虽然我国目前还没有出台单独的新闻传播法，但关于新闻传播的法律体系已基本完善。中国的新闻传播法不是一部单独的法律，而是表现为涉及新闻传播的法律群，这一法律群关于新闻传播方面的内容包括以下方面。

1. 新闻传播的宪法原则

宪法中和新闻传播有关的内容：

(1)政治上要求坚持中国共产党的领导及为人民和社会主义服务的方向。

(2)在人权方面，宪法规定了公民言论、出版自由的权利，也涉及批评建议权和舆论监督。

2. 新闻与司法

新闻与司法的关系是新闻传播法的重要议题。司法被认为是社会公正的最后防线，必须公开，受到公众的监督；但司法进行过程中，又必须独立且不受外界干扰。因此，新闻媒体报道司法需特别警惕媒介审判。

媒介审判效应指：媒体在审判前就大事宣传嫌疑人有罪，形成一种足以影响法庭独立审判的舆论氛围，使人们合理怀疑审判在不同程度失去公正性。这违反了我国“无罪推定”“不得强迫自证有罪”等一系列法治原则，是对司法权力和诉讼当事人人权的双重侵犯，具有多种负面影响。

3. 特殊信息的发布和报道

社会生活中，需要一定法律来规范一些重要信息的发布和传播。很多相关条款规定了新闻报道的规范：

(1)总体层面：2007 年的《突发事件应对法》。

(2)具体层面：《防灾减灾法》《传染病防治法》《防汛条例》《食品安全法》《重大动物疫情应急条例》《核安全法》《反恐怖主义法》《广告法》《证券法》《气象法》《测绘法》等。

4. 新闻传播活动与人格权

在新闻中有时可能会涉及特定的他人，侵害到他人人格；传播内容方面，如广告、文艺作品、音视频等，也可能发生侵权。我国的宪法、相关法律和最高法的司法解释涵盖内容如下：新闻侵权的责任构成；名誉权的侵害方式和名誉权的抗辩事由；新闻侵害隐私权的方式和侵权的抗辩事由；肖像权与其他权利的竞合、侵权责任和救济；诽谤罪；损害商品信誉和商品声誉罪；侵犯公民个人信息罪等。

5. 新闻传播活动与著作权

新闻活动与著作权是新闻传播法中的一个重要议题。我国出台了系列法律法规，如《民法通则》《著作权法》《著作权法实施条例》《著作权集体管理条例》《信息网络传播权保护条例》等，涵盖了著作权客体、著作权主体、各项权利、著作权和公众利益的平衡、传播者的权利、侵犯著作权的法律责任等诸多问题，以此保障新闻传播活动的著作权。

6. 新闻信息产业

1985 年，国家统计局发表《关于建立第三产业统计的报告》，将新闻出版、广播电视列为“第三产业”。此后，随着许多的文化单位“转企”，新闻事业单位中的“可经营部分”转为企业，广播电视的“制播分离”以及互联网实行多种经营体制等，一系列涉及新闻信息产业的法律、法规、行政规章和政策文件随之产生。

7. 行政管理(见表 7－6)

表 7－6 行政管理

要点	具体内容	
新闻传播业	报刊	在创办、印刷、发行、进口等所有环节实行许可制
	广播电视机构和节目制作经营机构	广播电视机构和节目制作经营机构的设立、专用频段频率的指配、卫星地面接收设施的设置等，实行许可制
	互联网	中国管理互联网的最高位阶的法律文件有五部，其中，2016 年通过的《网络安全法》为基础性法律
	新闻从业者	我国已经形成了具有中国特色的配套的规章制度，其他国家大多由行业组织自我管理
涉外新闻活动	中国涉外新闻传播活动管理一直比较严格。最开始只对外来新闻机构和记者进行行政管理。随着市场经济在中国的发展，中国制定了相关的管理规定，在与国外境外的新闻出版活动中，针对内容的引进播出、广告、投资、经营、合作制片等方面进行了规定	

考点七：我国新闻实践中的“新闻官司”（见表7－7）★★

表7－7　我国新闻实践中的“新闻官司”

要点		具体内容
新闻官司的出现		我国关于新闻传播的法律体系已基本完善，在这种全局性质的法治背景下，从1987年开始，中国出现了一系列“新闻官司”，是对言论和名誉的保护（名誉权也是基本人权）的体现
走出“以阶级斗争为纲”的阴影		①改革开放后我国对媒体认识的变化。20世纪80年代出现的“新闻官司”，帮助我国传媒走出了“以阶级斗争为纲”的阴影。改革开放后，我国对媒体的认识转变为：媒体只能报道各种信息，不能给别人定罪。传媒任何时候都不能作为专政的工具，媒体不能再批判、诽谤、审判别人。这是一种重要的认识上的转变，包括观念、作风、报道方式、文风等多方面。 ②虽有了很多转变，但传媒冲突中仍体现着过去的一些影响。例如，传媒常带着某种纯朴的正义观念来谴责坏人，而缺少法治意识；在和别人论战时，“以阶级斗争为纲”时期的语言会有意无意地影响着一方或者双方
处理“新闻官司”的原则	有法必依，执法必严	我国“新闻官司”的首要问题不是没有法，而是有法不依、执法不严。法院在公民与官员、政府机构、公司企业之间的纠纷中通常会有意或无意地倾斜强者，从而压制公民的表达权利
	法律保护名誉权	处理名誉权纠纷的一条重要法理定律是：依据健全理性不会信以为真的言辞，不构成名誉侵权
	法治而非人治	在处理新闻官司，特别是言论冲突时，需用法治而非人治来处理各种言论传播的冲突事件。需明确： ①言论的表达不能全部通过法律解决，法律是不得已的最后手段。 ②法律有边界，并非无所不能。 ③刑法不应轻易介入民事领域里能解决的言论问题。 ④运用法律处理言论问题，应善意解释法律。以“有利于被告人”的原则来解释法律，才符合罪刑法定和无罪推定原则的精神实质

【考点难点归纳】区别“诽谤”与“侮辱”（见表7－8）

表7－8　区别“诽谤”与“侮辱”

要点		具体内容
诽谤	定义	指散布虚假事实损害他人名誉的行为。它可能用词“文明”且规范，有的行为甚至看似很“理性”
	构成要件	①陈述的事实虚假。 ②虚假的事实涉及特定人的社会评价。 ③事实虚假的程度判断方面，严重失实或基本失实而损害当事人的名誉，属于诽谤
侮辱	定义	指通过信息传播，泛泛地詈骂别人的行为（暴力侮辱属于另外的刑事犯罪）
	表现	表现为不讲道理，采用粗鄙、下流的词句或图像加于特定的人，通常没有特定的事实
	结果	贬损他人的人格和人格尊严

7.2 考研真题

一、概念题

1. 新闻法规(湖南大学2015年研；复旦大学2013年研)
2. 新闻纪律(中传2007年研)
3. 新闻法治(华中师大2016年研；人大2009年研)
4. 隐私权(南开大学2010年研；中青政治学院2009年研；清华大学2007、2005年研)
5. 表达权(复旦大学2013年研)
6. 知情权(中南大2018年研；安徽师大2017、2015年研；武汉大学2016年研；华农2013年研；暨南大学2012年研；中南大2010年研；南京师大2008、2006年研；西安交大2008年研)
7. 传播制度(北师大2019年研)
8. 新闻媒介的宏观管理(山东师大2016年研)
9. 新闻政策(大连理工2021年研；复旦大学2017年研；山东师大2017年研；西安工程2015年研)
10. 媒介规范制度(厦大2017年研)
11. 大众传播的社会控制(华农2015年研)
12. 新闻控制(暨南大学2016年研)
13. 新闻体制(湖南大学2016年研；中央民大2016年研)

二、简答题

1. 简析新闻法制和新闻法治的关系。(人大2011年研)
2. 简述隐私权、知晓权与采访权三者之间的关系。(湖南师大2017年研)
3. 有人说，“知情权是一种媒体特权”，请你对这个观点做一简要评析。(中国海大2018年研)
4. 简述我国现在的传播制度及媒介规范理论。(华科2018年研)
5. 简述苏联新闻体制的内容和特点。(华中师大2018年研)
6. 传播制度有哪几种类型?(华农2011年研)

三、论述题

观点讨论：新闻报道过程中，当知情权与隐私权发生冲突时，应优先满足公民的知情权，以保证公开的舆论监督；新闻报道过程中，当知情权与隐私权发生冲突时，应优先满足公民的隐私权，维护和谐的社会环境。(武汉大学2007年研)

相关试题：你认为新媒体环境下新闻工作者应该如何处理知情权和隐私权的关系?(苏州大学2018年研)

7.3 考研真题详解

一、概念题

1. 新闻法规(湖南大学2015年研；复旦大学2013年研)

答：新闻法规是以立法形式通过的法律条文和行政颁布的规定、规则，是国家实施管理的主要依据。它要处理的一个核心问题是：保护新闻自由，同时必须防止滥用新闻自由，从而在确保国家利益、公众利益不受侵害的前提下，鼓励新闻媒体满足公众需要，促进国家发展。世界各国的新闻法规有三种形式：①以立法形式正式颁布的《新闻法》；②以最高法院和上级法院的判例为标准来审理新闻案件，即判例法，而没有成文的《新闻法》；③有些国家并没有单独成文的《新闻法》，而把新闻法规的有关条文写入《宪法》《民法》《刑法》以及其他的专用法律条款中。

2. 新闻纪律(中传 2007 年研)

答：新闻纪律是新闻媒介的控制者(政党、组织、财团等)为维护所属新闻媒介的性质、工作秩序，实现预期的传播目的而制定的工作制度和行为准则。主要内容包括：履行自己的职责，执行有关的决议和命令，遵守特定的规章制度，保守规定范围内的秘密等。宣传纪律有三个明显的特征：①强制性，对所辖从业人员有着普遍的组织约束力；②阶级性，具体体现新闻媒介所从属的阶级的利益、意志和追求；③随动性，即随着传播目的的变化而作出相应的增删和调整。

3. 新闻法治(华中师大 2016 年研；人大 2009 年研)

答：新闻法治是争取民主与自由的产物，同时又是促进民主与自由、实行正当新闻自由的强制性规范。把新闻活动纳入一定的法理体系，即纳入法的正义与公平，构成新闻法治的理念。新闻活动的法律规范包括两种形式，一种是制定专门的新闻法(又称成文法)，另一种是在宪法、刑法、民法、保密法、著作权法、判例法等法律中含有适用于新闻出版的法律条款(又称条文法)，对媒介行为进行必要的保障和限制。新闻活动的法治，既是新闻自由的重要保障，也是新闻控制的主要手段。

4. 隐私权(南开大学 2010 年研；中青政治学院 2009 年研；清华大学 2007、2005 年研)

答：隐私权是指自然人享有的私人生活安宁与私人生活信息依法受到保护，不受他人侵扰、知悉、使用、披露和公开的权利。隐私权的主要含义包括：①隐私权的主体只能是自然人；②隐私的内容包括私人生活安宁和私人生活信息；③侵害隐私权的方式通常包括侵扰自然人的生活安宁，探听自然人的私生活秘密，或在知悉他人隐私后，向他人披露、公开，或者未经许可进行使用。隐私权的主要内容包括：个人生活安宁权，个人生活信息保密权，个人通讯秘密权和个人隐私使用权。

5. 表达权(复旦大学 2013 年研)

答：表达权从一般意义上看，又称表达自由，是指“公民通过口头或书面以及特定行为表达自己意见的自由，包括言论自由、著作自由、出版自由、新闻自由、集会自由、结社自由、游行示威自由等”。在新闻传播领域，主要是指新闻媒介的表达自由和受众通过新闻媒介表达自己意见的权利和自由，对于受众而言，则进一步细化为受众在媒介上的表达权。在任何国家，受众作为公民的表达权既有保障也有限制，任何表达自由必须在法定范围内。

6. 知情权(中南大 2018 年研；安徽师大 2017、2015 年研；武汉大学 2016 年研；华农 2013 年研；暨南大学 2012 年研；中南大 2010 年研；南京师大 2008、2006 年研；西安交大 2008 年研)

答：知情权又称获知权、知晓权、了解权、知的权利，是指公民拥有获取有关社会公共领域信息以及本人相关信息的权利，尤其是指公民能够通过公开的渠道公平地获取他们需要的信息的权利。对于任何公民而言，与新闻自由关联最密切的是公民的知情权问题。知情权是新闻自由的应有之义，其本质是信息的公开和信息的自由流动。在现代社会，知情权之所以重要，原因在于知情权是公民实现其他权利的前提，是现代国家民主宪政的前提，是人民当家做主，对政府、社会实施监督的前提。

7. 传播制度(北师大 2019 年研)

答：传播制度是指一定社会制度中对大众传播活动直接或间接地起着制约、控制作用的部分。传播制度作为社会制度的反映，其内容是十分复杂的，它体现了社会制度或制度性因素在各个方面对传播媒介活动的制约和影响。传播制度中既包括媒介与政府的关系问题，也包括媒介与社会群体和广大受众的关系问题；既包括言论出版的自由与权利问题，也包括言论出版者所应承担的责任和义务问题。还包括竞争与秩序、生产与消费、经济效益与社会效益等各种复杂的矛盾和问题。传播制度体现了全部社会结构和社会关系的复杂性。

8. 新闻媒介的宏观管理(山东师大 2016 年研)

答：新闻媒介的宏观管理是指政府通过立法手段和行政手段对整个新闻事业实施的控制、约束和调节，它侧重于党和政府对全国新闻事业的宏观管理和指导。宏观管理主要有三个方面：①行政管理，即政府通过一定的手段以国家的名义对新闻媒介实施的组织、指导、协调和控制；②法制管理，即国家通过立法的形式对新闻媒介的活动实施控制和约束，加强新闻媒介法制化管理是依法治国的必然要求；③行业规范，即新闻从业人员的行业性组织制定和颁布，是对行业内所有成员的行为具有约束力的行为自律准则。

9. 新闻政策(大连理工 2021 年研；复旦大学 2017 年研；山东师大 2017 年研；西安工程 2015 年研)

答：新闻政策是指关于新闻报道政策界限的规定。具体包括：能报道什么，不能报道什么，着重报道什么，一般报道什么，以及报道中应该注意些什么等。新闻政策是由各国的政治制度、经济制度、文化传统以及社会结构所决定，也就是国情。中国的新闻报道政策是以正面报道为主，符合“三贴近”原则，贴近实际，贴近生活，贴近群众。

10. 媒介规范制度(厦大 2017 年研)

答：媒介规范制度是指在特定的社会活动领域中围绕着一定目标形成的具有普遍意义的、比较稳定和正式的并对大众传播进行控制与规范的社会制度，它包括政治法律制度、经济制度和思想文化制度等等。传播学的媒介规范理论是指大众传播媒介应当如何运作，或者人们期望媒介应如何组织，以及为了更广泛的公共利益和社会整体而进行运作的一系列观念。传播学中的媒介规范包括：媒介的内部控制；传播媒介的自我规范；传播政策与传播法规；新闻伦理；客观性原则与平衡性原则；把关人与影响传播把关人的因素等。

11. 大众传播的社会控制(华农 2015 年研)

答：大众传播的社会控制是指一定社会制度下的社会规范体系直接或间接地控制和制约大众传播活动。作为社会学的一个概念，“社会控制”最早由美国社会科学家罗斯提出。大众传播是在特定的社会制度条件下进行的，社会制度对大众传播的控制主要表现在下述几个方面：①政治控制。政治控制集中地体现在权力组织(诸如政府部门、执政党和其他拥有社会权力的组织)对各种传播方式、路径的行政或党务管理上。②经济控制。在市场经济条件下,经济控制的关键是传媒的所有权。③文化控制。文化是大众传播活动的"情境"性因素。传播的意义除了符号本身确定的意义之外,更多的意义来自特定情境,而作为承载意义的符号本身亦是文化的产物。文化对传播形成潜在而强大的社会控制。④受众控制。受众是决定传播活动成败的关键。传播效果的好坏必须从受众的反应中进行评价,因此,受众对媒介传播活动具有较大的制约作用。这种控制是以不同形式和通过不同渠道表现出来的。⑤技术控制。新的传播技术的诞生和应用会对社会带来深远的影响,这种影响不仅表现为人们的交流方式和传播渠道的改变,更重要的是影响到人们的生活方式、思维方式以及价值观念。

12. 新闻控制(暨南大学 2016 年研)

答: 新闻控制是指国家、政党和社会团体通过物质资产、政策法规等手段对新闻传播行为进行的强制性管理和约束。新闻控制的实质,是按新闻资产所有者的意志对传播行为加以规范,用以防止新闻自由和媒介权利的滥用。新闻控制的目的在于维护和确保秩序的形成和延续,以达到控制者对控制对象预期的运转方式和目标指向。新闻控制的目标是给予新闻传播一定自由度,使传播性行为与社会规范保持一致,不违背施控者的利益和主张。显然,新闻控制的目标是新闻自由与行为规范的统一。新闻控制手段有经济控制、法规控制、政策控制、行政控制和伦理控制。

13. 新闻体制(湖南大学 2016 年研;中央民大 2016 年研)

答: 新闻体制即新闻传播体制,又称媒介制度,是指新闻事业的所有制性质、决策机构的构成、新闻事业的结构和国家社会对新闻事业的制约机制等。不同的新闻体制是由不同的政治、经济体制决定的。新闻体制的核心是资产的所有权和新闻报道的支配权。新闻体制的实质就是新闻传播的制度问题,主要包括新闻资产的所有制问题、新闻业的组织结构问题、人事制度问题等。在这些具体的体制内容中,新闻资产的所有制是新闻体制的核心,它决定着其他体制内容的具体安排方式。新闻媒介的所有制主要包括:①私营媒介,即完全由私人独资或集股兴办(股份制)的媒介,以美国最具代表性;②公营媒介,以英国广播公司、日本放送协会和德国广播联盟为代表;③国营媒介,除了一批社会主义国家的新闻媒介都属国营外,西方发达国家也有一批国营的新闻媒介,其中以法国在 20 世纪 80 年代中期以前的电视一台、二台、三台,以及意大利国家电视台最具代表性。

二、简答题

1. 简析新闻法制和新闻法治的关系。(人大 2011 年研)

答: (1)首先区分"法治"和"法制":

①法制是"rule by law",即通过法律进行统治。这里的主体是统治者,法是被动的,这意味着统治者用法来为政治服务,如秦始皇制定法律。

②法治是"rule of law",即用法来治理政治。法是主体,这是一种相对稳定的以法管理。

(2)新闻法制和新闻法治的定义:

①新闻法制,是指国家运用立法和行政手段,对新闻传播事业进行控制、约束与调节所形成的法律制度体系。新闻法制属制度的范畴,它不仅包括有关新闻的法律制度,而且

包括这些法律实施和法律监督等一系列活动和过程，是立法、执法、守法、司法和法律监督等内容的有机统一。

②新闻法治，是指在新闻传播法律体制下一种管理新闻传媒行业的原则和方法。“新闻法治”是指实现新闻领域的法治，而非人治。它意味着用法来保护新闻自由，保证新闻从业者的权利并规范其行为，对违法行为依法惩处，减少主观随意性。

(3)新闻法制与新闻法治的区别：

①新闻法制的产生和发展与国家有直接关系，任何国家都存在新闻法制，同时新闻法制因国家制度和发展程度的不同而相异。而新闻法治的产生和发展与国家没有直接联系，不一定所有的国家都能实现新闻法治，只有民主制度的国家存在新闻法治。

②新闻法制要求对新闻工作实行法律化、制度化，并做到有法可依、有法必依、执法必严、违法必究。而新闻法治的基本要求是新闻行业严格依法办事，法律在新闻行业的运行中具有至上性、权威性和强制性，不是当权者的任性。

③实行新闻法制的主要标志是一个国家的新闻行业从立法、执法、司法、守法到法律监督等方面，都有比较完善的法律和制度。而实行新闻法治的主要标志，是一个国家的新闻行业在各种场合下都严格守法和依法办事。

(4)新闻法制和新闻法治的联系：

①新闻法制是新闻法治的基础和前提条件。要实行新闻法治，必须具有完备的新闻法制。没有新闻法制，就不会存在新闻法治。

②新闻法治是新闻法制的立足点和归宿，新闻法制得以发挥效用的手段即实现新闻法治。

2. 简述隐私权、知晓权与采访权三者之间的关系。(湖南师大2017年研)

答：(1)隐私权的含义：

隐私权是指个人有依照法律规定保护自己的隐私不受侵害的权利，它包括：公民对于自己与社会公共生活无关的私事，有权要求他人不打听、不传播，也有权要求新闻媒介不报道、不评论；公民对于自己与社会公共生活无关的私生活，有权要求他人不得任意窥探和干扰，包括自己的住宅和其他私生活区域不受侵犯。

(2)知情权的含义：

具体参见本章概念题第6题答案。

(3)采访权的含义：

采访权是记者有自主地通过一切合法手段采集新闻材料而不受非法干预的权利。它是一种信息采集行为，保障和规范这种行为的法源，可以一直追溯到言论自由的原则。言论自由在狭义上通常理解为意见表达的自由；从广义上说，知情权被解释为言论自由“潜在”的权利。

在我国，至今“采访权”法无明文，没有一项授权性的规范在法律上加以规定。但是，采访自由可以从《宪法》的言论出版自由中延伸出来，包括批评自由、通讯自由等记者的职业特性，即使其具有为了满足公众的知情权，而进行信息寻求和采集的权利。

(4)隐私权、知晓权与采访权三者的平衡：

①对于公众人物及卷入公共事件的人物的隐私，应采取公共利益和国民利益至上的原

则，优先满足公众的知晓权，以保障健全的舆论和公共政治生活。

②对于普通人的隐私，应采取人格至上的原则，优先保护其隐私权，以保障自由、独立的人格的形成。

③在处理日常的采访权与隐私权的冲突时，采取“实际的恶意原则”来判断对隐私权的侵犯是否成立，此原则的内涵是：明知错误仍然坚持发表，或出于对事实真相的不顾，错误地加以报道，即可判定侵犯隐私权。它引入了一种基于公共利益的言论自由抗辩，同时又能保障基于道德理性的新闻舆论监督，辩证地把握这三项原则，就可以使知晓权和隐私权统一于“传播权”这一基本的人权体系中，使其体现为人的目的。

④记者采访权是公民知情权得以实现的保证，同时采访权要受到民事私权法律的限制，民事主体依法享有的一些权利在一定情况下可以约束、限制采访权，如名誉权、隐私权和宁居权等。

(5)处理隐私权与知情权、采访权的关系的原则：

①社会政治及公共利益原则。个人隐私原则上受法律保护，但如果涉及社会政治利益及公共利益，则要区别情况加以对待。

②权利协调原则。在隐私权与知情权发生一般冲突时，应进行某种适当的协调，可以通过在较小范围内公开隐私，以满足知情权的需要。

③人格尊严原则。新闻报刊对社会不良现象的揭露，必要时涉及某些人的隐私，但不得以伤害其人格尊严为目的。当个人行为涉及交通、消防、治安及社会文化生活、卫生健康等公共事务时，则认为与社会公众利益有关而具有新闻报道的优先权，但报道时应维护当事人的人格尊严。

④公众人物原则。在处理公众人物隐私权与知情权、采访权冲突时，要遵循公众人物原则。公众人物的事业不仅是他们自己的，也是社会的、公众的，普通民众有权了解他们的事业及其与事业有关的个人情况。但公众人物完全私下的、与社会并不发生直接联系的个人私生活则不应受到侵扰。

3. 有人说，“知情权是一种媒体特权”，请你对这个观点做一简要评析。（中国海大2018年研）

答：这个观点是不正确的，知情权不是媒介特权，它是人民的权利。

(1)知情权的基本定义：

具体参见本章概念题第6题答案。

(2)知情权是人民的权利：

①知情权不是媒介特权，它是人民的权利，受众作为公民，理所当然享有知情权，特别是通过媒介了解公共信息的权利。这是我国法律所保障的基本人权，也是公众行使传播权、监督权等其它权利的基础和前提。

②新闻媒介作为职业化的专门从事社会信息整合和传播的公共部门，其行使知情权的权利和义务得以更加明确和强化，同时由于其作为社会公器“第四权力”的巨大影响力，因而成为了社会公共传播资源的受托使用者，让渡了部分公共知情权。

③综合上述，由于新闻媒介的巨大社会影响力和地位，“公共利益至上性”是其最高准则，这也意味着其在行使知情权等权利的同时要接受公众监督，为公众服务。

4. 简述我国现在的传播制度及媒介规范理论。（华科 2018 年研）

答：（1）传播制度与媒介规范理论：

传播制度是指一定社会制度中对大众传播活动直接或间接地起着制约、控制作用的部分。传播制度作为社会制度的反映，其内容是十分复杂的，它体现了社会制度或制度性因素在各个方面对传播媒介活动的制约和影响。传播制度中既包括媒介与政府的关系问题，也包括媒介与社会群体和广大受众的关系问题；既包括言论出版的自由与权利问题，也包括言论出版者所应承担的责任和义务问题。传播制度体现了全部社会结构和社会关系的复杂性。

媒介规范理论则是关于应该用什么样的规范（传播制度）来约束大众传播活动的理论。任何一种有关大众传播活动规范的观点大致都包含着以下几个方面的内容：对大众传播社会影响力的认识；对大众传播所应执行的社会功能的期待；基于这些认识和期待的对传播制度或传播体制的构想。英国学者麦奎尔曾经将各种规范体系中所内含的观点和主张称为关于传播制度或媒介制度的“规范理论”，并归纳了它的六种主要类型，即：①极权主义理论；②自由主义理论；③社会责任理论；④苏联的共产主义媒介理论；⑤民主参与的媒介理论；⑥发展中国家的媒介理论。这些理论，有的已经变成了现实的传播制度，有的还正处于萌芽和形成状态。

（2）我国的社会主义传播制度和媒介规范理论：

社会主义传播制度是当今世界的两大主要传播制度之一。社会主义制度下的媒介规范理论，与资本主义制度下的媒介规范理论有着不同的理论渊源和社会实践背景。社会主义媒介规范理论的形成经历了革命战争和社会主义建设两个时期，并且正处于不断发展和完善的过程之中。

我国目前正处在社会主义初级阶段，建设高度的物质文明和精神文明是我国社会发展的首要任务。新闻传播是一定社会经济基础的反映，因此，我国目前的传播制度及其基本规范包含了以下几个方面的内容：

①我国的新闻传播事业实行社会主义公有制，这是防止私人和资本垄断、保障传播媒介和传播资源掌握在全体人民手中的根本制度，也是实行社会主义新闻自由的重要基础。

②我国社会主义新闻传播事业是中国共产党领导下的事业，必须坚持党性原则。人民的利益是党的最高利益，因此，坚持党性原则与服务于人民的根本利益是一致的。

③社会主义新闻传播事业执行报道新闻、传播信息、引导舆论、提供娱乐等多方面的社会职能。其中报道新闻、传递信息是新闻传播事业的基本职能。

④社会主义新闻传播事业具有重要的经济功能。这种功能包括两个方面：a. 新闻传播事业通过沟通生产、流通和消费对国民经济发展起着重要的服务作用；b. 新闻传播事业本身也是社会主义市场经济的重要组成部分，是新兴的信息和知识产业的骨干，新闻传播事业的发展可以带动国家和社会的全面发展。

5. 简述苏联新闻体制的内容和特点。（华中师大 2018 年研）

答：新闻体制是指一定社会控制协调新闻传播活动的制度体系。其主要内容包括新闻传播的政策基础、控制方式，以及新闻传播的社会功能。作为国家制度的组成部分，它往往反映着特定社会和国家的性质。

从历史上看，苏联的新闻体制约形成于二十世纪三四十年代，即斯大林时代。苏联新闻体制，主要是指在斯大林时期所建立的一整套新闻传播体制和其运行规则。这一体制是按照斯大林、联共(布)党的一系列指示和原则精神，经过相当长时期的新闻实践活动，逐渐“配套”形成的。

(1)苏联新闻体制的内容：

①公有公营制。十月革命胜利后，公有制在前苏联取得了统治地位，苏联大多数新闻媒介都属国家所有。其余少数由各团体、组织发行的报纸，其所有权亦直接或间接地隶属于国家。新闻单位的言论政策、人事安排、经营管理等，全都由党和政府决定。

②党对新闻媒介进行行政领导。苏联共产党对新闻媒介实行行政领导。这种行政领导主要通过人事权、指示权和指导监督权三种形式进行：

a. 各级新闻单位的工作人员和负责人，均由党委按照一定的组织程序考查、选拔和任免，同时还要接受党的严格训练。

b. 各级党委要定期讨论并研究新闻机关的工作。在新闻政策、编辑方针和重大问题的处理上，给予必要的指示。

c. 利用党的合法组织进行指导监督。苏共中央设有主管宣传的中央宣传部，对所有报刊的组织、人事、经费、言论，具有直接发布命令、指导监督及考察奖惩之权。中央报纸的领导人，由党中央直接任命；地方报纸除接受中央宣传部的领导外，还须服从同级党委的领导。

③新闻检查。苏联负责新闻检查的机构是“国家新闻保密局”。其任务是在新闻出版物及其他资料方面，加强政治、军事、经济安全的管制措施。它采取预检和事后检查两种方法，有权禁止那些煽动反对政府、泄漏国家机密、煽动民族主义与宗教狂热及色情引诱的材料的出版与发行。

④新闻界的自我监督。苏联不同类型的全国性大报，都对属于自己一类性质的下级报刊，负有批评监督的责任。每一级报刊都监督着比它低一级报刊的活动，以至连打印的墙报也要受到上级小报的监督。广播电视也是如此。

(2)苏联新闻体制的特点：

①新闻媒介全部国有。所有新闻机构都是国家事业单位，完全按照计划经济模式运作。报刊是官办的机关报；广播电台电视台则是官方的机关台，在新闻传播领域中没有党政的区别，更无官办、民办的区别，宪法中规定的公民的出版自由，表现为代表所有公民根本利益的执政党及其所领导的政权组织的出版自由。无产阶级政党在夺取政权以前，对本党报纸的政策被不加变动地作为一种必须遵循的原则而继承下来，成为国家新闻传播制度的哲学基础。

②新闻报道“宣传化”。从新闻事业狭隘的宣传鼓动组织的职能要求出发，苏联新闻传播事业的整个报道工作完全被功能式地定位为“宣传化”的机器。执政的当权者掌握着新闻报道的过滤漏斗，决定着人民大众应该知道些什么和不应该知道些什么，凡反对现行政权、现行政策、现行领导的报道，不是完全不予刊登，就是只刊登无害的部分。

③高度的“一体化”和完全实行人治。苏联传播事业不是实行法治，从来就没有制定新闻出版法规，而只是单纯依照对当前政治有利无利的现实原则来指导新闻事业，这样，对

新闻事业的管理就常常因领导者的素质不同、水平不一而导致一种判断无标准、取舍无定规的人治现象，整个社会传播事业也随之出现了“软化”和过分依赖上层的现象。报刊、传媒无权对同级执政者进行批评和监督，只有更高一级的新闻事业单位才有此权，这样层层上溯，最后的结果只能是最高权力机构的言行可以不受任何新闻舆论的监督与批评。

④新闻传播体制过分集权。苏联新闻传播体制模式的过分集权性质，导致了人民自下而上地对新闻传媒这一“人民喉舌”进行监督的功能的“软化”与“弱化”，这是该体制的第四个显著特点。由于主持政治、评议新闻传播实践的人就是同级或上级权力机构；由于官费办报、官费订报、官僚们看报，因此报纸办得好与坏跟读者的好恶不发生任何关系，新闻传播效果不受发行量、读者态度的左右，从而形成了传媒机构和具体把关人只对上负责，对“现官”负责，而不需对下层、对民众负责的不正常机制。

6. 传播制度有哪几种类型？（华农 2011 年研）

答：（1）传播制度的含义：

具体参见本章概念题第 7 题答案。

关于应该用什么样的规范来约束大众传播活动，在不同的时代、不同的社会以及在同一社会中的统治阶层和被统治阶层之间，其观点是不同的，甚至是矛盾和对立的。一个社会中的传播制度所体现的，实际上只不过是上升到统治地位的规范体系。

（2）传播制度的类型：

世界两大传播制度就是资本主义的传播制度和社会主义传播制度。资本主义的传播制度的主要理论有自由主义理论、社会责任理论和民主参与理论；社会主义传播制度的媒介规范理论是以苏联为代表的社会主义国家的传播制度。

①自由主义理论。自由主义理论在 17、18 世纪资产阶级革命时期产生，其核心反映了资产阶级自由主义的观点，即认为报刊应该是“观点的自由市场”，是实行自律的自由企业，其主要原理原则包括：

a. 任何人都拥有出版自由而不必经过政府当局的特别许可；

b. 除人身攻击以外，报刊有权批评政府和官吏，这种批评是正当合法的；

c. 新闻出版不应接受第三者的事先检查，出版内容不能受到任何强制；

d. 在涉及观点、意见和信念的问题上，真理和“谬误”的传播必须同样得到保证。

②社会责任理论。社会责任理论由美国新闻自由委员会在 20 世纪 40 年代提出，强调大众传播媒介对社会和公众应该承担一定责任和义务，其主要原理原则包括：

a. 大众传播具有很强的公共性，因而媒介机构必须对社会和公众承担和履行一定的责任和义务；

b. 媒介的新闻报道和信息传播应该符合真实性、正确性、客观性、公正性等专业标准；

c. 媒介必须在现存法律和制度的范围内进行自我约束，不能煽动社会犯罪，不能传播宗教或种族歧视的内容；

d. 受众有权要求媒介从事高品位的传播活动，这种干预是正当的。

③民主参与理论。民主参与理论在 20 世纪 70 年代以后，随着社会信息化的发展和媒介集中垄断程度达到新的高度而产生，要求大众传播媒介向一般民众开放，允许民众个人

和群体的自主参与。民主参与理论的核心价值是多元性、小规模性、双向互动性、传播关系的横向性或平等性，其主要观点包括：

a. 任何民众个人和弱小社会群体都拥有知晓权、传播权、对媒介的接近和使用权、接受媒介服务的权利；

b. 媒介应主要为受众而存在，而不应主要为媒介组织、职业宣传家或广告赞助人而存在；

c. 社会各群体、组织、社区都应该拥有自己的媒介；

d. 与大规模的、单向的、垄断性的巨大媒介相比，小规模的、双向的、参与性的媒介更合乎社会理想。

④以苏联为代表的社会主义国家的传播制度。1917 年十月革命后苏联成立，根据无产阶级革命的既定目标，苏联党和政府对资产阶级新闻事业进行了彻底的改造，并建立了一套全新的传播制度。概括而言，以苏联为代表的社会主义国家的传播制度具有以下几方面的原则和规范：

a. 传播媒介和传播资源是国家的公有财产，不允许私人占有；

b. 传播媒介必须为工人阶级服务，必须接受工人阶级先锋队——共产党的思想和组织上的领导；

c. 媒介必须按照马列主义原理、社会主义的意识形态和价值体系来传播信息，宣传、动员、组织和教育群众；

d. 在服务于社会总体目标的同时，媒介应该满足广大群众的愿望与需求；

e. 国家有权监督和管理出版物，取缔反社会的传播内容。

三、论述题

观点讨论：新闻报道过程中，当知情权与隐私权发生冲突时，应优先满足公民的知情权，以保证公开的舆论监督；新闻报道过程中，当知情权与隐私权发生冲突时，应优先满足公民的隐私权，维护和谐的社会环境。（武汉大学 2007 年研）

相关试题：你认为新媒体环境下新闻工作者应该如何处理知情权和隐私权的关系？（苏州大学 2018 年研）

答：对题中观点的讨论如下：

(1) 知情权，是指社会公众（即公民和法人等）知悉、获取社会资讯、公共信息的权利和自由。在 1946 年联合国大会通过的第 59 号决议中，知情权被宣布为基本人权之一。

一般而言，新闻知情权包括：对于政府信息不要漏报重大新闻事件，如政府的政策、政府关于社会大众利益的消息等等；对于社会重大的事件要及时报道；对于受众提出的正当的信息要求和关于自身环境的信息应尽量满足；对报道的新闻事件要全面。

童兵认为，新闻报道的全面性是指以下三个方面：首先是对意见事件的报道要完整，情节要详尽；其次要提供对这些现象纵向和横向的材料，以及对这些材料的分析；再次是对于有争议的问题，报道要充分顾及各方面的情况。

(2) 隐私权是自然人享有的对其个人的与公共利益无关的个人信息、私人活动和私有领域进行支配的一种人格权。对于隐私的含义有很多的表述，其一般含义是指个人与社会公共生活无关的而不愿为他人知悉或者受他人干扰的私人事项。其中包括个人习惯、爱好、家庭内幕等。

判断一个事项是不是隐私，主要从以下几个方面入手：①其是否为私人的内容；②权利人是否愿意让别人知道；③其内容是否与公众利益相关；④权利主体是不是公众人物。

(3)公众知情权要求新闻单位要尽量报道社会信息，但是受众自身的隐私权又使受众在作为被报道者时要求新闻单位在报道自身时要千方百计保护自身的隐私权，这两者之间必然存在着矛盾。有时候这种矛盾表现得很明显，按其表现形式分成以下两种形式：

①受众获取信息的心理要求与被报道个人隐私之间的矛盾。一般来讲受众在阅读新闻时对于被报道者的私人信息是有好奇心的，很想知道被报道者的私人消息，而有的新闻媒体为抓住受众的眼球，一味地迎合受众的心理，将被报道者的个人信息公布于众。这是引起新闻官司的主要问题。

②新闻在报道事件时，新闻事件的完整和真实等要求与个人隐私之间的矛盾。反映为受众要知道整个事件的全貌，以及要求有确切的地名或人名来加强自己对媒体的信任感和对新闻事件完整性的认识等，但是新闻媒体在报道这些信息后，会侵犯被报道者的隐私，从而造成了新闻侵权。实际上这也是受众知情权与隐私权的矛盾。

(4)在现在竞争很激烈的媒体环境中，很多媒体以信息多和新而获得了受众市场。如果媒体在隐私权的约束下无所作为而不满足受众的知情权，那么其很快就会被市场所淘汰，没有受众会喜欢信息不新和内容与别的媒体雷同的媒体。

同时，应该报道为受众所知的信息却没有报道出来，不但不能满足受众的知情权，而且还会影响媒介的舆论监督作用。但是如果媒体一味地满足受众的知情权，那么其可能陷入新闻官司，严重的可能使媒体的信誉受到很大的损害，从而导致新闻媒体威信的下降，甚至产生不好的社会效果，影响社会的稳定。

(5)媒体要采取有效的手段和措施，树立正确灵活的指导方针，二者并不是不能共存，要求媒体做到以下几点：

①在报道隐私时，要保证公众的利益不被侵犯。如果被报道者的隐私与公众的利益紧密相关，那么被报道者的隐私可以被媒体报道。

舆论监督是公众知情权的延伸，是公众给媒体的权利，其监督行为必须与公众利益相关，否则就可能侵权。是否是名人并不是其隐私是否被报道的标准，如果普通人的隐私与社会公共利益紧密相关，那么其也是可以被报道的。如果名人的隐私与社会公共利益无关，那么其也是不能被报道的。喻国明指出，名人的住址、孩子姓名等都是名人的隐私，而又与公众没有关系，除非他本人愿意披露，否则就是不能公开的隐私。媒体报道唯一的标准就是其隐私是否与社会公共利益相关。

②媒体在报道的时候要征求被报道者的意见。不管被报道者是名人还是普通人，如果他同意媒体报道其隐私，那么在法律上媒体的行为就是受保护的。这也涉及新闻工作者的法律意识。

实际上在西方，媒体在报道隐私的时候，新闻工作者要考虑到新闻报道后的影响，如果有侵犯被报道者隐私的可能，那么记者就要取得被允许报道的证明，这样的证明有两种形式：一种是被报道者直接表示允许报道的；另外一种是被报道者默许媒体报道的。不管是哪种形式，记者都要取得被报道者允许报道的“证据”，以免发生新闻官司的时候处于被动的地位。

③在非报道不可的情况下，可以采取一些避免侵犯隐私的措施。如马赛克及编辑上的一些手段。在不暴露被报道者个人隐私的情况下也能将事实比较完整地呈现在受众面前。

总之，知情权和隐私权作为公民的两项基本权利在新闻报道中经常会处于矛盾的境地，当两者发生冲突时，媒体报道唯一的标准就是其隐私是否与社会公共利益相关，如果涉及公共利益，那么就应该报道以引导社会舆论，但可以采取一定的手段和措施，减少或消除隐私暴露所带来的负面影响，维护稳定的、和谐的社会环境。

第八讲　新闻职业道德

8.1　复习笔记

【知识框架（庖丁解牛）】

- 新闻职业道德
  - 一般理解
    - 社会道德及职业规范
    - 新闻自律
    - 新闻专业主义
  - 我国新闻职业道德应有的内涵
  - 新闻职业道德缺失
  - 新闻职责忠诚的两个金字塔模式
    - 新闻从业者的个人
    - 传媒组织

【通关提要（提纲挈领）】

本章主要讲述了对新闻职业道德的理解和新闻职责忠诚的金字塔模式，同时还指出了我国新闻从业者道德意识薄弱的现状。本章考点以简答题、论述题为主，在学习时，要能够灵活运用概念，并结合实际进行分析。

【考点难点归纳（厚积薄发）】

考点一：关于新闻职业道德的一般理解（见表8－1）★★★

表8－1　关于新闻职业道德的一般理解

要点	具体内容	
新闻职业道德	含义	指新闻传播（大众传播）业的行业道德。新闻从业人员或者大众传媒自身，遵循一般的社会公德和本行业的专业标准，对其职业行为进行理性的自我约束和管理
	内容	①职业规范。即“应该如何做”的技术性要求。 ②职业道德标准。即根据一般的社会公德要求所确定的、“不能做”的道德责任
新闻自律	含义	指新闻传播行业道德和规范的成文公约或行业公认的惯例，包括现有非法律的新闻行业自律组织的工作规则和处罚条例
	工作规范	①瑞典的“公众原则”。包括：a. 报道要准确；b. 报道应给重新参与者留有余地；c. 尊重个人隐私权；d. 慎重使用照片和镜头；e. 不对未加审讯的人妄加断语；f. 公布人名时须谨慎小心。

续表

要点		具体内容
新闻自律	工作规范	②国际社会关于新闻职业道德的要求。包括：a. 维护新闻自由，具有独立精神；b. 献身正义、人道，为公众利益服务；c. 恪守新闻报道的真实、客观、公正、平衡等工作标准；d. 为新闻来源保密；e. 不诽谤、侮辱他人；f. 不侵犯普通公民的隐私；g. 拒绝收取馈赠和贿赂，以及其他各种影响客观报道的酬谢；h. 不参与商业和广告活动。 ③《中国新闻工作者职业道德准则》。2009 年 11 月 27 日，该文件第三次修订，调整为七条：a. 全心全意为人民服务；b. 坚持正确舆论导向；c. 坚持新闻真实性原则；d. 发扬优良作风；e. 坚持改革创新；f. 遵纪守法；g. 促进国际新闻同行的交流与合作
新闻专业主义	含义	“新闻专业主义”是新闻工作者的职业意识及围绕着职业意识的一套新闻传播专业的操作要求
	具体内容	包括：①监测社会环境的责任意识。②职业言行的规范意识。③必要的专业知识、技能。④严格、客观的专业资格的认可制度。⑤专业内部的自律体系。⑥专业精神的范例

【考点拓展】新闻专业主义的特点(见表 8－2)

表 8－2 新闻专业主义的特点

要点	具体内容
客观性	新闻工作者以中立的角度，不带个人偏见地客观反映事实报道新闻；同时，在“把关”时要根据“新闻价值”的中立标准而非个人好恶进行选择
真实性	新闻报道必须真实反映客观事物的原貌，不能仅达到部分或细节真实，必须达到整体真实。真实是新闻报道的第一生命线，失去真实，客观也就无从谈起，独立也就失去了权威性
独立性	传媒具有社会公器的职能，新闻工作的目标是服务于全体人民，不仅限于服务政治或经济利益集团，因此新闻媒介的运作应是完全独立的
自由性	新闻自由包括采访自由、出版自由、表达自由和信息获取自由，即“知情权”。新闻自由是西方新闻理论的基石，在“自由多元”的西方社会，强调新闻自由和新闻媒介的独立性

考点二：我国新闻职业道德应有的内涵(见表 8－3) ★★

表 8－3 我国新闻职业道德应有的内涵

要点	具体内容	
《中国新闻职业规范蓝本》	新闻专业原则	①新闻真实、准确原则。 ②新闻客观、平衡原则。 ③新闻时效原则。 ④自主原则
	传媒的社会责任原则	①新闻报道兼顾公共利益和个人权利的原则。 ②减少伤害的原则。 ③更正与答辩的原则。 ④回避原则
《媒体人新闻业务守则》	比较全面地提出了一套适合广电系统的新闻职业道德要求，包括：①信息来源；②公共事务；③他人权益；④事实与意见；⑤利益冲突；⑥专业报道；⑦语言与文字	

考点三：新闻职业道德缺失(见表8－4) ★★★

表8－4 新闻职业道德缺失

要点	具体内容
原因	①体制转型。目前对于传媒是公权力代表还是社会行业之一，并没有准确的定位。 ②商业利益。实际工作中，编辑部会受到广告商的影响。 ③行业内混岗。媒体内的编辑部和经营部的混岗，是导致"有偿新闻"屡禁不止的重要原因。 ④传媒人的劳动保障不到位和人员流动率过高
应对措施	①将记者的"权力"意识转变为"权利"意识。 ②立足于同行控制，职业角色通过职业理念内化而形成。 ③提升新闻职业道德研究的质量，明确一系列具体的职业规范

考点四：培养新闻职业道德意识 ★★

1. 从下到上普遍缺乏新闻职业道德意识(见表8－5)

表8－5 从下到上普遍缺乏新闻职业道德意识

要点	具体内容
普遍存在"有偿新闻"	"有偿新闻"是指新闻从业人员或明或暗地向被采访报道对象索取一定费用的活动，或者某些企业单位或经营者个人为了宣传自己的产品或服务而想方设法在一些媒体上上镜头、占版面等，以新闻报道的形式给自己做广告，而给予记者或编辑以物质利益需求的违法行为，又称"受贿新闻""金元新闻"，是目前中国违反新闻职业道德方面最为常见的问题
财经记者利用职业之便牟取利益	由于财经记者同直接的物质利益较为接近，因此在国际上早已有相关的职业自律，用以规范财经记者的职业行为。我国自实行市场经济以来，常有财经记者利用其职业之便获取利益的行为，不仅违反了新闻职业道德和规范，还可能涉嫌犯罪
较多的违反采访和报道规范的现象	我国对于采访和报道的一般职业规范，较主要的几项要求有： ①应征得非公众人物的同意后再对其进行采访或拍照。采访对象有拒绝和选择表达方式的权利，如是否出镜、匿名等。 ②不得未经受访者同意拦截采访，不得干扰公众人物及其家人、朋友的工作和生活；未经同意不得进入私人建筑物进行拍摄。 ③不得使用隐藏式摄像机和麦克风、移动电话装置、当事人未察觉的长镜头等工具秘密录制非公开的活动或谈话。不得假扮身份进行偷拍。 ④未经同意，不得透露消息来源和新闻证人身份消息。 ⑤不得涉及和报道内容无关的私人话题，不能随意丑化他人人格，或侮辱损害他人，特别是女性的名誉、人格和隐私。 ⑥不得因报道对象有悖道德、违纪或违法，而在报道中添加其他莫须有的行为
较多的"媒介审判"现象	目前在我国媒体的报道中也常出现"媒介审判"的问题，即传媒先于法庭判决而对案件当事人进行各种主观评判
制造"传媒假事件"	假事件和假新闻的不同之处在于："假新闻"是无中生有；而"假事件"是由传媒制造或推动事实的发生、发展，再进行报道，违背了新闻真实的要求
新闻没有人性	因媒体有时把报道对象看作自然物，在报道涉及人的生命、尊严的新闻时毫无人的情感。将财物看得比生命更重，是评价尺度的扭曲。没有将人的生命看得高于一切的道德，就是没有道德

2. 培养新闻职业道德意识的两个金字塔模式(见表8-6)

表8-6 培养新闻职业道德意识的两个金字塔模式

分类	具体内容	
新闻从业者个人(倒金字塔，见图8-1)	社会职责	这是最重要、基础的职责，新闻从业者在采访中要先承担社会责任
	专业职责	指自己从事行业的职责，是从专业角度要履行的职责
	组织职责	指新闻从业者为其工作单位承担的组织的职责
	个人职责	指新闻从业者为自己规定的具体的职责
传媒组织（正金字塔，见图8-2）	制度化层面	是形成传媒自律的基石和社会外部条件
	行业层面	全国记协于1991年制定了《中国新闻工作者职业道德准则》，但记协对全国新闻业行为规范的影响相对较小，因而难以在这个问题上对各传媒建立完善的自律体系产生强大影响
	传媒层面	是我国建立传媒自律体系的现实基础，也是我国新闻自律建设最大的环境问题。体量较大的传媒，已有成套的相当于传媒自律的文件(但执行力度弱)。而较小的传媒在这方面尚未完善
	职业层面	指实行自律的最小层面(新闻传播从业者个人)。目前，较多从业人员缺乏职业自律意识，在涉及职业道德和规范的问题的认识较为模糊，甚至是非颠倒，需通过行业、社会、具体的传媒层面来约束

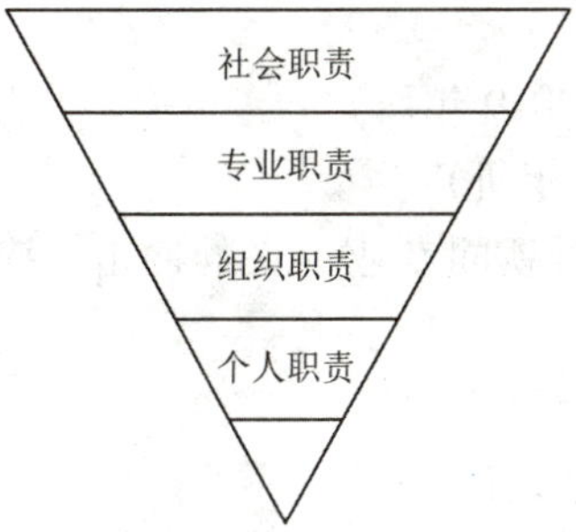

图8-1 新闻从业者职责忠诚的倒金字塔模式

图8-2 媒体自律的正金字塔层级模式

8.2 考研真题

一、概念题

1. 新闻道德(聊城大学2016年研；华中师大2014年研)

相关试题：新闻职业道德(中传2018、2013年研；中山大学2017年研；复旦大学2015年研；上海大学2015年研；人大2011年研)

2. 更正与答辩原则(北京大学2007年研)

3. 新闻专业主义(professionalism)(清华大学2019年研；西安交大2019年研；浙工大2019年研；四川大学2018年研；南京师大2018年研；华东师大2018、2008年研；广西大学2018年研；中传2017年研；西安工程2017年研；山东大学2016年研；江西师大2016年研；聊城大学2016年研；中山大学2016、2013年研；上海交大2015年研；厦大2014年研；上海大学 2012 年研；复旦大学 2011 年研；人大 2007 年研；社科院 2005 年研；南京大学 2004 年研）

4. 新闻他律（山东师大 2017 年研；中传 2016 年研）

5. 新闻自律（厦大 2017 年研；湘潭大学 2016 年研）

6. 协同自律（苏州大学 2018 年研）

7. 社会责任论（湖南大学 2017 年研；中传 2016 年研）

8.《一个自由而负责的新闻界》（中国政法 2016 年研）

以下为历年考研试题精选，未附答案，供读者参考

1. 新闻记者的五个根底（清华大学 2005 年研）

2. 隐匿权（人大 2006 年研）

3. 新闻职业道德（湖南师大 2021 年研；人大 2011 年研）

二、简答题

1. 简述新闻记者的基本责任。（华中师大 2013 年研）

2. 简述西方新闻职业道德的主要内容及特点。（山东师大 2018 年研；中传 2011 年研）

相关试题：新闻传播者职业道德的主要内容。（南京师大 2019 年研）

3. 简要说说你对新闻记者职业责任感的理解。（浙工大 2018 年研）

4. 简述新闻专业主义。（上海大学 2018 年研；广西大学 2018 年研；华中师大 2016 年研；华南理工 2014 年研）

相关试题：

(1)结合现状谈谈你理解的新闻专业主义。（北外 2019 年研）

(2)解析新闻专业主义。（论述题，复旦大学 2018 年研）

(3)新闻专业主义是什么？如何认识互联网时代对新闻专业主义的冲击，应该坚持什么？改变什么？（南京大学 2017 年研）

(4)新闻专业主义的内涵是什么？（人大 2012 年研）

(5)谈谈你对新闻专业主义的理解。（暨南大学 2012 年研）

(6)什么是新闻专业主义？它有哪些要点？（人大 2012 年研；清华大学 2010 年研）

(7)新闻专业主义发展的历史背景。（北京大学 2019 年研）

(8)西方新闻工作专业主义的核心理念和原则有哪些？（浙江大学 2019 年研）

(9)如何理解新闻专业理念？（江西师大 2015 年研）

(10)简述新闻专业主义的特点。（广西大学 2018 年研）

(11)请简述新闻专业主义的起源、内涵以及你的评价。（华农 2014 年研）

5. 简述我国新闻队伍的建设目标。（中传 2008 年研）

6. 简述我国现行《中国新闻工作者职业道德准则》的基本要求。（中传 2007、2005 年研）

相关试题：中国新闻事业对新闻工作者的基本要求。（安徽师大 2016 年研）

7. 新闻职业道德和新闻专业主义的关系。（山东大学 2019、2016 年研）

8. 新闻传播者为了工作需要，要具备一定的修养。这些修养包含哪些方面？（河南大学 2019 年研）

相关试题：新闻记者的基本素养。(兰州大学 2019 年研)

9. 简述新媒体和自媒体语境下，新闻记者角色定位的变化和坚守。(上海大学 2017 年研)

10. 灾难新闻中的媒介伦理。(华中师大 2019 年研)

相关试题：简述灾难报道中新闻记者应具备的职业素养。(重庆大学 2019 年研)

11. 简述对社会责任论的理解。(重庆大学 2019 年研)

相关试题：

(1)新闻的社会责任论。(中山大学 2019 年研)

(2)社会责任论者对政府提出的要求。(河北大学 2016 年研)

(3)简述社会责任理论的内涵。(复旦大学 2017 年研；湖南师大 2016 年研；江西师大 2015 年研)

(4)什么是社会责任论？(江西师大 2013 年研)

(5)简述社会责任论的主要内容。(江西师大 2014 年研)

(6)大众传播的社会责任论有哪些主要观点？(华农 2014 年研)

(7)简析社会责任理论的含义和原则。(华南理工 2016 年研)

12. 新闻实践中新闻伤害的表现及其解决对策。(河北大学 2013 年研)

13. 简述美国新闻自律组织的形成与发展。(上海大学 2016 年研)

三、论述题

1. 新媒体的发展对新闻传播主体带来了怎么样的变化？对新闻职业带来什么影响？(人大 2012 年研)

相关试题：

(1)针对新闻业面临的挑战，谈谈你对新闻从业人员职业角色的认识。(人大 2018 年研)

(2)互联网时代对新闻记者提出哪些要求？(兰州大学 2019 年研)

(3)人工智能对新闻工作者影响和要求。(辽宁大学 2019 年研)

2. 什么是媒介专业主义？结合实际论述其形成历史及基本原则。(中传 2012 年研)

相关试题：

(1)什么是新闻专业主义？新媒体环境下新闻专业主义的内容与解释是否发生改变？(厦大 2017 年研)

(2)什么是新闻专业理念？新闻专业理念在新闻实践中受到哪些因素的干扰？(河北大学 2013 年研)

(3)新闻专业理念的基本出发点是什么？如何理解其内涵？实践新闻专业理念受到的干扰有哪些？请适当结合实例说明。(安徽师大 2015 年研)

(4)结合实践谈谈你对互联网时代新闻专业主义的看法。(陕西师大 2018 年研)

(5)什么是新闻专业主义？你认为它现在面临什么样的困境？你认为其中哪些部分是需要坚持的、哪些又是需要改变的？(南京大学 2017 年研)

(6)新的媒介环境下，新闻专业主义面临哪些挑战，如何应对？(浙江大学 2017 年研)

(7)请简述新闻专业主义的含义和原则，并分析新媒体环境下新闻专业主义面临的挑战和机遇。(华南理工 2016 年研)

(8)谈谈新媒体环境下的新闻专业主义。(武汉大学2016年研)

3. 试析当前中国新闻职业道德失范的主要原因。(人大2006年研)

相关试题:

(1)举例分析我国新闻报道中人文主义关怀缺失的表现。(华科2019年研)

(2)论媒介伦理道德失范的表现及原因。(山东师大2018年研)

4. 针对“姚贝娜事件”引发的新闻伦理争议，说说你对记者职业道德的看法。(陕西师大2016年研)

5. 结合具体事例，论述新媒体时代新闻职业道德建设的挑战与策略。(浙工大2018年研)

6. “5·12汶川地震”已过去一年多，但此次地震中中国传媒的表现令人耳目一新。请结合地震中传媒的表现，谈一谈传媒如何在灾难新闻报道中很好地体现新闻专业主义理念。(中青政治学院2010年研)

7. 结合当代案例，谈谈媒介伦理问题。(武汉大学2015年研)

相关试题:

(1)简述媒介为逐利而出现的违背伦理的表现。(中传2015年研)

(2)什么是有偿新闻?有偿新闻的危害有哪些?(河北大学2016年研)

8. 有人认为新闻职业道德只适用于传统媒体的新闻从业人员，但新闻职业道德并不适用于如今的新型媒体传播者，你是否赞同上述观点?(苏州大学2019年研)

9. 社会责任论意义和必要性。(华政2019年研)

10. 请结合今年发生的热点事件，谈谈新闻社会责任论的主要观点和现实意义。(山东师大2018年研)

相关试题：论述社会责任论的背景与核心内容。(南京大学2016年研)

11. 新媒体环境下，如何做一名优秀的新闻工作者?(中央民大2019年研)

相关试题:

(1)新媒体的社会责任。(河北大学2018年研)

(2)论述数字传媒语境下，新闻工作者的修养、素质和责任。(上海大学2017年研)

12. 试论新闻自律与新闻他律的关系。(中传2019年研)

13. 论述西方新闻自律运动的发展历程及其对中国新闻职业道德建设的影响。(暨南大学2017年研)

8.3 考研真题详解

一、概念题

1. 新闻道德(聊城大学2016年研；华中师大2014年研)

相关试题：新闻职业道德(中传2018、2013年研；中山大学2017年研；复旦大学2015年研；上海大学2015年研；人大2011年研)

答：新闻道德，是职业道德体系中的一种，是指新闻传播(大众传播)业的行业道德。新闻道德是一个内涵比较丰富的概念，反映的是主体在新闻传播活动中遵循的各种道德原则、道德规范，拥有的道德观念、道德品性等的总和。新闻职业道德，是指从事新闻信息传播活动的人们，在长期的职业实践中形成的调整相互关系的行为规范的总和。新闻从业人员或者大众传媒自身，遵循一般的社会公德(新闻职业道德与一般的社会公德联系较为密切)和本行业的专业标准，对其职业行为进行理性的自我约束和自我管理。新闻职业道德由两部分组成：职业规范和职业道德标准。

2. 更正与答辩原则(北京大学 2007 年研)

答：更正与答辩原则是新闻职业规范的内容之一。更正，是指新闻报道中具体事项的交代出现失实，相关人有权要求传媒作出更正，传媒自身也应在发现差错时主动更正。答辩(又译为答复)，是指被新闻报道提及的相关人，有权对报道内容的公正性或全面性进行答辩。对于相关人，这是一种公民、法人或其他组织的权利；对于传媒和记者编辑，主动更正和允许相关人更正与答辩，则是遵循职业规范的问题。

3. 新闻专业主义(professionalism)(清华大学 2019 年研；西安交大 2019 年研；浙工大 2019 年研；四川大学 2018 年研；南京师大 2018 年研；华东师大 2018、2008 年研；广西大学 2018 年研；中传 2017 年研；西安工程 2017 年研；山东大学 2016 年研；江西师大 2016 年研；聊城大学 2016 年研；中山大学 2016、2013 年研；上海交大 2015 年研；厦大 2014 年研；上海大学 2012 年研；复旦大学 2011 年研；人大 2007 年研；社科院 2005 年研；南京大学 2004 年研)

答：新闻专业主义(professionalism)是指新闻工作的职业精神、职业原则和专业要求的总和，包括职业理想、职业标准和正当的业务手段，它以履行媒体的圣洁使命为目标。新闻专业主义是美国政党报纸解体后，大众化报纸兴起时，在新闻业中发展起来的“公共服务”信念，构成“改良时代行政理性主义和专业中立主义总趋势的一个部分”。新闻专业主义的目标是服务于全体人民，而不是某一利益团体，更不是媒体本身。它最突出的特点是对新闻客观性的信念，相信可以摆脱党派和团体的立场准确地报道事实。

4. 新闻他律(山东师大 2017 年研；中传 2016 年研)

答：新闻他律是相对于新闻自律而言的，是指社会外部条件对新闻事业的约束。一般对于新闻媒介的社会控制有这样几种方式：①司法控制，指国家以相应的法律来监控新闻媒介，使媒介有法可依、有法必依；②行政控制，指行政部门以各种规定、税收来控制新闻媒介；③资本控制，即大公司垄断新闻媒介市场，使新来者难以进入，以达到约束媒介的目的。

5. 新闻自律(厦大 2017 年研；湘潭大学 2016 年研)

答：新闻自律是新闻界为约束自己的行为而制定的行业性工作准则。它最早开始于 19 世纪 70 年代瑞典的舆论俱乐部，当时这个新闻界团体规定了一些行业准则。较著名的新闻自律有美国 1922 年的《新闻守则》、1934 年的《新闻记者公约》、1949 年的《道德守则》和日本 1946 年的《新闻伦理纲领》、波兰 1983 年的《波兰记者行为法》。这些自律文件的内容即通常讲的新闻道德。

6. 协同自律(苏州大学 2018 年研)

答：协同自律是指就某些问题的报道，各新闻单位之间或者新闻单位与警方之间，共同商定，采取统一步调，以免损害民众利益。协同自律的主要内容是关于少年犯罪的报道，关于使用真实姓名问题，关于诱拐和出于敲诈勒索目的从事的绑架活动的报道，以及一些重要事件的报道，这些方面的报道都采取协同自律的方法。例如在美国，“差不多所有的新闻媒介在报道强奸案时都不披露被害者姓名；同样，在报道青少年犯罪时，对有轻微劣迹的初犯者也不指名道姓；对绑架事件也与当局合作，在被要求不发消息的时间内，保持沉默”。

7. 社会责任论（湖南大学2017年研；中传2016年研）

答：社会责任论是继自由主义理论之后出现的一种媒介规范理论，是对自由主义理论的一种修正。这一理论由美国“新闻自由委员会”（哈钦斯委员会）在20世纪40年代提出，其代表性著作是1947年出版的《一个自由而负责的新闻界》一书。社会责任论的内容主要包括以下几个方面：①大众传播具有很强的公共性，因而媒介机构必须对社会和公众承担和履行一定的责任和义务；②媒介的新闻报道和信息传播应该符合真实性、正确性、客观性、公正性等专业标准；③媒介必须在现存法律和制度的范围内进行自我约束，不能煽动社会犯罪，不能传播宗教或种族歧视的内容；④受众有权要求媒介从事高品位的传播活动，这种干预是正当的。社会责任论强调了大众传播媒介对社会和公众应承担一定的责任和义务，但并没有抛弃自由主义报刊理论，而是一种修正。

8. 《一个自由而负责的新闻界》（中国政法2016年研）

答：《一个自由而负责的新闻界》是1947年美国“新闻自由委员会”出版的一个小册子，集中阐述了当代新闻自由思想的内容。主要内容包括：①报业应当享有新闻自由，反对集权势力和金融寡头对报界的控制；②人类的思想和行为并非完全合于理性，报业的自由放任主义是有害的，主张积极的自由，即“有做……的自由”，使人民能利用报刊表达自己的意见；③报刊必须承担社会责任，新闻自由以社会责任为规范，报道新闻要正确而有意义；④政府不仅仅允许自由，还必须积极地推动自由，对报业滥用自由加以干涉。当代新闻自由思想修正了现代新闻自由思想中自由放任的观点，强调政府在传播活动中的正当干预，是新闻自由思想的重大进步。该思想扩大了公民新闻活动的权利，维护了公共领域中信息传播的秩序；要求报业承担社会责任，提高了媒体的法治意识和伦理意识；遏制了报界破坏和滥用新闻自由的低俗风气，维护了新闻自由的真正价值。

二、简答题

1. 简述新闻记者的基本责任。（华中师大2013年研）

答：新闻记者的基本责任贯穿于其整个新闻活动当中，具体表现在以下方面：

（1）新闻采集中的基本责任：①尽可能多和尽可能好地满足受传者的多种需求，既正确引导社会需求，又满足多样化的社会需求。②忠实地执行新闻调控机关的法令和指示，务使给定信息具有合法性和合理性。③培养良好的职业技能，以出色的新闻敏感和宣传敏感及时发现与捕捉新闻信息，不遗漏重要的信源与信息。

（2）信息制作中的基本责任：①正确“把关”，合理控制新闻信息的流量和流向，令新闻调控机关、受传者和传播者自己“三满意”。②具有良好的政治素质和很强的业务能力，制作加工时要做到客观、公正、真实、全面，并使其快捷传播。

（3）信息反馈中的基本责任：新闻记者应当无私、无畏、谦逊、求实、全面地了解全部反馈信息，及时调整后续传播行为。

（4）遵守相关法律法规的基本责任：①在法制社会里，新闻记者作为具有行为能力的主体，应有明确的法律责任意识。我国宪法和法律以及相关行政法规，包括《出版管理条例》《电子出版物管理规定》《广播电视管理条例》，都对新闻记者的法律责任规定得十分明确和具体。②我国刑法、民法以及著作权法等，还对公民同新闻传播相关的隐私权、名誉权、肖像权等和著作人身权及著作财产权等权利，新闻记者涉及新闻侵权的法律责任承担等都作了较为详细的规定。所以新闻记者在进行新闻报道活动时，应当履行遵循相关法律法规的基本责任。

2. 简述西方新闻职业道德的主要内容及特点。（山东师大 2018 年研；中传 2011 年研）

相关试题：新闻传播者职业道德的主要内容。（南京师大 2019 年研）

答：（1）西方新闻职业道德的主要内容：

资产阶级新闻职业道德规范，是在资产阶级的道德伦理思想的指导下，通过对资产阶级新闻实践的总结，概括出来的有关新闻从业人员履行新闻职守的行为准则。

把这些道德守则条目作一归纳，主要有如下一些基本内容：

①新闻自由。如《美国报纸主编协会新闻准则》第二条规定："要把新闻自由作为人类的一种极端重要的权利来加以捍卫。"

②社会责任。资产阶级新闻职业道德规范，把社会责任作为一个重要的律条摆在十分醒目的位置。在这些职业道德准则中，社会责任是围绕着两个主题进行表述的：一是尊重公众的"知晓权"，二是不能滥用新闻自由。

③真实准确。真实准确是新闻的生命，许多国家的新闻职业道德准则把报道真实新闻作为新闻道德规范的重要内容。

④客观公正。新闻工作者必须站在公正、客观的立场上，成为公众的代表。在报道新闻时，不掺杂个人的感情偏爱，不发表有偏见的言论。

⑤廉洁诚实。为保证新闻工作者履行真实准确、客观公正地报道新闻的职责，行使新闻自由传播的权利，西方资本主义国家在制定新闻职业道德规范时，把廉洁诚实作为新闻工作者的最基本的职业道德品质来看待。

⑥遵守法制。这主要是规定记者要尊重公民的隐私权。报纸为吸引读者，迎合一部分人的低级趣味，热心报告某些人的私生活，这样常常引起纠纷。所以，保护私人秘密，不损害不应损害的人的声誉就成了新闻道德中的内容之一。

⑦作风正派。鉴于西方资本主义国家报刊、广播、电视黄色、暴力等不利于公众的新闻泛滥，新闻职业道德守则提倡记者应具备高尚的情趣，避免和反对低级趣味的报道。

⑧保护消息源。记者从不愿意公开姓名的人士得来消息后，要遵守信用和保守秘密，这是记者最起码的职业道德。

⑨更正与答辩。报纸刊登虚假的消息，要及时更正，将错就错是对读者不负责任的表现。刊登批评意见，要允许被批评的人答辩，而且要给予同样的地位和条件，否则将被认为是不公正的。

（2）西方新闻职业道德的特点：

①从理论的角度来看，西方新闻职业道德规范主要是围绕着"自由"和"责任"，即由"权利"和"义务"这两大主题而制定。

②从新闻实践的角度来看，西方新闻职业道德规范，在报纸的商业化倾向日趋严重、

黄色新闻泛滥、竞争和垄断日渐加速的背景下产生。

③西方新闻职业道德，是资本主义市场经济逐步走向成熟阶段后，资本主义的商业道德在新闻职业中的具体表现。

④西方新闻职业道德是资产阶级价值观，“人权”理论等在新闻领域的反映。

⑤西方新闻事业本质上的谋利性与新闻职业道德存在着深刻的矛盾，反映在资产阶级新闻职业道德规范的条文上。表现为概念含糊、抽象、自相矛盾。

⑥新闻事业有其内部的规律性，这些规律是共同的，既存在于社会主义的新闻事业中，也存在于资本主义新闻事业中。西方的新闻道德规范从一定程度上反映人们对新闻规律的认识。

3. 简要说说你对新闻记者职业责任感的理解。（浙工大 2018 年研）

答：新闻伦理本质上依然是一种职业伦理，新闻道德本质上依然是一种职业道德，新闻的伦理责任、道德责任本质上依然是一种职业责任。因此，新闻媒体应该承担什么样的社会责任，新闻职业工作者应该承担什么样的社会责任、应该具备什么样的职业责任感，始终是新闻道德理论中的核心问题。

（1）新闻职业工作者的职责：

职业道德的核心是职责。职业道德责任是职业主体的责任。职业主体分为职业个体和具有人格意义的职业组织主体。在职业个体层面上，责任实质上是一种职业从业者应该完成的任务。依据新闻职业行为的实际构成或者展开过程，新闻职业道德责任可以分为三个不同的方面、层次：

①既要遵守普遍的新闻道德规范，也要遵守特定社会环境中新闻职业的道德规范，并且要处理好两种规范之间的关系。而在每一次具体的新闻报道中，则要努力实现真实、客观、公正、及时、公开的报道，追求新闻报道对社会公众的有益性。

②在职业主体人格上追求职业美德，即通过新闻职业实践以及自身的不断经验总结和反思，努力使自己成为诚实、勇敢、智慧、正直的新闻职业人，成为有职业责任感的、负责任的职业新闻人。

③在职业活动目标上追求职业理想，即“监测环境、守望社会、服务大众”。新闻传播媒体作为社会公器，作为意见交流的平台，新闻传播者作为大众的公仆，作为服务社会的守望者，承担着许多具体的社会责任事项。从原则上看，新闻传播具有的所有功能属性，能够实现的所有社会作用，都应该是新闻媒体及其从业者承担的责任。

（2）责任感与职业责任感：

①责任感是主体对自己所要承担的责任的一种总体价值态度，是职业品质得以实现的心理前提，因而可以看作从事一定活动的总体品质和总体心理能力。

②责任感是一种勇于担当行为后果的心理准备或自觉意识，或者是指主体愿为自己行为负责、愿为自己行为后果负责的理性意识和情感态度。

③职业责任感是从业者对所从事的职业的一种总的认识和体悟，其中最为重要的是从业者对所从事的职业的社会意义与社会价值的认知，它是一个人自觉做好某项事业的前提条件之一。

（3）职业责任感是实现职责的精神力量：

①新闻媒体所承担的社会责任，要通过从业者来承担。从业者的使命、荣誉是在职业行为中实现、铸就的。

②新闻职业工作者只有充分意识到自己对“监测环境、守望社会、服务大众”担当着不可推卸的天职时，他或她才会以各种优秀的品质支持自己的行为。

③新闻职业工作者只有在把所做的事务当成自己的责任、职责、义务时，只有愿意为自己的行为负责时，才算树立了比较完整的责任意识，也才会尽心尽力，自觉地按照职责所要求的精神和规范完成职责指向的工作领域。

4. 简述新闻专业主义。（上海大学2018年研；广西大学2018年研；华中师大2016年研；华南理工2014年研）

相关试题：

(1)结合现状谈谈你理解的新闻专业主义。（北外2019年研）

(2)解析新闻专业主义。（论述题，复旦大学2018年研）

(3)新闻专业主义是什么？如何认识互联网时代对新闻专业主义的冲击，应该坚持什么？改变什么？（南京大学2017年研）

(4)新闻专业主义的内涵是什么？（人大2012年研）

(5)谈谈你对新闻专业主义的理解。（暨南大学2012年研）

(6)什么是新闻专业主义？它有哪些要点？（人大2012年研；清华大学2010年研）

(7)新闻专业主义发展的历史背景。（北京大学2019年研）

(8)西方新闻工作专业主义的核心理念和原则有哪些？（浙江大学2019年研）

(9)如何理解新闻专业理念？（江西师大2015年研）

(10)简述新闻专业主义的特点。（广西大学2018年研）

(11)请简述新闻专业主义的起源、内涵以及你的评价。（华农2014年研）

答：(1)新闻专业主义的定义，具体参见本章概念题第3题答案。

(2)“新闻专业主义”，是新闻工作者的职业意识，以及围绕着职业意识的一套新闻传播专业的操作要求。具体可以概括为以下几条：

①监测社会环境的责任意识。

②职业言行的规范意识。

③必要的专业知识、技能。

④严格、客观的专业资格的认可制度。

⑤专业内部的自律体系。

⑥专业精神的范例。

5. 简述我国新闻队伍的建设目标。（中传2008年研）

答：新闻事业的全部功能都要通过新闻工作者的实践才能实现，着力提高新闻工作者的素质、修养和职业道德水平，加强新闻队伍的全面建设，对于社会主义新闻事业具有至关重要的意义。

(1)新闻职业的特征：

要明确新闻队伍的建设目标首先须了解新闻职业的特征，主要表现在以下几个方面：

①新闻工作与社会生活有着极为广泛的联系。

②新闻工作具有鲜明的阶级性和强烈的政治色彩。

③新闻媒介在反映舆论、引导舆论方面具有权威性。

④新闻工作者的职业是一种节奏快、难度高的创造性工作。

⑤新闻工作者也被比作“人类灵魂的工程师”，如果新闻工作者言行不一，其权威性和形象受损，这不仅对他个人，而且对党和人民的新闻事业都将产生负面影响。

⑥“浮光掠影”式的职业弱点使新闻工作者容易犯表面性、片面性的毛病。

(2)新闻队伍的建设目标：

鉴于新闻工作的特点和弱点，以及新闻工作者肩负的“以科学的理论武装人，以正确的舆论引导人，以高尚的精神塑造人，以优秀的作品鼓舞人”的重大使命，新闻队伍的建设目标有以下几个方面：

①较高的政治理论修养。新闻工作是一项政治性、政策性很强的工作，是党和国家的前途和命运所系的工作，这决定新闻工作者是社会主义精神文明的建设者和传播者，他们必须具有较高的政治理论修养。

②广博的文化知识修养。当今世界以知识、信息为基础的第三产业日益成为社会生产的主导，具有鲜明的信息产业特征，处在知识经济前沿的新闻传播事业能否乘势而上，越来越取决于能否拥有一支善于创造、学习、运用新知识并具有合理知识结构的新闻队伍。

③精湛的专业技能修养。一个优秀的新闻工作者还必须精于自己的专业，有扎实、过硬的基本功，掌握从事新闻工作所必需的基本理论、基本知识和基本技能，如社会活动能力、新闻敏感力，这关系到新闻工作的实效和新闻作品的质量。

④规范的新闻职业道德。社会主义新闻职业道德的基本原则包括两个方面：a. 是社会主义新闻工作全心全意为人民服务的原则；b. 是社会主义新闻工作坚持从实际出发、实事求是的原则。

⑤良好的法律操守。利用法律的强制力规范新闻从业人员的职业行为，既保障新闻工作者采写和报道新闻的自由权利、保证新闻传播活动的有序进行，同时也保护广大受众的合法权益。

⑥扎实的工作作风。“浮光掠影”式的职业弱点要求广大新闻工作者在任何情况下都要坚持深入实际、深入群众，不断加深对生活的了解和思考，充分认识自己职业的长处和短处，自觉地扬长避短、取长补短，从而更自如地驾驭新闻传播规律，更客观、更真实、更全面、更准确地采写新闻、报道新闻。

6. 简述我国现行《中国新闻工作者职业道德准则》的基本要求。(中传 2007、2005年研)

相关试题：中国新闻事业对新闻工作者的基本要求。(安徽师大 2016 年研)

答：(1)1991 年 1 月 19 日，中华全国新闻工作者协会第四届理事会第一次全体会议一致讨论通过了《中国新闻工作者职业道德准则》，这是中华人民共和国成立后第一个正式颁布的新闻工作职业道德规范，也是我国新闻发展历史上第一个统一的、系统的新闻职业道德规范条例。

(2)1994 年 4 月、1997 年 1 月、2009 年 11 月，中华全国新闻工作者协会对该准则分别进行第一次、第二次、第三次修订。我国现行的准则是 2009 年第三次修订后的内容，主要包括以下几点：

①全心全意为人民服务。要忠于党、忠于祖国、忠于人民，把体现党的主张与反映人民心声统一起来，把坚持正确导向与通达社情民意统一起来，把坚持正面宣传为主与加强和改进舆论监督统一起来，发挥党和政府联系人民群众的桥梁纽带作用。

②坚持正确的舆论导向。要坚持团结稳定鼓劲、正面宣传为主，唱响主旋律，不断巩固和壮大积极健康向上的舆论。

③坚持新闻真实性原则。要把真实作为新闻的生命，坚持深入调查研究，报道做到真实、准确、全面、客观。

④发扬优良作风。要树立正确的世界观、人生观、价值观，加强品德修养，提高综合素质，抵制不良风气，接受社会监督。

⑤坚持改革创新。要遵循新闻传播规律，提高舆论引导能力，创新观念、创新内容、创新形式、创新方法、创新手段，做到体现时代性、把握规律性、富于创造性。

⑥遵纪守法。要增强法治观念，遵守宪法和法律法规，遵守党的新闻工作纪律，维护国家利益和安全，保守国家秘密。

⑦促进国际新闻同行的交流与合作。要努力培养世界眼光和国际视野，积极搭建中国与世界交流沟通的桥梁。

(3)修订后的《中国新闻工作者职业道德准则》更为全面、系统地概括了社会主义新闻道德规范的主要内容，既体现出马克思主义新闻伦理思想的基本精神，也反映了新闻传播活动的职业道德要求，因而具有很高的实践价值和很强的指导意义。

7. 新闻职业道德和新闻专业主义的关系。（山东大学 2019、2016 年研）

答：新闻职业道德，又称新闻伦理或新闻道德，是新闻工作者在长期的职业实践中形成的调整和处理新闻机构内外相互关系的行为规范或准则。新闻专业主义，是新闻工作的职业精神、职业原则和专业要求的总和，包括职业理想、职业标准和正当的业务手段，以履行媒体的圣洁使命为目标。新闻专业理念要求新闻媒介必须以服务大众为宗旨，新闻工作必须遵循真实、全面、客观、公正的原则。新闻职业道德和新闻专业主义的关系有：

(1)新闻从业人员的职业道德准则是新闻专业理念的外化形式；新闻从业人员的职业修养是新闻专业理念的内化形式。新闻职业道德是新闻专业主义的重要组成部分，同时，新闻职业道德也对新闻专业主义起到了一定的保障作用。如果没有新闻职业道德，新闻业就缺乏了一种自身调控系统，一个无序和混乱的行业不能够称之为专业。

(2)从观察问题的角度和概念的外延意义上而言，新闻专业主义和新闻职业道德二者存在不同。新闻专业主义是从职业视角上来考量新闻从业过程中的一些指导原则；而新闻职业道德则是从内在和外在规范或调整的角度来研究新闻从业者在新闻报道活动中所应遵从的规范。前者是业务性和实践性的，而后者则是规范性和约束性的，二者在不同时期具有不同关系。

(3)在新闻专业主义形成过程中，新闻职业道德是一个必要条件。在新闻专业主义形成之后，二者就构成一对相互影响和作用的关系，这种关系不是恒定不变的，而是一种动态平衡过程。

8. 新闻传播者为了工作需要，要具备一定的修养。这些修养包含哪些方面？（河南大学2019年研）

相关试题：新闻记者的基本素养。（兰州大学2019年研）

答：新闻传播者是大众接触外界信息的眼睛和耳朵，在新闻传播过程中，新闻传播者的素质高低直接影响到新闻报道的质量，它不仅对媒介的公信力有着深刻影响，也与新闻记者社会责任的践行程度密切相关。具体来说，新闻传播者的修养主要包括以下几个方面：

（1）坚持党性原则。我国的新闻工作是党和人民的耳目喉舌，这一点无论在什么媒体语境下都不会改变。所以，作为数字媒体语境下的新闻工作者，依然应该坚持这一党性原则，不能为了追求报道速度和宣传效果就忽略党性。

（2）政治修养。宣传党的方针政策是我国新闻事业的重要任务之一，不熟悉党的方针政策，新闻工作者寸步难行。只有具备高超的分辨能力，运用马列主义的观点、方法去观察、分析问题，才能使新闻工作者在海量繁杂的信息中坚持正确的政治立场，真正做到上传下达，成为党和人民沟通的纽带。

（3）业务修养。新闻工作者应努力培养自己成为全能型记者，一专多能，积极学习掌握新媒体技术手段和方法，除了采写编评外，视频、音频、照片拍摄都要拿得起，能出镜进行现场报道也是新闻传播者的业务修养之一。

（4）良好的职业道德修养。在日益激烈的竞争和越来越丰厚的诱惑中，新闻工作者应该坚守住底线，坚持为人民服务的职业理念和严谨踏实的职业态度，遵守职业道德，拒绝各种形式的有偿新闻，承担职业责任，确保新闻的真实全面、客观公正。

9. 简述新媒体和自媒体语境下，新闻记者角色定位的变化和坚守。（上海大学2017年研）

答：新媒体的产生给新闻生产环境带来了巨大的变化，也给新闻记者的角色定位带来了许多变化。但与此同时，报道事实、追求真相、传播美好、揭露丑恶永远是新闻记者存在的价值和意义，新闻理想需要坚守。

（1）新媒体语境下记者角色定位的变化：

在自媒体盛行，人人都是“公民记者”的形势下，新闻记者必须重新定位，以适应新媒体时代的生存和发展。

①记者变为“信息员”。新媒体环境下信息瞬息万变，通过各种媒体，记者可以从转发、分享中获得大量有用的新闻线索，通过筛选、比较找到时下大众关注的热点，经过进一步采访核实，做出专业、有深度的新闻。记者要多渠道向用户传播新闻。

②记者变为“服务员”。媒体融合如今已经上升为国家战略，在“集中采集，融合处理，一键分发，多屏适配”的模式下，新闻记者要改变为单一媒体服务的习惯，要熟悉新、老媒体的传播特点、运行要求，具备多种媒体的操作技能。

③记者变为“把关员”。如今“公民记者”和自媒体盛行，“公民记者”虽能在第一时间对突发或事件进行记录并传播，但是一般难以做到准确、全面，很难最大化地保持公正客观。而自媒体时代也是信息过载时代，用户不缺乏新闻资讯，他们需要权威、真实、有价值的新闻。因此，人们需要具备新闻专业素养、受过专业训练的职业记者对这些信息加以甄别，整理分析归纳，去伪存真，帮助用户进行“把关”，用权威、真实、公正、客观的新闻报道重塑媒体的公信力。

④记者变为“技术员”。不同介质媒体的技术和传播特点各不相同，新闻的表达方式也有所差异，即使对同一新闻事实，报道内容、手法、结构、形式也会有不同。因此，新媒体时代新闻记者要化身为互联网网络技术员，分辨一个新闻事实的报道内容包括背景资料、图表数据等适合哪种媒介来表达，以便据此采写适应不同媒介形态、不同受众群体需求的差异化报道，生成适合不同媒介、满足不同受众的新闻。

(2)新媒体语境下记者角色定位的坚守：

①新闻记者必须坚持党性原则。服从党的领导、和党中央保持一致、具有高度的政治自觉性，这是我国新闻记者的光荣传统，是不因时代改变而改变的。

②新闻记者要坚持为人民服务、为社会主义服务，真正从人民角度出发，满足人民群众的需求，在错综复杂的社会环境中及时向人民报道社会变动的信息。

③新闻记者要坚守自己的职业道德。在自媒体环境下，记者的职业操守越来越不被重视，发生了许多损坏记者形象的事件，这种时候，记者应坚守职业道德，不为了一己私利而违反道德。

④新闻记者要坚守新闻专业主义精神。在新媒体时代，记者应该秉承新闻专业主义的精神，将热点新闻和事件背后的本质传播给公众。追求客观、公正的报道原则，不带个人偏见地报道真实信息；不受任何利益控制；坚持公共性原则不变。

10. 灾难新闻中的媒介伦理。(华中师大2019年研)

相关试题：简述灾难报道中新闻记者应具备的职业素养。(重庆大学2019年研)

答：媒介伦理是指新闻媒体在新闻业务中涉及职业道德、业务规范和社会责任的伦理问题。当灾难来临，比如特大地震、特大交通事故发生，新闻媒体要做的是第一时间获得并发布信息。信息在获得与发布等环节中时常涉及新闻伦理问题。

(1)灾难新闻中涉及媒介伦理的问题：

①真实性问题。记者获得相关信息多是碎片化的，只有局部真实。以互联网为中心的传播环境具有即时性的特点，记者很可能因为急于发布新闻而不去核实新闻素材，造成失实。

②尊重的问题。很多媒体在报道灾难性事件时展现不适宜的内容，或者记者强行提问，让受灾者讲述不堪回首的灾难等。这些行为伤害了受灾者的隐私和尊严。这是对受灾者的二次伤害。

③置身两难境地该如何选择的问题。南非摄影师凯文·卡特拍摄了那幅著名的照片《饥饿的苏丹》，由此他遭受了无休止的谴责。

(2)在报道灾难新闻时记者应注意的内容：

①处理好局部真实与整体真实的关系。灾难性事件初始阶段，信息多以碎片化形式出现，新闻媒体应选择可信的信源，并将从不同渠道获取的信息进行整合并研判，注明信息出处和信息发出时间，以备后续跟进。

②处理好当事人隐私权与公众知情权的关系。充分考虑当事人或相关人的感受，换位思考，尊重其隐私、情感、人格尊严。切忌过度渲染、消费受众情感。

③处理好记者个人身份与职业身份的关系。在特殊情况下做出正确的抉择，避免出现违背新闻伦理道德的行为。

11. 简述对社会责任论的理解。（重庆大学 2019 年研）

相关试题：

(1)新闻的社会责任论。（中山大学 2019 年研）

(2)社会责任论者对政府提出的要求。（河北大学 2016 年研）

(3)简述社会责任理论的内涵。（复旦大学 2017 年研；湖南师大 2016 年研；江西师大 2015 年研）

(4)什么是社会责任论？（江西师大 2013 年研）

(5)简述社会责任论的主要内容。（江西师大 2014 年研）

(6)大众传播的社会责任论有哪些主要观点？（华农 2014 年研）

(7)简析社会责任理论的含义和原则。（华南理工 2016 年研）

答：报刊的社会责任理论是继自由主义理论之后出现的一种媒介规范理论，是对自由主义理论的一种修正。这一理论由美国“新闻自由委员会”(哈钦斯委员会)在 20 世纪 40 年代提出，其代表性著作是 1947 年出版的《一个自由而负责的新闻界》。社会责任理论是强调大众传播媒介对社会和公众应该承担一定责任和义务的理论。

(1)社会责任论的主要内容：

具体参见本章概念题第 7 题答案。

(2)社会责任论对报刊的基本要求有：

①就当日事件在赋予其意义的情境中的真实、全面和智慧的报道。

②交换评论和批评的论坛。

③供社会各群体互相传递意见与态度的工具。

④呈现与阐明社会目标与价值观的方法。这是社会责任论者对大众媒介提出的全新要求，即大众传播媒介必须承担起教育和宣传的职责。

⑤将新闻界提供的信息流、思想流和感情流送达每一个社会成员的途径。

此外，社会责任论者还向政府发出了呼吁。社会责任论在一定程度上适应了西方社会的变迁，适合西方国家的现实需要。但该理论的提出只能在一定程度上缓和西方新闻媒介和公众、政府的矛盾，其基础仍旧是自由主义报刊理论，只是作了某些修正、修补。

12. 新闻实践中新闻伤害的表现及其解决对策。（河北大学 2013 年研）

答：(1)新闻伤害的内涵：

所谓新闻伤害，是指在新闻传播活动过程中，由于报道手段、报道时机、报道形式运用不恰当或新闻工作者在采集、加工、整理、传播信息过程中由于疏忽或失误使报道与事实产生偏差、舛误或不恰当地进行主观评论，进而使新闻作品在发表之后，使报道事件当事人在经济上、精神上蒙受一定的损失或产生一定的负面影响的行为。新闻伤害包括故意的新闻伤害和过失的新闻伤害两种。

(2)新闻伤害的表现：

新闻实践中新闻伤害的主要体现为新闻报道的二次伤害。所谓二次伤害，是指新闻媒体及其工作人员在对重大突发事件相关人员的新闻采访行为或报道中，对受灾受害人员及其亲属造成的身体与精神伤害。二次伤害的具体表现主要为野蛮采访，过度采访；缺乏人文关怀；无视新闻当事人隐私；施加舆论压力等四个方面。

(3)减少新闻伤害的对策：

①完善相关法规，规范媒体竞争。道德自律完全凭借的是自我意识，它本身不具备强制性。新闻伦理属于道德范畴，因此要求每个新闻从业者具备道德意识是不切实际的。政府部门应尽快完善适应市场经济的新闻传播制度，在新闻采集、编辑等各个环节上，规定新闻从业人员的责任权利，制定具体可执行的规章制度，用于提高传媒职业规范化水平。在新闻侵权行为的法律责任问题上应具体明细规定，不让媒体打“擦边球”，新闻媒体报道、采访、批判、评论等行为要符合一定的规范，与此同时，媒体行业可以定期收集受众反馈。

②构建内部机制，完善传媒行业管理。媒体行业应把经营权和编辑权分开，给编辑记者独立的编辑决策权，使其不受利益威胁，降低由道德失范而造成的新闻伤害问题。同时，强化政府对新闻发展方向的宏观引导作用，让媒体成为独立的市场主体，真正做到自主经营，自负盈亏。各级媒体应明确系统规定，保证其内部正常运行和健康发展。新闻媒体单位应对一些不当的管理规定进行定期清理整顿，并重新制定新的发展机制。在制度建设中，还可以把新闻媒体的整体道德与新闻人员个人利害得失结合在一起，增进新闻人员的新闻业内监督氛围。

③调整传媒内部结构，划分经营与新闻事业的范畴。面对改革开放以来社会政治经济条件的深刻变化，我国的新闻媒体重新界定了其行业本质，即“事业单位，企业化管理”的双重属性。媒体一方面作为社会公器要传播新闻信息，引导舆论，另一方面作为企业，又要以获取利润为目标。而当代中国传媒产业迅速发展，竞争越来越激烈，某些媒体就为了利益而疏忽自己社会公器的职责。现在的传媒制度使得新闻采写与经营相互混杂，不懂新闻规律，不懂新闻伦理的经营者以商人的视角“把关”新闻，自然由此滋生不少新闻伦理失范的事件。

13. 简述美国新闻自律组织的形成与发展。(上海大学 2016 年研)

答：美国的新闻自律组织的组成人员多是由新闻业知名人士组成，都是民间性组织。主要活动是定期或不定期开会评议新闻媒介及其活动，并将评议活动公开发表。影响是对新闻媒介及其活动施加影响，但不具有强制力。

美国新闻自律组织的形成与发展，大致分为两个阶段：

(1)新闻自律运动的勃兴。进入 20 世纪之后，整个行业性规范伴随着新闻自律组织的发展开始出现。1908 年，密苏里大学首次提出一个全面而又系统的行业规范《记者守则》。1923 年，美国报纸编辑人协会制定《新闻界信条》，1943 年，美国记者公会通过《记者道德律》。

由于传统自由主义与社会责任的矛盾，政府愿望与报业愿望的矛盾，个人、社会与报业权益的矛盾，记者、编辑与发行人权益之间的矛盾，美国于 1947 年创立全美社论作家会，并于 1949 年订立了《道德守则》，1931 年成立美联社报纸总编辑协会，并于 1947 年编成“红皮书”。

(2)新闻道德督查机构产生。由于新闻道德规范在新闻实践活动中无法提供明白无误的答案，人们对用文字表述的条文规定的理解与原意不一致甚至大相径庭。这样的背景之下，新闻道德督查机构应运而生。1967 年，社区评议会率先成立。1971 年，全国新闻评议专案研究小组建立。1973 年，全国新闻评议会产生。

然而，新闻评议会却遭遇了很大的阻力，美国全国广播公司、《纽约时报》等媒体机构都持反对态度。1984 年，全国新闻评议会终于支撑不住，宣布解散。地方性新闻评议会也因为资金匮乏和得不到媒体机构的认可而度日艰难。

新闻评议会至今仍是美国新闻业的自律方式之一，这些新闻自律组织维护了新闻业的自由与独立，更多的是一种软监督，而不是硬控制。但由于内部缺乏资金和人员，外部得不到新闻媒体的支持。这些组织大多走向解散。

三、论述题

1．新媒体的发展对新闻传播主体带来了怎么样的变化？对新闻职业带来什么影响？（人大 2012 年研）

相关试题：

（1）针对新闻业面临的挑战，谈谈你对新闻从业人员职业角色的认识。（人大 2018 年研）

（2）互联网时代对新闻记者提出哪些要求？（兰州大学 2019 年研）

（3）人工智能对新闻工作者影响和要求。（辽宁大学 2019 年研）

答：（1）新闻传播主体，是指发出或传播信息的组织或人，现在媒介模式下，主要指媒体组织，即新闻媒体（资产）的所有者、经营者和管理者，以及新闻工作者，如记者、编辑。

（2）新媒体的发展模糊了原来传受双方截然分明的角色，改变了新闻传播媒介的传统格局，以及新闻的采制方式、刊播方式和收受使用方式，这一改变的集中体现是“公民新闻”，它打破传统的新闻生产流程，通过多渠道的新闻信息报道满足日益多元化发展趋势下公民的知情权需求。

（3）新媒体的发展对新闻职业带来的最大影响表现在三个方面：一是“公民记者”的崛起，二是职业新闻工作者需要提高自己适应新媒体工作环境的能力，三是传媒产业的转型。

①随着互联网、手机等新媒体的发展，微博、播客、晒客等网民分享平台和众多社会化网络发展壮大，为公民记者的出现提供平台。“公民记者”，又称民间记者、草根记者，他们不是职业新闻工作人员，往往只是借助新媒体平台发布信息的普通人。由于“公民记者”往往身处新闻现场，他们能够将新闻第一线的真实情况及时地通过新媒体设备告知公众，因而在传播新闻的过程中具有明显的优势。

②在新媒体发展背景下，虽然越来越多的原创性新闻来自民间新闻传播者，但职业新闻工作者仍然是一定社会新闻图景或新闻符号世界主要的、直接的建构者。面对公民记者崛起的挑战，职业新闻工作者应该提高自己适应新媒体工作环境的能力，在媒介融合的背景下，不断提高自身素养，成为精通文字、图片、视频、新媒体技术等各方面新闻工作的全能型、复合型新闻记者。同时职业新闻记者也应该继承和发扬自身的一贯优势，即对新闻的真实、准确、深度的报道，以便有力应对新媒体时代良莠不齐的“公民记者”新闻的挑战。

③传媒业经历着三方面的转型。

a. 从产业重心上看，正经历着从以核心产品的打造为重心，向以形式产品和延伸产品的打造为重心的转型。媒介产业是内容产业，它的核心产品是做内容。但这个内容产业在发展过程中的关注重心，一直是按照“核心产品—形式产品—延伸产品”这样一种发展逻辑循序前进的。在现有的体制和制度安排没有重大突破的背景下，在作为核心产品的内容打造方面的腾挪空间已经极为有限，为积蓄更多的发展能量和把现有的媒介市场空间利用得更加充分，事实上现在的媒介产业的发展重心应该向着形式产品和延伸产品转移。

b. 从营销哲学上看，正经历着从“售卖”到“分享”的转型。受众的分化形成许许多多受传者群落的“碎片”，在此情境下，传播致效的一个基本前提是，必须开始特别重视每一细分的个性化族群的特征，以及每一位单一消费者的个性和心理需求。理解重视受众的“碎片化”现实的真正意义在于，如何将这些碎片重新归聚起来。因此，开拓媒介资源的链接组合、打造更加完整的媒介通路与平台的“服务产品链”，必须有赖于更加开放的资源观，以及更加灵活丰富的“竞合”模式。

c. 从报网互动上看，正经历着从传统报业向数字报业的转型。印刷版和网络版是互补的关系，其中的关键是，如何从印刷版的劣势着手，来分析网络版可能的空间。加速新闻更新速度，填补报纸时间上的空缺；丰富版面语言，利用多媒体功能，实现内容表现形式的多样化；加强传播营销中利益相关者之间的互动；注重微内容的经营，提供个性化服务。

2. 什么是媒介专业主义？结合实际论述其形成历史及基本原则。（中传 2012 年研）

相关试题：

（1）什么是新闻专业主义？新媒体环境下新闻专业主义的内容与解释是否发生改变？（厦大 2017 年研）

（2）什么是新闻专业理念？新闻专业理念在新闻实践中受到哪些因素的干扰？（河北大学 2013 年研）

（3）新闻专业理念的基本出发点是什么？如何理解其内涵？实践新闻专业理念受到的干扰有哪些？请适当结合实例说明。（安徽师大 2015 年研）

（4）结合实践谈谈你对互联网时代新闻专业主义的看法。（陕西师大 2018 年研）

（5）什么是新闻专业主义？你认为它现在面临什么样的困境？你认为其中哪些部分是需要坚持的、哪些又是需要改变的？（南京大学 2017 年研）

（6）新的媒介环境下，新闻专业主义面临哪些挑战，如何应对？（浙江大学 2017 年研）

（7）请简述新闻专业主义的含义和原则，并分析新媒体环境下新闻专业主义面临的挑战和机遇。（华南理工 2016 年研）

（8）谈谈新媒体环境下的新闻专业主义。（武汉大学 2016 年研）

答：（1）媒介专业主义的定义：

媒介专业主义，是指媒介从业人员所持有的一种职业意识形态，它从新闻专业主义发展而来，成为媒介从业者所普遍认可的一套媒介理念。

（2）媒介专业主义的形成历史：

①媒介从业者的专业地位是在媒介实践的历史进程中形成的，这是一个“专业化”的过程。麦奎尔认为，这个过程源自美国，由三方面的实践活动所推动，即新闻同业组织的建立、报刊评议会的活动以及新闻业道德守则的确立。

在 1923 年，美国报纸编辑协会发布《新闻业典范》。其后，美国电影协会、全国广播业者协会等都纷纷订立守则。1947 年，哈钦斯委员会（新闻自由委员会）在其报告《一个自由而负责的新闻界》中正式提出“专业化（职业化）”的目标。报告中将传播业者和律师、医生相提并论，认为这些职业追求的都是提供公共服务，而“没有哪种公共服务比传播服务更重要”。委员会提出新闻业应该达到的基本标准，这种“社会责任论”的观念渗透到美国新闻界的各种守则条文中，成为当代美国新闻专业主义的主体。

②与此同时，在美国形成的媒介从业者道德守则也传入欧洲并扩散开来，最终波及全世界。我国也颁布了新闻业的自律守则，如1991年，中华全国新闻工作者协会公布《中国新闻工作者职业道德准则》；1999年，中国报业协会公布《中国报业自律公约》等，在我国的传播体制和社会文化体系中形成具有中国特色的媒介专业主义。

(3)媒介专业主义的基本原则：

媒介专业主义的基本原则建立在新闻专业主义基础之上。

①媒介专业主义包括三个方面的内容，即新闻传媒的社会功能；新闻从业者的使命和社会责任；以及新闻从业者的行为准则。西方新闻专业主义的核心是一些基本原则，包括：

a. 媒体具有社会公器的职能，新闻工作必须服务于公众利益，而不仅限于服务政治或经济利益集团；

b. 新闻从业者是社会的观察者、事实的报道者，而不是某一利益集团的宣传员，或政治、经济利益冲突的参与者或鼓动者；

c. 他们是信息流通的“把关人”，采纳的基准是以中产阶级为主体的主流社会的价值观念，而不是任何需要向社会主流灌输的意识形态；

d. 他们以实证科学的理性标准评判事实的真相，服从于事实这一最高权威，而不是臣服于任何政治权力或经济势力；

e. 他们受制于建立在上述原则之上的专业规范，接受专业社区的自律，而不接受在此之外的任何权力或权威的控制。

②莱提拉对31个欧洲国家的媒介道德守则进行研究，发现大量的原则都可以归入六类，这代表西方媒介专业主义的基本规范：a. 信息的真实性；b. 信息的准确性；c. 对公众权利的捍卫；d. 对舆论的负责；e. 搜集和呈现信息的标准；f. 尊重信息来源。

③根据中华全国新闻工作者协会公布的《中国新闻工作者职业道德准则》，我国的媒介专业主义包括以下原则：a. 全心全意为人民服务；b. 坚持正确的舆论导向；c. 遵守宪法、法律和纪律；d. 维护新闻的真实性；e. 保持清正廉洁的作风；f. 发扬团结协作精神。

综上可知，媒介专业主义(主要以新闻专业主义为主体)在全世界有一些共通的原则，如维护新闻的真实性，同时也在不同的社会背景下具有不同的特色。

3. 试析当前中国新闻职业道德失范的主要原因。(人大2006年研)

相关试题：

(1)举例分析我国新闻报道中人文主义关怀缺失的表现。(华科2019年研)

(2)论媒介伦理道德失范的表现及原因。(山东师大2018年研)

答：目前我国新闻界在职业道德方面存在的问题主要表现在：工作敷衍，导致报道失实；动机不纯，编造虚假新闻；不顾影响，经营“有偿新闻”；不择手段，进行煽情炒作；贪图钱财，大搞钱稿交易；无视法纪，侵犯他人权益；猎奇求异，制造“文化垃圾”；不计效果，刊播虚假广告等。

这些问题都背离了社会主义新闻事业为人民服务、为社会主义服务的根本宗旨，违背新闻职业道德。从历史与现实两方面考察，造成中国新闻职业道德失范的主要原因包括以下四个方面：

（1）体制转型：

①新中国成立以来，中国的传媒在很长的时期内主要被视为党政机关的一个部门，而非一种独立的社会行业。社会主义市场经济时期，中国的传媒虽然进入市场，但对形成必要的职业道德意识和职业工作规范的思想准备不足，对于传媒业的基本职业规范不甚了解，因而在实践中发生许多涉及职业操守的问题。这是中国传媒存在较多职业道德问题的大背景。

②在新闻道德意识弱化和未明确职业规范的情况下，当传媒在市场经济中的资源和空间不足时，容易发生“权力寻租”现象，即政府各级官员或企业高层领导人利用手中的权力，避开各种监控、法规、审核，从而寻求并获取自身经济利益的一种非生产性活动，会对传媒市场的健康发展产生不良影响。

③就体制方面的问题而言，现在中国传媒的舆论监督带有党政权力的延伸和补充的性质，记者的采访“权利”含有一定的“权力”，例如各级权力机构组织的各种检查、评比活动的文件，均明文规定传媒要如何配合。传媒的职业权利与这种党政权力的混同，使得它容易成为违法乱纪者重点行贿的对象。传媒从业者自身若缺乏基本的职业意识，传媒内部缺少监督机制，手中的这种“权力”有可能被用于谋私利。

（2）商业利益：

市场机制带来了利益、生存、发展之间的相互博弈，引发新闻传媒从业人员行为的多种选择，外部的诱惑越来越多，追求传媒自身利益和记者个人利益的动力也越来越大，这是造成职业意识淡化的另一个重要原因。市场经济并不意味着一定会丧失职业道德，关键在于市场目前缺乏规范与约束。

（3）行业内混岗：

媒体内的编辑部和经营部的混岗，是导致“有偿新闻”屡禁不止的重要原因。无论是中央还是地方的传媒，都存在要求编辑部人员参与拉广告、提升流量的工作。不少记者的正面采访，往往变成发稿权与广告的交换。这种编辑部和经营部门的混岗，容易带来利益的诱惑，从而扭曲新闻价值和宣传价值。

（4）传媒人的劳动保障不到位和人员流动率过高。

受到传媒从业人员的急剧扩张和流动性加大（一些大众化传媒的工作人员年流动率达到30%）以及社会的浮躁氛围的影响，使得职业教育难以作为经常项目来运作，而追求实际利益却在每日每时发生着。记者的生存困境和激烈的竞争，会带来新闻报道的煽情、片面、夸张、造假，也使得新闻报道缺乏深度。

4. 针对“姚贝娜事件”引发的新闻伦理争议，说说你对记者职业道德的看法。（陕西师大2016年研）

答：（1）新闻职业道德：

新闻职业道德是新闻工作者自立的行为准则，它借助舆论力量促使新闻工作者自觉遵守，是一种自律。它也是新闻传播业的行业道德。新闻从业人员或大众传媒自身遵循一般的社会公德和本行业的专业标准，对其职业行为进行理性的自我约束和自我管理。

（2）对“姚贝娜”事件涉及的记者职业道德的看法：

在姚贝娜去世的事件当中，一篇题为《记者们在病房外，焦急地等待着她的死亡》的文章被疯狂转发，记者在报道时的伦理问题迅速成为占据言论广场中心的议题。

就笔者看来，姚贝娜事件中对于其情感性的报道是有必要的，毕竟，对于姚贝娜死亡一事进行“人情味”的报道，这主要的价值在于不让姚贝娜死亡这个事情变成一个冷冰冰的导语或者新闻，如果说“硬调查”提供的是信息，对于姚贝娜死后的“软故事”则提供情感，这种情感能够成为维系社会的纽带。

当然，在新闻媒体语境中，媒体与记者的职业伦理道德要面对更高的要求。在对姚贝娜事件的报道中，应该要遵循合理、合情、合法的规则：

①合理——公共利益至上的原则。记者对其个人资料以及隐私的暴露必须遵循公共利益至上的原则，这些信息的发布必须是为了服务大众，才不违背记者的职业道德。

②合情——尊重家属的情绪和要求。媒体在对这件事情的报道中，存在窥探隐私、侵扰悲痛、消费悲剧的伦理道德问题，记者在报道时要注意限度。

③合法——尊重个人隐私和版权。新闻媒体的报道要遵循严格的个人隐私尊重和保护的原则，在对姚贝娜的采访中，其照片以及详细信息应该成为报道者考虑的对象，不应该一味迎合大众的猎奇心理而对当事人和家属造成二次伤害。

5. 结合具体事例，论述新媒体时代新闻职业道德建设的挑战与策略。（浙工大 2018 年研）

答： 在当前的新闻传播环境中，新媒体的影响渗透在新闻传播工作的各个环节之中，也对新闻职业道德提出了新的挑战。在新媒体背景下，针对当前新闻职业道德领域出现的一些问题，要加强对新闻工作者的马克思主义新闻观教育，进一步完善新闻行业自律和监督机制，不断提高新闻工作者的新闻职业道德素质，使新闻媒体能够更好地为我国当前的社会主义建设服务。

（1）新媒体时代新闻职业道德建设面临的挑战：

①新闻工作理想及荣誉感受到冲击。新闻媒介对社会有巨大的影响力。在西方，新闻记者又被称为“无冕之王”；在我国，新闻工作者担负着宣传政策、反映舆情、舆论监督、传授知识、交流信息等任务，是意识形态工作的主力军。新闻工作者需要对新闻工作怀有极高的向往和职业荣誉感，认真履行新闻工作职责，才能不负公众的期待，完成新闻工作者的使命。

但是在新媒体时代，新闻生产者和消费者的边界日益模糊，在一些重大突发事件发生时，越来越多的公众参与现场信息发布。例如，2013 年 10 月发生的台风“菲特”导致杭州余姚发生水灾，短时间内新浪微博中关于余姚的微博数量就达十多万条，为人们了解灾情提供了补充信息。由于大量公众参与报道，传统媒体对新闻事件报道的独特作用和价值越来越难以充分发挥，这在一定程度上降低了新闻工作者的工作成就感和职业荣誉感。

②新闻的真实性原则受到挑战。由于信息发布和传播的便捷性，新媒体很快成为各种信息的集散地。新媒体不仅打破了传统媒体的新闻垄断，而且被很多新闻工作者也当作获取新闻来源的重要渠道。但是新媒体的信息传播较为隐匿，而且把关不严，其中的虚假信息很多，一些媒体工作者盲目追求关注度，不坚守新闻真实性原则，不经核实就引用新媒体中的信息，导致虚假新闻层出不穷。例如，2013 年 3 月，一张在深圳街头一位年轻女孩给流浪老人喂食的照片引发网友的追捧，被称为“深圳最美女孩”，一些传统媒体也纷纷报

道了这则新闻，肯定女孩的行为。但不久，有目击者爆料，照片纯属摆拍欺骗公众。可以看到，一些媒体工作者不顾新闻职业操守，不经核实就发布，为这则虚假信息的传播起了推波助澜的作用。作为新闻工作者，如果缺乏严谨的工作态度，不认真核实新闻信息，极易导致以讹传讹，混淆公众视听。

③传统媒体的话语权被削弱。随着移动终端的普及，越来越多的人开始利用碎片化时间来获取新闻。微博、微信等应用的兴起，为公众参与新闻信息的生产和扩散提供了丰富的渠道，新媒体在新闻事件中发挥的影响力越来越大，传统媒体的话语权正在不断地被削弱。在新媒体环境中，把关人的力量相对薄弱，公众通过新媒体赋予的话语权，可以实现意见的快速传播，能够对社会舆论产生巨大的影响，这对传统媒体的话语体系提出了挑战。例如，2013 年 5 月底，网络上一段延安城管队员在执法时与商户发生撕扯并猛踩商户头部的视频迅速引发了公众的关注，在论坛、贴吧、微博里网民纷纷表达对此事的意见，延安城管一时间成为舆论的焦点。在新媒体背景下，公众不再是处于被动的信息接收者的地位，新媒体平台为公众提供了信息反馈和话语表达的机会。

(2)新媒体时代新闻职业道德建设的策略：

①加强对新闻工作者的马克思主义新闻观教育，坚定新闻工作理想。马克思主义新闻观是无产阶级革命家在长期的新闻实践中的经验总结，对今天的新闻工作仍然具有普遍的指导意义，可以帮助新闻工作者更好地明辨是非，坚定新闻工作理想。马克思主义新闻观中的新闻真实性原则、党性原则、为人民服务原则、舆论监督和新闻批评原则等，能够为新媒体背景下加强新闻工作者的职业道德修养提供强大的理论指导。在新媒体背景下，新闻工作者要坚定新闻工作理想，始终把社会效益放在首位，不能盲目追求经济效益，在实际工作中自觉维护国家和人民的利益。新闻工作者要怀着以天下事为己任的崇高责任感，胸怀大局，多做建设性工作，在实际工作中积极热情地报道社会主义建设中涌现出来的各种新事物，弘扬主旋律，传播正能量，为建设中国特色社会主义国家做出贡献。

②实事求是，树立严谨的新闻工作作风，防止虚假新闻传播。在新媒体环境下，新闻工作者除了需要具有扎实的理论功底以及较强的思辨能力之外，还要做到实事求是。这要求新闻工作者在实际工作中深入调查采访，根据事实来描写事实，不传播虚假新闻。尤其是在新媒体背景下，信息传播渠道多样，信息更加透明，新闻工作者不仅需要更快查明事实，做出深入的报道，还要经受来自社会各方面的考验。因此，新闻工作者要树立严谨的新闻工作作风，深入群众生活，全面采访、多方印证，了解群众的疾苦，从群众视角报道新闻，满足群众的信息需求，真正地为群众办实事、办好事。

③新闻工作者要增强自身的道德修养，抵御低俗之风。作为社会公器的新闻媒体，需要从业人员具有良好的道德修养，不盲目进行新闻炒作，不过度追逐对个人隐私的报道，在新闻报道中传播正确的价值观，坚持正确的舆论导向，真正做到全心全意为人民服务。新闻工作者具有公众道德示范和表率的作用。在新媒体背景下，新闻报道需要弘扬真善美、抨击假恶丑，新闻工作者高尚的道德修养能够净化社会风气，引导公民道德素养的提高。中外历史证明，好的记者都是坚守新闻职业道德的楷模，良好的品性可以让新闻工作者明辨是非，遇到大是大非有正确的价值判断，做出有影响力的新闻来。

④完善新闻行业自律和监督机制。新媒体背景下的种种违背新闻职业道德的行为，往

往与目前我国新闻行业自律和监督机制的不完善有着密切的关系。在当前激烈的媒体竞争格局下，不少媒体过于注重经济效益，而具体的日常管理工作却把关不严、审核趋于形式化。社会对新闻媒体及其从业人员的监管也缺乏有效的事前管理，往往只是事后追惩，但是造成的损失已经难以弥补。

要做好新闻职业道德建设，需要新闻行业不断修订行业自律规则和建立健全监督机制。行业自律一方面是对国家法律、法规政策的遵守和贯彻，另一方面也是形成“行规”“行约”，制约每一个新闻工作者的行为。目前我国大部分媒体没有建立起完善的新闻职业道德监督机制，主要依靠新闻工作者对新闻道德准则的自觉遵守，缺乏有效的事前监管机制。因此，当前我国的新闻职业道德建设和行业自律，应当在完善和加强监督机制上多下功夫，要强化媒体和新闻工作者职业行为的监督检查，要加大对监督结果的处罚力度，以形成健全、完善、有效的监督机制。

6.“5·12 汶川地震”已过去一年多，但此次地震中中国传媒的表现令人耳目一新。请结合地震中传媒的表现，谈一谈传媒如何在灾难新闻报道中很好地体现新闻专业主义理念。（中青政治学院 2010 年研）

答：新闻专业主义，是资产阶级新闻学的重要概念，也是西方新闻工作者恪守的最主要的新闻职业规范。新闻专业主义核心的理念，一是客观性新闻学，一是新闻媒介和新闻工作者的独立地位和独特作用。

灾难报道，从最直接的含义看，是指报道发生的灾难。灾难一发生，新闻人的敏感和热情就会立即被调动起来，从而使他们最快地奔向第一现场。2008 年 5 月 12 日，四川发生大地震之后，中央电视台首度 24 小时滚动直播，各家中外媒体各显神通，第一时间传递灾情和救援情况，使灾难报道终于拨云见日，得到全社会的全面认识。

在我国，灾难报道经历明显的发展变化过程，处于变化中的中国传媒，要在灾难新闻报道中更好地体现新闻专业主义理念，还需要注意以下方面：

（1）新闻从业者需认识到，灾难报道是一项专业新闻技术，是新闻实务操作里面一个特殊的分支。

灾难报道是一项技术工作，并不是只要有新闻热情就可以完成。它的复杂性在各种报道之中，几乎首屈一指，它要求记者既要有专业的科学知识、灾难常识和救援知识，还要有对人性、人心的洞察和了解，其难度不亚于记者公认的最高追求战地报道。

灾难报道至少包含以下的要素：政治环境、社会环境、事实、相关人士（受害者、救援者）、科学因素、心理因素。这对一个记者的综合要求极高。一个优秀的灾难报道记者，必须熟悉政策环境、社会总体环境和当地社会环境，能迅速了解事实真相，具备科学理论基础，拥有健全的身心健康，同时还能有恰当的交流沟通方式。

所以，灾难报道是新闻专业主义的一个重要领域，灾难报道必须是具有科学精神的报道。这方面必须由有识之士和专业人士进行长期的研究和探讨。

（2）在解决技术范畴的问题之后，新闻从业者对灾难报道仍然有重大的认识问题需要厘清。

面对巨大的灾难，记者这个社会角色被赋予的功能就是第一时间传递信息，通报灾情，引起全社会的高度关注，并唤起社会的凝聚力。这是媒体的社会责任感的重要体现。

很多记者，甚至是进行一线报道的记者，有时仍然对在大灾难降临之后的新闻报道的作用心存疑虑。他们在一线现场经受着作为自然人还是作为新闻人的巨大伦理冲击。从自然人的角度出发，他们认为自己应该去救人，救出一个是一个，而不是试图以旁观者的姿态，用笔和镜头保持记录。很多记者在这种巨大的冲击面前丧失内心的平静，感到沮丧、无力或者动摇，还有的记者为此产生严重的心理问题。

总之，灾难报道在中国经历了一个特殊的发展过程，目前中国媒体的灾难报道还处在起步阶段。20 世纪 50—80 年代间，大量的灾难报道被处理成政治报道，更多的被处理为社会新闻报道。而纪实文学《唐山大地震》、关于大兴安岭火灾的“红黑绿咏叹调”系列报道、1998 年的抗洪报道、2003 年的非典报道、2008 年初的雪灾报道以及年中的汶川地震报道，是从 20 世纪 80 年代中期以来中国灾难报道发展的一个个里程碑。它们都是在极端困难的条件下操作的，且都引起巨大的社会反响，在帮助国家战胜灾难的同时，也极大地促进中国灾难报道的发展。

7. 结合当代案例，谈谈媒介伦理问题。（武汉大学 2015 年研）

相关试题：

（1）简述媒介为逐利而出现的违背伦理的表现。（中传 2015 年研）

（2）什么是有偿新闻？有偿新闻的危害有哪些？（河北大学 2016 年研）

答：（1）媒介伦理的含义及失范的表现：

媒介伦理是指新闻媒体在新闻业务中涉及职业道德、业务规范和社会责任的伦理问题。媒介违背伦理的现象被称为伦理失范。我国“事业性质、企业管理”的媒介性质导致媒介追求社会效益和经济效益的双重任务，媒介伦理失范现象十分突出，主要表现在以下几个方面：

①有偿新闻。指采访者凭借自己所掌控的媒介资源，违背新闻职业道德，向采访对象收取费用而进行的新闻报道活动。有偿新闻是当前媒介伦理失范的主要表现形式，而且许多媒体从业者已经把“有偿”当作理所当然的潜规则。

②虚假报道。指媒体所报道的各类事实出现新闻 5W 要素或新闻细节与客观不符的报道。比如陈永洲事件。

③泛娱乐化现象。指媒介产品在内容上表现为软性内容和娱乐性内容所占的比例越来越大，在形式上强调故事性、刺激性，在表现形式上强调描述、戏剧化。

④媒介审判。指新闻媒介超越正常的司法程序对被报道对象所作的一种先在性的“审判预设”。要准确全面地报道犯罪事件，就难免会提供一些对罪犯（疑犯）不利的、带有记者个人倾向的事实，这些事实往往无形中就构成了对罪犯（疑犯）的有罪推定，违背了司法中的无罪推定原则。在“药家鑫案件”“李刚门”等案件的审判过程中，都不同程度地出现了媒介审判的现象。在这些案件中，甚至出现了“全民皆法官”的现象，严重影响了司法的公正。

（2）媒介伦理失范的原因：

①在信息社会，人与人之间面对面的交流大大减少，取而代之的是间接的、非面对面的，甚至是匿名的交往模式。在 Web2.0 时代，人人都可以是信息的提供者，人人都可以是媒体，增加了新闻控制的难度和虚假新闻、侵犯隐私等媒介伦理失范事件发生的概率。

②现阶段我国新闻伦理制度不健全，并滞后于市场经济的发展。传统的新闻伦理制度

受到市场经济和外来文化的冲击而被解构，适应新形势发展要求的、新的、为社会所普遍认同的新闻伦理制度尚未建立，导致一系列新闻伦理问题从转型期出现的伦理制度的断裂中产生。

③我国新闻体制的转型不是在市场经济磨合中的自然转型，而是一种行政性的强制转型。新闻媒体的双重属性相互矛盾，造成了产业属性宰制工具属性，经济利益宰制新闻活动的局面。在传媒市场化的经营中，新闻媒体的产业属性决定了它在市场利益的驱使下去谋求自身资本的储备，实现资本与"知"本的相互转换，拓展市场竞争空间。作为党和政府的喉舌，决定了它在追求经济效益的同时也必须承担相应的社会责任，但是在激烈的市场竞争压力之下，新闻媒体在操作方法、经营理念、运营模式以及编辑方针等方面都不同程度地表现出商业化的市场取向。

(3)治理媒介伦理失范的建议：

媒介伦理失范是多方面的原因造成的，因此媒介伦理失范的治理是一项系统工程，它必然涉及政府、社会、媒体以及个人等多方面的努力与合作。只有形成一个良好的媒介道德环境，才能从根本上解决这一问题。

①矫正新闻工作者伦理观念，提高从业人员职业道德素养。新闻工作者之所以会出现新闻伦理观念的偏差，主要是因为自身知识水平的不足以及在工作中缺乏正确的道德引导，而这一点又与新闻工作者的道德素养及受教育程度密切相关。新闻工作者不仅是教育者，而且是受教育者，其自身的伦理道德水平直接关系到整个新闻行业的道德水平的发展。对新闻工作者的伦理道德教育应主要包括三方面：a. 要培养和提高新闻工作者对新闻职业道德的认识；b. 要陶冶新闻工作者的职业道德情操；c. 要锻炼新闻工作者的职业道德意志。

当前新闻工作者工作中出现的人文关怀和社会责任感的丧失甚至违法乱纪行为等问题，要求新闻工作者要提高自律能力，接受他律的约束，做到自律与他律相结合，即在新闻实践中，新闻工作者要以新闻采集过程中面对的具体情况为现实依据，以不违背社会良知，不侵害公民的生命权、隐私权为行为原则。同时，新闻工作者和媒体向受众传递信息时，也应当承担一定的公民责任和社会责任，遵守道德伦理和行业规范。

②严格新闻媒体审查程序，加强政府与社会的道德监督。治理新闻媒体伦理失范现象最直接、最迅速的途径就是严格新闻发布的伦理审查程序，并加强相应的政府和社会的道德监督。

a. 新闻伦理审查程序是对新闻发布的直接道德监管，需要认真对待。通过对虚假和缺乏社会责任的新闻进行伦理审查，可以让这些新闻无法进入发布渠道。一方面，要通过国家法律法规的建立健全、行政规章的严格执行等，从外部来加以约束，增强他律；另一方面，媒体把关也应与时俱进，营造积极有利的媒介环境。

b. 新闻媒体必须接受人民的道德监督，媒介自律要与群众监督相结合。在我国新闻媒体自身掌握着舆论监督的武器，除了法律和规章制度之外缺乏对媒体的社会监督，广大公众要主动承担起监督媒体的义务，对有偿新闻和虚假报道等违反媒介伦理的行为进行举报，并不断提高自身的媒介素养与审美意识，自觉抵制低俗、庸俗之风。

③媒介组织要加强制度建设，完善激励约束机制，倡导正确的伦理文化，切实提高从业者素养。媒介组织激励机制的不健全与追求效益最大化发生冲突时必然导致媒介伦理失

范，因此要建立有效的激励机制，保障媒体从业者的基本利益，将媒体的营利行为引向合理合法的途径。制度的建设是保障，只有建立健全合理的媒介制度才能将媒介行为纳入法制化的范畴。但是媒体也要自律，不断提高自身的社会公德意识和责任感，并以此来规避媒介伦理失范事件的发生。

8. 有人认为新闻职业道德只适用于传统媒体的新闻从业人员，但新闻职业道德并不适用于如今的新型媒体传播者，你是否赞同上述观点？（苏州大学2019年研）

答：新闻职业道德，又称新闻伦理或新闻道德，是新闻工作者在长期的职业实践中形成的调整和处理新闻机构内外相互关系的行为规范或准则。其内容包括职业理念、职业态度、职业纪律、职业责任等。

近年来，随着科学技术的进步，新媒体迅猛发展，对新闻工作产生了多方影响，记者职业道德素养也面临新的冲击与挑战。于是，有人提出："新闻职业道德只适用于传统媒体的新闻从业人员，但新闻职业道德并不适用于如今的新型媒体传播者。"笔者认为，在新媒体环境下，新闻职业道德仍适用于如今的新媒体工作者，原因有以下几个方面：

（1）新媒体环境下新闻业面临诸多挑战，需要新闻职业道德加以规制。在新媒体时代背景之下，信息传播速度快、传播范围广、传播内容多样化也让虚假新闻有了可乘之机，虚假新闻借助于新媒体平台快速传播，造成更大范围内的不良影响。有些媒体不惜以低俗化的新闻报道来博得公众的关注，新闻工作者的职业道德在媒体间日益激烈的竞争中不断被腐蚀。新媒体环境下新闻业面临的挑战还很多，需要新闻职业道德加以规制。

（2）新媒体环境下新闻机构趋利明显，需要新闻职业道德加以规范。我国的新闻媒体种类众多，数量激增，特别是近些年新媒体的迅速扩张，瓜分了传统媒体的受众市场，媒体间存在着激烈的市场竞争，加之目前新闻同质化倾向越来越严重，部分媒体为了获取经济利益不择手段进行竞争，新闻机构的趋利态势使得新闻职业道德不可或缺。

（3）新媒体环境下新闻从业人员素质参差不齐，需要新闻职业道德加以约束。一些传统媒体新闻工作者对网络信息不进行核实，盲目跟风报道，参与到新闻炒作中，为谣言的传播推波助澜。在激烈的新闻竞争背景之下，某些新闻工作者一味追求新闻传播效益的最大化，在实际工作中不坚守新闻职业道德，不惜违背新闻真实性原则，通过对报道对象的大肆渲染来吸引公众的关注和重视，以致新闻炒作现象时常见诸媒体。新闻从业人员素质参差不齐，需要新闻职业道德加以约束。

在新媒体环境下，新闻业依然面临诸多挑战，新闻职业道德依然是促进新闻行业规范化的重要准则。因此，笔者认为，在新媒体环境下，新闻职业道德仍适用于如今的新媒体工作者。

9. 社会责任论意义和必要性。（华政2019年研）

答：社会责任论是20世纪40年代由美国一批学者正式构建，50年代被西方大多数国家所接受，并逐渐取代自由主义报刊理论成为西方大多数国家的主导性理论。倡导社会责任论的是报刊自由委员会（哈钦斯委员会）。

（1）社会责任论的意义：

①社会责任论促使媒介开始新闻自律运动。社会责任论将新闻从业者的义务和责任放在首要位置，强调媒介工作的真实、准确、客观性，注重媒介对公众应该赋予的责任，这

就促使新闻工作者在提倡西方新闻自律的同时，将新闻看作是一门“专业”，而非一般的“职业”，用强烈的社会责任感来为社会公众利益服务。

②社会责任理论引导了西方新闻界对专业化的倡导。新闻自律的核心是新闻从业人员的自律，因此新闻自律的进一步发展，就导致了西方新闻界对专业化的倡导，专业化运动实质上正是新闻自律的要求。而倡导新闻队伍专业化的动机就是使新闻媒体、新闻从业人员自觉遵守自律组织的规范和纪律。

③西方社会责任论对我国新闻媒介具有指导意义及启示。社会责任论是对传统自由主义理论的修正和新发展，其中包含着对当代媒体社会普遍适用的部分，同时也是我国在当代新闻媒体从业实践过程中应该借鉴的。其中，社会责任、媒介自律等内容对我国新闻媒介具有指导意义及启示。

(2)社会责任论的必要性：

①媒介机构趋利明显，无法完成履行社会责任的任务。媒介集团越来越不能代表人民起到监督政府的作用，而是形成了一个具有特定利益诉求的商业群体。经过了传播技术革命后，报刊媒介的影响力已今非昔比，人们对于外界的认识和了解已经越来越依赖于媒介的报道。而且，此时的媒介已不再是过去那种由几个人组成合办的手工的、不定期的业余印刷小报，而早已演变为以复杂机械为手段的大型媒介集团，新闻界呼唤新的理论的诞生。

②媒介集团间恶性竞争，黄色新闻泛滥。为了争夺读者和销售市场，这些媒介寡头相互间展开了激烈的竞争，如为了广告客户或政界要人的利益需要而肆意违背真实性原则。而且，往往以色情、凶杀、抢劫、丑闻等低俗化、刺激化的黄色新闻去吸引读者，根据劣币驱除良币法则可知，市场上那些有思想、有内涵的报刊将承受极大的生存压力，而黄色小报则愈发泛滥成灾，从而间接危害了社会道德规范，并产生诸多深刻的社会问题。

在全球化和网络社会的大环境中，传统的信息纵向流动等级制度已逐渐被解构，政府、媒介和公众间的利益博弈亦日趋平等而复杂，如何在这一新形势下重塑社会责任论，以建立一个良好的媒体环境和社会环境，成了传媒研究者工作的重中之重。

10. 请结合今年发生的热点事件，谈谈新闻社会责任论的主要观点和现实意义。(山东师大2018年研)

相关试题：论述社会责任论的背景与核心内容。(南京大学2016年研)

答：(1)社会责任论及其主要观点：

具体参见本章概念题第7题答案。

社会责任理论提出的目的可以说有两个方面：一是为了防止由传播事业的高度垄断而引起的资本主义内部的社会矛盾激化；二是为了防止由传媒内容的浅薄化、煽情化、刺激化而引起的社会道德和文化的堕落。

(2)现实意义：

①社会责任理论认为，自由是伴随着义务的，报刊应对社会承担责任，并以社会责任作为报刊业务政策的基础。2018年8月发生的女孩乘滴滴遇害案令人心揪，在事件发生后，各媒体纷纷发声，谴责凶手恶劣行为，呼吁社会各界重视网约车安全问题。然而“二更食堂”微信公众号以遇害者遗体为噱头，发表不当言论，严重忽略了媒体自身应承担的社会责任，遭到网民抵制，最终被永久封号。社会责任理论为人们对媒介的评价提供了一个参考

标准，也为媒介组织的自律提供了道德准则。

②社会责任理论对自由主义理论作了重大修正。它修正了关于"自由"的观点，认为负有责任的自由才是有实效的"积极的自由"。它还修正了自由主义理论关于报刊的性质和职能的某些观点，强调报刊要为政治制度和经济制度服务，对社会负责，实行"有控制的新闻自由"，政府可以干预和控制新闻活动。在2018年全国两会期间，传统媒体和网络媒体对两会的消息报道，专题报道，视频报道等，为广大公众学习两会会议精神，了解国家最新动态，提供了准确可靠的平台和途径，对于提高人们思想政治水平等方面都有巨大帮助。

③新闻的社会责任理论是随着资本主义从自由竞争发展到垄断，特别是国家垄断资本主义的发展而盛行于西方国家的。它鼓励推行报业自律制度，促进了报业的真实和公正程度，在一定程度上反映了西方公众对现在新闻秩序的不满和革除弊端、改变现状的愿望。

11. 新媒体环境下，如何做一名优秀的新闻工作者？（中央民大2019年研）

相关试题：

（1）新媒体的社会责任。（河北大学2018年研）

（2）论述数字传媒语境下，新闻工作者的修养、素质和责任。（上海大学2017年研）

答：习近平总书记指出，党的新闻工作是"治国理政、定国安邦的大事"。在新媒体环境下，面对人工智能、大数据等技术以及社交媒体带来的机遇和挑战，广大新闻工作者只有掌握更深的思想、更新的技术、更活的表达和更高的伦理，才能提高新闻的传播力、引导力、影响力、公信力，更好地完成自己的职责和使命，成为一名优秀的新闻工作者。那么，新闻工作者究竟应该如何做呢？

（1）掌握马克思主义新闻观。新闻工作面对的是纷繁复杂的社会现象，要能够通过现象看本质；面对的是多元的社会思潮，要能够保持思想定力。要做到这些，就需要新闻工作者掌握思想利器，明确认识方向。

马克思主义对新闻工作的指导集中体现为马克思主义新闻观，这是指导当代中国新闻工作的灵魂。在新闻工作中，需要培养一大批用理论武装头脑的新闻人才。这样的人才善于用马克思主义的立场、观点和方法来观察问题、判断是非，能够一针见血地点出现象背后的本质，及时、有力地引导社会舆论。

（2）掌握基于新技术的新闻生产能力。当前，媒介技术发展迅猛，对新闻生产乃至社会运行产生了巨大影响。媒介理论家麦克卢汉说："媒介即讯息。"意即媒介自身就是内容，任何新媒介都会对社会产生重大影响。这一判断在网络化、数字化媒介时代尤其显著。

当前，无人机、传感器、虚拟现实等新技术正在逐步运用到新闻生产中，无人机新闻让新闻的场景感越来越突出，传感器新闻让新闻的数据化越来越突出，虚拟现实新闻让新闻的逼真性越来越突出。新闻生产源头的技术含量越来越高，对这些技术的熟练掌握已经成为新闻工作者必备的能力。

（3）掌握富有时代感的新闻表达。在新闻工作中，思想通过表达进行传递，表达基于渠道进行传播。思想再深刻，渠道再丰富，如果没有贴近受众的鲜活表达方式，新闻传播依然是"传而不通"。

这种表达能力体现在传播态度上，就要求适应新媒体时代"传受平等"的特征，避免"教训口吻"，以真诚的姿态进行平等沟通。在基于社交媒体、聚合类媒体的新闻传播中，受众的自主性选择越来越突出，“板起面孔”的新闻很难进入受众视野。

这种表达能力体现在话语体系上，就要求多以讲故事的方式来讲道理，多以时尚感的话语来写新闻。从中外新闻名篇来看，好新闻往往都是好故事。这种讲故事的能力在新媒体时代更加凸显。写出有人情味的作品，让新闻故事抓住受众的眼球，并且用鲜活的语言把故事讲出来，已成为新闻工作者的核心能力之一。

这种表达能力体现在表达手法上，除了基本的文字表达外，还要求学会数据化的内容挖掘，学会可视化的内容表达，以数据和“图说”的方式来传递新闻。

(4)掌握新媒体传播中的新闻伦理。新媒体特别是自媒体的快速发展，大大增强了个体的自我存在感，这种个性释放与个体声音传播从整体上推动了社会进步。但因其正在迅速发展变化中，不论个体与社会，对其问题与对策都缺乏充分的准备。这就对新闻工作者的伦理素质提出了新要求。

在新媒体的新闻传播中，一些核心的新闻伦理理念应该被明确树立并达成共识。这些理念包括：尊重客观事实，不能为了求快而放弃新闻真实性要求；尊重知识产权，不能使用他人的新闻作品而忽视凝结在其中的劳动；尊重个人隐私，不能搜集、扩散他人隐私；尊重司法独立，不能充当新媒体舆论场中的“道德法官”；尊重社会公益，不能把新媒体平台作为个人牟利的工具；尊重国家利益，不能在新媒体中传播否定国家历史、政治的新闻内容。

在新的时代，新闻工作承担的使命、发挥的作用越来越大，对新闻的思想性、真实性、导向性要求也越来越高。对广大新闻工作者来说，在新媒体环境下，只有从思想、技术、表达、伦理四方面培养核心素质，才能真正成为党的政策主张的传播者、时代风云的记录者、社会进步的推动者、公平正义的守望者。

12. 试论新闻自律与新闻他律的关系。(中传 2019 年研)

答：习近平总书记在党的新闻舆论工作座谈会上发表重要讲话，提出了“高举旗帜、引领导向，围绕中心、服务大局，团结人民、鼓舞士气，成风化人、凝心聚力，澄清谬误、明辨是非，联接中外、沟通世界”的党的新闻舆论工作的职责和使命，为新闻舆论工作指明了努力方向，提供了根本遵循。而这一责任和使命的实现，离不开新闻业自律与新闻他律的保障。

(1)新闻自律和新闻他律的内涵：

新闻自律是指新闻职业道德。它是一种调节新闻工作者之间的以及社会之间相互关系的行为准则，以善恶评价为价值导向，主要通过社会舆论内心信念和传统习俗来实现。新闻自律是对新闻传播活动的一种特殊的调节规范体系，它不同于新闻法规，也不同于新闻纪律，它是通过自律的方式发挥的，是一种内化的规范。新闻自律根植于社会经济基础，决定于社会新闻事业的性质，具有鲜明的阶级性和强烈的政治色彩，依靠新闻工作者的内心信念，社会舆论，传统习俗实现，是以调节新闻传播关系和规范新闻传播行为的社会道德规范。

新闻他律，是指有关新闻工作的法律法规和宣传纪律，它是以法律手段来调整新闻传播行为的规范，如宪法、法律、条例、决议、规章等，它由国家制定并依靠国家强制力来保证实施。法律也是一种行为规范体系，是由国家创制的、并由国家强制力保证在整个国家范围内实施的、普遍适用的行为规范的体系，具有统一性、普遍性和权威性，对一切主体均有约束力，因此，法律也就成为了规范新闻传播业的主要他律手段。通过法律来设定新闻媒体及其从业人员的权利与义务，禁止和制裁违法行为。同时，政府对新闻传播者的监督、社会的监督同样也属于他律的范畴。他律带有强制性，是外在的。

(2)新闻自律与新闻他律的关系：

新闻自律与新闻他律是辩证统一的，新闻自律是高标准，新闻他律是低准绳。新闻工作者强调自律和他律的统一，要求每一位新闻工作者都应该首先遵守各种法律和宣传纪律，同时自觉加强自身的政治思想，职业道德和业务素质，不断提高自律的自觉性，做到敬业、守法，完成党和人民赋予的新闻报道任务。

范长江曾说，中国是一个媒体大国，但还不是一个媒体强国，记者在改变这种大而不强的状态，以及在进行资源整合、在变数量优势为质量优势的过程中扮演着重要的角色。记者良好的职业素养，不仅会较快适应传媒业向数字化、网络化转型，还能有效将中国价值理念融入报道中，从而更好地为人民服务。讲好中国故事，传播好中国的声音。

13. 论述西方新闻自律运动的发展历程及其对中国新闻职业道德建设的影响。(暨南大学2017年研)

答：自新闻传播活动成为一种社会职业、近代化报刊成为新闻传播的主要手段之时起，新闻职业道德问题一直为西方新闻界内外的正直之士所关注与忧虑。新闻职业道德问题的日益严重，迫使西方新闻界有识之士对此进行深刻的反思，催生了西方的新闻自律运动。

(1)西方新闻自律运动的发展历程：

①自19世纪上半叶起，以新闻自律为核心的新闻伦理思想在西方开始出现，其最初萌芽是一些有见识的报业主为自己的报馆制定的办报宗旨、方针与工作守则。如1841年，美国霍勒斯·格里利在其新创办的《纽约论坛报》的发刊启示中宣称：该报的办报方针是“努力维护人民的利益和促进他们道德的、社会和政治的权益”，这些作为报馆内部工作准则的职业道德规范，是美国新闻道德建设的最初萌芽。

②自19世纪70年代起，西方新闻职业道德建设开始起步。瑞典是第一个开展新闻职业道德建设的西方国家。1874年，瑞典建立了发行人俱乐部，后改组为报纸发行人协会。进入20世纪后，瑞典又率先建立了提供免费判决的新闻督察制度。在北欧，挪威也早在1910年就建立了类似的新闻职业道德监察机构——报业仲裁委员会，1927年改组为报业评议会。

③进入20世纪后，整个行业性的新闻道德规范开始出现。在美国，新闻职业道德建设的早期措施也主要是制订与确立新闻职业道德规范。1908年，美国密苏里大学新闻学院创办人与首任院长沃尔特·威廉主持制订了《记者守则》，在西方首次提出了一个系统的新闻职业道德规范。此后，美国全国广播工作者协会、美国广播工作者协会、美国记者公会、无线电·电视新闻主管人协会等新闻职业团体也纷纷制定出各自的职业道德规范，其中以1934年美国记者公会通过的《记者道德律》最负盛名。

④20世纪40年代后，西方一些新闻传播学者开始对自由主义新闻理论作认真的、深刻的检讨，认识到自由主义新闻理论不可能作为当时新闻职业道德建设的理论基础，并由此产生社会责任理论。社会责任论问世后，西方新闻自律的道德信条获得了理论上的支撑，

新闻行业开始构建较为完善的新闻自律体系：a. 建立新闻评议会；b. 督察员或道德顾问制度；c. 新闻媒介评论运动的兴起与发展；d. 新闻道德教育与新闻道德问题研究的加强。

⑤自20世纪中叶起，新闻自律已不是纯粹的道德规范，开始有了一定的行业组织形式，执行制裁和处分。这些自律组织的形式，各国差别比较大，英国、荷兰、印度叫"新闻评议会"，瑞典叫"新闻业公正委员会"，波兰叫"记者法庭"；美国则有新闻公评人制度。它们的性质是新闻传播行业的自治组织，英国的新闻评议会成员由记者、编辑、社会人士的代表组成；瑞典、荷兰、土耳其的自律组织的主席请法学家或律师担任。

(2)西方新闻自律运动对中国新闻职业道德建设的影响：

①中国的媒介自律与规范建设是在借鉴西方经验与做法的基础上逐步形成与完善的，"五四"运动之后，西方的新闻自律信条通过不同渠道传到中国。国新社在较早时期就从上海《字林四报》上将威廉斯制定的《报人守则》翻译成中文。1921年12月，威廉斯来中国访问时带来他的《报人守则》，对中国早期的报业规范化管理产生了积极影响。美国报纸主编的《新闻法规》在解放前介绍到中国，一定程度上推动了当时我国的媒介自律和规范建设。

②但从新闻事业的实践角度来考察，我国新闻事业进入现代化发展轨道仅仅是近十几年来的事，计划经济体制中建立起来的中国新闻职业规范已经不能完全解决目前的众多难题。而西方的新闻自律运动却仍未停止，因此中国可以从西方新闻自律运动发展的成果中汲取经验，完善我国媒体的道德自律体系。

第九讲　宣传学

9.1　复习笔记

【知识框架（庖丁解牛）】

- 宣传学
  - 宣传的历史
    - 17世纪
    - 法国大革命和美国独立战争时期
    - 戊戌变法、辛亥革命时期
  - 宣传的概述
    - 定义
    - 五要素
  - 宣传的特点
  - 宣传的主要方法
  - 违背宣传伦理的宣传技巧
    - “六种扭转人们思想的扳手”
    - “三色宣传”
    - 违背新闻客观性原则

【通关提要（提纲挈领）】

本章主要讲述宣传的概念与特点，同时还论述了宣传的主要方法，以及一些违背宣传伦理的宣传技巧。本章考点主要以简答题为主，在学习时，要区分新闻和宣传，对宣传的定义及其延伸做整体把握。

【考点难点归纳（厚积薄发）】

考点一：宣传的历史（见表9－1）★

表9－1　宣传的历史

时间	具体内容
17世纪	“宣传”概念出现。起源于17世纪初罗马教皇建立的“宣传信仰圣教会”，仅为宗教传播的含义
18世纪	18世纪以后，尤其是在法国大革命和美国独立战争时期，宣传的概念被普及并广泛运用（一般“观念传播”的含义）
戊戌变法、辛亥革命时期	“宣传”这个概念的现代含义从日本传入中国

考点二：宣传的概述(见表9-2) ★★★★★

表9-2 宣传的概述

要点	具体内容	
定义	我国传统	包括：①传达、宣布；②互相传布
	哈罗德·拉斯韦尔	宣传，从最广泛的含义来说，就是以操纵表述来影响人们行动的技巧
	一般学术角度	宣传是运用各种符号，传播一定的观念来影响和引导人们态度、控制人们行动的一种社会性传播活动。宣传是一个广义概念，它包括有声的符号和无声的符号等各种符号，传播一定的观念；宣传的目的在于引导人们的态度，进而控制人们的行为。最后，确认宣传是一种社会传播活动
五要素	宣传者、宣传目的、使用的符号、设定宣传对象、宣传效果	

考点三：宣传的特点 ★★

(1)宣传的本质是劝服。劝服是其首要特点。

(2)在形式上，宣传总是一个或一群人向特定的多数人传播观点，在宣传中以单向传播为主，双向交流为辅，宣传者占据主导地位。

(3)宣传的对象可分为两大类，一类是同道者，一类是未被卷入宣传运动的人群。

(4)宣传者的素养对宣传效果有直接影响。

(5)宣传不是万能的，是有条件的，宣传技巧必须与环境背景相吻合。

考点四：宣传的主要方法(见表9-3) ★★

表9-3 宣传的主要方法

要点	具体内容	
西方	加以恶名(“标签法”)	指给一种观点(或人物、事物)贴上坏标签，使大众不经验证就对某种观点、某个人或某一事物持反感态度并加以谴责
	美化(“光晕效应”)	即把某种观点(或人物、事物)与一个美好的词联系起来，使大众未经验证就接受、赞许某观点(或人物、事物)
	假借	指将某种受人尊敬的权威、公认的信誉赋予另一事物，使后者更易为人接受
	现身说法(“佐证法”)	指请某个受尊敬的或被憎恨的人来评价某个观点、产品、人物的好坏，在广告和政治宣传中也常使用此方法
	以平民百姓自居	指宣传者企图让人相信他和他的观点都是好的，因为它属于人民，来自普通的老百姓
	洗牌作弊	指选择并运用和自己观点一致的论证，以使某观点、方案、人物、产品处于最有利的或最不利的情况，即宣传者一面倒地美化或丑化某对象
	号召随大流(“巡游花车法”)	指企图让人们相信，他们所属的群体都已接受其方案，人人都如此，你也应如此

续表

要点		具体内容
中方	“最大—最大”策略	指在二者的关系中，强调增加己方的利益，同时也会增加对方的利益，是使用最多的一种策略
	求同存异	在双方的关系中通常存在很多矛盾，为使双方达成和解，需要强调“同”，即双方总有相同的地方，在不同的地方暂时调和一下，不要跟对方过不去
	无我策略	在宣传上不直接展现宣传者的意图，强调这个事情完全没有宣传者的利益，仿佛不是为了自己
	“小骂大帮忙”	为给第三方看，仿佛我们有矛盾，其实我是在帮你
	适可而止	对外宣传，也需要把握事不过三的分寸，见好就收
	微调	即宣传上不出现过大的变动，慢慢调整
	强调移情，扮演角色	让你设身处地，如果你处在他人位置上，会如何做。是一种移情的宣传策略(说服方式)

【考点拓展】新闻与宣传的区别(见表9-4)

表9-4　新闻与宣传的区别

区别	具体内容
基本职能（最基本的区别）	新闻的基本职能是告知人们需要的信息。而宣传的基本职能是传播一种观念(政策、理论、方针、立场等)
出发点	新闻是出于受众的需要。而宣传是出于自身需要，把一定的观念传播出去，让受众了解、理解、接受，争取受众的信任和支持。宣传追逐受众，受众追逐信息
归宿点	新闻发布者发布新闻，除了以新闻谋利外，对新闻本身没有自己的主观意图。而宣传者的最终目的是要人们理解、接受、支持它，让受众按照宣传者的意图去行动
传播方式	新闻绝不会重复刊登。但宣传却常需要重复，往往以同一形式或不同形式向人们重复宣传
传播要求	新闻信息要求定量的准确、真实、全面、客观、公正、及时。而宣传要求定性的准确，即观点和材料的统一
传播内容	新闻重事实，没有事实主体的所谓“新闻”不可能拥有大量读者。而宣传看重的是观点，事实为观点服务
传播原则	新闻在报道事实时，注重平衡原则，尽可能照顾到事实的各方面和角度。而宣传从某种观点出发，本能地突出某一方面而有意无意地忽略另一方面

考点五：违背宣传伦理的宣传技巧(见表9-5) ★★★

表9-5　违背宣传伦理的宣传技巧

要点	具体内容
“六种扭转人们思想的扳手”	阿尔文·托夫勒夫妇的《战争与反战争》一书中描述了战争时期的六种宣传手段：①控诉暴行；②夸大利害关系；③把对手形象妖魔化、非人化；④二元对立(非友即敌)；⑤强调神的旨意(即把我方的言行“合法化”)；⑥反宣传(全盘否定对手的宣传)

续表

要点	具体内容
"三色宣传"	指白色宣传、灰色宣传和黑色宣传。《美军心理战作战条例》认为：白色宣传是公开表明信息来源；灰色宣传是不说明消息来源；黑色宣传是故意隐蔽真实消息来源。运用宣传策略时，"三色宣传"相互结合使用，效果更好
违背新闻客观性原则	《现代大众媒介》中指出，新闻报道中常用的宣传技巧有： ①用单向和静态的方式表现事件和人物，使受众形成定向思维； ②将观点包装成事实； ③有选择地使用引语，通过表面客观的手段达到主观目的； ④使用情感动词和副词对直接或间接引语表示否定或肯定的态度； ⑤对信息有所选择； ⑥不顾受众的知情权，对某新闻事件完全不报道或漏掉其某些事实； ⑦采用不同称号； ⑧用笼统的词语概述； ⑨根据要塑造的形象选择性使用不同语言、照片或音响资料； ⑩以偏概全，用个体代表整体； ⑪借口无法查对，不再追踪事实

9.2 考研真题

一、概念题

1. 宣传(复旦大学 2021 年研；中山大学 2019 年研；吉林大学 2018 年研；青岛大学 2017 年研；湖南师大 2017 年研；西安工程 2017 年研；华东师大 2016 年研；华南理工 2015 年研；人大 2008 年研；中青政治学院 2008 年研；中南大 2007 年研；南开大学 2005 年研)

2. 洗牌作弊法(华南理工 2010 年研)

3. 宣传的乐队花车效应(bandwagon)(人大 2018 年研)

4. 宣传价值(湖南大学 2021、2016 年研)

二、简答题

1. 决定宣传效益的因素是什么?(中南大 2010 年研)

2. 新闻与宣传的区别。(安徽师大 2017 年研；湖南大学 2016 年研；陕西师大 2016 年研；河北大学 2014 年研)

相关试题：

(1)新闻价值与宣传价值有何不同?(河北大学 2015 年研)

(2)新闻与宣传的差异点有哪些?(厦大 2016 年研；江西师大 2013 年研)

(3)新闻和宣传的关系。(江西师大 2018、2014 年研)

(4)"新闻宣传"和"新闻舆论"的联系和区别。(人大 2017 年研)

3. 简述新闻与宣传、舆论的关系。(陕西师大 2018 年研)

4. 什么是"新闻宣传"? 在"新闻宣传"中应注意哪些问题?(湖南师大 2016 年研)

相关试题：我国新闻宣传的任务。(大连理工 2021 年研)

5. 宣传的三要素。(华农 2012 年研)

三、论述题

1. 试述新闻与宣传的区别和联系。（聊城大学 2016 年研；中传 2014 年研；清华大学 2012 年研）

相关试题：

（1）试简述传播与宣传的关系。（中传 2019 年研）

（2）新闻与宣传的区别。（上海大学 2019 年研）

（3）宣传和新闻的异同。（重庆大学 2019 年研）

（4）简述新闻、舆论与宣传的区别与联系，并举例说明。（四川大学 2018 年研）

（5）新闻、宣传、舆论之间有何异同及联系。（兰州大学 2019 年研）

（6）简析新闻与宣传的区别。（湖南大学 2016 年研；华中师大 2015 年研；华南理工 2014 年研）

（7）试论新闻和宣传的异同。（中传 2011 年研）

（8）在日常生活中，许多人把宣传和新闻视为一体，但新闻与宣传毕竟是两种不同的社会现象。请论述新闻与宣传有什么不同。（北京大学 2009 年研；南京师大 2008 年研）

（9）简述新闻与宣传的关系。（西安交大 2008 年研；中青政治学院 2007 年研）

（10）论述新闻、宣传、舆论之间有何异同以及联系。（上海交大 2018 年研）

2. 近些年，我国新闻宣传效果不佳的原因有哪些？（江西师大 2015 年研）

9.3　考研真题详解

一、概念题

1. 宣传（复旦大学 2021 年研；中山大学 2019 年研；吉林大学 2018 年研；青岛大学 2017 年研；湖南师大 2017 年研；西安工程 2017 年研；华东师大 2016 年研；华南理工 2015 年研；人大 2008 年研；中青政治学院 2008 年研；中南大 2007 年研；南开大学 2005 年研）

答：宣传是指运用各种有意义的符号传播一定的观念，以影响人们的思想，引导人们的行动的一种社会行为，它的基本职能是传播一种观念（理论、方针、政策、伦理道德、立场态度）。宣传作为一个传播过程，共由七个环节组成：①宣传者——谁来宣传（Who）；②被宣传者——向谁作宣传（Whom）；③宣传内容——宣传什么（What）；④宣传场合——在什么样的社会环境、什么样的地方作宣传（Where）；⑤宣传时机——在什么情况下、选择什么时机作宣传（When）；⑥宣传动机——为什么要宣传、要达到什么样的预期目的（Why）；⑦宣传方法——怎样宣传（How）。上述七个环节，总称 6W1H，是决定宣传效益的七个因素。

2. 洗牌作弊法（华南理工 2010 年研）

答：洗牌作弊法，是宣传的一种方法，是指选择采取陈述的方式，通过事实或谎言，以清晰或糊涂、合法或不合法的叙述，对一个观念、计划、人或产品做好或坏的说明。洗牌作弊法与普通语义学上的偏向技巧基本上是一样的，它可以支持某种立场的论点和论据，而忽略不支持这种立场的论点和论据。其所选择的论点既可能是对的，也可能是错的。如果论点是对的，则这种技巧可能十分奏效，但还有些同样正确的论点会被忽略。

3. 宣传的乐队花车效应(bandwagon)(人大2018年研)

答: 宣传的乐队花车效应又称从众效应，是指人类经常会有一种倾向，去从事或相信其他多数人从事或相信的东西。宣传中的乐队花车效应表现了人们面对宣传时，因为希望加入多数人的队伍中而被动地接受宣传的现象。为了不让自己在社会中孤立，社会个体常常不经思考就选择与大多数人相同的选择，这种乐队花车效应是乐队花车宣传法的基础。阿尔弗雷德·李夫妇合编了《宣传的完美艺术》，提出了著名的常用宣传技巧：辱骂法、光环法、转移法、证词法、平民百姓法、洗牌作弊法、从众法。其中，从众法正是利用乐队花车效应进行宣传，宣传者用这种方法企图说服所有成员接受他的计划，要求未被说服者必须跟随大家"跳上乐队花车"。广告中说"每个人都在使用某某商品"，表达时使用"众所周知""每个人都会这样""每个大学生(中国人、好市民)都会这样做"等做法都是这种宣传手法的表现。

4. 宣传价值(湖南大学2021、2016年研)

答: 宣传价值是新闻选择的重要标准，是指事实本身包含的有利于传播者，能够证明和说明传播者主张的素质。宣传价值的素质包含以下五个方面，合称宣传价值"五性"：①一致性。指与新闻媒介所持的政治主张、价值标准的一致性。这里的标准是政治上的"利"与"害"的问题。对于我国的媒体而言，就要以党的理论、方针、政策，以国家的法令和社会主义的价值观作为选择新闻的标准。②针对性。针对社会上的各种猜测、怀疑、歪曲、流言，选择事实进行有的放矢的宣传；针对性越强，宣传价值越大。③普遍性。事实中所包含的思想观点对广大受众具有普遍的教育意义、指导作用，从而能引起人们广泛的注意，启发人们去思考，引导人们去举一反三。④典型性。事实不但要和作者想说的思想观点相一致，而且要能够有力地说明观点。所选用的事例要能以一当十、以少胜多，使人心服口服。⑤时宜性。有些新闻要选择适当的时机来发表，才能够收到更大的宣传效益，避免引起不必要的思想混乱。

二、简答题

1. 决定宣传效益的因素是什么?(中南大2010年研)

答: 任何宣传都是为了达到预定的宣传目标即争取良好的宣传效益，宣传的七个环节是决定宣传效益的七个因素：

(1)宣传者——谁来宣传(Who)：

这不但指某一个人，也包括一个团体或宣传机构(例如报社、电台、电视台)。宣传者不但是宣传活动的组织者，是一切宣传的信源，而且宣传者的自身形象是决定宣传成败的重要因素，在有些情况下，是决定性因素。宣传者的自身形象主要是指宣传者在受众心目中的信任度，信任度和宣传效益成正比。

(2)宣传对象——向谁做宣传(Whom)：

在漫长的宣传活动史上，宣传对象始终处于被动的地位。到了近现代，宣传对象的地位才被进一步认识。宣传对象是一批人，他们有自己的利益，有自己的认知结构，有自己的记忆和思想。对于一切宣传，他们会作出能动的反应。宣传对象是宣传效果的承担者，也是宣传效果的最后鉴定者。

(3)宣传内容——宣传什么(What)：

在宣传效益中，起最后决定性作用的是宣传内容。这包括：宣传者是宣传真理还是宣传谬误；宣传者是提供真实材料、向受众讲真话还是弄虚作假；宣传内容是维护人民利益还是损害人民利益。

(4)宣传场合——在什么样的社会环境、什么地方做宣传(Where)：

从宏观的社会背景而言，有封闭环境和开放环境。在封闭的环境下，信息渠道单一，外界的干扰小，没有竞争性的或敌对性的信息、观点，宣传就容易取得预期的效果。在开放的环境下，信息渠道多样，各种各样竞争性的或敌对性的信息、观点都设法争取受众，受众的思想比较复杂，宣传要取得预期的效果就比较困难。善于组织和选择具体的宣传场合是取得预期效益的重要一环。

(5)宣传时机——在什么样的时机做宣传(When)：

在不同的历史时期，人们对宣传需求不同，宣传效益也不同。例如，在局势动荡时期，社会问题错综复杂，人们急于寻求各种解决问题的方法，此时的宣传对于受众有很大的吸引力；在局势平稳时期，信息的透明度高，人们对自己已有的思想观点充满信心，强化宣传是最易被人们所接受的。

(6)宣传动机——为什么要宣传、要达到什么样的预期目的(Why)：

宣传要取得成功，动机必须纯正，那就是要为人民利益而宣传。为小团体的利益而损害广大群众利益，或为个人自私的目的而进行宣传，那必然口是心非，这样的宣传终究要失败。

(7)宣传方法——怎样宣传(How)：

这包括所采用的媒介、途径和宣传的手段、技巧。任何宣传都必须借助于一定的媒介、途径，采用一定的手段、技巧。问题在于宣传者是否运用得当、运用得巧妙。各种媒介、途径各有特点，宣传的手段、技巧也多种多样。

宣传的成败是上述七种因素共同作用的结果。在一次成功的宣传中，可能有其中的一两种因素起突出的作用，但并不等于其他因素不起作用。

2. 新闻与宣传的区别。(安徽师大 2017 年研；湖南大学 2016 年研；陕西师大 2016 年研；河北大学 2014 年研)

相关试题：

(1)新闻价值与宣传价值有何不同？(河北大学 2015 年研)

(2)新闻与宣传的差异点有哪些？(厦大 2016 年研；江西师大 2013 年研)

(3)新闻和宣传的关系。(江西师大 2018、2014 年研)

(4)“新闻宣传”和“新闻舆论”的联系和区别。(人大 2017 年研)

答：具体参见本章考点难点归纳相关内容。

3. 简述新闻与宣传、舆论的关系。(陕西师大 2018 年研)

答：(1)新闻、宣传和舆论的含义：

①新闻是新近发生的事实的报道，其基本职能是告知人们所需要的信息。

②宣传是运用各种有意义的符号传播一定的观念，以影响人们的思想、引导人们的行动的一种社会行为，其基本职能是传播一种观念(理论、方针、政策、伦理道德、立场态度)。

③舆论是公众对于现实社会以及社会中的各种现象、问题所表达的信念、态度、意见和情绪表现的总和，具有相对的一致性、强烈程度和持续性，对社会发展及有关事态的进程产生影响，其中混杂着理智和非理智的成分。

(2)新闻与宣传的关系：

①新闻与宣传的联系：

a. 宣传和新闻一样，是一种普遍的社会现象。

b. 宣传活动和新闻活动都是从人类一诞生就开始的。因为人类一开始就聚众而居，必须宣传一种理念来凝聚内部，协调行动，教育下一代。

c. 在实际生活中，人们又常常利用新闻来进行宣传，这在中国的新闻媒介中运用得尤为普遍，两者的联系尤为密切。当人们把新闻与宣传结合在一起或者利用新闻做宣传时，一定要尊重新闻传播信息的基本要求，不能把新闻当作宣传品。

②新闻与宣传的区别：

具体参见本章考点难点归纳相关内容。

(3)新闻与舆论的关系：

①新闻与舆论的区别：

a. 定义不同。新闻是新近发生或者正在发生的事实；舆论是公众的意见。

b. 传播特点不同。新闻传播是有组织的，是自为的；舆论传播具有无序性，是自发的。

c. 主体不同。新闻可以反映媒体或者记者的见解，是媒体倾向的反映；舆论必须具有群众性，是大多数人的看法。

②新闻与舆论的联系：

现代社会中，新闻媒介与舆论之间建立起一种天然的、密切的关系。新闻媒介凭借其自身的特性，不时介入到舆论产生和作用的各个环节中。这种介入，构成了它与舆论的千丝万缕的关联，归纳起来，主要体现在以下三个方面：

a. 新闻媒介反映并代表舆论。公开表达对于舆论既是必要条件又是最后形成的标志，而公开表达又必须借助于一定的媒介。新闻媒介在舆论领域实际已同时扮演了公众论坛和公众代言人的双重角色，它既是舆论的载体，又常常是舆论主体(公众)的影子。

b. 新闻媒介引发舆论。传播学中的“议程设置”理论认为，新闻媒介报道外界信息是经过仔细筛选与过滤的，并采用种种手段把媒介认为重要的信息加以凸现，使之成为公众焦点，甚至进而引发公众舆论。

c. 新闻媒介引导舆论。新闻媒介通过持续不断的信息流，构筑现代信息环境，作用于人们的认识，引导舆论；或通过直接或间接的意见表达引导公众意见。换言之，新闻媒介通过报道中隐含的意见倾向(即通常所谓“用事实说话”)，或者通过直接的评论，表达观点立场，引导舆论。

4. 什么是“新闻宣传”？在“新闻宣传”中应注意哪些问题？(湖南师大 2016 年研)

相关试题：我国新闻宣传的任务。(大连理工 2021 年研)

答：“新闻宣传”的含义是新闻具有宣传属性。新闻与宣传既存在相互独立、互有区别的部分，又存在相互联系、相互结合之处。新闻完全可以用于宣传，为宣传服务，宣传也可以新闻的形式出现，成为新闻的组成部分。当然，以新闻的形式出现的宣传必须是具有新闻价值，能赋予人们新意的东西。在“新闻宣传”中应注意以下问题：

(1)努力实现新闻与宣传的双重价值。新闻与宣传的一个不同之处在于，“新闻”主要以满足受众获取新闻信息的需要为出发点，而“宣传”则把传播自己的观点、主张以影响群众作为基本目的。新闻要承担宣传任务就必须将两者结合起来，做到既提供满足受众需要的最新新闻信息，又宣传符合传播管理者和控制者思想立场的观点主张。

(2)讲究宣传艺术，善于用事实说话。新闻宣传要讲究宣传艺术，才能为群众所接受，从而收到良好的传播效果，否则便会出现一厢情愿的情况：你宣传得天花乱坠，群众却听不进去，或者根本连听也不听。

新闻媒介在进行新闻宣传时应当提倡“用事实说话”，提倡运用现实生活中那些具体、生动、形象而有说服力的事例和典型来启发和引导群众。对记者来说，要学会客观地、忠实地、朴素地叙述自己所见所闻的事实，将自己想要说明的观点巧妙地隐藏在对事实的客观叙述中，使群众在接受记者所报道的事实的过程中不知不觉地接受其蕴涵的某种立场和观点。这是新闻宣传的最高境界，也是新闻工作者应当掌握的最重要的宣传艺术和技巧之一。

(3)坚持对上负责与对下负责的统一。新闻宣传要想取得好的效果，还要注意把对上负责与对下负责很好地统一起来。如果只注意从党和政府领导机关的角度单方面地开展宣传，就容易使群众对媒体失去信任。要防止这种现象，新闻媒介在新闻宣传中就应注意既热情宣传党和政府的路线方针政策、工作任务和工作要求，又能充分反映群众的劳动业绩、工作经验和建议要求。认识新闻的宣传属性，发挥新闻的宣传功能包括两方面的内容：

①要注意积极替“上面”即领导机关做好宣传。要通过实事求是的宣传报道，向群众讲明党和政府的路线方针政策的正确性，讲明执行各项工作任务的方法和途径，并如实反映工作中的成绩与经验、困难与问题、失误与教训，使广大群众认清形势，明确方向，坚定信心，增强责任感，从而自觉地团结在党和政府的周围，共同去为实现民族振兴的宏伟目标而奋斗。

②要注意主动替群众做好宣传。要乐于和敢于为人民群众代言，要善于通过大量反映群众生产、生活的实际状况的报道，帮助领导机关了解民情民意，体察百姓困难，从而更加自觉、有效地为群众多办实事，多办好事。

只有将这两种宣传有机地结合统一起来，才会使新闻宣传得到群众诚心诚意的拥护和欢迎，才能真正达到预期的目的，收到理想的效果。

5. 宣传的三要素。(华农 2012 年研)

答：(1)宣传的含义：

宣传是运用各种有意义的符号传播一定的观念，以影响人们的思想，引导人们的行动的一种社会行为，它的基本职能是传播一种观念(理论、方针、政策、伦理道德、立场态度)。

宣传是一种通过操纵表述以期影响人类行为的技巧。这些表述可以采用语言、文字、图画或音乐的形式进行。一般而言，只有当传播行为对信源而不是对接收者有益的时候，才被称为宣传。

(2)宣传的三要素：

完整意义上的宣传由宣传者、宣传对象、宣传目标、宣传内容和宣传方式等诸元素组成。其中，宣传内容是指宣传者所提供给宣传对象的材料、思想观点，通常包括事实、道理和情感，称为宣传的“三要素”：

①宣传要讲事实，事实是形成一定思想、支撑一定观点的基础，事实胜于雄辩。

②宣传要讲道理，要使用逻辑推理、引证、比较、喻证、反证等方法，寓理于事地进行分析阐述。

③宣传要动之以情，要用形象化的手法、表达真情实感，使接受对象受到感染，产生感情共鸣。

三、论述题

1. 试述新闻与宣传的区别和联系。（聊城大学 2016 年研；中传 2014 年研；清华大学 2012 年研）

相关试题：

(1) 试简述传播与宣传的关系。（中传 2019 年研）

(2) 新闻与宣传的区别。（上海大学 2019 年研）

(3) 宣传和新闻的异同。（重庆大学 2019 年研）

(4) 简述新闻、舆论与宣传的区别与联系，并举例说明。（四川大学 2018 年研）

(5) 新闻、宣传、舆论之间有何异同及联系。（兰州大学 2019 年研）

(6) 简析新闻与宣传的区别。（湖南大学 2016 年研；华中师大 2015 年研；华南理工 2014 年研）

(7) 试论新闻和宣传的异同。（中传 2011 年研）

(8) 在日常生活中，许多人把宣传和新闻视为一体，但新闻与宣传毕竟是两种不同的社会现象。请论述新闻与宣传有什么不同。（北京大学 2009 年研；南京师大 2008 年研）

(9) 简述新闻与宣传的关系。（西安交大 2008 年研；中青政治学院 2007 年研）

(10) 论述新闻、宣传、舆论之间有何异同以及联系。（上海交大 2018 年研）

答： 新闻与宣传不是截然分开的，而是相互交叉，甚至相互渗透的。他们之间既有联系，也有一定的区别。

(1) 新闻和宣传的共同点：

从本质上讲，新闻和宣传都是为了宣传某种主张。在现实生活中，新闻和宣传两种传播行为是紧密关联、相互交织的，新闻和宣传存在以下共同点与联系：

①新闻事业脱胎于宣传活动。新闻事业充其量只有三四百年的历史，而早期的报刊均是特定的政治或宗教集团的宣传工具。

②新闻与宣传同属于大众传播，都属于传播的范畴。新闻和宣传工作都离不开广泛的受众，如果没有受众关注、接受，新闻和宣传工作都不能进行。

③现代宣传主要通过新闻媒介来进行。宣传是一种传播活动，可以通过任何传媒进行。新闻事业出现以后，报刊、广播、电视成为宣传者使用的基本工具。从世界范围看，报纸从“观点报”向“新闻纸”的转变仍然是一个尚未完全终结的过程。

(2) 新闻和宣传的不同点：

具体参见本章考点难点归纳相关内容。

2. 近些年，我国新闻宣传效果不佳的原因有哪些？（江西师大2015年研）

答：新闻宣传工作是凝心聚力、形成发展合力的强大思想阵地，在推动基层发展、科学发展、和谐发展方面发挥着独特而重要的作用。如何切实加强新闻宣传工作，是各级新闻宣传部门所面临和迫切需要解决的重大课题。我国新闻宣传效果不佳的原因主要来自两个方面：一是来自受众的阻碍因素；二是来自传播者的阻碍因素。

（1）来自传播者的阻碍因素：

①思想观念存在偏差。有些单位往往把新闻宣传作为一项软任务，没有真正认识到新闻宣传工作是基层工作的重要组成部分。有些单位存在“重业务轻宣传”的思想倾向，没有将新闻宣传工作摆上重要议事日程，不注重收集宣传素材，不在乎宣传亮点工作。

②业务能力有待提高。一是“先天不足”。在单位从事宣传工作的干部和人员大部分都是“半路出家”，文字功底有限，专业水平较低，短期内难以胜任工作。二是“后程乏力”。基层宣传干部缺乏专业知识技能培训，知识结构更新不够快，思想观念相对滞后。三是“分身乏术”。基层工作任务繁杂、人员缺乏，从事宣传工作的基层干部往往身兼数职、顾此失彼。

③形式内容单一乏味。一是方式不灵活。宣传报道多半是以文字宣传为主，没有更多的对外宣传方式手段，形式比较单一。二是内容较生硬。基层宣传报道的内容多是领导活动、会议新闻或者业务工作，写作手法也较为生硬死板，缺少创新和亮点，达不到预期的宣传效果。三是“接地气”不够。基层宣传干部虽然身在基层但受水平限制，很难写出鲜活生动、脍炙人口、感染力强的好新闻。

④组织策划比较滞后。一是缺乏整体规划。有的单位没有深入研究当前基层宣传工作面对的新情况和新特点、新形势和新任务，对新闻宣传工作如何组织实施，达到什么目的，没有整体规划和明确要求。二是新闻敏感不强。一些宣传干部对新闻宣传及时性缺乏认识，对发生在身边的好新闻不敏感、不上心、不在意、不以为然。三是报道随意性强。在宣传内容上，不能与地方党委、政府的中心工作以及广大群众所关注的热点、难点问题结合起来，中心不突出，主题不鲜明。

⑤工作机制不够健全。一方面工作机制不顺。一些基层单位对新闻宣传工作缺乏深入研究和统一部署，缺乏组织性和指导性，任务交办不明确，责任目标不清晰，出现错位和缺位的现象，整个宣传工作显得较为疲软和被动。另一方面是激励机制缺乏。没有建立必要的奖惩制度，基层宣传工作人员劳动价值很难得到充分体现和认可，工作热情不高。

（2）来自受众的阻碍因素：

①语言阻碍。语言是传播者想要通过信息传达给受众的基本障碍，而且它可能成为有效传播中难以克服的障碍。新闻记者应该避免运用专业术语，力求使用平常的、通俗的语言，这样才能与受众沟通，除了意义的精确易懂以外，受众还要求语言的感情色彩十分贴切，否则会引起理解上的障碍。字句本身，无论在新闻报道或者诗句中，都传达了情绪和感觉，它们能引起受众的心理反应。信息的隐含层面是非常微妙的，语文的感情色彩能影响信息的指向。意义与情感对于语言这种“符号”而言，还存在着“编码”和“解码”的程序问题。特别是当我们想要把两者不同文化的符号和事物相对应时，往往出现较大偏差，不同的语言，以十分不同的方式切入现实，它们在现实世界中，为解码提供了相当不同的类目。

②兴趣障碍。不同的受众在兴趣上千差万别。媒介传播的信息是否满足他们的需要，或者是否让他们感兴趣，客观上制约着信息宣传的效果。

③知识障碍。知识障碍是指受众因受教育程度不同以及获取信息多寡的差别，形成了对接受信息的障碍和对信息正确评价的障碍。信息量大的人，其信息会越丰富；信息贫乏的人，其信息永远贫乏。受教育程度高的人或者社会上层人士更有可能获得丰富的信息。

④经验障碍。受众理解某一新闻报道时，总是结合个人的经验加以判断，因此他们绝不是一张消极被动的白纸，只等着填满每天的新闻。他们在心理上是积极、主动的个体，新闻信息只是加强或者削弱自己主观世界的原始资料。由于现实的变动或者刺激非常多，受众接受信息时还存在着一个再选择的过程，越是不常出现的叙述，越能使人印象深刻。受众往往运用他们独特的经验，以自己的背景来弥补信息的多义性和不明性。受众的原先固有的态度和观念会减弱、改变甚至颠倒信息的本来意义，从而造成有效传播宣传的障碍。偏见，是这种障碍的突出因素。种族偏见、阶级偏见、道德偏见，以至于意识形态的偏见都会影响信息的有效宣传。

第十讲　舆论学

10.1　复习笔记

【知识框架(庖丁解牛)】

- 舆论学
  - 舆论概念的历史和定义
    - 西方“舆论”的历史
    - 中国“舆论”的历史
    - 舆论的定义
  - 马克思、恩格斯论舆论
    - 马克思和恩格斯关于舆论的基本观点
    - 舆论与当时的大众传媒——报刊的互动关系
  - 舆论的八要素
    - 主体：公众
    - 客体：现实社会以及各种社会现象、问题
    - 舆论自身：信念、态度、意见和情绪表现的总和
    - 舆论的数量，即一致性程度
    - 强烈程度
    - 持续性(存在时间)
    - 功能表现：影响舆论的客体
    - 质量：理智与非理智
  - 舆论的形成过程
    - 一般形成过程
    - 历史的纵向角度
    - 形成舆论的一种条件：舆论场效应
    - 社会转型的舆论问题
  - 流言：一种畸形的舆论形态
    - 早期的流言传播公式
    - 现在的流言传播公式
    - 流言传播中内容变动的心理因素
    - 网络流言分析

【通关提要(提纲挈领)】

本章主要讲述舆论的概念及其要素，同时还论述了舆论的形成过程与条件，以及对舆论监督做出了详细解读。本章考点主要以名词解释、简答题、论述题为主，在学习时，要对舆论、舆论场、舆论监督等概念做整体把握。

【考点难点归纳(厚积薄发)】

考点一：舆论的概述(见表 10－1) ★★★★

表 10－1 舆论的概述

舆论	具体内容	
历史发展	西方	①1762 年，卢梭在《社会契约论》中，将“公众”与“意见”二者组成“舆论”的概念(最早直接提出“舆论”)； ②1922 年，沃尔特·李普曼在代表作《Public Opinion》中，较早地把舆论作为一个核心概念来论证； ③1923 年，爱德华·伯内斯出版的《舆论的结晶》，也较早地深入讨论了舆论问题
	中国	①中国最早出现“舆论”一词的古籍是《三国志》； ②之后的《梁书·武帝纪》里也使用了“舆论”这个概念
陈力丹对舆论的定义	舆论，是指对于现实社会以及社会中的各种现象、问题，公众所表达出的具有相对的一致性、强烈程度和持续性的信念、态度、意见和情绪表现的总和，其中混杂着理智和非理智的成分，会影响社会发展及有关事态的进程	

考点二：马克思、恩格斯论舆论(见表 10－2) ★★★

表 10－2 马克思、恩格斯论舆论

要点	具体内容	
关于舆论的基本观点	舆论的定义	舆论是自然的、普遍存在的一种交往形态
	现代舆论的特点	①在一定范围内，舆论的形成愈来愈以共同利益为基础。 ②舆论在先进的阶层或发达地区的变化，愈来愈反映着舆论的动向。 ③舆论的变化愈来愈容易受到外部因素的影响
	舆论的力量	①对权力组织和政治活动家来说，舆论是制约力量。 ②对立法(特别是经济立法)来说，舆论是一种推动力量。 ③作为公众对社会政治、经济、文化活动的评价，舆论是一种普遍的社会监督
	控制舆论的方式	①有意减轻对焦点问题的舆论压力，转移舆论的兴奋点。 ②使舆论顺从控制者，迷惑舆论。 ③通过组织舆论和制造舆论控制真实的舆论
舆论与报刊的互动关系	①报刊与舆论的基本关系是：报刊代表舆论。 ②广泛代表舆论与传播报刊自身特殊观点之间存在矛盾，这一矛盾使得报刊尽可能在一定程度上代表舆论。 ③报刊在对于具体的事件报道中，需要将舆论的变化考虑在内。 ④报刊在一定程度上表达舆论，受制于舆论的牵制作用、不同观点报刊的存在、报刊业自身的经济和政治利益等。 ⑤归根到底，解决报刊如何在舆论中流通的问题，是研究报刊与舆论关系的最终目的	

考点三：舆论的形成过程（见表 10－3）★★★★

表 10－3　舆论的形成过程

要点	具体内容	
一般形成过程	①社会在积累了一些问题或产生较大的变动后，大众对此议论纷纷。 ②在社会群体的互动中，多样化的个人意见逐渐趋同，在此过程中舆论领袖逐步出现。 ③大众传媒、权力组织及其领导人，促成其所希望达成的舆论。 ④文化与道德传统在此过程中会作为一种外在且无形的力量始终影响并制约着舆论	
从历史的纵向角度分析	宏观：相互影响的过程	社会总体上对某个事物的认识往往反映在舆论中，在空间上对个人意见产生影响；无数个人意见中有影响力的意见，也会左右当下宏观层次上的舆论
	微观：动态的图式	随着纵向的时间的推移，关于对某个事物的舆论，以及每个人的个人意见，都会从过去走到现在，或者从现在走向未来。在同一空间内的舆论形成过程中，个人意见和已经形成的关于某个事物的舆论，也会受到社会的组织、习俗的影响
形成舆论的条件	①空间的开放程度； ②空间中人的相邻密度和交往频率； ③空间的诱惑力或感染力	

考点四：舆论的八要素（见表 10－4）★★★★

表 10－4　舆论的八要素

要点	具体内容
舆论的主体：公众	舆论的主体不是有组织的，是对外部社会有一定的共同知觉或者对具体的社会现象和问题有相近看法的自在的人群
舆论的客体：现实社会和各种社会现象、问题	舆论的客体一般自然存在的是“有争议”的引起公众讨论的话题，如果范围扩大，会形成一定规模或表现出某些趋向的公众的情绪、态度、观点甚至“现实社会”本身，也是一种舆论的客体
舆论自身：信念、态度、意见和情绪表现的总和	公开的意见是能够看得到的舆论的直接表现，能够看得到的直接表现是公开的意见，能够感觉得到的是情绪，人们所表达的意见的态度是由人们内心的信念决定的
舆论的数量（一致性程度）	对于较为复杂、涉及面广泛的客体的意见，需要一个辨别舆论存在与否、存在程度的客观标准，即舆论的数量，目的在于了解关于某一舆论的客体的不同舆论的力量对比，以便做出科学的应对
舆论的强烈程度	一定的意见倾向的强烈程度是舆论的必备要素，主要表现为行为舆论或言语舆论，通常前者的强烈程度大于后者
舆论的持续性（存在时间）	任何舆论都要持续一定的时间，这种持续性又称“舆论的韧性”，如果舆论中展现的问题没有解决或人们议论的对象所体现的理念与公众差距过大，舆论持续的时间就会较长
舆论的功能表现：影响舆论的客体	各种舆论在相互交织中，时时以自在的方式，或直接或间接、或明显或潜在地影响舆论的客体，促使客体朝着主导性舆论的方向发展

续表

要点	具体内容
舆论的质量：理智与非理智	舆论的变化和发展在一定程度上是被动的，是有关群体意见的自然形态，带有较强的自发性和盲目性。在相当长时期内，传统的社会观念也会影响现实舆论，同时不稳定和多变是现代舆论的表面特征

考点五：传统社会迈向现代社会过程中的社会动员所引发的舆论问题 ★

官方在从传统社会迈向现代社会的过程中，需要动员各方参与改革，动员时需充分展现改革可能带来的若干好处。在改革过程中，若经济发展无法达成动员时的许诺，会引发官方和大众的冲突，人们也会产生社会挫折感，这种挫折感也即一种舆论表现形态。

考点六：流言：舆论的畸变形态(见表10－5) ★★★★

表10－5 流言：舆论的畸变形态

要点	具体内容	
流言的定义	流言是一种与传播有关的集群行为方式，也是群体议论和传播的结果，会在传播过程中产生一种权威归属、全体归属、亲近归属的心理，进而造成公众恐慌	
早期的流言传播公式	1947年，奥尔波特和波斯特曼在《谣言心理学》中提出图式： rumor(流言)＝importance(重要性)×ambiguity(模棱) 孟小平后来加了一个分母，将其改为： $\text{rumor 流言}=\dfrac{\text{importance(重要性)}\times\text{ambiguity(模棱)}}{\text{critical ability 批判能力}}$	
现在的流言传播公式	流言产生的条件在经典流言公式的基础上，变成了四点：好奇(curiosity)、不安(anxiety)、不确定(uncertainty)、相关程度(involvement)，新的公式重点放到个体分辨能力上： $\text{r 流言}=\dfrac{\text{c 好奇}\times\text{a 不安}\times\text{u 不确定}\times\text{i 相关程度}}{\text{c 批判能力}}$	
流言传播中内容变动的心理因素	省略	流言在传播中省略一些被接受者认为不重要的细节
	突出/加强	流言中关于数目和体积、表现矛盾冲突的词汇或情节被进一步夸大，用过的术语作为主题不断重复
	同化	为适应整个叙述的逻辑，在传播过程中人为地改变某些细节，使其迎合先验的情感构成和思维特征
	泛化	把特殊现象进行归类，降低消息的专指程度
网络流言分析	①对眼下流言的发生和传播，只通过封锁信息或只放出所谓的正面信息来处理危机是徒劳的，但同步发布权威信息，流言持续的时间会很短，扩散的地域也会小些； ②社交媒体可能会传播流言，但更是制止流言传播的最有效的渠道； ③否认流言会导致流言的复述，在没有确凿材料的情况下反而会使大众对流言的印象更加深刻； ④流言传播会趋于“群体偏向”，匿名讨论会加剧群体极化和群体盲思现象	

【考点拓展】舆论监督(见表 10 - 6)

表 10 - 6 舆论监督

舆论监督	具体内容
含义	舆论监督是指对于偏离或违背社会正常运行规则的行为，社会公众运用新闻媒介依法实施的新闻批评。它通常是以一种精神压力的形式，对社会发生的问题和事件产生影响，它不仅只局限于通过传媒的反映以对当事人和组织形成的压力
形式	①对社会上已经形成的对某个事件，传媒所进行的舆论报道； ②通过报道和评论，传媒引起公众的讨论和参与所形成的舆论，并对当事人或组织产生影响
作用	①作为一种软性的监督，舆论监督的影响力不在于它拥有有形的权力，在精神方面舆论所造成的一种道德压力，才是其力量所在； ②作为一种中介因素，舆论监督在社会生活中的协调社会各方面利益冲突上，发挥着越来越重要的作用
主体	①作为分散的公众"集体"态度的表达形式，舆论监督的主体是公众； ②分析各种社会系统舆论的两个重要变量是公众的知情程度和参与机会

【考点拓展】网络舆论的特征

(1)网络实现了意见传播的多元互动，意见传播的主客体角色可以互换，具有一定的不可控性。

(2)网络舆论的主体具有平等化的特性，每个上网者都有表达意见的权利，社会精英、领袖人物和权威媒体的话语霸权被消解。

(3)网络舆论的客体和变换频率正在加快。

(4)由于网络本身具有虚拟、自由、交互的特点，决定了网络舆论呈现出双重性，甚至多重性。

(5)在网络舆论中，多有较为明显的"集体情绪化"倾向。

10.2 考研真题

一、概念题

1. 舆论监督(北京大学 2018 年研；南京师大 2018 年研；西南大学 2018 年研；山东师大 2018、2017 年研；四川大学 2015 年研；中传 2014、2012、2007、2005 年研；深圳大学 2014 年研；中山大学 2012 年研)

相关试题：

(1)新闻舆论监督(安徽师大 2018 年研)

(2)新闻舆论监督客体(华中师大 2018 年研)

2. 舆论引导(湖南大学 2018 年研；复旦大学 2017 年研；武汉大学 2015、2013 年研；暨南大学 2014 年研；中传 2011、2010 年研)

3. 舆论场(北邮 2019 年研)

4. 官方舆论场(北师大 2018 年研)

5. 民间舆论场(北师大 2018 年研)

6. 公共舆论(暨南大学 2019 年研；湖南大学 2017 年研)

7. 舆论导向(山东师大 2014 年研)

8. 舆论强势(山东师大 2015 年研)

9. 舆论主体与舆论本体(华农 2012 年研)

10. 舆论领袖(上海交大 2016 年研)

二、简答题

1. 新闻与舆论有何区别与联系？在新媒体环境下，“新闻舆论工作”有何新的要求？(中山大学 2018 年研)

相关试题：

(1)简述新闻与舆论的关系。(湖南大学 2018 年研；复旦大学 2017 年研；江西师大 2016 年研；武汉大学 2015、2013 年研；中传 2011 年研)

(2)简述新闻与舆论的异同。(厦大 2017 年研)

2. 简述舆论反转成因。(西安交大 2019 年研；浙传 2019 年研)

3. 新媒体如何应对舆论反转。(北师大 2019 年研)

4. 新闻舆论对广告的监督方式有哪几种？(河南大学 2019 年研)

5. 简述新闻媒介和社会舆论的关系。(河南大学 2019 年研；湘潭大学 2017 年研)

6. 新时期新闻舆论工作的基本原则。(浙传 2019 年研)

7. 试分析舆情和舆论的概念。(安徽大学 2019 年研)

8. 互联网时代下新闻舆论监督的基本原则。(西南大学 2019 年研)

相关试题：

(1)媒体开展舆论监督应遵循哪些基本原则？(河北大学 2018 年研)

(2)为了正确开展新闻舆论监督，需要遵循哪些基本的原则？(江西师大 2015 年研)

(3)简述新闻媒介实现舆论监督功能的方式。(山东师大 2017 年研)

(4)分析新媒体背景下舆论监督的特点。(中传 2017 年研)

9. 谈谈对习近平“舆论监督和正面宣传是统一的”观点的理解。(北京大学 2017 年研)

10. 简述新闻舆论监督中的“内参”。(中传 2019 年研)

相关试题：新闻内参(名词解释，暨南大学 2021 年研)

11. 具体而言，受众对媒介活动进行社会监督的控制手段包括哪些？(湖南师大 2015 年研)

相关试题：

(1)受众对媒介进行监督和控制的手段有哪几种？(华农 2011 年研)

(2)受众怎样对媒介进行监督和控制？(华农 2014 年研)

12. 对新闻媒介的社会控制有哪几种正规途径？(青岛大学 2017 年研)

13. 请解释何为“两个舆论场”，当前“两个舆论场”发生哪些新变化。(清华大学 2019 年研)

14. 两个舆论场无法统一是现阶段最大的问题，请分析原因并提出应对方法。(清华大学 2017 年研)

15. 比较分析官方舆论场和民间舆论场的形成机制及其原因。(四川大学 2016 年研)

16. 网络舆论与依法治国关系。（北师大 2019 年研）

17. 舆论的定义和特点。（安徽师大 2016 年研）

相关试题：

（1）简述舆论的特点。（江西师大 2018 年研；兰州大学 2018 年研）

（2）舆论（名词解释，湖南师大 2021 年研）

18. 舆论及其社会功能。（华东师大 2018 年研；江西师大 2018 年研）

19. 简述舆论的特点以及新闻媒介在舆论中的作用。（华政 2019 年研）

相关试题：简述舆论的特点。（中央民大 2016 年研）

20. 简述舆论的四个基本要素。（安徽师大 2018 年研）

相关试题：什么是舆论？它的基本要素是什么？（西安工程 2017 年研）

21. 简述新闻舆论的内涵与特征。（同济大学 2017 年研）

22. 新媒体时代舆论的“新格局”。（安徽师大 2018 年研）

相关试题：新老媒体联动所形成的舆论新格局有何特点？（西安工程 2015 年研）

23. 简述网络舆情的特点。（复旦大学 2015 年研）

24. 请结合具体实例，谈谈你对于新媒体环境下的舆情生成和演化规律的看法。（中山大学 2016 年研）

25. 联系具体实例，谈谈新闻媒介是如何引导舆论的。（湖南师大 2015 年研）

相关试题：

（1）简述新闻媒介应该如何正确引导舆论，营造良好舆论环境。（中南大 2018 年研）

（2）以“庆安火车站枪击事件”真相的披露为例，分析主流媒体在舆论引导中的作用。（南京大学 2016 年研）

26. 新闻网站如何在市场竞争中坚守正确的舆论导向和公共利益？（华科 2016 年研）

27. 从新闻媒体与社会舆论的三种关系出发，谈谈新闻媒介如何实现与舆论进行良性互动。（华中师大 2018 年研）

28. 传统媒体原创和深度报道能力下降，而自媒体的影响却越来越大，简述这种变化对公众舆论的形成有什么影响。（清华大学 2017 年研）

29. 为什么说公共舆论是西方民主政治的基础？（浙江大学 2017 年研）

30. 公众舆论具备公共性的必要条件。（浙江大学 2016 年研）

三、论述题

1. 什么是舆论？纸媒时代与网媒时代的舆论有什么区别？（同济大学 2017 年研）

2. 试论当前我国新闻舆论监督中存在的问题及其改进。（武汉大学 2007 年研；南京大学 2005 年研）

相关试题：

（1）试论述改革开放四十周年，由于社会转型期与互联网技术的迅猛发展，当下社会语境下舆论监督面临的诸多挑战。（上海大学 2019 年研）

（2）在传媒新语境下，论述新闻舆论监督的发展与演变，在新时代出现的问题及其对策。（上海大学 2015 年研）

（3）结合案例论述当下广播电视媒体舆论监督弱化的原因及其对策。（暨南大学 2017 年研）

(4)新媒体语境下，舆论监督面临哪些机遇？存在哪些问题？应当如何应对？请结合具体案例论述。(复旦大学 2015 年研)

3. 结合实例论述网络舆论监督的利与弊。(青岛大学 2017 年研)

4. 结合新闻传播实践，试述新闻舆论监督的特点。(中南大 2010 年研)

相关试题：

(1)谈谈我国大众传媒的舆论监督功能。(辽宁大学 2019 年研)

(2)论述新闻舆论监督的含义、特征以及作用。(中传 2018 年研)

5. 什么是舆论监督，它有哪些社会功能？社会化媒体的普及对舆论监督产生了什么影响？(陕西师大 2016 年研)

6. 论述网络舆论的特点。(山东大学 2019 年研)

7. 结合中兴案例，分析我国网络舆论当前现状和治理难点。(华科 2019 年研)

8. 从互联网和移动媒体语境，分析我国舆论场域的发展现状、存在的问题及对策建议。(上海大学 2016 年研)

9. 当今社会舆论的特点和问题。(中国政法 2016 年研)

10. 结合实际，论述受众对媒介活动进行社会监督控制的方式类型、作用以及意义。(湖南大学 2019 年研)

11. 诺依曼的舆论观/舆论传播对社会治理的作用。(暨南大学 2019 年研)

12. 如何看待非职业人员通过拍摄视频的方式进行舆论监督？UGC、PGC、PUGC 对新闻生产的影响？(中传 2019 年研)

13. 谈谈你对“两个舆论场”的理解。(山东师大 2016 年研)

14. 在新媒体或者网络媒体语境下，如何打通“两个舆论场”？(复旦大学 2017 年研)

15. 微信舆论场的特点以及微信治理措施评价。(中山大学 2019 年研)

16. 批评报道与坚持正确舆论导向的关系。(南京师大 2019 年研)

相关试题：论述坚持“正面报道”和舆论监督之间的关系。(北京大学 2020 年研)

17. 论述正确的舆论导向的内涵、意义、策略。(广外 2018 年研)

18. 联系实际，谈谈新媒体的出现对传统新闻传统格局带来的影响，并阐述我们应该如何创新新闻宣传工作理念和方法。(山东师大 2017 年研)

相关试题：

(1)新媒体环境下，我国舆论格局发生了什么变化，试述主流媒体应该如何提高舆论引导能力。(山东师大 2018 年研)

(2)有人认为，在社会化媒体时代，在社会沟通和舆论引导方面，“动之以情”重于“晓之以理”，你怎么看？(北师大 2018 年研)

(3)请结合实际论述新媒体环境下的舆论引导问题。(中传 2016 年研)

(4)在新媒体时代，如何发挥传统媒体对舆论的引导力？(复旦大学 2015 年研)

(5)结合实例谈谈在当前的媒介环境下，新闻媒体如何正确引导舆论，营造良好的舆论环境？(华南理工 2016 年研)

19. 以 2014 年的某一突发新闻事件为例，简要分析新闻媒体在突发性新闻中的舆论引导作用。(湘潭大学 2015 年研)

20. 有人说，在新媒体环境下，科学技术在舆论的引导方面起着重要的作用，所以拥有超高的科学技术就可以很好地引导舆论。对此观点进行辨析。（浙江大学 2017 年研）

21. 习近平总书记强调，做好舆论引导工作，一定要把握好“时、度、效”。请结合具体实例谈谈你对“时、度、效”内涵的理解。（青岛大学 2017 年研）

22. 结合我国当前新兴媒体的现状，分析新媒体与舆论的关系。（重庆大学 2018 年研）

23. 谈谈“坚守党性、人民性、政治方向”和提高“新闻舆论传播力、影响力、引导力、公信力”两者之间关系的认识。（上海大学 2017 年研）

24. 如何认识多元语态下舆论焦点形成的新特征？（中传 2016 年研）

25. 作为一名记者，要如何报道网络突发性舆情事件？（复旦大学 2016 年研）

26. 结合理论和案例谈网红和网红现象。（北京大学 2020 年研）

27. 结合实例，谈谈新媒体环境下主流媒体如何提升舆论“传播纠偏”的能力。（北师大 2020 年研）

10.3 考研真题详解

一、概念题

1. 舆论监督（北京大学 2018 年研；南京师大 2018 年研；西南大学 2018 年研；山东师大 2018、2017 年研；四川大学 2015 年研；中传 2014、2012、2007、2005 年研；深圳大学 2014 年研；中山大学 2012 年研）

相关试题：

（1）新闻舆论监督（安徽师大 2018 年研）

（2）新闻舆论监督客体（华中师大 2018 年研）

答：舆论监督，是指对于偏离或违背社会正常运行规则的行为，社会公众运用新闻媒介依法实施的新闻批评。借助新闻媒介的传播优势，舆论监督以公开的方式反映公众对某一社会现象、某个社会事件或社会问题所形成的比较一致的意见，实际上是代表公众的意志对社会现实作出的强有力的主动回应，因而在实施社会监督方面具有很强的影响力和权威性。

2. 舆论引导（湖南大学 2018 年研；复旦大学 2017 年研；武汉大学 2015、2013 年研；暨南大学 2014 年研；中传 2011、2010 年研）

答：舆论引导，是现代报刊、广播电视的最主要的任务，在新闻媒介所具有的反映舆论、表达舆论、组织舆论、引导舆论的这四种功能作用中，占据最重要的地位。在社会主义国家，报纸、广播电视是联系党和政府与人民群众的桥梁和纽带，是社会主义建设的舆论工具。正确引导舆论，坚持党的宣传思想战线极其重要，最根本、最重要的是要牢牢把握党的基本路线不动摇，通过有力的宣传和思想动员，把全党全国人民的思想进一步统一到党的基本路线上来。反之，如果任其按商品交换关系发展而不以正确的、健康的舆论去占领新闻阵地，其后果轻则使报纸、广播电视节目流于媚俗，重则会出现错误的政治导向。

3. 舆论场（北邮 2019 年研）

答：舆论场，是指新闻舆论集中发生的场所。舆论场的发生需要两个条件，一是有新闻媒体的聚集，二是有大量受众的关注。新华社原总编辑南振中于 1998 年提出，在现实生活中实际存在着两个“舆论场”：①老百姓的“民间舆论场”；②主流媒体着力营造的舆论场。两个舆论场重叠的部分越大，舆论引导的针对性和有效性越强；两个舆论场重叠的部分越小，舆论引导的针对性和有效性就越弱；两个舆论场如果根本不能重叠，主流媒体就有丧失舆论影响力的危险。当下我国客观存在着两个舆论场，一个是党报、国家通讯社、国家电视台组成的官方舆论场，一个是都市报特别是互联网构成的民间舆论场。要处理好这两个舆论场的关系，使之良性互动，正确引导舆论，发挥正能量。

4. 官方舆论场(北师大 2018 年研)

答：官方舆论场是现实生活中实际存在的两个舆论场之一，二者的差别在于官方舆论场由主流媒体着力营造，由党报、国家通讯社、国家电视台组成。舆论场是指新闻舆论所集中发生的场所，其发生需要两个条件：①有新闻媒体的聚集；②有大量受众的关注。新华社原总编辑南振中于 1998 年提出，在现实生活中实际存在着民间舆论场和官方舆论场这两个舆论场，所以官方舆论场是这两个舆论场的其中之一，是党报、国家电视台、国家通讯社等“主流媒体舆论场”，忠实地宣传党和政府的方针政策，传播社会主义核心价值观。

5. 民间舆论场(北师大 2018 年研)

答：民间舆论场是现实生活中实际存在的两个舆论场之一，二者的差别在于民间舆论场是老百姓的民间舆论场，主要由都市报特别是互联网构成。舆论场是指新闻舆论所集中发生的场所，其发生需要两个条件：①有新闻媒体的聚集；②有大量受众的关注。新华社前总编辑南振中很早就注意到，在当下中国，客观存在两个舆论场，其中一个是依托于口口相传特别是互联网的“民间舆论场”，人们在微博客、BBS、QQ、博客上议论时事，针砭社会，品评政府的公共管理。互联网成为“思想文化信息的集散地和社会舆论的放大器”，改写了“舆论引导新格局”。

6. 公共舆论(暨南大学 2019 年研；湖南大学 2017 年研)

答：公共舆论，又称舆论(public opinion)，或“公众意见”，是指相当数量的公民对某一问题具有共同倾向性的看法或意见。它通过言谈或文字等形式表现出来，并往往以拥护或反对、赞扬或谴责的方式对某一公共问题作公开的评价，是社会意识形态的特殊表现形式，往往反映一定阶级、阶层、社会集团的利益、愿望和要求。在具有一致利害关系的社会群体中，通常容易形成共同的舆论。一般认为，公共舆论包含四种因素：①存在某个涉及人们共同利益的问题或事件；②有许多个人对这个问题或事件发表意见；③在这些意见中，必有一种具有共同倾向性的意见；④这种共同的意见会直接地或间接地对社会产生影响。

7. 舆论导向(山东师大 2014 年研)

答：舆论导向，是指新闻宣传中占主导地位的舆论倾向，直接影响广大社会成员的思想和行动，关系革命和建设事业的成败、党和人民的祸福，所以应该把握正确的舆论导向，用正确的舆论引导人。报纸、广播、电视、网络等新闻媒介是舆论的载体，也是舆论的扩大器，在把握正确的舆论导向方面有着十分重要的作用。舆论导向具有两种性质：①积极的舆论导向，即对社会稳定、进步起推动作用的舆论导向；②消极的舆论导向，即有可能导致社会的混乱、阻碍社会发展的舆论导向。

8. 舆论强势(山东师大 2015 年研)

答:舆论强势，是指新闻媒介在某一时期或某一阶段，围绕某个关系全局的重大问题，着力引导社会舆论所形成的强大的舆论态势。舆论强势的形成要求集中地反映主导舆论，方向明确，针对性强，具有一定的声势、规模和连续性，并具有很强的倡导功能和抑制功能。这两种功能对于党和政府的重大方针、政策和措施的贯彻执行，对于某些社会现象的评判和社会问题的解决，对于社会习俗和规范的褒扬或贬斥，都起着不可忽视的作用。

9. 舆论主体与舆论本体(华农 2012 年研)

答:舆论的主体是自在的(不是有组织的)，对外部社会有一定的共同知觉，或者对具体的社会现象和问题有相近看法的人群。舆论主体是指“公众”，即一定社会中有着共同的利益，面对共同关注的社会问题或现象，有着大致相同的意见、态度的人群。作为舆论的主体的“公众”的主要标志是：①与相近或相同的认知相关联；②具有社会参与的自主性。舆论本体，是指人们大致相同的意见或态度的总和。谈到舆论本身时，要把它看作是信念、态度、意见和情绪表现的总和。按照一般的理解，舆论的本体就是围绕特定的对象(某种社会问题、事件、现象)形成的公开的基本一致的意见。

10. 舆论领袖(上海交大 2016 年研)

答:舆论领袖，又称“意见领袖”，是拉扎斯菲尔德等人在两级传播论中提出的一个重要概念，是指活跃在人际传播网络中，经常为他人提供信息、观点或建议并对他人施加个人影响的人物，其对传播过程的介入，加快了信息传播进程并扩大了传播信息的影响。舆论领袖的特点是：①与被影响者一般处于平等关系而非上下级关系；②并不集中于特定的群体或阶层，而是均匀地分布于社会上任何群体和阶层中；③其影响力一般分为“单一型”和“综合型”，在现代都市社会中，舆论领袖以“单一型”为主；④社交范围广，拥有较多的信息渠道，对大众传播的接触频度高、接触量大。

二、简答题

1. 新闻与舆论有何区别与联系？在新媒体环境下，“新闻舆论工作”有何新的要求？(中山大学 2018 年研)

相关试题：

(1)简述新闻与舆论的关系。(湖南大学 2018 年研；复旦大学 2017 年研；江西师大 2016 年研；武汉大学 2015、2013 年研；中传 2011 年研)

(2)简述新闻与舆论的异同。(厦大 2017 年研)

答:新闻是指新近或正在发生的事实的报道。舆论是指在特定的时间空间里，公众对于特定的社会公共事务公开表达的基本一致的意见或态度。

(1)新闻不等于舆论，二者的区别在于：

①定义不同。新闻是新近发生或者正在发生的事实；舆论是公众的意见。

②传播特点不同。新闻传播是有组织的，是自为的；舆论传播具有无序性，是自发的。

③主体不同。新闻可以反映媒体或者记者的见解，是媒体倾向的反映；舆论必须具有群众性，是大多数人的看法。

(2)新闻媒介与舆论之间建立起一种天然的、密切的关系。

舆论从产生到形成并作用于社会的每个环节中，新闻媒介几乎无处不在。主要体现在以下三个方面：

①新闻反映并代表舆论。新闻媒介履行的是面向全体社会成员的大众传播，自始至终，舆论的形成都少不了新闻媒介这条最公开的渠道。在现代社会中，新闻媒介逐步从单纯的表达渠道变成为公众代言人，成为“广泛的、无名的社会舆论的工具”。它既是舆论的载体，又是舆论主体(公众)的影子。

②新闻引发舆论。舆论要形成，必须要有意见指向特定公共事务，即公众必须首先了解与自身利益相关的事务的信息，公众接受信息主要来自新闻媒介。新闻媒介设置的议题常常衍生为舆论的源头——公众关注的公共问题。这是新闻媒介长期潜在的作用，也是影响舆论最重要的手段之一。

③新闻引导舆论。这种引导的主要体现：通过持续不断的信息流，构筑现代信息环境，作用于人们的认识，引导舆论；通过直接或间接的意见表达引导公众意见。

总之，新闻媒介与舆论紧密相关，它反映、代表、舆论，必要时主动引导舆论的方向。

(3)新媒体环境下对“新闻舆论工作”的新要求。

①增强使命担当，深刻认识新形势下改进创新新闻舆论工作的紧迫性。新闻舆论工作是治国理政、定国安邦的大事，事关旗帜和道路，事关贯彻落实党的理论和路线方针政策，事关顺利推进党和国家各项事业，事关全党全国各族人民的凝聚力和向心力，事关党和国家的前途命运。

当前，信息化深入发展，互联网渗透到社会生活各个方面，深刻改变了人类的生产方式、生活方式、思维方式和管理方式。互联网作为新兴媒体异军突起，日益成为信息传播的主要渠道和社会舆论的集散地，打破了传统媒体一统天下的格局，形成了传统媒体与新兴媒体二元媒体结构和二元舆论生态。信息化条件下的新闻舆论争夺战，对党的执政地位和国家安全构成了现实挑战。舆论环境、媒体格局和传播方式在互联网时代的深刻变化，对传统宣传管理制度和传统媒体的生存发展构成了颠覆性挑战。

②创新媒体管理，牢牢掌握新闻舆论工作的领导权。新闻舆论工作必须适应新的形势，创新体制机制，全面落实党管媒体的原则，始终坚持正确政治方向，牢牢掌握新闻舆论工作的领导权、管理权。

党管媒体是党的新闻舆论工作的根本原则，无论时代如何发展、媒体格局如何变化，都必须始终坚持，任何时候任何情况下都不能动摇或架空。坚持党管媒体，就必须把各级各类媒体都置于党的领导之下。管好、用好互联网，是新形势下坚持党管媒体、牢牢掌控新闻舆论阵地的关键。要从维护国家意识形态安全、政治安全的高度，把党管媒体的原则贯彻到新媒体领域。要重点管好互联网的舆论导向。要引导新媒体加强行业自律，自觉落实主体责任，完善内容审核把关、监督检查机制，不制作、不发布、不传播非法有害信息。要教育引导广大网民遵守互联网秩序，依法上网、文明上网，共同营造风清气正的网络环境。要加强内容监管，及时清理网络谣言和各类有害信息。在重大政治原则和大是大非问题上，要敢于亮剑，开展针锋相对的舆论斗争；亮明旗帜，加强底线管理。对于那些触碰党的领导底线、社会主义制度底线、法律法规底线、国家利益底线、公民合法权益底线、社会公共秩序底线、道德风尚底线和信息真实性底线的，一律依法依规予以坚决果断的打击。

③创新媒体业态，着力打造有影响力的新型主流媒体。主动适应、积极引领网络传播新常态，大力推动融合发展，借助新媒体传播优势，打造适应网络空间的有影响的新型主流媒体。努力探索出一条符合互联网时代传播特点的融合转型的媒体发展新路，把新闻舆论工作重点真正转移到互联网上来，把人财物资源集中到网络信息新产品的生产传播上来，着力打造以互联网为主要传播渠道、具有强大影响力和话语权的新型主流媒体。

坚持以互联网思维办网、管网、用网，努力掌握新媒体发展的主导权。着力推进信息内容的供给侧结构性改革，要坚持正能量的总要求，坚持用户为本、内容为王，强化互联网思维，努力把服务群众同教育引导群众结合起来，把满足群众信息需求同提高群众文明素养结合起来，善用网言网语和丰富多彩的网络传播形式，不断推出网民迫切需要、乐于接受的，具有较强吸引力、感染力，融思想性、艺术性、娱乐性于一体的网络信息产品，努力以信息内容优势赢得媒体发展优势。要遵循互联网舆论传播规律，积极探索参与式管理和引导，努力通过做大、做强网上主流舆论来引领网上舆情发展，通过主动设置网上议题释放重要信息来引导社会舆论热点，通过及时发布权威准确信息回应网民对重大突发事件的关切。要顺应信息技术发展趋势，积极研发网络传播新技术新应用，善用新的技术优势来拓展传播平台和渠道，创新媒体业态，努力引领新媒体发展潮流，把网络媒体技术和产业发展的主导权牢牢掌握在党的主流媒体手中。

④创新方法手段，着力提高主流新闻舆论的引导力。在互联网时代，不管是主题宣传、政策宣传、成就宣传、典型宣传，还是突发事件报道、热点问题的舆论引导，都要掌握时机、把握分寸、注重效果，从“时度效”着力，做到适时、适度、适当。

随着新媒体发展，国际国内、线上线下、虚拟现实、体制内外等界限日益模糊，构成了越来越复杂的大舆论场。要统筹理论和舆论，把理论上的正本清源和舆论上的有效引导结合起来，不断增强新闻舆论工作的思想性和说服力。要统筹网上和网下，坚持传统媒体与新兴媒体一体化发展、一体化运行、一体化传播，实现优势互补和传播效果最大化。要统筹内宣外宣，整合内宣外宣资源，打通内宣外宣界限，兼顾对内对外效果，努力增强新闻宣传的整体实力。

⑤创新对外传播，切实增强新闻舆论的国际话语权。传播力决定影响力，话语权决定主动权。要适应中国崛起为世界强国的需要，切实加强国际传播能力建设，加快提升中国话语的国际影响力，着力增强国家软实力。

2. 简述舆论反转成因。（西安交大 2019 年研；浙传 2019 年研）

答：舆论反转，是指舆论随着事件的深入发展以及相关信息的披露，从一个方向转向对立面发展的现象。随着新媒体的突飞猛进，在信息传播进入以分秒计的新时代中，舆论反转屡见不鲜，传统媒体在舆论引导方面的影响力大大受损。追踪这些事件的成因，寻找教训，在今后的实践中加以完善和改正，这有益于传统媒体及时客观传播真相，提升公信力，正确把握舆论导向。具体而言，舆论反转的成因有以下几个方面：

(1)碎片化传播增大失真出错的可能性。在自媒体迅猛发展、突发事件传播以秒计之时，传统主流媒体为了抢首发，往往忽视了全方位求真，或者在明明不具备条件时，也先发为上。抢发意识的“抢”，忽视了周到采访，容易致使偏听则信、单一、表面。具体情况有：①只获取了矛盾冲突双方之一的解释，有时只看到了表象而来不及认真分析背后的成因；②因为片段性、局部性的材料而得出了与真相相悖的结论，片面性呈现使得信息失真的可能性大大增强。

如成都司机打人事件中，舆论最初一边倒向女司机，因为大家看到的是男司机凶狠打人的场面，尤其是当地主流媒体的官方微博也抢发了这一信息，但当男司机车上的行车记录仪把过程完整呈现出来后，舆论开始转向，最终恶意挑衅在先的女司机不得不以道歉收场。

(2)某些权威信源的失真。进入网络时代后，信息浩瀚复杂，事物发展变幻莫测，主流媒体一贯依靠的传统信源出现新的变化，给真实报道事实带来新的难度。

在杭州“影帝”事件中，一方面是信源错误，记者从一贯被认为最权威的警方那里获得确认当事人是毒贩嫌疑人的信息，但没想到警方也有犯错的时候；另一方面，当时帮助记者确认无误的是一张明显带有嫌犯特征的当事人照片，但没想到的是当事人拍这张不一般的照片并不是因为贩毒，而是因为另外的违法行为。照片确实是真的，却给出了一个假相。

(3)网络舆论主观情绪严重。中国社会进入一个特殊时期，整个社会人心浮躁，网民往往存在标签思维、惯性思维，预设立场，用有色眼镜看事物，网络暴力盛行，人为推动舆论恶性发酵，形成网上舆论风暴。比如双方争执，如果一方有权(公务员、执法者等)或者有钱(名人、明星、富二代等)，这方必定先成为舆论的被压迫者。

3. 新媒体如何应对舆论反转。(北师大2019年研)

答：在舆论反转时，新媒体的应对方式有：

(1)坚持真实是新闻的生命。

①传媒从业人员的“自律”。新闻工作者主观上必须坚持客观、公正，特别是面对复杂、多变、关注度高、众说纷纭的事件时，必须不偏不倚，事实为上，有强烈的质疑精神。只要时间允许，必须全方位采访，涉事各方都应该受到同样程度的关注，不能偏听则信。对于特别激烈的矛盾双方，要给各方以说话的权利，以全方位的报道来平衡各方声音。

②来自法律及第三方的“他律”。传统媒体在新闻的采集与发布中，已建有较完善的审核制度，但在新媒体的发布中却没有与时俱进或执行不够。因此对于新媒体的发布，应进一步完善审核机制，提高信息审核力度，严格把关。在抢时间与真实性相矛盾的时候，把真实放在第一位。

(2)讲究传播技巧。

①交代信源，共同担责。报道时就对最主要的信息定论及其来源作明确的告知，一旦信源出错，责任共担。

②遵循新闻“有机运动”的规律。对发生中、进行式的事件报道时，应该多摆现象、多提问题、强调“这是过程”，减少定性判断，不轻率下结论。在抢时间的前提下，重要的信息可以先简单抢发，但必须留有分寸。媒体应及时跟进，追踪采集；动态发布；多媒体配合；有始有终有交代，揭示真相，发挥正向作用，正确引导舆论。

(3)有错必纠，赢得理解。

媒体错了，应及时发声纠错，不回避不躲闪，态度诚恳，说清实情，求得最多理解。媒体一发现出错后，马上通过微博等渠道，向被报道者道歉，向受众道歉，这是一种科学负责的态度。相反，如果只是一味地狡辩、找借口，甚至隐瞒事实、以沉默来对抗，只会引来舆论更强烈的风暴。

(4)在用户参与中不断求真。

与传统媒体相比，新媒体很具优势的一个功能是用户参与性强，但现在的新媒体基本上还是以传统媒体的思维在进行传播，依然是单向传输为主。目前，新老媒体竞争激烈，应该强化“参与即生产、用户亦作者”的理念，挖掘新媒体互动功能，建设一个开放的内容生产平台。在用户参与中、在事件发展中，不断求真，利用网民多角度、全方位地观察事件，最后直抵真相。

4. 新闻舆论对广告的监督方式有哪几种?（河南大学2019年研）

答：新闻舆论监督，是指对于偏离或违背社会正常运行规则的行为，社会公众运用新闻媒介依法实施的新闻批评。随着大众传播事业的发展，新闻舆论的社会作用越来越重要，它在揭露虚假广告、促进广告健康发展方面，具有极其重要的作用。新闻舆论对广告的监督方式，主要有以下两种：

(1)通过舆论监督，开展新闻揭丑活动。新闻舆论把虚假广告和其他各种违法广告通过大众传媒公之于众，揭露违法广告的意图，指出其违反的广告法规，让人们了解违法广告的真面目，使得违法广告失去市场，广告主、广告经营者、广告发布者得不偿失，自然不敢贸然策划、制作、发布违法广告，这对于净化广告市场是极其有益的。

(2)宣传优秀广告活动和广告作品。这种方式对于广告从业者交流创作体会，提高广告活动的宣传艺术水平有巨大的推动作用。如由厦大发起，中国广告协会与江苏卫视主办的中国广告学院奖，就吸引了众多在校广告专业学生的参与，作品水平也不断提高。又如每年由中国广告协会举办的“中国国际广告节”，其优秀的广告作品吸引了众多的广告界人士参与，有力推动了中国广告业科学与艺术水平的提升。

5. 简述新闻媒介和社会舆论的关系。（河南大学2019年研；湘潭大学2017年研）

答：现代社会中，新闻媒介与社会舆论之间建立起一种天然的、密切的关系。新闻媒介凭借其自身的特性，不时介入到社会舆论产生和作用的各个环节中。这种介入，构成了它与社会舆论的千丝万缕的关联，归纳起来，主要体现在以下三个方面：

(1)新闻媒介反映并代表社会舆论。新闻媒介履行的是面向全体社会成员的大众传播，对社会全面开放，其传播涵盖范围之广、公开性程度之高，都是其他传播渠道所难以比拟的，同时它的传播又是持续、大规模的运作。在现代社会中，新闻媒介逐步从单纯的表达渠道变成公众代言人，成为“广泛的、无名的社会舆论的工具”。它既是社会舆论的载体，又是社会舆论主体(公众)的影子。

(2)新闻媒介引发社会舆论。舆论要形成，必须要有意见指向，即特定公共事务，即公众必须首先了解、认识与自身利益相关的事务的信息，而公众接收的信息主要来自新闻媒介。新闻媒介设置的议题常常衍生为社会舆论的源头，即公众关注的公共问题，这是新闻媒介长期的潜在作用，也是影响社会舆论的最重要手段之一。

(3)新闻媒介引导社会舆论。新闻媒介的主要功能在于向社会公众提供大量准确、及时的信息，供人们了解外界变化，并作为决策参考和行动依据。但这并不意味着新闻媒介在社会舆论形成中只是个材料供应者和意见反映者，也不仅是个问题设置者，事实上，现代新闻媒介很多情况下已上升为舆论的积极引导者。这种引导主要体现在两点：

①通过持续不断的信息流，构筑现代信息环境，作用于人们的认识，引导舆论。

②通过直接或间接的意见表达，比如及时的评论等，引导公众意见，进而引导社会舆论。

6. 新时期新闻舆论工作的基本原则。（浙传2019年研）

答：党的十八大以来，习近平总书记多次发表重要讲话，指出做好新时期的新闻舆论工作，要从战略上、全局上深刻认识新闻舆论工作对党、对国家、对民族的重要意义。新时期新闻舆论工作的基本原则包括：

(1)牢牢坚持党性原则。

①增强政治家办报意识。所有新闻舆论工作都要体现党的意志、反映党的主张，维护党中央权威、维护党的团结。坚持党管媒体原则，始终站稳政治立场，筑牢党的舆论主阵地。

②坚持党性和人民性相统一。坚持党性，就是要站稳政治立场，坚决同党中央保持高度一致；坚持人民性，就是坚持以民为本、以人为本。要把党性和人民性统筹好、实践好、统一好，把对党和人民群众的无限深情融入新闻舆论工作中。

③坚决守好新闻舆论阵地。要抓住新闻舆论的主动性、主动权，巩固马克思主义在意识形态领域的指导地位，建设好、捍卫好社会主义主流意识形态，站在党和人民的立场上掌握好“话语权”。

(2)牢牢坚持马克思主义新闻观。

马克思主义新闻观应成为统领新闻舆论工作和新闻人才培养工作的指南，这要求新闻从业者不仅要在理论上准确把握马克思主义的思想内涵，在实际工作中也能够运用马克思主义的立场观点观察问题、分析问题、解决问题，创新新闻舆论工作的方式方法。

(3)牢牢坚持正确舆论导向。

鉴于历史的经验和教训，党和政府始终把以正确的舆论引导人作为衡量新闻舆论工作的重要标准。舆论导向正确，是党和人民之福；舆论导向错误，是党和人民之祸。

(4)牢牢坚持正面宣传为主。

做好正面宣传，要讲求新闻规律，坚持新闻的真实性原则，提高新闻工作者讲故事的能力和水平，这样正面宣传才能对受众有吸引力和感染力，才能让受众喜闻乐见。要根据事实来描述事实，不能根据愿望来描述事实。做好正面宣传要坚持舆论监督，舆论监督是新闻媒体一项重要的社会职能，是媒介正确地引导舆论的现实需要。

7. 试分析舆情和舆论的概念。（安徽大学2019年研）

答：(1)舆论与舆情的内涵界定：

①舆论，是指社会民众参与社会生活过程中所产生的一种社会政治态度，它必须是集合化了的公众意见，是公众对社会上重大事件和有争议的问题的大体相同的看法，属于浅层次的社会意识形态。舆论内容的集合过程具有典型的民间性，本身是理性和非理性社会意见的集合。构成舆论的三要素有：一定范围、数量的公众；针对社会上发生的事件或出现的问题，它与人们有某种关联，引起人们的关注；公开发表有倾向性的意见，这些意见有某种相对的集中或一致。舆论的形成一是来源于群众自发，二是来源于有目的的引导。

②舆情，是“舆论情况”的简称，指在一定的社会空间内，围绕中介性社会事项的发生、发展和变化，作为舆情主体的民众对作为客体的社会管理者、企业、个人及其他各类组织

及其政治、社会、道德等方面的取向产生和持有的社会态度。它是较多群众关于社会中各种现象、问题所表达的信念、态度、意见和情绪等等表现的总和。

讨论舆情就必然与舆论联系起来，不能简单地把舆情等同于舆论或者说等同于社情民意，也不能把舆情与舆论完全割裂开来。

(2)舆论与舆情的共同点分析：

①舆论和舆情的本质是一致的。

a. 舆论和舆情都是民众参与社会公共事务的公众态度，民众对某一社会公共事务的意见的集合体，是人们社会生活的重要组成部分，它们构成了当今社会意识形态的重要内容。

b. 舆论和舆情是民众参与社会生活的表现形式，是社会实行民主管理的思想基础。

c. 舆论和舆情是社会民智的集中体现，其充分表达必然是一个社会意识得以彰显的过程，必然是绝大多数民众的公共利益诉求得以实现的过程，而且社会舆论和舆情在很大程度上是民众预测社会发展的智慧体现。

②两者都是一种公开的言论形态。就舆论和舆情的状态而言，两者必须是公开的状态，这是意见集合的必然要求，只有公开的状态才能集合成舆论和舆情，当然，这种公开状态也是舆论和舆情传播的必要条件。

③两者的运行状态是一致的。从系统论的角度而言，舆论和舆情的运行必然是一个封闭的循环系统，是一个信息运行的过程。这种发展是一个无规则的扩张运动。各种信息相互影响、相互交叉、相互吸收的过程，是一个无规则的过程。

④两者的运行都需要依托载体。现代舆论的发展必然与某一种被广泛运用的载体紧密相关。现代舆论发展过分依赖于新闻媒体，使得掌握新闻媒体的机构和组织理所当然地成为了“意见领袖”，而发展到以网络舆情为社会舆论的主要表达形式时，舆情所依赖的载体就是网络，这也带来了“意见领袖”的革命。

(3)舆论与舆情的差异：

①客体不同。舆情的客体是治国理政的国家管理者。舆论的客体除了包括舆情客体之外，还有更广泛的客体，这个客体归纳起来可以确定为：社会公共领域中的社会管理者和公众关注的人物、事件、现象、问题甚至观点。

②内容不同。舆情理论认为，舆情是公权力运行方式的直接反应。从公权力运行方式来看，它包括合法行使和违法行使，包括公权力主体的作为和不作为。而刺激舆论产生的内容还应该包括社会公共领域中的社会管理行为和公众关注的人物、事件、现象、问题甚至观点所引发的言论内容。

③机制不同。舆情的产生机制是一种特定的具体事件的刺激反应，因此它具有即时发生、反应针对性强和反应强度大的特点。而舆论产生除了上述特点外，一般性的舆论在产生过程中并没有具体特定事件的刺激，是民众纯粹出于自我参与社会意见的需求反应。因此在反应时间和反应强度上都有所不同。

8. 互联网时代下新闻舆论监督的基本原则。(西南大学2019年研)

相关试题：

(1)媒体开展舆论监督应遵循哪些基本原则?(河北大学2018年研)

(2)为了正确开展新闻舆论监督，需要遵循哪些基本的原则?(江西师大2015年研)

(3) 简述新闻媒介实现舆论监督功能的方式。（山东师大 2017 年研）

(4) 分析新媒体背景下舆论监督的特点。（中传 2017 年研）

答：作为一种新的传播介质和手段，互联网已经对经济、社会、政治、文化产生全面而深刻的影响。网络下的新闻舆论监督改变着人们的政治生态。因此，应该坚持新闻舆论监督的基本原则。这些原则具体包括以下几个方面：

(1) 从有利于党和人民的利益出发，坚持正确的揭露批评。

区分情况，用不同的方法对待不同性质的问题：

①对典型的或性质恶劣的坏人坏事，应点名批评和无情揭露。

②对一般性质的错误或缺点，则不宜用点名揭露的方式，而应采用同志式的态度进行批评，以达到治病救人、说服教育的目的。

(2) 实事求是是保证揭露、批评报道成功的基础。

①事实要核对清楚，不但包括主要事实和关键性情节，还包括有关的细节。

②对发生错误的原因所作的分析采取全面客观的态度。

③写批评稿要留有一些余地，不要把话说死、说绝。

(3) 适时、适量、适宜，是批评报道取得良好效果的重要一环。

①适时，就是要选择适当的时机发表，特别是一些重大的批评，能够和一个时期党的中心工作或人民群众关心的问题相配合，以取得更好的宣传效果。

②适量，就是批评稿的数量要适当控制。批评和自我批评是针对人民内部矛盾的，应以正面表扬为主，表扬先进本身也是对落后的鞭策。

③适宜，是指批评的内容要适宜于大众新闻传播工具，要引起群众的共同关注。

(4) 保护批评者的合法权利，保留被批评者的申诉权利。

①保护批评者的合法权利，包括为不愿公开自己姓名的投诉者代为保密；批评者如受到打击迫害，新闻单位应给予支持，为之伸张正义，直到事情得到合理解决。

②保留被批评者的申辩权利，要求对批评稿中有多少失实就更正多少，如果基本事实失实，报纸就应该公开赔礼道歉，并和有关单位一起做好善后工作。

(5) 既要有独立负责的精神，又要自觉接受党委领导，积极争取各级党组织的支持和帮助。

①为了切实地保障在报纸上正确地、健全地、充分地开展批评报道，新闻媒介要在党委领导下，严格按照党的原则、中央的决议和党委的意图办事，反对脱离党委领导，同党委闹独立的倾向。

②各级党委的纪律检查委员会和各级政府的监察机关，在党委的统一领导下，应协助新闻媒介开展批评报道，并保证它的实际效果。

③各级党组织和每个党员，对于新闻媒介所进行的事实调查，有责任给予诚实的、迅速的答复。

④只有在党委的领导下，在各级党组织的支持配合下，新闻的舆论监督才能正确地、健全地、充分地开展起来，各级党委应使新闻媒介的批评收到切实的效果，经常教育党员特别是被批评者，对报纸上的批评采取正确态度。

(6) 谨防媒体审判。

媒体审判，是指新闻媒体有意无意地代替司法部门(公安、法院)对事件定性，对案件定罪、定刑，从而有意无意地干扰了司法正义、司法独立和法定程序。新闻媒体可以客观地呈现某些事件、某些案件，并且应该臻于事实，但也只能止于事实。

9. 谈谈对习近平“舆论监督和正面宣传是统一的”观点的理解。(北京大学2017年研)

答：习近平总书记在2016年2月19日举行的党的新闻舆论工作座谈会上指出：“舆论监督和正面宣传是统一的”，科学地厘清了两者之间的关系，为正面宣传和舆论监督的正确实施进一步指明了方向。

(1)舆论监督与正面宣传的内涵：

①舆论监督，是指社会公众运用新闻媒介，对偏离或违背社会正常运行规则的行为依法实施的新闻批评，是新闻事业的重要功能。舆论监督借助新闻媒介的传播优势，以公开的方式反映公众对某一社会现象、某个社会事件或社会问题所形成的比较一致的意见。舆论是代表公众的意志对社会现实作出的强有力的主动回应，因而在实施社会监督方面具有很强的影响力。

②正面宣传，是指新闻工作必须坚持团结、稳定、鼓劲、正面宣传为主，是中国共产党多年来在新闻舆论工作中始终坚持的一项基本方针。正面宣传的功能在于发现和报道社会生活中能激励公众向上和向前的人和事，源源不断地传递正能量，增强社会成员的凝聚力。

(2)舆论监督与正面宣传的辩证统一关系：

正面宣传为主并非只进行正面宣传，只报道正面的人与事；舆论监督也并非一味地批评、传递负能量。舆论监督和正面宣传之间存在着的辩证统一关系：

①统一于正确认知人与事和真实报道事实的基础之上。从辩证唯物主义的认识论而言，无论是舆论监督还是正面宣传，都必须通过深入的调查研究(包括新闻采访)和自己的独立思考，正确、深刻地认识作为报道对象或评说对象的人与事。从辩证唯物主义的反映论而言，新闻的力量来自真实，舆论监督和正面宣传都应当是据实和如实的报道及评述。

②统一于正向的客观效果。正面宣传并不因为报道题材是正面的，就能确保新闻传播效果也一定是正面的。报道题材和内容并不是影响报道效果的唯一因素，正面宣传也需要思考如何避免固定套路、宣传腔，使受众喜闻乐见。舆论监督使用负面题材，与正面宣传相比，具有程度不等的破坏性和刺激性，如果控制不当，很可能使负面因素放大、溢出、扩散。就此而言，舆论监督更应该强调动机与效果的统一，进行舆论监督的特定主体，不仅有良好的动机，而且要能获得与动机和愿望相一致的客观效果。在这个意义上，正面宣传和舆论监督都服务于广大人民群众，其客观效果都应当是正面的。

③统一于对社会舆论的正确引导。正面宣传以正面的人和事及其蕴含的积极向上的价值取向影响人、引导人、塑造人、鼓舞人；而舆论监督则切中肯綮地揭示和分析负面人和事的本质及危害，从对此进行否定这一特殊角度达到传播正面的理念、思想和价值观的目的。因此，作为舆论引导的不同方式，舆论监督和正面宣传都是不可或缺的。在某种程度上，舆论监督是一种比较特殊、无可取代的舆论引导，与正面宣传两者殊途同归。正面宣传是舆论引导的一种很好的方式，舆论监督是舆论引导的又一种很好的方式，不应将两者割裂或对立起来。

10. 简述新闻舆论监督中的“内参”。（中传 2019 年研）

相关试题：新闻内参(名词解释，暨南大学 2021 年研)

答：(1)新闻舆论监督：

新闻舆论监督，是指借助新闻媒介的传播优势，以公开的方式反映公众对某一社会现象、某个社会事件或社会问题所形成的比较一致的意见，实际上是代表公众的意志对社会现实作出的强有力的主动回应，因而在实施社会监督方面具有很强的影响力和权威性。

(2)内参：

内参，即内部参考。广义的内参可指任何机构搜集的供内部人员参考的信息资料。在我国，新闻内参特指新闻媒体向各级党政机关专门呈送的一种新闻报道，是新闻的一种特殊形式。

与普通的新闻不同的是，新闻内参是一种不进行公开发布的报道。内参担负的对社会的舆论监督责任是基于人民群众的知情权、监督权之上的，它是传统媒体的公开报道和网络报道所无法替代的。一份好的新闻内参，集及时性、准确性、公益性于一身，有利于政府部门及时把各项工作做到前面，以较少的成本解决各项问题，以较快的速度促进工作。

(3)新闻舆论监督中对内参的要求：

①坚持正确的政治导向。新闻内参始终要把解决问题，推进改革开放和经济发展作为出发点和落脚点。新闻内参的监督和批评必须从党和人民的全局利益、根本利益出发，在确定选题时，对报道内容的实质要有理性的认识，对报道后可能产生的结果要有清醒的预估，尽量选择政府重视、群众关心、针对性强的重大问题。

②客观公正报道事实。新闻内参的舆论监督要在“以人为本”的根基上才能发挥其作用，新闻内参的主要功能在于敏锐地发现问题，真实地报道事实，并积极促成相关部门解决问题。记者和编辑必须以职业化态度保持清醒和冷静，认真核对基本事实，了解来龙去脉，为领导协调解决问题提供思路。

③从为人民服务的角度出发。新闻内参不应该针对任何部门和个人，而是应该如实地反映问题，使领导及时知晓社会管理中存在的缺失，进行改正，更好地为人民群众服务。新闻内参永远要从有利于工作、有利于解决问题的前提出发，与有关政府、部门积极配合，密切协作共同促成问题的解决。

④依法进行内参。我国目前没有新闻法和舆论监督类法律，但新闻工作者的行为受国家法律和行业规定的约束。内参采编人员应该具备很强的法律意识和法律知识，明确舆论监督过程中的权利和义务，明确与报道内容有关的法律、法规。

总体来说，在运用新闻内参这个舆论监督工具时，一定要掌握高超的监督艺术，才能变体制外监督为体制内监督，变硬监督为软监督，变批评性监督为建设性监督，变对立监督为共同监督，从而及时、准确地解决问题，更好地为人民服务。

11. 具体而言，受众对媒介活动进行社会监督的控制手段包括哪些？（湖南师大 2015 年研）

相关试题：

(1)受众对媒介进行监督和控制的手段有哪几种？（华农 2011 年研）

(2)受众怎样对媒介进行监督和控制？（华农 2014 年研）

答：在现代社会里，大众传播对人们社会生活的各个方面产生着重要的影响，许多传播内容都会直接影响到受众的利益。因此，广大受众对传播媒介的活动拥有进行社会监督的正当权利。

受众对媒介活动进行社会监督控制的手段可以分为以下四种：

(1)个人的信息反馈。即以来信、来电和来访等形式直接表达对媒介活动的意见、建议、批评或抗议。这是一种最常见的受众监督方式。

(2)结成受众团体，以群体运作方式对媒介活动施加影响。例如，日本有一个名为“大众传播市民会议”的受众团体，他们从一般受众的立场出发对传媒活动进行分析和批评，并发行自己的月刊《传媒市民》，具有较广泛的社会影响。

(3)诉诸法律手段。如果媒介提供的虚假报道或广告直接损害了受众的实际利益，或媒介内容侵犯了公民的名誉权或隐私权等，公民可以向法律机构提起诉讼，要求对传播媒介的违法行为进行法律制裁和补偿自己的损失。

(4)通过影响媒介的销售市场来制约媒介活动。大多数传媒机构都有经营目的，发行量和收视率是它们的生命线。对那些性质恶劣的媒介或信息产品，受众可以采取拒买、拒看、拒听行动，这也是受众对媒介活动发挥控制影响的最后手段。

12. 对新闻媒介的社会控制有哪几种正规途径？（青岛大学 2017 年研）

答：新闻事业的社会控制，是指一定社会的阶级、集团、政治法律、思想观点、文化传统等对新闻事业所施加的影响，目的在于规范新闻传播活动，最终使传播内容更符合施控者的利益。控制了新闻事业也就控制了新闻自由。

对新闻媒介的社会控制有以下几种正规途径：

(1)司法控制，指国家以法律来监控新闻媒介；

(2)行政控制，指行政部门以各种规定、税收来控制新闻媒介；

(3)资本控制，即大公司垄断媒介市场，使新来者难以进入；

(4)媒体的自律，利用新闻职业道德进行自我和行业的约束。

13. 请解释何为“两个舆论场”，当前“两个舆论场”发生哪些新变化。（清华大学 2019 年研）

答：(1)“两个舆论场”的定义：

具体参见本章概念题第 3 题、第 4 题、第 5 题答案。

(2)“两个舆论场”的新变化：

①“三微一端”移动舆论场成为网络舆论新重心。在中国，“主流媒体舆论场”所使用的媒介基本上是传统大众媒体，其新闻议程设置和舆论的偏向都控制在把关人手里，整个舆论传播模式是单向的，受众缺乏反馈发声的机会。而新媒体的产生和繁荣，带来了舆论格局的新变化，将原来以传统主流媒体为主导的舆论格局打破，形成了以讨论话题多元、互动交流便捷、自由平等对话、聚集民意快递、传播影响力大等特征的“民间舆论场”，其以互联网新媒体为代表，具有双向通道，是“所有人对所有人的传播”，传播者和受众互为主客体且拥有更强大的参与能力。更重要的是，它具有把分散的人群重聚起来的巨大作用，因而即使是日常生活中的某一个具体问题，也可能被不断放大，形成超出预期的舆论影响力。

②新媒体发展加剧了“两个舆论场”的碰撞。中国正处于社会经济的转型期，经济粗放增长与转型的压力、贫富差距的扩大、深化改革的推进较为艰难、社会保障体系有待完善等因素，都可能成为网络舆论热点爆发的动因。新媒体传播的发展使得民间舆论场给官方舆论场带来了巨大的冲击力。网络舆论传播行为是众多因素合成的结果，网络利用其各种技术优势，开发了各种信息传播平台，客观上为广大民众提供了发泄情绪的渠道，这决定了两个舆论场间的摩擦和矛盾一定程度上仍会存在。

③政务新媒体开始向“集群”发展。“独唱”的格局将被改变，“集群力”将对政务新媒体的实现跨越式发展具有战略意义。从鼓励党政机关和领导干部开设微博、用好博客，到包括人民日报法人微博等中央级媒体、各地党报主动挺进微博舆论场域；从监察部在一些主要网站开设网络举报监督专区，到中央纪委监察部网站开通、实现通过网络收集反腐败信息与制度化反腐倡廉工作无缝对接；从舆论板块看，体制内媒体微博和政务微博异军突起，成为新一代网络“大V”，正在扭转前几年政府工作在网上被“围观”的被动局面。

④新媒体弱化了传统思想宣传和舆论引导工作的有效性。新媒体改变了人们获取信息的习惯和途径，颠覆了传统媒体传播的方式，使以传统媒体为手段的思想宣传和舆论引导工作的有效性被削弱。一是在快节奏、“微阅读”流行的今天，人们越来越习惯于通过手机利用零散时间获取信息。二是由于新媒体具有很强的搜索、链接功能，且信息易获性强，这使更多的人们趋向于通过新媒体按照“主题”获取信息。三是新媒体特有的“推送”传播方式，屏蔽了传统信息获得受众的机会。

⑤构建官民“互动”平台。新媒体“互动”逐渐成为人们信息交流的重要方式，传统的单向灌输式宣传方式被人们疏离。“互动”能够满足人们参与、表达的意愿和需求，获得被重视、被关注的感受，其言论或观点还可获得他人的回应(通过评论和转播等形式)。传统单向灌输式宣传方式由于难以与民众构成广泛“互动”，无法满足人们的参与、表达和被关注的需要，因此越来越不被人们所接受。

14. 两个舆论场无法统一是现阶段最大的问题，请分析原因并提出应对方法。(清华大学2017年研)

答：(1)两个舆论场：

具体参见本章概念题第3题、第4题、第5题答案。

(2)两个舆论场无法统一的原因：

两个舆论场所使用的媒介特点使它们之间缺乏应有的交集，是造成两个舆论场无法统一的根本原因。传统媒体和新媒体没能完全融合则进一步强化了两个舆论场的割裂，造成了不同的传播方式和形态。

①“主流媒体舆论场”。主流媒体舆论场基本使用传统大众媒体，其新闻议程的设置和舆论的偏向控制在把关人手里，整个舆论传播模式是单向的，受众缺乏反馈发声的机会。官方舆论关注宏观社会效应，传递主流文化和核心价值观，但在舆论宣传时往往采用“守门人”过滤和单维度线性传播方式，且多采用格式化官方语言，大部分公众的意见较难通过主流传媒得到及时、有效的反映。

②“民间舆论场”。民间舆论场以互联网新媒体为代表，具有双向通道，是“所有人对所有人的传播”，传播者和受众互为主客体且拥有更强大的参与能力。与此同时，民间舆论

场能够把分散的人群重聚起来，因而即使是日常生活中的某一个具体问题，也可能会被不断放大，形成超出预期的舆论影响力。

(3)如何实现两个舆论场的统一：

①寻求两个舆论场的共通点。传统媒体与新兴媒体的碰撞造成了两个舆论场的客观存在，在今后相当长的时期依然还会共生共存、相互融合，相互影响、频繁互动。要加强党对新闻宣传工作的领导，寻求传统媒体与新兴媒体的共同点、共通点，做好舆论引导，把传递党的声音和反映人民心声有机统一起来，这也是党交给传统媒体的一项重要任务。而网络等新兴媒体正是民情民意的最大汇聚平台，党心与民意，就是两个舆论场最大的“交集”，是打通两个舆论场的着力点。

②推动两个舆论场“同频共振”。议题设置是舆论引导的重要手段，新闻管理部门要时刻关注民声民意，多从公众舆论中捕捉话题，多从群众角度设置议题，让两个舆论场相互配合，传递相同的价值。大到党的治国理政方略、国家内政外交决策，小到百姓安危冷暖、人间社会百态，都要抓住时机，推动传统媒体和新兴媒体共同发声，传递主流价值观，并积极引导公众理性、合法、有序地表达自己的观点。

③促进两个舆论场有机融合。各级党委政府和领导干部，要正视网络上的民情民意，不能轻视、排斥民间舆论场中的舆论风向。只有把社会舆论特别是网络舆情作为现实民意的风向标和参照系，站在立党为公、执政为民的高度，勇于正视、敢于担当，及时回应、积极作为，才能赢得民心、赢回信任。

15. 比较分析官方舆论场和民间舆论场的形成机制及其原因。(四川大学 2016 年研)

答：(1)两个舆论场：

具体参见本章概念题第 3 题、第 4 题、第 5 题答案。

(2)官方舆论场与民间舆论场的形成机制：

舆论的生成模式决定了“舆论场”的形成机制，议题的发起者、个体意见的汇集、意见态度的流向、主流意见的接受者等各种舆论生成过程中的环节都会影响到“舆论场”的形成机制及其内在结构。

①官方舆论场。

舆论形成的瀑布模式。多伊彻的瀑布模型很好地说明了自上而下的舆论形成过程，瀑布模式中的信息流动是自上而下的，从国家的权力体系逐步流向普通大众。官方媒体通过议程设置，再经过其他媒体的大量转发，使得这种媒介间议程设置形成“扳机效应”，营造出官方媒体所要的意见环境。同时，官方媒体针对社会事件进行媒介框架建构，影响官方舆论场的形成。由于官方媒介承担着社会协调的社会功能，官方媒体通过构建官方舆论场来达到维稳的目的。不论从历史还是政治上来说，官方舆论的“瀑式模式”形成规律成就了“官方舆论场”中不同阶层的舆论结构。尤其在传统媒体时期，由于报纸、广播、电视等媒体自身的局限性导致传播主体单一，反馈机制欠缺、互动性差，因此公众的意见很难通过媒体充分表达，使得官方舆论成为社会舆论的引导者。

②民间舆论场。

舆论形成的蒸腾模式。舆论形成的“蒸腾模式”主要体现为普通公众的社会意见自下而上的传达，这决定了“民间舆论场”的形成是从底层普通民众自由发表意见开始的。网络的即时性、互动性使普通大众有机会成为舆论发起的源头，当个人意见进入网络，不断被转发、评论，逐步上升到群众阶层的精英，强大的信息聚合效应让无数民众的意见形成巨大的舆论合力，最终受到上层的关注。网络新媒体的出现促使信息自下而上的传播和意见自下而上的汇集，从而推动了舆论的蒸腾模式。新媒体的出现，尤其是自媒体的普遍应用，使得民间舆论场在引导舆论话题和监督公权力方面显示出超强的作用，逐渐被统治阶层和社会大众所重视。

(3)官方舆论场和民间舆论场形成的原因：

①新媒体技术的出现和发展。

新媒体时代之前，政府通过管控大众传媒来引导整个社会的意见，但新媒体技术出现后，微信、微博等社会化媒体给普通大众提供了发声的机会。在新媒介环境下，传播者呈现出泛化趋势，公民通过设置公众议程以影响媒介议程并形成震荡效应。传统媒体的“把关人”角色淡化，政府的舆论管控机制也变得低效甚至无效，在这样的情况下，民间舆论场诞生了。

②主流媒体的“缺位”和“失声”。

在新媒介环境下，一个热点事件的出现，可能是由自媒体首先发声，在网络上引起舆论，然后主流媒体再进行采访或转载报道，最终有关部门介入调查。主流媒体没有真正地反映民意，没有真正地报道社会矛盾的焦点，甚至在一些敏感事件中选择沉默。主流媒体的缺位和失声，在一定程度上促进了两个舆论场的形成。

③公众主体意识增强。

随着时代的进步和思想观念的不断开化，公众越来越意识到自己有管理公共事务，监督政府的权利和义务，公众的主体意识不断增强。互联网技术的发展，使得受众获得使用权，也给公众提供了自由发表意见的平台。受众具有能动性，对官方舆论场的舆论和表达方式表现出对立阅读的模式。微博、微信等兼具社交与媒体属性的平台，使得民众能够在公共空间中进行交流。此外，“网络意见领袖”的舆论引导，也推动了民间舆论场的产生。

在互联网日益发达的今天，民间舆论场已发展成为不可忽视的舆论力量，以新兴舆论场的形态与官方舆论场交融糅合，有些时候甚至互相矛盾。只有协调二者之间的关系，增大二者之间的重叠部分，才能正确引导舆论，形成良好的舆论环境。

16. 网络舆论与依法治国关系。(北师大 2019 年研)

答：网络舆论对依法治国有积极与消极双重影响，且易导致两者交互影响的困境。网络舆论的规范化已成为依法治国、彰显司法公信力的当务之急。

(1)网络舆论对依法治国的积极影响：

①网络媒体扩大了公民的知情权，改变了舆论生态，成为社情民意的重要表达方式；

②人人都被置于网络监督之下，也有利于培育公民道德自觉；

③在一定程度上，当网络舆论体现出民众的价值观与社会文明进程相统一时，网络舆论的监督作用就能促进司法的公开、公正；

④在促使公众关注社会公正、监督司法机关秉公处理方面，网络舆论也能起到积极作用。

(2)网络舆论对依法治国的消极影响：

在传媒市场商业利益追逐日趋激烈、网民整体媒介素养还有待提高的现实背景下，某些时候网络舆论也会影响司法公正与独立，形成“网络审判”，并带来破坏社会安定的负面作用。网络舆论中部分网民非理性、情感宣泄等类型舆论，会披着形式上代表民意的“外衣”，形成法律、事实之外的“第三方势力”，进行“网络审判”或“舆论审判”，对法律适用的公正独立性、司法程序的正当性、法律事实的认定等造成强烈冲击。

网络舆论是有力的监督工具，但其本身又缺乏有效监督，这就使网络舆论呈现出积极与消极交互作用与渗透的特点。

17. 舆论的定义和特点。（安徽师大 2016 年研）

相关试题：

（1）简述舆论的特点。（江西师大 2018 年研；兰州大学 2018 年研）

（2）舆论（名词解释，湖南师大 2021 年研）

答：舆论是指在特定的时间空间里，公众对于特定的社会公共事务公开表达的、基本一致的意见或态度。舆论作为公众意见（公共意见）是社会评价的一种，是社会心理的反映，它以公众利益为基础，以公共事务为指向，并因此具备许多独有的个性，具体表现在以下几个方面：

（1）公开性。从分散的个人意见到群体性的公众意见必须经过公开的社会讨论和交流，而已经形成的公众意见要发挥意见影响力，必须面向社会公开传播，作为民意的显示，实现舆论对于社会公共生活的直接或间接干预。舆论在公开讨论中形成，又公开表达以实施干预。自始至终，它都是在公共领域内产生并发挥作用。

（2）公共性。公共性具体体现在舆论指向的公共性和作用、目标的公共性。要吸引公众参与，形成广泛的社会讨论，最终整合形成一致意见，这一意见指向的事物必须具备公共性，即利益上对公众而言的切近性，或者涉及公共利益，并契合了公众关心公共事务的内在心理。

（3）急迫性。舆论的急迫性是指舆论涉及的都是近在眼前而且迫切需要解决的问题。指向与目标的现实迫切感决定了舆论的社会急迫性。

（4）广泛性。舆论的广泛性是指舆论存在范围的广泛性和影响范围的广泛性。其存在和影响的广泛，原因主要在于舆论主体公众聚合的随机和多元，以及意见指向的涵盖范围的广阔。

（5）评价性。舆论是一种意见，它不是一般的客观陈述，而是对事物（包括社会人物、事件、问题及其方方面面的社会联系等）做出的判断，带有明显的主观倾向，也就具备了一种评价性。

18. 舆论及其社会功能。（华东师大 2018 年研；江西师大 2018 年研）

答：舆论是在特定的时间空间里，公众对于特定的社会公共事务公开表达的基本一致的意见或态度。作为公众意见（公共意见），舆论是社会评价的一种，是社会心理的反映，它以公众利益为基础，以公共事务为指向，并因此具备许多独有的个性。舆论的具体表现包括公开性、公共性、急迫性、广泛性和评价性。

舆论是公众针对特定公共事务的一致意见（态度），其目的就是要使公共事务最大限度地符合公众共同的意志和要求。其主要功能是对涉及公共事务的组织、人员的行为实行监督，进行有效的制约和限制，使之服从、服务于既定的公众共同意志，符合公众共同利益，是社会控制的有力形式之一。这种控制作用主要表现在两大方面：

(1)对国家政权、政府行为的监督和制约。

舆论针对公共事务，在一个社会中，国家权力是最重要、最大的公共权力，它成为舆论监督和制约的最主要的对象。这种控制又体现三个方面：

①对国家政府决策过程的监督。现代社会的舆论制约可以表现为监督决策过程科学化、民主化和法治化的程度，监督决策过程是否符合既定的法律程序和规范等，但最主要的是监督决策目的朝向是否在于维护公众的共同利益，因为公益是舆论最根本的出发点和最终的目标。

②对决策执行过程和执行结果的监督。决策朝着维护公众利益方向努力，按此原则产生，但它是否最终维护了公益，还要看决策的执行和执行后的结果。从维护公众共同利益出发，舆论对此也要施行有效的制约：实践过程遵从了国家既定的法律和制度，没有伤害公民正当的权益，实践结果也确实维护或促进了社会公益，那么证明是正确的决策。

③对于决策和执行人物行为的监督。舆论的决策监督和制约是一个完整的过程。它不仅指向决策内容和执行过程、结果，也同样指向决策参与、执行的主体——决策者和决策执行者，主要是对国家公务人员行为的限制和约束，促使其在合法的范围内，在维护公众利益前提下制定和执行政策、措施，正当地、规范地行使权力，履行责任。

(2)对公众行为的鼓舞或约束。

鼓舞公众符合职业道德的行为，约束和制止公众成员违背职业道德的行为。公众作为社会一员，从事一定的社会职业，服务于其他社会成员，这使其职业和职业行为因而具备了和公共利益的相关性，也自然被纳入舆论监督和制约的范围内。其作用过程与对公德的作用行为相类似，以肯定和否定的意见倾向，产生公众压力，鼓舞或限制公众职业行为，促其遵从社会普遍认同的职业道德规范。

舆论的作用是正负双向的，它的质量并不是恒定不变的，而是存在高低之分、好坏之别。衡量舆论质量的标准是舆论作用于社会实践的后果，包括直接与间接、长期与短期结果等。

19. 简述舆论的特点以及新闻媒介在舆论中的作用。(华政 2019 年研)

相关试题：简述舆论的特点。(中央民大 2016 年研)

答：舆论指在特定的时间空间里，公众对于特定的社会公共事务公开表达的基本一致的意见或态度。公众是舆论的主体，舆论的客体是某个特定的涉及公众切身利益的社会公共事务，舆论的本体是人们大致相同的意见或态度的总和。

(1)舆论的特点：

具体参见本章简答题第 17 题答案。

(2)新闻媒介在舆论中的作用：

①反映并代表舆论。分散的个人意见要公开表达才能参与大范围的社会讨论，最终形成的一致意见也要公开并表达才能作用于社会，成为具有实际意义的公众意见。新闻媒介履行的是面向全体社会成员的大众传播，舆论形成的自始至终，都少不了新闻媒介这条最公开的渠道。

②引发舆论。舆论的形成，必须要有意见指向——特定公共事务，即公众必须首先了解与自身利益相关的事务的信息才有可能发表意见，而公众又是如何认识这一事务的？实际生活中，人们所接受的重要信息主要来自新闻媒介。人们生活在由新闻媒介提供的源源不断的信息流中，新闻媒介也许不能从根本上决定人们如何判断和思考，但至少它能在很大程度上决定人们思考什么、关心什么。

③引导舆论。新闻媒介的主要功能在于向社会公众提供大量准确、及时的信息，供人们了解外界变化，但这并不意味着新闻媒介在舆论形成中只是个材料供应者和意见反映者，事实上，现代新闻媒介还是舆论的引导者。

20. 简述舆论的四个基本要素。（安徽师大 2018 年研）

相关试题：什么是舆论？它的基本要素是什么？（西安工程 2017 年研）

答：舆论是指在特定的时间空间里，公众对于特定的社会公共事务公开表达的基本一致的意见或态度。舆论的四个基本要素包括：

（1）舆论的主体——公众。舆论的主体不是有组织的，是对外部社会有一定的共同知觉或者对具体的社会现象和问题有相近看法的自在的人群。

（2）舆论的客体——某个特定的涉及公众切身利益的社会公共事务。舆论的客体一般自然存在的是“有争议”的引起公众讨论的话题，如果范围扩大，会形成一定规模或表现出某些趋向的公众的情绪、态度、观点甚至“现实社会”本身，也是一种舆论的客体。

（3）舆论的本体——人们大致相同的意见或态度的总和。舆论的本体就是围绕特定的对象（某种社会问题、事件、现象）形成的公开的基本一致的意见。意见实际是指针对特定事物所形成的判断，以语言或行为形式表现出来，带有明显的倾向性和评价性。

（4）舆论的载体（渠道）——公开的传播活动。公众对于涉及自身利益的社会公共事务所形成的一致意见要成为具备社会影响力的舆论，其间必须经过公开表达的形式向社会传播。而公开表达必须经过一定的渠道，也就是通过一定的传播媒介。在现代社会中，最主要、最重要、最具影响力的公开传播是日臻发达的大众传播。

21. 简述新闻舆论的内涵与特征。（同济大学 2017 年研）

答：（1）新闻舆论的内涵：

新闻舆论是以新闻传媒为载传工具的社会舆论，是舆论主体借助新闻传播方式所表达的共同意见。其中，新闻是新近发生的事实的报道，舆论是指社会生活中公众对某一事态所持的意见和看法；新闻舆论则是社会公众通过新闻传媒对最新事态的意见表达，是通过新闻手段反映公众意见而形成的舆论。

新闻舆论包括三个基本要素：

①新闻舆论的主体——公众；

②新闻舆论的客体——最新事态；

③新闻舆论的表现形式——媒体表达。

（2）新闻舆论的产生和发展：

①新闻舆论产生和形成的过程需要具备三个基本条件：

a. 具备诱发新闻舆论的新闻事件，这是新闻舆论发生的诱因；

b. 具备有利于媒体表达舆情的社会环境，相对宽松和谐的社会环境往往更有利于新闻舆论的自由发展；

c. 具备有助于舆论传播的新闻媒体，新闻媒体是新闻舆论发展所必需的载体和基本物质手段。

②新闻舆论的发展一般包括三个阶段：

a. 酝酿阶段，即新闻事件引起普遍关注，从而引发不同的意见讨论的阶段；

b. 形成阶段，即思想交流讨论形成的意见通过媒体传播后形成新闻舆论的阶段；

c. 产生效应阶段，即新闻舆论形成并通过媒体及时、充分、广泛地传播，从而产生广泛的社会效应的阶段。

特别值得注意的是，在当下的新媒体环境下，这三个阶段形成的时间已经大大缩短。

(3)新闻舆论的基本特征：

①现实性。新闻舆论反映对象的时新性和传播效果的现实指导作用。新闻舆论反映的对象通常都是最新事态，是当前社会生活中最受关注或是最为敏感的话题，有较强的时新性。

②导向性。新闻舆论的引导作用。新闻舆论重点反映的只能是居于主流地位的意见和态度。它应当符合党的路线方针和政策，符合真实、全面、客观、公正的新闻工作原则，有利于人民群众的根本利益。

③影响力。新闻舆论对公众精神和道义上的感染力与感召力。马克思曾把舆论看作是社会中一种"普遍的、隐蔽的和强制的力量"，而新闻舆论更是具有这方面的优势。新闻舆论的影响是潜移默化、循序渐进的，所以可以说是一种隐蔽的力量；同时它在一定程度上可以对人们产生道义上的压力，因此是道义上的一种强制力量。

22. 新媒体时代舆论的"新格局"。(安徽师大 2018 年研)

相关试题：新老媒体联动所形成的舆论新格局有何特点？(西安工程 2015 年研)

答：(1)新媒体时代舆论的"新格局"：

在传统媒体时代，新闻媒体在一定程度上是唯一的舆论场，承载着社会舆论的凝聚、公开表达作用，被称作"舆论界"。

新媒体的出现带来一个全新的舆论场，打破了传统媒体对舆论表达的垄断权，形成"两个舆论场"的新格局。在中国，"传统媒体反映出来的舆论，主要体现的是媒体组织的意见，公众的意见难以得到反映，即使反映也是很少的、微弱的"。而新媒体赋予公众自由表达权，从而形成了另一个舆论场，这个舆论场在相当程度上是自发的，在一定程度上代表着民意。

从网络舆情的发展过程看，在 20 世纪 90 年代，传统媒体和新媒体形成的两个舆论场基本上是各行其是，只是偶尔有些协作或冲撞。2003 年孙志刚案，新媒体初显身手，引发传统媒体关注。自 2007 年起，传统媒体和新媒体开始全方位互动，两类媒体优势互补，共同合作，两大舆论场形成相互协作、相互配合，形成强烈的共振效应。

(2)舆论"新格局"与传统媒体时代的不同：

在新媒体时代，现今我国的舆论格局已经从政府对舆论的主导演变为政府、媒体和公众三方对舆论主导权的争夺。新媒体时代舆论的"新格局"与传统媒体时代有所不同，具体表现如下：

①媒体泛社会化导致主流媒体议程设置权力弱化。随着互联网时代的到来，新媒体逐渐在人们的日常生活中占据重要的位置，政府主导舆论的局面逐渐发生变化，人们获取信息的渠道不再是单一的传统媒体，而是可供选择、有海量信息的新媒体。新媒介技术深刻改变了社会传播格局，主流媒体的垄断地位被打破，信息的发布权向草根阶层转移，主流媒体的议程设置权力被弱化，通过掌握有限的媒介资源控制舆论场的局面已被打破。

②新媒体改变了舆论生成演化路径，网络舆论场充满了变数和不可控性。新媒体成为舆论生成和发酵的重要场所，并深刻地改变了舆论生成和演化路径。在新媒体语境中，信息和意见的复杂程度非以往任何时候可比，一些偶然发生的“小事件”或“小事端”在新媒体语境中借助于舆论的放大作用而被瞬间引爆，从而演绎成重大公共危机事件。另外，拥有大量粉丝的意见领袖深刻影响着网络舆论的走向，给主流媒体舆论引导带来极大挑战。

（3）对当前舆论“新格局”的认识：

①新老媒体形成的舆情新格局具有巨大的历史进步意义，尤其是推动民主政治建设，推动和谐社会建设，在反腐防腐等方面的作用尤为突出。公众拥有新媒体，使得眼睛无处不在，耳朵无处不在，嘴巴无处不在，从而使政府与政府官员对公众产生敬畏，使违法违规者产生威慑，至少不敢在大庭广众之中为非作歹。

②网络舆情只能在一定程度上、一定范围内代表民意，但并不必然代表民意。民意也并非天然代表正确。网络舆论场是各种力量的博弈场，有政府的意志，有资本的力量，有公众的诉求，有社会各种团体的企图，还有国外各种势力的渗透等，同时，各种力量在不同事件中有不同组合、冲突。所以，对各种舆情事件要作具体分析，切不可盲目跟风。

随着网民数量爆炸式增加，舆论的主阵地已逐步从传统媒体转向新媒体，但舆论的主导权仍然在传统媒体，而且传统媒体必须牢牢把控舆论主导权，才能真正引导舆论，形成健康向上的舆论环境。

23. 简述网络舆情的特点。（复旦大学 2015 年研）

答：网络舆情，是指公众借助网络传播工具表达自身意见、观点和诉求所形成的新媒介舆论场，它既不同于传统媒体的新闻舆论场，也不同于现实社会交往中的口头舆论场，有着其自身的鲜明特点。

（1）传播爆炸性。网络舆情与传统媒体相比，传播时间更快、受众范围更广、效果影响更大，舆论中心的爆炸力自然也越强，其相应的传播影响也是越大。而且在网络舆情传播爆炸的过程中，可以通过网民参与性的信息和意见传播活动，使其发生连续性爆炸效应，使相关舆论持续升温，不断增强其舆情传播的影响力。网络舆情传播爆炸性的特点通常缺乏一定的舆情征兆，使人们对其预警和干预都比传统媒体更加困难，往往是在毫无准备的情况下遭遇舆论压力和舆情困境。

（2）主体隐蔽性。在网络舆情传播中，与传统媒体具有明确的传播主体不同，网上传播主体是模糊的，既可能明确，也可能不明确，主体隐蔽性成为网络舆情传播的重要作用因子。匿名传播作为网络传播技术平台提供的一种机制，得到广大网民的高度支持，因为其可以摆脱现实社会关系下的压力，使人们的精神得到一种自由的释放，但同时也使得个体的网络言论和传播行为与所要承担的社会责任相脱离，在各种不良动机支配下会造成诸多社会问题和消极影响。

(3)信源模糊性。网络传播中的信源较之传统媒体常常是模糊的，大体上有三种情形：

①只有信息内容而没有信息来源；

②道听途说，不给出明确的信息来源；

③虚拟一个现实中不存在的信息来源。

正是由于网络信源的模糊性，才使得人们对于网络空间传播的信息内容持较低的信任度。

(4)网民动员性。网络舆情所蕴含的利益诉求还会直接产生一些社会群体的共鸣，更加推动了他们通过网络平台参与公共意见的形成，加入到网络舆论的关注和评论队伍中来。网民动员性在舆情发展中具有类似“滚雪球”效应，一方面参与的人越多，雪球就会越滚越快、越滚越大；另一方面雪球越大，越能够吸引更多的人予以关注，并参与进来。因此，网络舆情的分析与研判，必须充分重视网民动员性的特点，对舆情发展趋势做出估计。

(5)意见指向性。网络舆情的意见指向性主要体现在网络新闻跟帖、社区论坛跟帖以及博客留言中，并且以情绪化的意见表达居多，甚至出现侮辱、漫骂、人身攻击等极端言论，而网民这种极端化的情绪往往左右网络意见方向。在网络意见生成的过程中，网上意见领袖的作用十分明显，他们评论或发帖的意见方向能够对整个网络舆情的意见指向产生影响。

(6)影响显著性。随着网络媒体受众的普及，网络媒体与传统媒体的互动、融合也在不断深化，网络舆情已逐步发展为整个媒体舆情，对社会公共舆论施加影响。此外，网络舆情还可以制造出“民意”效应，即通过体现和传播网民的关注度和意见参与的动态情况，呈现对相关问题的舆情热度，反映出一定的民意诉求，而这种民意诉求本身又可以作为舆论内容被传播和放大，进一步增强网络舆情的影响。

24. 请结合具体实例，谈谈你对于新媒体环境下的舆情生成和演化规律的看法。(中山大学2016年研)

答：新媒体环境下，网络已成为思想文化信息的集散地和社会舆情的放大器。在新媒体环境下，网民议程设置引起的议题关注及其形成的网络舆论日渐增多，对现实社会的影响力日渐突出。基于网络技术的各种新媒体在社会生活尤其是社会公共领域中发挥了越来越重要的作用，对报刊、电视等传统媒体传播产生的影响越来越大，两者相互激化，催生了舆情传播的新生态。新媒体环境下的舆情生成和演化表现出如下规律：

(1)舆情的形成和发展具有不可控性。

在新媒体语境中，网络舆论场充满了变数和不可控性，信息和意见的复杂程度非以往任何时候可比。一些偶然发生的“小事件”或“小事端”在新媒体语境中借助于舆论的放大作用而被瞬间引爆，可能演变成重大公共危机事件。网络舆论的生成和发展需要依靠相关的网络事件或网络议题的发生发展，网络事件发生的偶然性和必然性在某种程度上决定了网络舆论的偶然性和必然性。偶然性事件的发生促成了网络舆论发生的偶然性，但网络舆论的相应发生也决定了它的必然性。

例如，2012年受到公众关注的四川什邡事件、“微笑局长”事件、重庆官员不雅视频事件等均源自网络，并在网络空间瞬间发酵。

(2)网络中的意见领袖促进了议题的逐步推进和舆情的产生。

在新闻信息的传播过程中，大多会有意见领袖的参与，这些意见领袖一般是网络上有一定影响力的明星、专家以及比较活跃的网民等。他们能够利用自己的焦点传播优势，将信息和观点以较快的速度传播给大众，这种信息和观点在大众中比较有说服力和影响力，所发布的信息和观点能够激发新的传播动力，促进网络议题的进一步发展。在微博、微信中网红大V凭借其影响力，可以对粉丝受众产生巨大的影响，促使受众关注相应议题，并形成舆论合力。

例如在“北京地铁男子打人事件”中，由于薛之谦的转发评论促进了该事件的迅速曝光和传播，并推动了网络舆情的生成。

(3)受众内因决定了舆论生成演变过程中的意见整合波动。

网民在参与网络议题互动中，往往表现出自我投入的特点，他们试图以自己代表关注方的立场及利益发言。这种以自我投入的状态进行互动的方式使得网民在各类关注议题中都能表现出积极性，保证了网络议题的互动能够持续进行。大多受众对媒体传播的要求及对自我传播的定位与现实状况有太大差距，因此他们努力争取媒介话语权，使自己的声音更具影响力。随着自媒体的发展及传播渠道、方式的拓展，网民充分利用自己的传播优势，努力传播代表自己立场、观点的声音。具有相似传播技术的网民，在观点交锋中造成了意见的波动整合。

(4)舆情的演变具有自然衰变性。

新媒体环境下网络舆论的一个明显特点是会随着议题分散而出现衰变，进入“长尾”阶段，即在最后的阶段构成舆论的意见慢慢减少，但难以终结，始终处在消退状态，时而反弹，但终不会为零，其演变的自然衰变性也是有据可寻的。随着媒体技术的不断发展，媒体队伍的不断壮大，对一些事情的后续报道近几年逐渐增多，大众对新闻的需要不仅是新近发生的事，也有对过去事实的追究及后续关注。事件出现后，大家往往会想到类似的旧议题，借此来引出新议题，这样新议题中关于旧议题的部分自然就成了旧议题的“长尾”。

此外，很多事件发生后，会衍生出“议题名词”或者“议题体”等遗留文化，它们会成为大众比较青睐的一种网络表达方式，成为网络议题“长尾”中持续时间比较长、传播范围比较广的一部分。

(5)舆论演变过程中的传播伦理问题。

新媒体语境下，舆论在演变过程中容易出现情绪化、煽动性和破坏性大、误导性强等问题。相当一部分网民的评论存在评价过于随便、不够文明，甚至言语攻击的情况。这种评论所占比例很高，情绪化、非理性化色彩浓重。这种舆论压力和网络暴力甚至可能从线上转移到线下。

例如“熊孩子被女大学生教训”事件中孩子的母亲，便遭到了电话骚扰和短信侮辱等。

25．联系具体实例，谈谈新闻媒介是如何引导舆论的。(湖南师大2015年研)

相关试题：

(1)简述新闻媒介应该如何正确引导舆论，营造良好舆论环境。(中南大2018年研)

(2)以“庆安火车站枪击事件”真相的披露为例，分析主流媒体在舆论引导中的作用。(南京大学2016年研)

答：舆论引导对于国家政治、社会、经济的安全、稳定具有极其紧迫、极其重要的作用。从中国近30年来舆论引导的实践看，做好舆论引导的基本原则、基本态度和基本方法是：

(1)理论自信、制度自信、道路自信。这些自信本质上就是相信我们最广大人民群众充分拥护党的领导，充分信任党中央，认可我们选择的社会主义制度和发展道路，是坚定不移地做好舆论引导工作所必需的自信和实力。

(2)公开信息、揭示真相，是舆论引导的基本原则。事实证明，谣言止于真相，过激的情绪止于真相，合理的解决基于真相。在许多突发性重大事件爆发以后，在现实社会和网络上引发公众情绪的热点事件，最后的顺利解决都是因为把真相原原本本告知公众。

(3)相信大众、尊重事实、敬畏法律，是舆论引导的基本态度。尽管大众有时会有偏激情绪，会误信误传，但应该相信中国的大众是通情达理，相信事实，服膺真理的，居高临下地训斥大众只会引发公众的对抗。尤其在新媒体时代，众多网民会把视频、音频、图片发到网上，把事实真相和盘托出，任何虚假只能适得其反，事实就是事实，来不得半点虚假、扭曲捏造。

(4)讲究舆论引导的艺术，是舆论引导的基本方法。舆论引导是一门学问，在不同的情况下有不同的策略，但基本方法却是共同的。紧贴社会热点，新闻媒体不失语。社会热点涉及大众的利益、情绪，紧贴社会热点，新闻媒体的舆论引导才会引起公众的关注。先发制人，抢占舆论制高点，抢占公众的“第一印象”。事实表明，当重大突发性事件一出现，新闻媒体就紧紧跟上吸引了公众眼球，舆论引导就有了主动权。

(5)具体实例：在2013年7月20日出现的北京T3航站楼爆炸案中，新浪新闻第一时间发布新闻以后，第二天紧接着就出现了新浪草根博主“老徐时评”发布了《冀中星“自杀式”喊冤现象说明了什么?》的新闻评论。在短短的一天时间里，关于这篇评论的点击量就达到了5000多，网友在评论区的点评就达到了上千条。在融媒体的技术冲击下，手机客户端、网络平台上的融媒体传播渠道正在以一种加速的态势蚕食着专属于传统媒体的话语控制权。融媒体平台以其自身特有的优势，吸引了很多拥有高学历、丰富知识背景的人。他们通过敏锐的视角，批判的精神以及深入的见解，在融媒体平台上传播他们的思想观念。由于独到的切入视角、辩证的观点，得到了越来越多公众的关注。因此，在某些事件的舆论场中，他们的舆论影响力也越来越大，并成为某一些事件舆论中的意见领袖。

26. 新闻网站如何在市场竞争中坚守正确的舆论导向和公共利益?（华科2016年研）

答： 在市场竞争中，新闻网站应坚守正确的舆论导向和公共利益，具体包括：

(1)保持新闻专业主义精神。新闻网站要保证所刊登的新闻的真实性、准确性、客观性和全面性。新闻要有可靠的、权威的消息来源，不能传递虚假信息，尽可能保护受众的知情权；新闻叙述要实事求是，不能为博取关注度而夸大其词，煽动不良情绪，故意制造舆论。

(2)以正面宣传为主。新闻网站应该进行适当的舆论监督，针砭时弊，揭露黑暗；“惩恶”的同时更应注意“扬善”，社会需要更多的正面报道和正能量来维持安定，无论是进行正面报道还是负面批评，都应引导舆论向着好的、积极的方向发展。

(3)将采编队伍和经营队伍分开。市场经济的背景下竞争激烈，很多人过于追求经济利益而不顾新闻专业性。因此，传媒机构应该将采编队伍与经营队伍分隔开，采编队伍专心进行新闻的采集和报道，不参与任何经济活动，在一定程度上可防止“媒介寻租”等失范行为的发生。

(4)完善相应法律法规。我国应加强网络新闻法规的建设，法律上对于“有偿新闻”“造谣传谣”等行为进行处罚。增强现行法律条文的可操作性，增强法律前瞻性，管理覆盖尽可能到位。加强网络执法，培养专业的网络执法队伍。

(5)加强监督机制和行业自律。网络新闻应设立自己的行业协会或专业的监管机制，发动各种社会力量参与新闻网站的管理，共同影响舆论，维护公共利益。

(6)提高从业人员职业道德素养。新闻网站中的很多从业人员职业道德素养有所欠缺，不及传统媒体工作者受过专业的新闻传播职业训练，有时会在网络新闻传播过程中谋取自己的利益而损害社会公共利益，应加强对此类从业人员的教育。

27. 从新闻媒体与社会舆论的三种关系出发，谈谈新闻媒介如何实现与舆论进行良性互动。(华中师大2018年研)

答：现代社会中，新闻媒体与舆论之间建立起一种天然的、密切的关系。新闻媒体凭借其自身的特性，不时介入到舆论产生和作用的各个环节中，构成了它与舆论的千丝万缕的关联，因此新闻媒介需要与舆论进行良性互动。

(1)新闻媒体与社会舆论的三种关系：

具体参见本章简答题第5题答案。

新闻媒介与舆论紧密相关，它反映代表舆论、引发舆论，必要时主动引导舆论的方向。在认识舆论强大社会功能的同时，更要明确新闻媒介在其间的重要作用，特别是导向作用，并善于正确利用这种作用，为营造良好、健康的舆论环境，以及充分发挥公众舆论的积极正面的作用奠定基础。

(2)新闻媒介与舆论进行良性互动的方法：

①新闻媒介要充分、详尽和适时地反映和表达舆论。

a. 从群众生活的实际出发，充分地反映群众的呼声、愿望、意见和要求。新闻媒介不能对群众议论纷纷的问题半遮半掩，含糊其辞，或者充耳不闻，视而不见。

b. 新闻媒介的舆论传播还要注意把握好时机，对各种群众意见进行适时传播：在舆论初起之时，要能迅速分辨其性质与方向，及时反映和传播正向舆论，同时注意抑制负向舆论的扩散和蔓延；当正向舆论处于弱势阶段时，要善于通过有效的手段及时对其加以扶持，帮助其扩大影响，逐步发展为主导性舆论。

②坚持舆论传播主导性和多样性的统一。鉴于我国存在区域文化差异，在舆论传播中应当允许舆论的多样性，但在舆论传播中也应有主导性舆论，即一种能够引导群众思想的主体舆论，应当是一支主旋律。新闻媒体在舆论传播中，既要注意广泛反映各不同阶层群众和利益群体的不同意见和要求，保证舆论传播内容的多样性，又要注意用符合人民群众根本利益和社会进步要求的主导性舆论去积极引导群众，将群众的思想和意见吸引到促进社会文明、社会进步和发展的主导方向上来。

③协调利益关系、化解社会矛盾、促进舆论和谐。

a. 舆论的多样性和舆论环境的复杂性，是由社会中各种利益关系的多元性所造成的，因此，新闻媒介要注意通过协调各种利益关系来促成舆论的和谐，营造和谐的社会舆论。

b. 当前我国正处在社会转型期，这种特定的社会环境和社会条件导致了各种利益关系的急剧调整和变化，由此引发的社会矛盾也呈现多样化的趋势。新闻媒介应该积极、主动地协调各种利益关系，及时有效地疏导社会舆论，化解社会矛盾，消解社会冲突，平衡社会心理，以维护社会的和谐稳定。

c. 新闻媒介可以通过客观、公正、全面的报道方式，尽可能地反映方方面面不同社会群体和不同人群的利益诉求点和观点意见，尽可能平衡群众的心态，理顺群众情绪，排解群众的困难，协调好各种不同利益人群之间的关系，化解由于各种因素引发的社会矛盾，使人们得到心理的平衡。

28. 传统媒体原创和深度报道能力下降，而自媒体的影响却越来越大，简述这种变化对公众舆论的形成有什么影响。（清华大学 2017 年研）

答： 受到新媒体的冲击，传统媒体原创和深度报道能力下降，而自媒体的影响越来越大，这种变化对公众舆论的形成主要造成了以下几方面的影响：

(1) 媒体泛社会化导致主流媒体议程设置权力弱化。

随着互联网时代的到来，新媒体逐渐在人们的日常生活中占据重要的位置，政府主导舆论的局面逐渐发生变化，人们获取信息的渠道不再是单一的传统媒体，而是可供选择、有海量信息的新媒体。自媒体的产生深刻改变了社会传播格局，主流媒体的垄断地位被打破，其议程设置权力也被弱化，信息的发布权向草根阶层转移，通过掌握有限的媒介资源控制舆论场的局面已被打破。

(2) 自媒体改变了舆论生成演化路径，网络舆论场充满了变数和不可控性。

各类自媒体已经成为舆论生成和发酵的重要场所，并深刻地改变了舆论生成和演化路径。在自媒体语境中，信息和意见的复杂程度非以往任何时候可比，一些偶然发生的“小事件”或“小事端”在新媒体语境中借助于舆论的放大作用而被瞬间引爆，从而演绎成重大公共危机事件，并在网络空间瞬间发酵。另外，拥有大量粉丝的意见领袖深刻影响着网络舆论的走向，这也给主流媒体舆论引导带来极大挑战。

(3) 自媒体对传统主流媒体引导舆论的能力构成了挑战。

自媒体的发展实际上拓宽了受众的新闻来源和知识结构，也为受众检验、评判媒体报道提供了更多的可能。自媒体使得普通读者也有了和专业记者一样的信息收集能力，梳理、加工能力的差异会直接导致对同一报道的不同看法。各类自媒体的表达给公众理解新闻信息提供了更多不同的可能，而传统媒体的工作者多数仍持精英主义的观点，相信自己的专业能力、判断能力，却忽略了广大民众真正的心态和诉求，从这个意义而言，传统媒体公信力有所下降，其引导公众舆论的能力也受到挑战。

29. 为什么说公共舆论是西方民主政治的基础？（浙江大学 2017 年研）

答： 在西方民主社会，公众舆论是市民社会中不可忽视的重要力量，是现代政治的合法性的基础，也是政府和国家合法统治的权力基础。

(1) 公共领域和公众舆论：

①公共舆论，是指公共领域的公众舆论。它首先指社会生活的一个领域，在这个领域中，能够形成公共意见。公共领域的一部分由各种对话构成，在这些对话中，作为私人的个体来到一起，形成了公众。哈贝马斯的公共领域是资产阶级的公共领域，其概念大致等于市民社会。

②公众舆论是经过理性的讨论和辩论后，被公共领域中具有自由精神的个人共同承认

了的意见。公共领域的形成一方面以自主的经济为基础，另一方面也有赖于意见的公开碰撞和交流。在这种公开性的意见讨论中，市民社会的公众才会形成共同的意识，这种共同的意识就是公众舆论。所以，个人的意见在经济自主的领域中能够成为公共性的事物，公众舆论反过来也有助于稳固公共领域自身。

(2)公共舆论是西方民主政治的基础。

在公共领域中，私人性需要体系的满足，公共舆论是经过公众意见的总结后对政治权力机关进行批评的，其目的就是使人们参与国家的政治生活，保证自己作为利益整体而不受政治权力机构的随意侵犯。

①公共舆论是立法的基础。公共领域是私人有效生活的领域，而且人们是在这个领域中获得各种满足的，所以人们首先关心的是保证其独立性，而这个领域是以私人财产的神圣性为基础的。为确保这个公共领域的存在，人们的财产权利就首先应该得到保护，因此资本主义国家的立法是以承认并绝对保护个人财产为出发点的。由于私人财产在资本主义阶段的绝对力量，以此为基础形成的公众意见就成为具有私人性的公共领域的政治力量，并且由公众舆论出面对实际的政治权力机构施加压力，要求公共权力机构形成有利于公共领域中的私人的政策。所以，公共领域的公众舆论能够成为立法的基础。

②公共舆论是政府行为的监督员。既然公共舆论是立法的基础，那么在法律约束下行动的政府就必然要受到公共舆论的监督。因为政治是与市民社会中的个人密切相关的活动，市民为了自己的利益必然要时刻注意政治活动的情况，所以公共舆论在政治活动中就是十分重要的监督力量，这也是为何作为公共舆论重要载体的新闻媒介在西方会有一种社会功能是监视政府。

③公共舆论是权力合法施于个人的界限。公共权力是在具有私人性的社会领域中取得合法性的，因此，权力只有在公共舆论的监督下才能合法施行。权力不能反过来针对公共领域自身，因此也不能反对公共舆论，故个人在公共舆论的内部应该享有安全。同时，个人的要求、个人的意见也只有诉诸公共舆论才能获得理性，也才能获得表达的权利。

30．公众舆论具备公共性的必要条件。(浙江大学2016年研)

答：(1)公众舆论及其公共性：

舆论，是指公众在特定的时间空间里，对于特定的社会公共事务，公开表达的基本一致的意见或态度。舆论的主要功能是对涉及公共事务的组织、人员的行为实行监督，进行有效的制约和限制，使之服从、服务于既定的公众共同意志，符合公众共同利益。

公众舆论是一种含有多层结构的表层意识，是由公众的各种意见和态度构成的集合体。哈贝马斯是作为研究公共领域的代表，论述了公众舆论的公共性的概念。

哈贝马斯的“公共领域”是“资产阶级公共领域”的简称，特指17世纪后期的英国和18世纪的法国开始出现的现象。哈贝马斯认为，国家和社会之间可以存在一个公共空间，市民们假定可以在这个空间中自由言论，不受国家的干涉，这便是“公共领域”。在“公共领域”这一自由空间，有理性能力和极强参与意识的公众聚集到一起，就一些社会政治问题展开公开自由的讨论，形成公众舆论，即解决问题的途径，进而影响或改变公共权力机关在某些问题上的失当举措。其中，有理性能力和参与意识的公众、公共的自由空间、公众舆论是“公共领域”得以成立的三个要素。

公共领域和公众舆论是相互配合的，公共领域是公众舆论的形成空间，公众舆论只有在这样的空间里才能生成。同时，公共领域也要依靠公众舆论来表达自己的所有利益，并且通过公众舆论来监督公共权力机构，对权力施加实际的影响力。

(2)公众舆论具有公共性的必要条件：

公众舆论只有具备了以下几个条件才能够具有真正的公共性。只有满足这些条件，公众舆论才能够摆脱社会心理学的控制，重新获得它严肃的公共性。

①公众舆论所面对的是公众事务。个人的私利在高度民主集中化的大众媒介时代很可能以公共的面目出现。所以，报道社会事务的媒介一定要具有批判性才能，尽量避免把私人的事务当作公共的事务。

②公众舆论必须是独立的。公众舆论必须不受国家和政府的控制，也独立于特殊的权势集团，应该是在不受任何强制的前提下，人民从心底里发出来的声音。

③公众舆论应当具有制度化的保证。国家应该用法律保障人民的言论自由、信息自由等权利，而且这些法律不能仅仅停留在书面上，政府司法部门必须要有相应的公正程序来保证公民真正享有这些自由权利。

④公众获取信息和进行讨论的交往行为必须是“真”交往而不是“伪”交往。形成公众舆论的过程是建立在理性交往的基础上的，这就要求这种交往过程不能受特殊的政治或商业利益的有意操纵，同时也要求公民提高素质，不能满足于低级的信息消费。哈贝马斯认为，有效的(真的)交往要满足四项条件：言辞的可理解性、言辞内容的真实性、言辞行动的正当性、言辞者意向的真诚。这就是说，公众舆论要保证它的公共性，必须建立一种新的理性，即交往理性。这样，就排除了虚伪政治和消费主义侵入公众舆论的可能性。舆论本身是不能被拿来取乐的。

三、论述题

1. 什么是舆论？纸媒时代与网媒时代的舆论有什么区别？(同济大学2017年研)

答：(1)舆论的定义及其特点：

具体参见本章简答题第17题答案。

(2)网媒时代舆论的嬗变：

①与纸媒时代的舆论相比，网媒时代的舆论走向了“高浓缩”时代。在传统的纸媒时代，舆论的形成需要经过三个步骤：事实发生——媒体传播广而告之——讨论导致舆论形成。这三个步骤在以往需要一个较长的时间周期。而网络大大加速了舆论形成的进程。以微博为例，微博传播的低门槛以及与移动传播的结合，使得网友甚至与当事人在事件发生的同时，就可以将信息广泛传播出去。在具有公共价值的信息传播方面，微博的传播是“病毒式”的，速度极快，辐射面极广。而这种信息的传播并不仅包括事实性信息，人们的意见、情绪等通过转发或评论等方式也随之传播，因此，在事实广而告之的同时，舆论的酝酿与形成过程也同时启动。在某种意义上，无论是在传播速度方面还是在意见的集中性方面，网络媒体都将网络舆情、舆论推向了一个“高浓缩”的时代。

②舆论阵地和主体发生变化。目前，越来越多的舆论热点事件是从网络上引爆，然后纸媒跟进报道、放大其社会效应，网络逐渐成为舆论的首要阵地。此外，原有纸媒的舆论主体年龄偏大且拥有一定的文化和阅读需求；而网媒舆论的主体更加年轻化、混杂化，文

化层次也参差不齐，以中青年为主，这与之前的纸媒舆论情况有所不同。

③网络舆论的非理性和破坏性增强。网络舆论中有许多市场因素介入，“水军造势”“刷差评”等不良竞争手段严重干扰了网民的判断力，“沉默的螺旋”效应使得网络舆论中理性声音被淹没。同时，网络的匿名性和虚拟性，以及网络舆论发酵迅速、推动方式隐蔽多样、直接责任主体不明、追责困难等因素，使得网络舆论的非理性和对社会的破坏性增强。比如在“人贩子一律判死刑”的舆情传播中，运营者所设计的“承诺”和“转发”机制，将网络用户做了身份认证和道德评判的绑架，“是中国人就转”等隐含诅咒式的动员，通过煽情绑架了用户的理智判断。

④网媒时代舆论议题软化，任何触发性事件都有成为引爆舆论话题的可能。纸媒时代的传播内容经过了层层筛选和把关，因此其舆论议题也是偏向于国计民生等社会性、公共性较强的硬新闻。但是网络媒体把关弱化，并且具有娱乐化和狂欢化的特性，因此只要能够引起网民的兴趣和关注点，任何事件都具备成为舆论热点的可能。比如，奥运会期间的王宝强离婚事件，在网络上的讨论热度居高不下，大有压过女排夺冠的势头。

(3)网络媒体时代舆论的引导策略：

正因为网络时代的舆论与纸媒时代有着很大的差异，且网媒时代的舆论具有极强的影响力，对网络媒体舆论的引导才显得格外重要。舆论引导，要形成以政府舆论为基准，媒体舆论为抓手，网民舆论为着眼点的协同促进机制。

①政府应当提高公共领域信息的透明度，提高政府公信力，避免陷入失去公信力的塔西佗陷阱。同时，政府应当建立健全新闻传播的法律保障和规范机制，保障公民知情权的同时加强网络空间舆论的治理。

②媒体应当构建传媒智库，将行业专家塑造为意见领袖；把握好舆论引导的时、度、效，抢占舆论高地；设置民生议题的讨论空间，保证舆论表达健康通畅，促进普法教育深入；运用大数据思维，及时关注舆论动向，做好舆情监测和预判。

③受众(网民)应当提高媒介素养和判断力，不传谣、不信谣；提升法律素养和道德素养，提升网络主体意识，做合格网民。

另外，网民并不能代表全体人民，网络舆论也未必是真实民意的完全反映，但它至少折射出社会上的某些心理现象。因此，理性认识并正确引导网络舆论，对于网络空间的良好秩序和现实社会的健康发展都具有重要的促进作用。

2. 试论当前我国新闻舆论监督中存在的问题及其改进。(武汉大学2007年研；南京大学2005年研)

相关试题：

(1)试论述改革开放四十周年，由于社会转型期与互联网技术的迅猛发展，当下社会语境下舆论监督面临的诸多挑战。(上海大学2019年研)

(2)在传媒新语境下，论述新闻舆论监督的发展与演变，在新时代出现的问题及其对策。(上海大学2015年研)

(3)结合案例论述当下广播电视媒体舆论监督弱化的原因及其对策。(暨南大学2017年研)

(4)新媒体语境下，舆论监督面临哪些机遇？存在哪些问题？应当如何应对？请结合具体案例论述。(复旦大学2015年研)

答：舆论，是指经济地位和社会地位相同或相近的人们对某一事件的一致态度。新闻舆论监督，就是通过新闻媒介来揭示现实生活中存在的问题并促使其解决的一种舆论监督，就是社会各界通过广播、影视、报纸、杂志等大众传播媒介，发表自己的意见和看法，形成舆论，从而对国家、政党、社会团体、公职人员的公务行为以及社会上一切有悖于法律和道德的行为实行制约。

(1)当前我国新闻舆论监督势头很好，在许多关系国计民生的重大问题上新闻媒体都发挥了积极的作用，引起了社会关注，推动了问题的解决，但在繁荣的背后，也应该看到存在的问题：

①以批评性报道代替舆论监督，认为揭露、批评就是舆论监督。这是对舆论监督的一种片面理解。舆论监督是把舆论监督客体的行为及时地传递给舆论监督主体的一种过程，它既包括揭露、批评行为，也包括传播行为。批评报道是新闻舆论监督的手段之一，但不是目的。目前我国所面临社会问题的复杂性，决定新闻舆论监督的方法和形式的多样性，只有合理运用不同的报道方式，才能取得监督实效。

②有些部门和领导舆论监督意识淡薄，有些更是不愿受新闻舆论的监督，在工作中仍有“人治”的烙印。有的部门和领导法律观念淡薄，特权思想严重，对新闻舆论监督畏之如虎，一听到新闻舆论的批评，便“老虎屁股摸不得”，动辄对新闻单位横加指责，有的甚至使用行政手段进行打击报复。

③我国新闻媒体以“机关报”为主流，很多新闻媒体是政府的“喉舌”，具有半官方性质，往往代表着或影响着某种较高权威的意见。舆论监督源于公民权利，使用的是公众权利，表达的是公众立场。新闻记者本身的采访应有严格的程序限制，而非理性的权力意识极易使一些新闻记者的评论失去客观，甚至会出现新闻记者利用媒体权力泄私愤的现象发生。一些新闻工作者过高地估计新闻媒体的作用，以新闻媒体的行为代替人民群众的舆论监督，甚至“包打天下”；还有的缺乏社会责任感，片面追求轰动效应，片面追求时效性，缺乏深入细致的采访调查。

④以事实为根据，以法律为准绳，是我国法律适用的基本原则，亦应成为新闻工作者必须坚持的职业道德守则。有的新闻工作者缺少自律意识，把监督权作为特权，动辄就把当事人的不满搬上报刊；有的新闻工作者为泄私愤或为私利，利用自己的特殊身份，非法干预正当的社会活动，把舆论监督变成生财的工具，大大削弱了新闻舆论监督的可信度。

⑤新闻舆论监督的不当化。这点在对司法部门的舆论监督上体现得尤为明显。新闻媒体的不当监督，主要是通过判决之前对案件进行不适当的渲染和煽情造成社会舆论影响，使法院面临来自社会公众及各方的压力而不能自主公正判案。有的新闻记者由于不了解审判活动程序，缺乏相应的法律专业知识，找不到案件报道的法律要点，未就相关问题向法官调查了解情况，便发表文章，进行评论。对涉及国家秘密、个人隐私以及影响社会稳定的案件，也是凭道德标准的理解，把法律事实视作一般事实，从而误导公众。

⑥舆论监督缺乏完备的法律保障。党的十五大提出“依法治国，建设社会主义法治国家”的目标，九届人大一次会议把其载入宪法作为治国方略，这是中国法制建设史上的里程碑。“法治国家”治国方略的提出，必然包括政治领域的法治化内容，其中包括舆论监督法治化。自1980年以来，不少人大代表和政协委员呼吁和建议制定“新闻法”，但由于我国目

前仍处于社会主义初级阶段，法律的建设还不可能一步完善。再者，不少领域不同程度地存在浓厚的“人治”传统。所以，只有健全有关新闻舆论的法律法规，新闻工作者的正当权益才能得到保障，不受侵犯，社会舆论监督才能真正落到实处。

(2)针对这些已经存在的问题，在今后的工作中应采取措施，加以改进，以更好地发挥新闻的舆论监督作用。

①要把新闻舆论监督纳入制度化、法治化的轨道。惟其如此，才能为舆论监督所涉及的各方面的权利和义务，以及对违法行为的处罚作出具体明确的规定，才能保障新闻工作者的合法权益。只有做到有法可依，并在实践中完善这部法律，新闻舆论监督才能得到切实的法律保障。

②要不断提高新闻工作者的政治素质和业务素质。党的新闻工作者必须具有坚强的党性。只有这样，才能做到无私无畏，敢于监督，为人民利益大胆仗义执言。这就要求新闻工作者要认真学习，夯实自己的马克思主义理论功底，不断提高自己的业务能力；要深入实际，调查研究，善于观察和思考问题，审时度势，把握时机，捕捉群众关心的热点问题，然后把收集的情况加以整理、加工，作出客观公正的报道；凡是有利于密切党和政府与人民群众的联系，有利于保护国家安定团结，及有利于使人们树立反腐必胜信心的事，新闻工作者都应责无旁贷地大胆去做；反之则要大胆反对、抵制；要严格遵守党的宣传纪律，恪守新闻工作者的操守，树立高尚的新闻工作者的职业道德。

③把握新闻导向，正确处理主旋律与多样化。改革开放以来，我国的新闻事业发展较快，其工作遵循“以科学的理论武装人，以正确的舆论引导人，以高尚的精神塑造人，以优秀的作品鼓舞人”的方针和原则，新闻舆论呈现出欣欣向荣的景象。在新闻舆论监督工作中，新闻工作者必须把握好新闻舆论导向，切忌借新闻舆论监督之名，搞人为“轰动”新闻“炒作”，甚至刊登和播放一些道听途说的虚假失实的报道，使受众对我国当前的形势产生错误的判断。

④采访和报道中要坚守真实、准确、客观、公正的基本原则。真实是新闻的生命，更是舆论监督的生命。目前，由舆论监督引起的纠纷，有部分是由于事实不够准确造成的。因此，必须做到事实真实准确，这样才能使舆论监督真正起到作用。客观公正，也就是报道事实不带有任何偏见，特别是不要把记者的主观意图夹杂在报道之中，要坚持把报道事实同评价事实严格区分开。

⑤要给被监督者申辩的权利。新闻媒体的影响力是巨大的，一旦造成负面影响很难挽回。近年来，新闻媒体失实的报道较过去有不断上升的趋势，但是却很少见到更正。由于新闻媒体的影响力很大，而被监督者在新闻媒体面前力量十分微弱，一旦出现失实，甚至事实被歪曲，如果连申辩的机会都没有，难免会采取消极抵制的方式。因此，新闻媒体在舆论监督中一旦出现失实的情况，应及时予以更正；在被监督者提出申辩时，应给予被监督者申辩的机会，使公众能够全面了解情况，作出正确的判断。

总之，新闻舆论监督是我国社会民主政治建设的一件大事，政府与媒体都必须密切关注新闻舆论监督的实施及发展进程，从而做到迅速发现其中出现的新问题并及时加以解决。惟其如此，才能够在规范新闻业建设的同时，有效加快和谐社会的民主进程。

3. 结合实例论述网络舆论监督的利与弊。(青岛大学2017年研)

答：网络舆论监督，是社会监督的一种，主要是广大人民群众通过网络媒体对政府公权力的运行提出批评、建议等。

(1)网络舆论监督的优点：

①网络舆论监督的主体具有广泛性和独立性。网络信息发布的低门槛，使人民群众真正成为网络舆论监督的主体，大大扩展了舆论监督的主体范围，拓宽了人民群众发表社情民意的渠道，打破了传统监督体制自上而下的层级隔断，使人们得以迅速而且充分地表达自身诉求。同时，网络舆论监督的主体具有高度独立性。网民数量众多、层次丰富，网络舆论监督的范围广泛，同时网络上的公众几乎不会受制和依附于被监督者，这种主体的广泛性和独立性能大大提升了人民群众的知情权、表达权、参与权、知情权，也可以激励更多的人参与到网络监督中来，监督力量不断增强，监督热情保持高涨，形成了良性循环。

②网络舆论监督行为具有交互性。开放的网络平台使任何人都可以发表自己的看法和建议，实现跨越时空的"面对面"在线交流，包括网友之间的交流、政府和网友之间的交流、政府相关部门间的交流等。这种交互性可以督促政府部门提高应对网络舆论的速度，同时激发公众监督的积极性，形成网上的官民良性互动，促进政府行为的民主化、法治化、透明化。公众还可以通过网络"群起"而分析、完善、探讨各类信息，展示各自的观点、立场、思维方式，形成各类观点的交锋，并通过理性讨论实现信息的筛选，最终促使舆论的形成。

③网络舆论监督的效果具有直接性。网络舆论监督基于广泛的群众参与和快速的舆论形成过程。这一方面避免了重复监督，另一方面精简了监督环节，使监督效果更加直接、迅速、有效。例如，2010年10月16日发生的"我爸是李刚"事件，其最初是由网民在猫扑论坛上发出的帖子，披露了发生在河北大学校园里的一起车祸事件，肇事者在校园内驾车撞倒两名女生，并造成一死一伤，司机系酒后驾车，事发后还口出狂言"我爸是李刚"，随着网民们不断跟帖、转帖立即引爆网络。消息发布后的第二天，据相关统计，该帖点击量已经超过了100万次，引起了广大网民的极大愤慨与关注。迫于强大的舆论压力，以及公众想要了解事情真相的迫切心情，该事件发生后，河北省委对此事也是十分重视，成立了由省教育厅、公安厅以及保定市政府等部门工作人员成立的专门工作组进入河北大学协助处理此事，并及时向社会公布该事件处理的进展。

(2)网络舆论监督存在的弊端：

①网络舆论监督的无序性。无序导致虚假信息泛滥、情绪性言论蔓延，信息泥沙俱下，使网络舆论监督体现出"双刃剑"特性。主要表现在以下几个方面：

a. 信息的准确性难以保证。开展舆论监督的前提，就是要保证信息的畅通和真实无误的传播，虚假信息严重影响舆论监督的效力。网络信息发布的低门槛，网络信息的海量，以及目前网络审查技术的单一和低效，使得网络信息的准确性很难核实。

b. 网络舆论中的情绪性言论较为突出以及"人肉搜索"带来的网络暴力。网络的虚拟性、匿名性使得网络舆论监督常常呈现出一种混乱和非理性的状态，往往导致偏激或者极端的情绪化观点占了上风，网络舆论监督常常出现"一边倒"的状况。众多网民发表的言论缺乏独立判断和思考，多数人的盲从使得原本的舆论监督变成非正常的舆论暴力。

c. 网络公关的盈利机制可能对网络舆论监督带来伤害。一些不负责任的网站为了牟取利润，赢取点击率，置正确舆论导向于不顾，将道听途说的消息编发上网，转发或引用虚假和有害信息误导公众、混淆视听。同时，如果不加以引导、监管，网络舆论监督还有可能会受到已经形成完整产业链条的“网络公关”的伤害。

②网络舆论监督的软弱性。网络舆论监督存在偶然性，离不开传统媒体的支持。尽管网络具有传播优势，很多监督事件始于网络，但在大多数人心目中，传统媒体更具权威性，在舆论的影响力和对事件的最终解决上，很难说谁更占优。网络舆论监督也没有相应的政府回应制度支持，其能否实现监督功能只能依靠事件本身能不能引发较大范围的关注，能否产生足够的舆论压力，同时还取决于相关政府部门和人员的法律意识、民主观念、道德水平。

③网络舆论监督的单一性。当前的网络舆论监督，其监督内容与监督平台都较为单一：网络舆论监督几乎都集中在事后监督环节，而且大多涉及的是违法违纪事件等微观事项，对日常工作状态的监督和全面宏观的监督基本空白；绝大多数成功的网络舆论监督案例，都是网友通过人气较高的全国性的商业网站、论坛或者博客平台发布信息，才得以引发较大关注的，地方论坛或平台基本空白。

4. 结合新闻传播实践，试述新闻舆论监督的特点。（中南大 2010 年研）

相关试题：

（1）谈谈我国大众传媒的舆论监督功能。（辽宁大学 2019 年研）

（2）论述新闻舆论监督的含义、特征以及作用。（中传 2018 年研）

答：没有监督的权力必然是腐败的权力，这是政治学上的规律。监督是多种多样的，包括行政监督、司法监督、党的纪律监督，但新闻媒介的舆论监督同样必不可少。

在一些西方国家，新闻媒介自称是除立法、司法、行政之外的第四势力，它对立法、司法，尤其对行政当局实行舆论监督。当然，不同国家由于国情不同，舆论监督具体实行的重点也是不同的。一般而言，新闻舆论监督具有以下几个特点：

（1）尖锐性。新闻舆论监督通常是面向全社会公开发表，通过报纸、杂志、广播、电视等新闻传媒进行的，因而它的第一个特征是具有极大的尖锐性。例如，当事人某一方面的缺点和错误，一个单位在某个问题上的失误或不足，一经公开发表，立即会形成一种社会舆论，变成全社会的公开谴责和批评，其压力之大，远非小范围的内部批评、文件通报所能比拟。尤其是那些指名道姓的批评，更给当事人巨大的压力以至巨大的杀伤力。

（2）广泛性。社会各个团体、各个阶层的人物，都能够参与新闻舆论监督活动。新闻舆论监督的对象有党政机关和全体官员干部，也有一般的人民群众，既包括党和政府的政务活动和党风政风，又包括普通百姓的社会行为和社会风气。新闻舆论监督不仅使当事人受到批评和监督，也使广大受众通过监督批评而受到教育。从这个意义上看，新闻舆论监督是一所社会正义的学校。

（3）及时性。新闻传媒能够以最快的速度对新闻事实进行曝光，迅速地将当事人及其错误缺点传播到全国各地和社会各界。因此，新闻舆论监督比其他监督形式能更直接、更迅速地达到批评监督的目的，取得更好的社会效益。同时，新闻舆论监督由于常会考虑监督批评的普遍教育效果而精心选择有代表性的监督对象和事实，因而更能迅速地达到推动全局工作的目的。

(4)巨大的杀伤力。新闻舆论监督面向全社会公开进行，当事人的一切熟人，包括上级下级、亲朋好友、邻里故旧，顷刻之间都会知晓，他过去所扮演的一切角色——领导干部、先进模范、廉政典型等，都立即显出其尴尬，曾经千方百计塑造的人生形象，即廉洁奉公、朴素勤勉、积极向上等，也会随着批评报道的见报而悉数改变。因此，新闻舆论监督对当事人而言，无不具有极大的杀伤力。对于罪大恶极的腐败分子等，应该竭力把这种杀伤力发挥到极致；而对于一般当事人的普通的缺点错误，则要“手下留情”。因此，对于当事人什么时候点名、什么时候不点名，安排在什么时候发表，在哪块版面或哪档节目刊登，都要慎之又慎，反复斟酌推敲。

(5)权威性。新闻报道以事实为根据，新闻舆论监督以可靠的事实为立足之本，因而具有不可摇撼的权威性。它是言之有据，持之有“事”的，尤其是中国新闻传媒所进行的舆论监督，报纸相当部分是党政机关报，其余报纸的主管部门或出版单位也是党政机关或社会团体，广播电台和电视台全由政府主管。在普通群众看来，这些新闻传媒所发表的舆论监督的稿件，不仅经过记者编辑调查核实，而且也征得了干部主管部门的批准同意，因而这些监督稿件的可靠性和权威性是无可怀疑的，甚至认为这些监督和批评，实际上就是党委和政府对当事人的指摘和训斥，同党委的决定、政府的文件几乎没有区别。因此，中国的干部和群众对于新闻传媒所开展的舆论监督，也就看得更为严肃、更为严重。

上述特征表明，中国新闻传媒的舆论监督，是威力强大的政治武器，是社会整合的有力手段，是新闻传媒参政国家和社会管理的重要渠道。

5. 什么是舆论监督，它有哪些社会功能？社会化媒体的普及对舆论监督产生了什么影响？(陕西师大 2016 年研)

答：(1)舆论监督的含义：

具体参见本章概念题第 1 题答案。

(2)舆论监督的社会功能：

①宣传引导功能。新闻媒介具有反映舆论、引发舆论、引导舆论的功能，新闻媒体传播速度快、范围广，对社会起着“瞭望哨”的作用，它能够有效地对环境进行监测和控制，宣传真善美，鞭策假恶丑。

②强制规范作用。新闻舆论通过将偏离社会规范和社会公德的行为公之于世，能够唤起普遍的社会谴责，将违反者置于强大的压力下，起社会规范的作用。拉扎斯菲尔德和默顿认为，大众媒体将问题公开化以后，一般公众便会自觉加入舆论制裁的行列之中。

③协调整合功能。新闻媒介是传播中介，旨在为政府、社会和受众建立起一个纽带，通过这一纽带起到信息整合、沟通意见的作用。

(3)社会化媒体的普及对舆论监督的影响：

社会化媒体是人们彼此之间用来分享意见、见解、经验和观点的工具和平台。社会化媒体的普及，对舆论监督也产生重要影响：

①舆论监督的主体及渠道多元。在数字传媒语境下，微博、微信、App 等新的传播形式不断涌现，基于这些新媒体所具有的开放性、低门槛等特点，公众可以借助这些多元传播渠道广泛地参与舆论监督，超越地域、职业、身份地位等的限制。

②舆论监督的内容指向鲜明、广泛。技术对公民的赋权使信息传播进入“UGC”时代，

打破传统媒体的话语权的垄断。用户自行生产的内容极大丰富了舆论监督的源泉，且具有鲜明的指向性，很多都是现实生活中迫切需要解决的问题，比如网络反腐。

③舆论监督的威慑力更大，影响更广。网络具有脱域性、快捷性等传播特性，这些特性形成了网络传播环境下的“全景式敞视机制”。因此，数字化时代的舆论监督拥有更加强大的力量。

④正如英国学者詹姆斯·卡伦在《新媒体和权力》中指出的那样，每一个时代新型传播方式的出现都会带来话语权的转移，社会化媒体的普及也必然带来舆论监督方式的转变。

6．论述网络舆论的特点。（山东大学 2019 年研）

答：舆论是公民在某时间与地点，对某行为公开表达的内容，基本趋于一致的信念、意见和态度的总和。随着互联网的普及，舆论在网络条件下衍生出了网络舆论，目前学界对于“网络舆论”的概念界定没有形成一致共识，尚未有普遍认可的定义。学者谭伟将网络舆论定义为，“网络舆论就是在互联网上传播的公众对某一焦点所表现出的有一定影响力的、带倾向性的意见或言论”。网络舆论区别于传统的舆论，它具有以下几个特点：

（1）主体的隐蔽性。传统的舆论在形成过程中有公开的场所、现实的环境，而网络舆论形成的空间是互联网这样一个虚拟的空间，没有真实可感的舆论环境，而只是在一个亦幻亦真的“拟态环境”中。在这样一个虚拟的环境中，网络舆论主体不同于传统舆论中由普通公众聚集而成，而是一群以虚拟身份、通过匿名方式组合在一群的“拟态公众”。这样的虚拟群体，流动性强，主体结构松散，可以在匿名的情况下随意发布信息，但是无法确定其真实身份和真实观点，从而显得更加隐蔽。

（2）在形成和传播的过程中，呈现出发酵快、畸变强、蔓延快的特点。新闻事件发生后，现场的网民会立刻通过新媒体平台将信息传到网上，通过互联网强大的传播能力，舆论会在极短时间内发酵完成，信息内容往往会发生畸变，偏离事实本身的真实面目。

（3）非理性化倾向明显。在匿名的情况下，非理性的发言，极端偏激的讨论不以事实为依据的舆论信息，为吸引眼球、博取关注的耸人听闻爆料等时常可见，而一旦这些信息与网络群体关注的诸如教育问题、食品安全、官员贪污腐败的话题相结合时，在激动的网络氛围中，受众通常会受到“暗示”刺激，在缺乏思考判断的情况下，盲目跟从，情绪激昂。

（4）复杂的网络舆论具有难控性。网络传播信源多、交互强，受众可以很轻易绕过网络“把关人”获取信息；网络中，把关人从技术和渠道上都处于劣势地位，无法对舆论信息进行有效过滤。网络新媒体对传统媒体的“议程设置”能力同样有削弱。

互联网的飞速发展，使得网络舆论成为舆情研究的新热点。在新媒体技术的影响下，网络舆论更加复杂多变，这给引导网络舆论工作增加难度，因此，研究网络舆论的特点，从而进行积极的舆论引导已成为当务之急。

7．结合中兴案例，分析我国网络舆论当前现状和治理难点。（华科 2019 年研）

答：网络舆论，是指在互联网上传播的公众对某一焦点所表现出的有一定影响力的、带倾向性的意见或言论。网络舆论虽然是一种在新型媒体上传播的舆论，但也具备传统舆论所具有的特征，如：公开性、公共性、急迫性、广泛性和评价性等。

此次“中兴事件”所引起的舆论关注，人数之多、阶层之广、思辨之深、情感之烈，在中国是罕见的，其中，社会和舆论愤怒的情绪占据了主导地位。此外，从“中兴事件”中也可以看出，网络舆论也具备了与传统媒体舆论不同的个性特征，主要表现为以下几方面：

(1)网络舆论的基本特点：

①主体的隐匿性和分散性。网络的虚拟性使得网络舆论主体具有隐匿性特征。网络的开放性使得网络舆论的主体具有分散性的特征。在“中兴事件”中，网民发表意见多通过具有匿名性的社交平台，言辞较为激烈。

②内容的丰富性和复杂性。网络舆论内容的丰富性是指网络舆论内容几乎无所不包、无所不及。网络舆论内容的复杂性是指网络舆论混乱无序、缺乏理性，潜在权威性与评判性不足。

③形成的快捷性。与传统社会舆论相比，网络舆论形成的过程更加快捷。由于网络技术的优势和转帖的方便，网络新闻信息不仅发布速度快，而且传播的速度也十分惊人，同时，网络传递的信息具有实时更新的特点。因此，“中兴事件”网上发布仅仅几个小时内，网络舆论便开始沸腾了。

(2)我国网络舆论现状分析：

①真实性与虚假性并存。网络舆论能够真实地反映人们的思想、情感和意志。其真实性是建立在现实公众和现实社会问题的基础之上。网络舆论的主体是现实的社会公众，网络舆论客体的内容主要来源于现实的社会热点问题和备受关注的社会现象。网络舆论形成于其主体对现实社会产生的问题和出现的现象的看法和评论，所以，网络舆论存在大量的真实性。而网络舆论有时存在着虚假性的现象，网络的虚拟性使信息造假和谣言传播成为可能。例如，有部分网友借助“中兴事件”散布不实言论，把“贸易战”等同于围绕领土而进行的“战争”等。

②理性的观点与非理性的情感宣泄并存。近几年，国内外几乎每一重大事件都会在网络媒体引起强烈的反响和激烈的讨论。一些网民会对问题进行非常理性的思考，提出一些具有建设性的看法和观点，甚至对有关部门的决策产生了影响。然而，存在相当多的网民，发表的观点和评论缺少理智，主要以个人的情感宣泄为主。“中兴事件”伊始，网民都在讨论“芯片”，还夹杂着其他关键词，如“两弹一星”“自力更生”“美帝”“汉奸”等等，网络舆情非常混乱，基本失控，借助事件本身发泄情绪成为了舆论主流。

③网络舆论主体呈现低龄化趋势。据中国互联网络信息中心统计，中国25岁以下的网民占网民总人数的一半以上，其中18岁以下的未成年人占网民总人数近20%。在网民的职业构成中，学生仍然是网民主体，所占比例高达32.4%，学生网民的比例和之前相比有所上升。由于年龄和阅历等不同的原因，很多年轻人的思想和观念还不成熟，其约束自身言行的能力相对较弱，对“中兴事件”的看法容易只停留在表面现象，而看不到本质，更容易受到网上一些负面舆论所影响。

(3)网络舆论治理和引导的难点：

客观讲，把握网络舆论规律的能力，对有效引导网络舆论、治理网络环境构成了制约。除了主观原因，网络舆论引导的规律难以把握，至少还有三个客观因素：

①氛围因素。大众媒体营造的舆论从来没有今天这样受到种种“氛围”的直接影响。网络舆论不仅仅是由“意见”构成的，网络氛围本身就成为网络舆论的一部分，同时网络氛围和社会氛围都对网络舆论的生成产生直接影响。

②技术因素。几乎每一项网络新技术和新运用，都能派生出新的传播形态。从 Web1.0 到 Web2.0，特别是博客、播客、微博客、社交型网络等新运用，使舆论生成的空间和规模呈几何级膨胀，也使舆论生成的自由度前所未有。

③媒介融合因素。各类媒介都朝着数字化方向融合到互联网的大平台上。传统媒体、网络媒体以及受众之间的互动加快，相互作用、相互影响，使得舆论生成的因素和过程多元多变。

通过此次“中兴事件”可以看出，当前我国的网络舆论引导还存在很大问题，网络舆情的监督、引导与管理，是社会治理现代化的重要内容，既要战略上重视，还要战术上精益求精。唯此，方能使得社会各层人士减少无济于事的恐慌与担心，减少情绪化的抱怨与争论，利于社会的安定团结、和谐发展。

8. 从互联网和移动媒体语境，分析我国舆论场域的发展现状、存在的问题及对策建议。（上海大学 2016 年研）

答：随着互联网新媒体的出现与发展，人们的沟通习惯和行为方式被改变，人类社会的权力结构和文化生态也被重塑。因为互联网技术的迅猛发展，我国的舆论场域在传媒新语境下发生巨大变化。

（1）中国舆论场域的发展现状：

①网络新媒体为普通民众提供了一个自由讨论的公共话语平台，扩大了民众参与公共事务的关注范围和意见交流的公共空间。新华社前总编辑南振中认为，在现实生活中实际存在着两个“舆论场”：一个是老百姓的“口头舆论场”；一个是新闻媒体着力营造的舆论场。在当前的“新媒体格局”中，微博和主流媒体分别是这两个舆论场的代表性媒介。

②随着互联网全面进入移动互联时代，以微博、（微）视频、微信、客户端为代表的“三微一端”成为中国网络舆论的新战场。微信公众账号影响力的扩大，聚焦于垂直领域的私人化、平民化、广泛化、自主化传播的“自媒体”正逐渐取代微博大 V，被赋予新的民间舆论场话语权。

③当局言论管控常常以过后解救为主，这形成了我国言论场近况的凌乱，凸显了言论场的负面效应，增长了社会不稳固成分。新媒体的产生与繁荣，必然导致舆论格局的新变化，以传统主流媒体为主导的舆论格局被打破，网络舆论场因其自由平等对话、及时反馈，可以快速聚集民意，形成草根民众之前所不具备的巨大影响力，发挥越来越大的作用。

（2）中国舆论场域存在的问题：

①“主流媒体舆论场”。在中国，“主流媒体舆论场”使用的媒介基本上是传统大众媒体，其新闻议程的设置和舆论的偏向都控制在掌握大众传媒资源的“把关人”手里，整个舆论传播模式是单向的，受众缺乏反馈发声的机会。官方舆论关注的是宏观的社会效应，传递的是主流文化和核心价值观，服务的是最广大的人民，但在舆论宣传时往往采用“把关人”过滤和单维度的线性传播方式，所用语言也多是格式化的官方语言，大部分公众的意见较难通过主流传媒得到及时、有效的反映，无论是态度立场还是话语方式，往往都给公众以乏味、不接地气的印象。

②“民间舆论场”。“民间舆论场”以互联网新媒体为代表，具有双向通道，是“所有人对所有人的传播”，传播者和受众互为主客体且拥有更强大的参与能力。由于它具有把分散

的人群重聚起来的巨大作用，因而即使是日常生活中的某一个具体问题，也可能会被不断放大，形成超出预期的舆论影响力。中国互联网的成长不过短短一代人时光，且后天缺乏，党管媒体仍处在摸索阶段。两个舆论场域融会不敷，媒体失范现象多发、频发，舆论场中戾气多余，这些问题成为中国舆论场域存在的潜在危机。

(3)应对舆论场上述问题的措施：

目前，我国正处于社会转型期，面对各种矛盾和突发性灾害事件，人们更加需要成熟的社会舆论和正确的舆论导向。媒介的选择带有自然放大某种意见倾向、设置议题的功能，直接影响舆论的发展方向，打通官方与民间两个舆论场显得更加重要。

①传统媒体要积极和新媒体形成联动。在新的传播环境下，传统媒体应当在新闻发布方面抢占各媒体先机；刷新传统媒体的新闻价值观念，更加注重时效性、冲突性和趣味性；还要弘扬社会主义核心价值观。

②媒体的议程设置须与网络舆情互动。在自媒体、社交媒体时代，受众想什么和怎么想，都不再单纯依赖媒体设定的设置。在这种情况下，媒体微博的议程设置就有必要寻找微博舆论的“最大公约数”，更多地通过舆论热点和媒体与受众的多维互动设置报道议程。

③改进话语方式。传统主流媒体应更注重以民众的视角，民众喜闻乐见的方式报道新闻，打破严肃刻板的印象；网络新媒体则要注意语言的规范性，网络流行语不能滥用。当局作为社会治理者，必须试图破解媒体迷惑困境，积极构建良好的舆论生态。

9. 当今社会舆论的特点和问题。(中国政法 2016 年研)

答：(1)社会舆论的定义：

社会舆论，简称“舆论”。它实质上是对社会存在的反映，是众人对普遍关注的社会事件或社会问题公开表达的一致意见，或者说是信息沟通后的一种共鸣，从中反映了公众的知识水平、道德水平、价值取向、需要和期望。社会舆论包括自上而下的舆论和自下而上的舆论两种。

中外学者普遍认为，社会舆论的内涵就是在一定社会范围内的占据优势的“公众意见”。社会舆论由 3 个基本要素构成：公众、问题、意见。

(2)当今社会舆论的特点：

①舆论主体涵盖各个阶层。随着网络媒体的发展与普及，社会普通民众可以借助网络论坛、QQ、博客、微博等新媒体平台对所关心的社会问题直接发表意见。不论男女老少，只要会使用互联网和新媒体，有言论表达意愿，就可以在法律约束范围内自由发言。

②舆论具有强大的影响力。社会舆论反映民情，当人们对某一件事情表达不满时，形成的舆论压力具有强大的力量，使得相关部门不敢忽视。例如 2016 年 4 月的“女孩和颐酒店遇袭”事件，受害者在遇到酒店方面的漠视和警方的不公平对待后，将自己的遭遇过程写成文章发布到微博上，在短时间内便引发了网民强烈的关注，形成了巨大的社会舆论压力，促使警方迅速破案、抓获犯罪嫌疑人，如家集团也被迫向当事人公开道歉。

③舆论议题聚焦民生热点。当前我国社会正处在转型期，社会舆论的关切点主要集中在贫富差距、社会公正、生存环境等方面。根据舆情研究机构的分析，在 2014 年全国两会期间，“养老金并轨”“雾霾”“食品安全”“反贪惩腐”“基层公务员涨薪”“医患关系”“GDP 增长”等话题成为舆论关注焦点。

④舆论表达呈现多元化。如今，社会大众已不再是“沉默的多数”，而是踊跃发表自己的意见。2014 年两会期间，多家媒体都推出了民意调查与热点讨论，总体特点是观点呈现多元化。每个人看问题的角度不同、实践经历不同，必然会抱有不同的观点，多元化的观点讨论是社会民主化的重要标志，只有经过充分的“观点交锋”，才能达成真正的社会共识。

⑤网络媒体成为集合大众舆论的主渠道。随着网络技术的发展，各种新媒体形态不断涌现，网民人数不断增加，网络媒体已发展成为社会主流媒体。网络媒体具有交互性和草根性，传播速度快、传播范围广，独特的传播优势使其成为基层民众进行舆论表达的主要渠道。

⑥传统媒体的舆论引导作用依旧强大。当今社会，网络媒体的冲击使得传统媒体在设置议题方面的作用有所减弱，但是传统媒体仍可以充分利用新闻评论、深度报道上的优势，或者借助互联网和新媒体平台发布消息，在长久以来建立的公信力下发挥良好的舆论引导作用。

(3)当今社会舆论的问题：

①舆论主体的网上“强参与”和现实“弱行动”并存。由于互联网环境的相对言论自由，公众对热点议题的关注热情大大增强，但是线上参与性和线下能动性并不总是完全对等，在某些重要话题讨论中会出现“网上一呼百应，网下无人到场”的尴尬局面。

②舆论焦点容易转移，关注热情转瞬即逝。在一些突发事件上，刚开始时人们总是非常关注，形成巨大的话题热度和舆论力量，但是网民的热情往往持续不到几天就会消逝，如果产生了其他新的事件，人们的关注热度就会马上转移，容易产生“审美疲劳”和“喜新厌旧”的现象，每一天都会有新的热点事件、热搜话题。

③舆论表达容易情绪化，缺乏理性。社会舆论的形成往往伴随着民众强烈的感情色彩，以至于人们在舆论表达的时候容易情绪化，甚至丧失理性，以至于会出现语言暴力、人身攻击、群体极化、网络围攻等不良现象。

④虚假消息和谣言盛行，导致信息真假难辨。公众不像媒体可以对消息来源进行考证，舆论的产生、持续、消逝是一个过程，在这个过程中会很容易出现虚假消息，导致谣言盛行，不利于真实信息的传递。这就需要新闻媒体和网络管理者承担起“把关人”的角色，净化舆论环境。

10. 结合实际，论述受众对媒介活动进行社会监督控制的方式类型、作用以及意义。(湖南大学 2019 年研)

答：(1)受众行使社会监督控制的方式类型：

受众对媒介活动进行社会监督控制的手段可以分为四种，具体参见本章简答题第 11 题答案。

(2)受众行使社会监督控制的作用以及意义：

①维护受众的个人利益。当社会出现一些不良行径、不顾人民利益的现象时，受众也可以通过对媒介的社会监督功能，将事实曝光于众，施以批判和谴责，并带动其他人对这些事件进行关注、议论及反对。

②制约权力。社会监督之所以具有强大的威力，主要是因为它的公开、广泛传播，往往会在社会上产生强大的心理震慑力，从而给被批评的当事人造成道德方面的谴责。最近

几年，我国查处诸多领导干部的腐败、违纪违法行为，但很多中小媒介因为对政治话题的回避和畏惧，可能会对一些以权谋私的行为进行选择性报道或是隐藏。但在受众的媒介社会监督下，被监督者的一举一动都在众目睽睽、众口评说之下，由此形成的压力必然迫使不少人悬崖勒马、幡然醒悟。

③维护社会风气与公正。通过对媒介的监督，人们可以监视社会文化发展的走向，批评低俗文化，摒弃文化发展的糟粕，为社会发展创设健康的文化环境。与此同时，媒介中仍报道着很多属于道德范畴的是非问题和丑恶现象，这些问题的存在，在这种情况下，就特别需要发挥“道德法庭”的作用。将不良的社会道德行为公之于众，予以揭露谴责，形成道义上的舆论压力，使之受迫于社会舆论，有助于社会风气。

11. 诺依曼的舆论观/舆论传播对社会治理的作用。（暨南大学 2019 年研）

答：（1）诺依曼的舆论观：

在“沉默的螺旋”理论中，舆论是“公开的意见”。诺依曼认为，只有那些“被认为是多数人共有的、能够在公开场合公开表明”的意见才能成为舆论。“沉默的螺旋”理论强调的是舆论的社会控制功能。

诺依曼认为，大众传播通过营造“意见环境”来影响和制约舆论，舆论的形成不是社会公众的“理性讨论”的结果，而是“意见环境”的压力作用于人们惧怕孤立的心理，强制人们对“优势意见”采取趋同行动这一非合理过程的产物。

根据诺依曼的观点，在现代社会，人们判断周围意见分布状况（意见环境）的主要信息源有两个：一是所处的社会群体，二是大众传播。在超出人们直接感知范围的问题上，大众传播的影响尤其强大。

舆论在双重意义上是“我们的社会皮肤”。它是个人感知社会“意见气候”的变化、调整自己的环境适应行为的“皮肤”；舆论在维持社会整合方面起着重要作用，就像作为“容器”的皮肤一样，防止由于意见过度分裂而引起社会解体。

此外，诺依曼认为有三种因素使得当代大众传播对舆论有强大影响力：

①多数传媒的报道内容具有高度的类似性（产生“共鸣效果”）；

②同类信息的传达活动在时间上具有持续性和重复性（产生“累积效果”）；

③媒介信息的抵达范围具有空前的广泛性（产生“遍在效果”）。

（2）舆论传播对社会治理的作用：

在社会治理时，要注意发挥大众传播的舆论引导功能，在社会群体中尽快形成多数意见。

①有利于构建信息对称社会。在现代社会中，舆情与媒体有着很大关系，它能够影响到社会治理工作的开展。为防止政府与民间信息不一致情况的出现，就要重视媒体的作用，做好信息对称建设，提供必要的决策参考，强化信息保障，这是做好社会治理的有效方式。在舆情的作用下，不仅有利于意见的宣传，还可以做好舆论引导，为社会治理提供必要力量。

此外，做好舆论传播工作，还能为社会正常运行提供保障。舆论所表现的是社会多数意见，要促进社会治理，就要重视舆情的作用，提高大众对政府工作的支持度。

②有利于体现民主法治社会。我国正处于社会主义和谐社会建设时期，做好舆论传播

工作有利于民主法治社会建设。目前，我国法律法规尚不够完善，在实际利用中容易存在问题。针对这种情况，就需要通过舆情为社会治理增添动力。舆论是“公开的意见”，掌握了舆情就等于掌握了显性群众心理，可以了解社会状况和民众想法，加强社会互动，促进社会治理工作有效开展。因此，要切实做好舆情工作，及时搜集社情民意，分析研判舆情态势，正确开展处置工作，发挥民众监督作用，为社会发展添砖加瓦。

12. 如何看待非职业人员通过拍摄视频的方式进行舆论监督？UGC、PGC、PUGC 对新闻生产的影响？（中传 2019 年研）

答：非职业人员，是一种有别于专业新闻记者的称谓，意思是非专业新闻机构的新闻传播者。当发生突发性事件时，非职业化人员拿起相机、手机等数字媒体录制下所见所闻，把拍摄到的画面、图片，采集到的线索、了解到的信息，编写成的文字稿件，向大众传播，有时能起到舆论监督的作用。

（1）非职业人员出现的原因：

①个人传播的公开化。非职业人员的出现是个人传播公开化的表现。近年来，网络博客和播客开始成为传播新闻的一种重要形式，哈贝马斯的“公共领域”理论指出，媒体应该成为各种言论的聚集地，成为一种公共的领域，来开启或者引导民智。

②现代科技的进步。互联网的崛起、扩展了舆论监督的范围，增大了舆论监督的影响力。笔记本电脑、手机、蓝牙适配器、数码相机和摄像机等为非职业人员提供了技术支持。由于互联网的“共享性”特征，实现传播效果最大化。

③公众知晓权意识的提升。知晓权理论是新闻自由的新理论形态，实际上是宪法赋予公民的权力，具有充分的法理依据。随着社会的进步和现代科学技术的发展，公民的知晓权意识不断提升。因此，非职业人员可以参与新闻信息的采集，并通过一定的媒介渠道将信息传播给公众。

（2）对于非职业人员通过拍摄视频的方式进行舆论监督的看法：

①一定程度上有利于进行舆论监督。这些非职业化人员的个人身份，通过拍摄视频进行记录，第一时间将信息传播给大众，可以摆脱很多过滤器的控制（例如摆脱商业的压力），发出独立的声音，逐步接近真相，进行舆论监督。

②这种舆论监督的方式也有其局限性。

a. 片面性。非职业人员由于其自身身份的局限，不能和职业记者同样享有采访权、报道权和批评权，直接导致他们拍摄的视频有相当大的片面性，最终使舆论监督走向偏激。

b. 素质差异和非专业性。他们绝大多数是没有接受过新闻传播学教育和训练的人，缺乏应有的媒介素养。目前非职业人员拍摄视频往往只能做到“曝光”，但舆论监督不能不顾及导向，不是以“曝光”为唯一目的。这一做法与媒体舆论监督的方式不相符合。

c. 易走向低俗化。目前，部分非职业人员拍摄视频来进行舆论监督的方式已经出现了向拍摄暴力、凶杀、欺诈与色情视频发展的趋势。出于吸引眼球、提高点击率的目的，某些非职业化记者所报的内容往往流于低级，甚至明明是无聊空洞的内容但他们却用“爆炸性”的、耸人听闻的标题来吸引公众的注意力——例如所谓的“标题党”。

（3）UGC、PGC、PUGC 对新闻生产的影响：

UGC（User Generated Content），即用户生产内容，是指在互联网技术下用户自行采集、生产、发布信息的一种方式。

PGC(Professionally Generated Content)专业生产内容，经由传统广电业者按照几乎与电视节目无异的方式进行制作，但在内容的传播层面，却必须按照互联网的传播特性进行调整。

PUGC(Professional User Generated Content)，即专业用户生产内容，是UGC和PGC结合的内容生产模式，如喜马拉雅FM。

这三种内容生产模式对新闻生产的影响有：

①新闻工作者角度——从专业工作者转向普通公民。传统新闻生产过程中，发挥主导作用的是具有高水平的专业知识和精湛的业务能力的新闻工作者。UGC、PGC、PUGC下，进行信息整理收集，编纂传发的是普通大众，他们利用新媒体平台自由表达意见，互动交流。当前的微博较多内容便是UGC，网民通过写博客，转帖跟评等方式引导公民意见。

②新闻内容角度——由权威发布转向贴近民众生活。传统新闻媒体所发布的信息往往受到国家和政府的规制，需经过严格把关后才能刊发。UGC、PGC、PUGC的新闻因其发布者是普通公民，故其发布的多是契合民众息息相关的日常生活。

③新闻发布角度——由烦琐高成本转向便捷廉价。新闻生产对于传统媒体而言，是一系列复杂的过程，中间需要多个部门协同合作方可完成。相比之下这三种形式则较为便捷，其凭借互联网数据化、信息化、精准化等特点，收集素材、制作信息、传至受众这一系列过程极为简便。同时也省去财力物力等方面的消耗，这也是现今媒介新闻生产领域的一大发展前景。

UGC、PGC、PUGC对新闻生产无疑是有着较大的有利影响的，但是在这些优势之下，其带来的失实信息、“三俗”信息以及产生的媒介暴力等不良后果也应引起关注，不应拒绝技术的发展，不应抵制传媒的进步，而应为提供良好的媒介生态环境作出努力。

13. 谈谈你对“两个舆论场”的理解。(山东师大2016年研)

答：(1)舆论场的定义：

具体参见本章概念题第3题答案。

(2)官方舆论场与民间舆论场的形成机制：

具体参见本章简答题第15题答案。

(3)官方舆论场和民间舆论场形成的原因：

具体参见本章简答题第15题答案。

14. 在新媒体或者网络媒体语境下，如何打通“两个舆论场”？(复旦大学2017年研)

答：(1)“两个舆论场”：

具体参见本章概念题第3题、第4题、第5题答案。

(2)新媒体语境下打通“两个舆论场”的方法：

①增强网络舆论引导的“时度效”理念。在新媒体语境下，必须适应新兴媒体平等交流、互动传播的特点，树立用户观念，改变过去媒体单向传播、受众被动接受的方式，注重用户体验，满足多样化、个性化的信息需求。树立抢占先机的意识，高度重视首创首发首播，充分挖掘和整合信息资源，在信息传播中占据主动、赢得优势。尤其是加强与网络意见领袖之间的沟通，从意见领袖群体中把握社会问题和民众诉求，主动利用新兴媒体渠道与公众对话，培养体制内的网络意见领袖。自觉更新传播观念，学习新的传播技术，不断提炼

与网络环境和网民认知特点相适应的传播艺术，让新闻专业精神成为互联网纷乱信息的过滤器、国民心态的压舱石，构建稳定、开放、包容、理性的多维公共舆论空间。

②官方舆论场放低姿态，参与和引导民间舆论场。官方舆论场要正视两种舆论场域存在的客观现实，走出官方舆论场高高在上的误区，积极面对民间舆论场，主动放低姿态，和民间舆论场“平起平坐”，这样才能发现民间舆论场的躁动所在。同时要改变官媒的报道方式和叙述模式，从“高、大、空”的桎梏中走出来，响应“三贴近”的话语表达模式，建立两个舆论场的交流制度，让姿态跟随民间，成为话语一体的舆论表达平台。

③民间舆论场放平心态，理性对待官方舆论场。互联网舆论场上充斥的调侃的话语、讥讽的段子、愤怒的心情、虚假的传言、恶搞的流行话语等折射出民间舆论场的非理性心态。同时，“公民记者”的“报道”常呈现出一种“罗宾汉情结”，即极喜欢扶弱抑强，不辨事件本身的是非曲直，只诉诸头脑中“刻板印象”的善恶。因此要实现两个舆论场的融合，民间舆论场必须放平心态，理性看待官方舆论场。要加强民间舆论场的媒介素养教育，加强意见领袖的参与和领导，加强民间舆论场的自律。只有在理性的心态中，民间舆论场才能正视官方舆论场的所言所行，促进两个舆论场的话语融合。

④两个舆论场共同进行议程设置，促进话题共振。引导两个舆论场同时进行议程设置，可以针对同一个社会现象进行报道，在舆论导向和目的上保持一致，让受众在议程设置中及时摒弃谣言，体现客观的社会现实。民间舆论场传播者众多，人人都可以通过社会化媒体表达自己的所闻所感，打破了官媒控制下的舆论格局，并且能够以其产生的强大社会舆论力量反过来影响官方媒体的议程设置，这就形成了民间舆论场引导、官方舆论场跟进的议程设置态势。如微博议程设置的网络反腐，多是由民间舆论场挖掘，官方舆论场进行跟进报道；一些社会公益活动，如“随手拍解救乞讨儿童”以及“免费午餐”等，都是民间舆论场进行引导，官方媒体跟踪报道，最终实现两个舆论场的话语融合。

⑤两个舆论场进行媒介融合，促进舆论融合。两个舆论场进行媒介融合，一方面是官方舆论场利用新媒介的优势，参与和引导民间舆论场，另一个方面是民间舆论场利用新媒体将民情民意传达到官方舆论场中，促进两个舆论场的话语融合。官方舆论场要利用新媒介形式，深入到民间舆论场中，加强与民间舆论场中新媒介形式的融合；民间舆论场也可以经由官方舆论场的网络版深入进行话题渗透，引起官方舆论场的注意，形成共同舆论，促进舆论场的最大融合度。

15. 微信舆论场的特点以及微信治理措施评价。（中山大学 2019 年研）

答：（1）微信舆论场的特点：

相较互联网其他场域，微信私密化、移动化、便捷化的传播特点决定了不可能直接生成舆论，而是借助圈子议题小范围内产生意见并扩散传播，多元聚合后形成微信舆论场间接并隐含式推动舆情的产生与发展。

①间接推动舆情，形成“舆论暗潮”。

a. “公众”“多数”和“共同”是舆论意见形成的前提，微信是极为尊重个人隐私的社交媒体，个人微信圈的私密性和不公开性无法上升到“公众”级别，即使到达“公众”级别，也不会像微博或论坛转帖一样公开量化出转载数量。

b. 从推动舆情发展的众多节点间的构成关系看，很多个异构微信圈子的时刻生成和交叉勾连形成共同意见的时空环境，表面却看似不相联系，即使形成“多数力量”，传播节点对自己在“多数力量”中的地位和程度却无法自知。微信舆情并没有微博舆情“井喷”式的强烈外化，更趋向于“窃窃私语”式的暗潮涌动。

②“强关系”结合“弱关系”，用户广泛参与。微信是紧密型人际情报网络，成员之间的联系密切，信息度高，信息扩散的程度高，影响力大。美国社会学家马克·格拉诺维特将社会网络中的广泛社交与深度社交划分为“强关系”“弱关系”两类，微信既不同于微博虚拟性强、陌生人居多的“弱连接”，又不同于手机通讯录的“强连接”。手机通讯录与微信用户的相互转换实现了“真实身份”“真实自我”前提下的“强关系”，QQ 通讯录自动转换、“摇一摇”等多点定位查找用户又满足了网络社会“虚拟自我构建”的“弱关系”。此外，微信基于社交前提的使用预设增强了用户粘性，带来了使用者的广泛参与。

③议题中心化，冗余信息逐级递减。网络的发展让虚拟社交圈群进一步分化成诸如职业、性别等具有共同兴趣、相同取向的小众圈子，微信的圈群特性实现了传播对象的“私人定制”，给传受双方宽泛自由的关系选择。根据“弱连接理论”，社会网络中广泛社交互补交往形成的“弱关系”，往往比高度互动的亲密关系形成的“强关系”更具有影响力。熟人间的“强连接”在信息扩散传播上往往因话题相似导致信息冗余，而关系不足以到私密的“弱连接”却因为信息源头的差异性获得广泛传播效果。

④闭合性网络，深远影响用户行为。网络闭合理论认为，网络密度与网络效果相关，闭合性网络有利于形成有影响力的规则，并且导致信任的产生，网络中心度越高，对中心人物的依赖越严重。“去匿名化”的微信舆论场促使传者在相对闭合的传播空间回归个人特质，并提高了受者的信息接受程度，深远影响受众行为。

微信舆论场中传者个人特质的回归主观上源于“真我”场域里的品位、教养、身份的塑造及传递，对参与传播每条信息的真实性、价值和效果进行自发评估，并追加“评论”传递强烈的个人态度。此外，微信单线式传播链最大限度地避免了信息的损耗和衰减，传者个人倾向、态度意见等量传递，实现精准的投放效率和深远广泛的受众认同。

(2)微信治理措施评价：

①增强主流媒体微信公共号的议程设置能力。议程设置，是指大众传播尽管不能左右或者控制人们对某一事件或意见的观点或看法，但在大多数情况下，能有效地左右人们关注哪些事实和意见，并能影响他们谈论的先后顺序，这个可以通过有意识地在纸媒的不同版面和广电媒体的不同时段提供相关的信息和安排相关的议题等得以实现。

以往的议程设置更多的是通过传统媒体来完成，但在新媒体环境下，受众更多的是通过手机接收信息，因此主流媒体或者政府可以通过打造微信矩阵的方式，彼此配合，充分利用“三微一端”的优势来完成议程设置。

例如“人民日报”的微信公众号的固定栏目“新闻”，该栏目的创新之处是使用了“音频 + 文本”的推送模式。音频的优势在于在忙碌的情况下，在不读文本的情况下也能接收新闻，体现了音频新闻“伴随性”的优势。

通过类似的做法，可以充分发挥微信公众号信息传播速度快的特点，优先发布重大、权威的消息，从而在舆论场中占据先发优势。

②加强微信谣言预警体系建设。微信的兴起让谣言的传播有了便捷的通道，尤其是在

突发事件中，微信谣言更是起到推波助澜的负面作用。很多小事件在微信谣言的推动下呈恶性化、扩大化发展，进而演变成重大公共危机事件。因此，从有效应对公共危机事件的角度出发，强化谣言的监测和预警，推进微信谣言的预警预防体系建设就成为应有之义。

除此之外，可以培育意见领袖对舆论进行引导。意见领袖是指在二级传播中扮演重要角色的“活跃分子”，包括提供信息或者发表观点来对他人施加影响，从而在舆论形成过程中起到中介或过滤作用。

微信独有的传播机制决定了微信舆论场的复杂性，对相应的舆论引导提出了挑战。因此，在强调主流媒体的引导之外，还需要不断增强微信用户的媒介素养，从而依靠用户自身的力量净化网络舆论场。

16. 批评报道与坚持正确舆论导向的关系。（南京师大2019年研）

相关试题：论述坚持“正面报道”和舆论监督之间的关系。（北京大学2020年研）

答：“新闻舆论导向”是新时期我国新闻工作者从新闻实践中提炼出来的新闻学研究课题。利用批评报道进行舆论监督要把握好正确的导向，必须使批评报道真正体现党和人民的意志，以解决问题，促进稳定为准则；必须正确处理批评报道与正面报道的关系，破是手段、立是目的；必须发挥中国共产党的领导优势，让舆论影响变成社会的行动力量。

（1）坚持正确舆论导向，需要做好批评性报道。所谓“做好”，就是要处理好“正面”与“负面”的内在关系，在意识上把握“舆论监督和正面宣传是统一的”的重要理念。同正面宣传一样，批评性报道也要讲标准，讲原则。习总书记指出，新闻媒体要直面工作中存在的问题，直面社会丑恶现象，激浊扬清、针砭时弊，同时发表批评性报道要事实准确、分析客观。总书记讲的批评性报道，在于发挥舆论监督作用，通过“激浊扬清、针砭时弊”，解决工作中存在的问题，而不是“别有用心”地故意找茬或者“跟谁过不去”，其价值在于是否能推动和改进工作。

（2）舆论监督也是正面报道。

①2013年1月1日，《人民日报》发布微博称“将努力说真话、写实情，让文章言之有物、言之有理、言之有情”，1月3日则将在头版引文导读中引出了对于南吕梁山隧道事故瞒报的“批评性报道”，“批评性报道”能登上《人民日报》头版，一时引发网友热议。其实，这就是正确运用舆论监督，坚持正确舆论导向理念之下的生动体现。这样贴近地气的报道，做到了“事实准确、分析客观”，也起到了“激浊扬清、针砭时弊”的作用，因而让公众读起来感到亲切，接受起来容易，不知不觉中就达到了润物无声的效果。

②2015年9月14日，由四川省委常委、省纪委书记王雁飞提议的“落实中央八项规定精神媒体恳谈会”召开。会上，王雁飞直言，“感觉媒体的思想还不够开放，因为4个月了，批评报道一篇也没见到”，并表示欢迎媒体加强舆论监督。落实中央八项规定精神，需要直面存在的问题，需要强化舆论监督，在揭露问题中促进整改。从这个角度讲，“4个月批评报道一篇也没见到”的确不正常，因为在落实中央八项规定上，不可能一点问题也不存在。不直面问题不等于没有问题，而“感觉媒体的思想还不够开放”，实质上是对这种不正常舆论监督的批评，反证舆论监督也是正面报道。

（3）坚持正确舆论导向，不是排斥批评性宣传。强调主旋律不是说只大唱赞歌，连正常的批评也没有了。执政党和政府要依靠舆论监督改进工作，“发表批评性报道要事实准确、分析客观”是衡量批评性报道的尺子。所以，一方面，党员干部要以“闻过则喜”的态度全力支持舆论监督，一方面，媒体也要善用、慎用舆论监督权。把舆论监督的出发点放在是否能推动和改进政府的工作上，是检验舆论监督是否正确的重要标准，只有这样，才会让做好批评性报道也是正确舆论导向成为共识。

17. 论述正确的舆论导向的内涵、意义、策略。（广外2018年研）

答：舆论导向是指对舆论流动方向的把握和引导。对社会主义新闻事业来说，“舆论导向”就是要运用各种新闻舆论形式和手段，把握和控制好社会舆论的方向，并努力将其引导到符合于党的纲领、路线、方针、政策和理论、策略的方向上来，引导到符合于广大人民群众根本利益的方向上来，引导到有利于经济发展、社会进步、民族团结和国家稳定的方向上来。

(1)正确舆论导向的内涵。“舆论导向”，亦称“以正确的舆论引导人”“坚持正确的舆论方向”。所谓“正确的舆论”，简言之，即内容及表达方式正确的舆论，它既涉及舆论的政治方向问题，也涉及舆论话题的时机选择和舆论强度的程度把握问题。

①舆论的政治方向要正确。舆论所代表的方向要符合社会生产力的发展要求，符合先进文化的前进方向，符合广大人民群众的根本利益。因为只有这样的舆论才代表着正确的政治方向，才能称得上“正确的舆论”。

②舆论的话题要适时。新闻报道所选择的舆论话题要符合当前社会主流思想，要适应当前社会现实需要，即要“恰逢其时”。一个舆论话题是否正确，会受到一定时空的限制。只有合乎时宜和时机，舆论传播才能“恰到好处”，才能真正起到社会引导作用，真正解决当前的实际问题。

③舆论的强度要适中。媒体舆论传播的强度要恰当、适度，既不可太强，也不能太弱。如果过强，可能会超出社会与民众的承受能力，产生适得其反的负面效果；而如果太弱，又可能会使本来希望引起社会关注，争取民众支持的舆论形不成声势，造不成影响，以至于自生自灭，销声匿迹，达不到预期的导向效果。

(2)坚持正确舆论导向的意义：

①有助于促进社会主义和谐社会建设。新闻传媒作为一种帮助人们及时、准确地获知各种新闻信息的信息媒介，作为一种帮助处在一定社会关系中的人们相互交换知识和意见的“精神交往”手段，作为一种通过话语议程设置营造和谐舆论环境的舆论引导手段，可以在促进社会和谐、构建社会主义和谐社会中发挥独特的功能和作用。

②有助于提高党的执政能力。在现代社会，一个缺乏舆论导向能力的执政者，是无法有效运用舆论手段顺利执掌政权的，也算不上是一个合格的执政者。从党和国家事业发展的战略高度，从加强党的执政能力建设的角度出发，只有“牢牢把握舆论导向，正确引导社会舆论”，能够营造出良好的执政环境和舆论环境，才能体现出执政者的执政能力和执政水平。

③有助于提升国家的“软实力”。通常情况下，一个国家可以通过各种信息传播和舆论引导手段，不间断地向世界展示自己的文化传统、价值观念、政治理念和方针政策等。而只有当这个国家所传播的这些信息被国际社会认为合情、合理、真实、可信时，这个国家在世界舆论中才有可能产生并不断提高自己的影响力，其“软实力”也才有可能发挥作用并

随之不断增强。

④有助于提升我国新闻传播的整体水平。缺乏舆论引导能力，会使得一些新闻工作者在形势发生变化、百姓众说纷纭、各种舆论蜂起之时，往往心中无数、方向不明。他们不能及时地做出正确的判断，果断地抓住有利的时机，有效地控制舆论的方向，结果导致正确的舆论得不到迅速传播，无法形成主导性舆论，而错误的舆论也得不到有效抑制，反而得以蔓延扩散，导致破坏性后果。所以，增强舆论引导能力有助于提升我国新闻传播的整体水平，更好地完成党和人民赋予的新闻报道和舆论宣传任务。

(3)坚持正确舆论导向的策略和方法：

①围绕党和政府工作中心，把握舆论引导正确方向。我国新闻媒介须坚持统筹国内国际两个方面，加强内宣与外宣的协调配合，构建覆盖广泛、技术先进的现代传播体系，努力形成与我国经济社会发展水平和国际地位相适应的国际传播能力，争取话语权，扩大国际影响力，为我国社会主义现代化事业营造良好的国际舆论环境，这样才能在国际舆论传播中把握正确的方向，赢得积极的效果。

②弘扬主旋律，让主流舆论发挥主导作用。“主流舆论”是指那些能够代表主流人群的思想主张和情感意志的舆论，这是一种积极、进步、建设性的正向舆论。新闻媒介要从舆论导向的角度积极开展新闻批评，大力弘扬社会正气，无情鞭笞邪恶丑行，坚决抑制错误舆论，以促使社会舆论形成强大的健康主流。

③掌握舆论生成规律，有效化解舆论危机。“舆论危机”是指由于不利舆论占据舆论场中心地位而使舆论指向者处于困难关头的现象。要避免和防止出现舆论危机，须处理好以下几个问题：扩大开放言路；做好舆论疏通；实现主动引导。

④整合媒介资源，形成舆论引导整体优势。各级各类新闻媒体应当通过资源整合，加强协调配合，实现互动合作，以发挥整体优势，更好地完成党和人民赋予的新闻宣传和舆论导向任务。当前尤其要注意整合传统媒体、都市类媒体和网络媒体，在媒介融合上多下功夫，发挥各类媒体的优势，同时通过整合，形成合力，共同完成舆论导向的任务。新闻媒介在新闻宣传和舆论导向上的协调与合作形式多种多样，也要注意与发挥不同媒体各自的风格和特色相结合，积极鼓励各家媒体在实现共同任务和目标的同时，不断创新，形成和突出自己的报道风格与宣传特色。

⑤掌握引导技巧，提高引导水平。其一，依靠事实的内在力量为正确舆论提供有力依据，依靠雄辩的事实对错误的舆论进行有力的揭露和批判。其二，新闻媒体在舆论导向过程中要注意保持舆论平衡，维持舆论常态，防止舆论传播的大起大落。其三，新闻媒介要注意树立“精品意识”，要多出新闻精品，多创新闻名牌，以优秀的新闻作品去鼓舞人、激励人。

18. 联系实际，谈谈新媒体的出现对传统新闻传统格局带来的影响，并阐述我们应该如何创新新闻宣传工作理念和方法。（山东师大 2017 年研）

相关试题：

(1)新媒体环境下，我国舆论格局发生了什么变化，试述主流媒体应该如何提高舆论引导能力。（山东师大 2018 年研）

(2)有人认为，在社会化媒体时代，在社会沟通和舆论引导方面，“动之以情”重于“晓

之以理”，你怎么看？（北京师大2018年研）

(3)请结合实际论述新媒体环境下的舆论引导问题。（中传2016年研）

(4)在新媒体时代，如何发挥传统媒体对舆论的引导力？（复旦大学2015年研）

(5)结合实例谈谈在当前的媒介环境下，新闻媒体如何正确引导舆论，营造良好的舆论环境？（华南理工2016年研）

答：新媒体作为近几年热议的话题，已经引起全社会的广泛关注。在新媒体环境下，我国舆论格局发生了较大变化，新闻宣传工作理念和方法也随之发生了改变。

(1)新媒体环境下我国舆论格局的变化：

具体参见本章简答题第22题答案。

(2)新媒体环境下主流媒体应提高舆论引导艺术。

①改变传统的舆论引导思维。新媒体环境下，主流媒体已不再是公众获取信息的唯一途径，主流媒体必须转变惯性思维，摒弃“唯我独尊”的固化思想，适时调整对热点事件尤其是对负面事件的报道姿态，积极主动介入，动态、客观、全面地发布事件信息。

②正确认识网络舆论自身的特性。互联网有虚拟性、隐蔽性、发散性、渗透性和随意性等特点。发端于网络上的舆论有着区别于传统舆论的特性，如意见主体自由而分散，传播渠道多元共生，网络内容散乱复杂等。正确引导网络舆论要认识到这些特性，并加以引导。

③建立网络舆情监测与引导机制。网上舆论热点的出现是有规律的，不少也是可以预测和把握的。建立健全网络舆情搜集、报送、分析判断机制非常重要，这样才能保证突发事件发生后，在最短时间内完成网络舆情汇集报送工作，第一时间掌握舆情，强化对舆论的有效引导。

④遵循新闻传播规律。在重大新闻事件、突发事件面前要做到报道全面、及时、准确、公正，以此增强主流媒体公信力，强化舆论影响力。近年来，新闻媒体报道重大的突发性事件日渐增多。这类事件涉及人民群众的切身利益，具有广泛的关注度和强烈的震撼力，有的报道敏感、复杂，直接影响社会安定。事实证明，广大群众在突发性事件面前，对主流新闻媒体的权威资讯有着特殊的依赖，主流媒体的报道往往会影响事件处理的效果。

⑤利用深度报道优势，提高自身的权威性。新媒体出现后，舆论格局发生重大变化，但新媒体传播也存在不少问题，比如谣言、网络暴力等问题屡禁不止。主流媒体利用深度报道的优势，对一些谣言进行深度调查，还原事实原貌，不仅可以止住谣言，且可以强化权威性，更好地引导社会舆论。

19. 以2014年的某一突发新闻事件为例，简要分析新闻媒体在突发性新闻中的舆论引导作用。（湘潭大学2015年研）

答：舆论引导是指新闻媒体劝服大众尊重、遵循、实行国家的法规、社会公德及政府的方针、政策，达成社会共识，形成共同行动。在突发性新闻中，新闻媒体舆论引导作用如下：

(1)可以维护社会稳定，防止流言的泛滥。在突发事件处置过程中，封锁信息是危险的，而谣言止于公开。媒体在进行危机传播时，要加强正面渠道信息传播的力度，不要让小道消息、谣言抢了先机、占了上风。媒体及时、准确、权威的信息播报可有效避免谣言的产生和传播，消除社会的恐慌。在灾难面前，大众媒体应当是保障社会稳定、民心安定的“稳压器”，调适社会各系统动态平衡的“协调器”，促进社会平稳发展的“推动器”。

做好处置突发事件的舆论引导，有助于人们减少各种猜测、传言和谣言，稳定人心；有助于使人们正确理解政府和有关部门为处置事件所采取的政策、措施，动员社会各方力量，使事件得到有效的控制和妥善处理。

（2）可以有效地发挥社会控制和社会调节的功能。

①新闻舆论是政府实现社会控制的有效工具之一。突发灾难发生后，政府对舆论进行控制就成为必然。《政府信息公开条例》已于2008年5月1日正式施行，汶川地震后国内各大媒体的新闻报道是一次媒体协助政府进行舆论引导和社会控制的成功实践，表明了我国政府在应对自然灾害方面已具有快速反应能力，能够及时掌握舆论的主动权。

②在马克思和恩格斯看来，报刊不仅“是社会舆论的产物，同样地，它也制造这种社会舆论”。这里所谓的“制造社会舆论”，就是指借助报刊传播，将一隅之地的舆论张扬为天下人尽知的舆论，“化私人利益为普遍利益”。突发事件发生后，借助传媒进行舆论引导，使全民的舆论统一到社会稳定和国家建设上来，已成为当今各国执政党的重要执政策略之一。

（3）可以树立和展示良好的国际形象。在抗击地震灾害中，中国政府反应迅速，应急处置及时而到位，得到国际社会的高度评价，这得益于媒体迅速出击、及时报道、用事实说话的传播策略，正面树立了中国政府、中国人民、中国媒体的良好形象，使西方媒体的一些鼓噪之音、猜测之言、攻击之词没有生存和传播的空间。许多国外媒体原原本本地引用中国媒体的信息，尤其是大量引用新华社发布的信息。电视直播的全景展示对地震信息的及时、公开报道，对稳定人心、鼓舞士气都发挥了重要作用。通过种方式，把真实的情况第一时间传播出去，体现了我国政治的开明程度以及新闻传播思维的成熟，树立了中华民族及中国执政党的良好形象。

（4）新闻事件：2014年“马航客机失联”事件中媒体的舆论引导——以人民日报为例。2014年9月3日3时24分，马来西亚航空公司官方网站公布马航MH370航班失去联系的消息以后，国内主流媒体的消息来源主要是马航官方声明、路透社、《纽约时报》，国内权威信息的发布很大程度上为西方所“引导”，信息传播被动。直到新华社记者采访了中国民航局空管局，证实航班确实失联，国内主流媒体才第一次完成消息源的突围。深度报道反映了媒体对于新闻事件的解读水平和思想见解，也是媒体的品质和视野的体现。人民日报报道“马航客机失联”事件过程中，在信息的持续追踪上做得很出色，自9月3日开始，每天都有至少一篇有关搜救进展、调查情况的最新报道，但是在背景透析、专家解读甚至是评论方面做得仍然不够。人民日报对“马航客机失联”事件的舆论引导策略多方位发布权威信息，创新对话机制。在头版头条刊登国家领导人对于“马航客机失联”事件做出的重要指示，在A02版刊登了相关搜救工作的详细报道。当日人民日报头版“今日谈”板块，刊登了“心手相连、祈福生命”的短篇文章，第一时间通过中央党报的平台回应了民众的情感诉求。在3日整天共发布78（总101）条相关微博，及时地更新信息，频繁与受众互动。面对巨大的信息需求，人民日报通过高密度的信息发布、整点信息汇总、多点“祈福”信息推送、法人微博深度分析的整合以及派驻前方记者突破消息源的局限等方式，实现了信息的海量融合。在搜救信息发布、民众悲痛心理安抚、辟谣等方面，微博的使用弥补了报纸在时效性、信息容量方面的缺陷，在报道形式和理念上开创了一种新的对话机制。借助微博，实现信息传播平衡。现在，我国舆论环境出现了新的变化，传统的单一舆论引导模式已经不能适应新的舆论生态，构筑多元、开放的话语空间已成为必然趋势。在此次“马航客机失联”事件中，微博传播的广泛性、分散性、即时性、互动性形成了“蒲公英”式的传播，最新搜救信息发布、实时辟谣等都是通过微博进行的，人民日报等主流媒体的舆论引导也通过民间话语机制来实现。

20. 有人说，在新媒体环境下，科学技术在舆论的引导方面起着重要的作用，所以拥有超高的科学技术就可以很好地引导舆论。对此观点进行辨析。（浙江大学2017年研）

答：提高媒体的舆论引导能力需要有底层思维，而技术进步对于扩大媒介传播的范围和提高媒介传播的效果具有很大的推动作用，因此科学技术的进步在舆论引导方面确实具有重要作用；但是，媒介的公信力才是舆论引导能力的决定性因素，因此不能说“拥有超高的科学技术就可以很好地引导舆论”，仅仅重视技术而忽视媒体自身公信力的建构是本末倒置的。

(1)技术是舆论引导的重要推动力量。

①根据施拉姆的选择或然率公式，选择或然率＝报偿的保证/费力程度，受众倾向于选择易用性媒介来满足自身的信息需求。媒介使用的便捷性促使受众能够有效接触媒介，使得传播的范围扩大。除此之外，技术的发展进一步使得传播内容的呈现更具生动性和易读性。从这两个维度上来说，技术是舆论引导的重要推动力量，主要影响受众的认知层面。例如，由于手机媒介的伴随性特征，使得网络信息能够充分渗透进受众的生活。从这个角度来看，媒体议程设置的功能有所加强。作用于受众的认知层面是影响受众态度与行为的基础与前提，是舆论引导的第一步。

②自媒体时代的舆论传播的态势不完全由言论内容本身决定，舆论的走向很大程度上取决于网络技术的应用和采纳。无论是微观上对于某一事件的舆论传播的路径或者自媒体用户行为的技术控制，还是宏观上舆论的网络传播策略的制定，都需要技术手段的支持。通过技术手段可以监测到舆论的传播路径、发展态势，也可以及时遏制不实信息的传播和扩散。技术的支持不但可以通过和专业的技术团队合作，也可以独立培养专业技术队伍。

(2)媒介公信力才是舆论引导力的决定性因素。

①透明度决定公信力。我国媒介组织遵循党性原则，但近些年政府也有意识地培养媒介组织的独立性和透明度，更好地监督和规范政府自身的行为，履行“社会公器”的职责。透明度是公信力的决定性因素，新媒体时代，新闻逐渐从“窗子式”走向“镜子式”，主流媒体的“一元话语”被打破，议程设置的主体由单级走向复杂多元，任意属性都难被淡化，掩盖事实企图蒙蔽受众，不利于媒介组织自身形象的建构。例如，央视新闻将视野聚焦在游泳运动员宁泽涛所受到的不公正待遇之上，不避讳地质疑体育总局做法的不公正，从一定程度上说是一种进步。

②公信力决定舆论引导力。媒介组织的舆论引导功能主要指受众的态度与行为层面的改变，因此在传播水平达到一定的广度的基础上，还需注重媒介组织的可信度以及传播活动的有效性。媒介组织自身的公信力是其舆论引导力的决定性因素。霍夫兰的耶鲁研究也

详细阐述了这一观点，信源的可信性在很大程度上决定了说服效果。例如，《人民日报》官方微博在马航事件中虽因言辞过于具有煽动性而受到诟病，但基于自身的口碑和公信力展现出极强的舆论引导力，破除谣言，为受难者祈福，从某种意义上说，具有一定的积极意义。

因此，在充分肯定技术进步对媒介影响力的促进作用并加以利用的基础上，必须意识到公信力始终是舆论引导力的基础和根本，构筑媒体公信力才能具有强大的舆论引导力。

21. 习近平总书记强调，做好舆论引导工作，一定要把握好“时、度、效”。请结合具体实例谈谈你对“时、度、效”内涵的理解。（青岛大学2017年研）

答：（1）时——时代、时期、时刻。

新闻是与时间竞赛的一种特殊存在。对于新闻而言，时间就是其生命，新闻传播的时可以从时代、时期、时刻三个方面进行论述。

①时代是指新闻与其所处的时代特征、所处的历史趋势的关系。这一时间长度在几十年到成百上千年不等，在每个时代都有其独特的政治、文化、经济特征。新闻对其所处的时代的状况进行反映，并受其影响，其本质就是时代的产物。

②时期是指在时代的背景下，新闻一定时间段内和社会舆论之间的关系，这一时间长度通常在几年到十几年。一般根据某一时期社会整体面临的首要任务、主要矛盾等来划分。新闻都是依托这样的社会短时间的特点而产生，并不断发展。

③时刻是指新闻事件发生于新闻报道直接的时间距离。因新闻事件本身的特征，其报道时间间距也会有所不同。这一时间长度在几个小时到一年不等。对于新闻媒体而言，距离新闻发生时间越短的报道，越有价值和竞争力。

（2）度——数量、质地和层次。

从数量上来看，新闻传播的“度”包括新闻报道的频率，报道内容的多少，篇幅的大小，版面的大小以及新闻播报的时长等。

从质地上来看，播报的新闻事件的影响程度、关注程度等都属于新闻传播的度。利用不同的手段对新闻报道进行强化报道或者进行淡化处理，体现在报道中出现的相应的版块位置、措辞使用等方面。

从层次上来看，新闻传播的“度”包括新闻报道内容的高度、所反映的社会现象的深度等。高度不仅指事件所反映的政治高度、哲学高度，也包含了社会高度、人性高度等。深度主要是分析事件的深层原因，提供事件发展的深层机理。

（3）效——效果。

新闻传播效果最大化达到预设目标是最终追求，也是新闻传播的出发点和落脚点。新闻传播史上，新闻传播的效果层出现过诸多科学言论，都对如何实现新闻传播效果的最大化进行了研究。

（4）“时、度、效”有机结合。

“时、度、效”是密切相关、不可分割的，在新闻传播中要将其视为统一的整体。“时”是进行新闻传播的主题以及其中心问题，“度”是解决新闻传播的范围以及科学性和报道的艺术性，“效”负责新闻传播的有效性、影响力和引导力，将三者有机地结合在一起，使新闻传播恰时、适度、有效。

22. 结合我国当前新兴媒体的现状，分析新媒体与舆论的关系。（重庆大学2018年研）

答：新媒体的使用重构了我国的舆论生态，特别是移动网络舆论场的出现，使舆论的本质特征得以涌现，即公众针对某一议题展开讨论，并通过交流、互动等方式最终形成对某一议题的意见。新闻媒介与舆论之间有一种天然的、密切的关系，不时介入舆论产生和作用的各个环节中，新媒体也不例外；但与此同时，新媒体对传媒格局的重构，也改变了传统媒体与舆论互动的方式。

因此，新媒体与舆论的关系主要表现在以下方面：

(1)新媒体是当下舆论生成和存在的时代背景和环境。舆论要形成，必须要有意见指向——特定公共事务，即公众必须首先了解、认识与自身利益相关的事务的信息，才有可能发表意见。实际生活中，人们所接受的关于外界的重要信息主要来自新闻媒介，并主要依据新闻媒介对外界信息重要程度的判定来排序。新闻媒介设置的议题常常衍生为舆论的源头——公众关注的公共问题(事务)。这是新闻媒介长期、潜在地影响舆论的一个最重要手段。

新媒体与舆论也具有这样的关系。新媒体所创造的信息传播环境，从以下两个方面影响舆论的生成：

①新媒体对社会的影响具有变革性，体现在政治、经济、文化、社会、价值观等方方面面，从而改变了舆论氛围。

②新媒体的传播环境同时形塑了舆论表达的主体——发表舆论的个人，从而影响舆论本身。当社会层面的现象输入到个人认知系统，反过来输出信息，这些信息会塑造社会互动和社会影响。

(2)新媒体是舆论生成和表达的平台。与传统媒体反映并代表舆论的功能相似，个人可以运用新媒体技术在网络空间进行舆论表达，新媒体与舆论的关系更多地也是形式与内容的关系。分散的个人意见要公开表达、参与大范围的社会讨论，最终形成的一致意见也要公开表达才能作用于社会，成为具有实际意义的公众意见。而新媒体已经成为这种公开表达的主要平台之一：

①新媒体传播方式的多样化和多媒体化，使其成为舆论热点的发源地。新媒体传播方式是双向的、互动的、复合的，社会公众既是信息的接受者，同时也是信息的发布者，这使舆论的传播方式由传统媒体的一点对多点变为多点对多点。相对于以往报纸、广播、电视等有限的传统传播渠道，依托互联网强大的技术支撑，新媒体提供给民众发表意见的渠道越来越多，如论坛、贴吧、博客、网络杂志、微博等，其传播渠道呈现出多样化、立体化的新型格局。新媒体又融合了文字、图片、视频，传播渠道多样化与表现形式的“多媒体”特征，决定了新媒体上的“声音”已是社会舆论的重要组成部分。

②新媒体意见汇集高效便捷，使其容易把握舆论主导权。新媒体实时信息的动态提供，无疑成为公众实现知情权、表达权、监督权最快捷的高效渠道，使社情民意能够直接充分地表达，从而为政府的民主决策、科学决策提供参考依据和坚实的基础。尤其在重大突发事件和与民众休戚相关的决策上，新媒体与传统媒体相互配合，形成强大舆论，影响政府的决策，这是新媒体建设性价值的最大体现。

③新媒体传播的开放性和广泛性，使其更好地行使舆论监督权。新媒体凭借其广泛的用户和信息共享、迅速传播等优势，对公共权力和权威形成了全面的监督和制衡。新媒体

的自由性和开放性，完全冲破了媒介和受众的间隔，打破了媒介的专业垄断，打破了等级的栓结，使普通民众都可以在新媒体上对公共事务自由地发布信息、表达意见，有效拓展了舆论空间。

(3)新媒体对舆论引导具有复杂的影响。新闻媒介在舆论形成中，并不只是材料供应者和意见反映者，也不仅是问题设置者，事实上，现代新闻媒介很多情况下已上升为舆论的积极引导者。这种引导主要体现为两点：

①通过持续不断的信息流，构筑现代信息环境，作用于人们的认识，引导舆论；

②通过直接或间接的意见表达引导公众意见。由上述分析可知，新媒体对舆论，也有这样的直接影响和间接影响。

随着新媒体在传媒格局中获得了应有的地位，在与传统媒体的互动中，逐步改变着传统的舆论引导方式，成为了舆论引导的新生力量。但与此同时，由于其自身存在的缺陷，也会对舆论引导产生负面影响。例如：新媒体传播者媒介素养的缺失，导致流言四起、意见表达失范；新媒体把关人缺失，增加了舆论引导的难度；新媒体缺乏“意见领袖”，极易以“刻板成见”的眼光看问题等。

总之，新媒体与舆论的关系与传统新闻媒介跟舆论的关系并没有本质上的不同，但新媒体对于舆论的重要意义表现为新媒体使用重构了中国舆论生态，使得新媒体作为新闻媒介与舆论之间的互动形态发生了一些变化。

23. 谈谈“坚守党性、人民性、政治方向”和提高“新闻舆论传播力、影响力、引导力、公信力”两者之间关系的认识。(上海大学 2017 年研)

答：习近平“2·19”讲话是继 2013 年的“8·19”讲话、2014 年的“8·18”讲话之后关于新闻舆论工作的又一次重要讲话，其基本精神在于阐明了新闻舆论工作的要点和行动原则。在“2·19”讲话中，“坚守党性、人民性、政治方向”是新闻舆论工作的价值导向，而“提高新闻舆论传播力、影响力、引导力、公信力”是新闻舆论工作的行动目标，二者是密不可分、相辅相成的。

(1)坚持党性、人民性和正确的政治方向。在社会主义中国，媒体属于人民，对人民负责，媒体由党来掌握。我国媒体要坚持为人民服务、为社会主义服务的原则，坚持党性和人民性相统一，服从党的领导，与党中央保持一致，坚持正确的政治方向。

①坚持党性原则。要求从党的工作全局出发把握党的新闻舆论工作，要求在思想上体现党的意志、反映党的主张，维护党中央权威，要求在新闻舆论工作各个方面、各个环节坚持正确舆论导向。

②坚持以人民为中心的工作导向。党性和人民性是相统一的，为人民服务是中国共产党新闻工作的优良传统。新闻舆论工作应当把实现好、维护好、发展好最广大人民根本利益作为出发点和落脚点，坚持以民为本、以人为本。

③坚持正确的政治方向。中国共产党作为马克思主义政党，讲政治是一以贯之的要求。党的新闻舆论工作事关旗帜和道路，事关贯彻落实党的理论和路线方针政策，事关顺利推进党和国家各项事业，事关全党全国各族人民凝聚力和向心力，事关党和国家前途命运。因此，新闻舆论工作必须把政治方向摆在第一位，必须从党的工作全局出发。

(2)提高新闻舆论“四力”。“提高党的新闻舆论的传播力、影响力、引导力、公信力”

是新闻舆论工作的行动目标。在新闻传播规律、新兴媒体发展规律的指导下，习近平总书记要求新闻舆论工作做得更精准有力，更有吸引力和感染力，更有针对性和实效性。

这要求党的新闻舆论工作必须在理念、内容、体裁、形式、方法、手段、业态、体制、机制等九个方面有所改革，有所创新，有所加强。而是否提高了“四力”就是新闻舆论工作的创新是否有效的检验标准。

具体而言，提高“四力”需要在多个方面有所突破：

①适应分众化、差异化传播趋势，加快构建舆论引导新格局；

②推动融合发展，主动借助新媒体传播优势；

③抓住时机，把握节奏，讲究策略，从“时、度、效”着力，体现“时、度、效”要求；

④加强国际传播能力建设，增强国际话语权，集中讲好中国故事，优化外宣战略布局。

(3)二者是密不可分、相辅相成的关系。

①坚守党性、人民性和正确的政治方向是新闻舆论工作的价值导向，是新闻媒体和新闻工作者需要在思想理念层面始终坚守的。如果不能坚持党性、人民性和正确的政治方向，那么在行动上提高“四力”就变得没有价值，甚至可能产生负面效果。

②提高党的新闻舆论传播力、引导力、影响力、公信力是新闻舆论工作的行动目标，是新闻工作者需要通过实践创新而不懈追求的。在新媒体环境下，尤其是在自媒体的冲击下，传统媒体的舆论影响力在逐渐走低，已经对党的舆论工作产生了影响。新闻媒体如果不能尊重新闻传播规律，没有创新方法手段，其传播效果和话语权只会日益衰微，那么新闻媒体所坚持的正确的思想立场和政治方向也难以传递到广大民众。

可见，只重视价值导向而不看重行动方法就会降低党的舆论影响力，难以达到正确方向上的目标；而只追求行动效果而不看重价值导向就会背离新闻媒体为人民服务的宗旨及其社会责任。二者之间的关系是密不可分、相辅相成的。

24. 如何认识多元语态下舆论焦点形成的新特征？（中传 2016 年研）

答：随着以互联网为基础的新媒体的兴起和发展，信息传播途径极大地丰富，在内容、形态、传播样式以及互动性等方面呈现出多元特征。当下信息环境中的公共舆论焦点的形成，亦随之发生变化，呈现出了如下新特征：

(1)传播主体多元化令观点交锋异常活跃。当前传播环境中，传播主体已由“一元”变成“多元”，即由职业新闻从业者、政府与社会组织、民众个体传播者组成。不同的传播主体有不同的信息诉求，背后则是不同的角色和价值立场。

(2)草根话语盛行，解构主流话语。在传统的“主流媒体舆论场”之外，互联网上形成了“民间舆论场”，对主流舆论话语进行解构和重读，并由此形成持续时间不等的众多舆论新焦点。一方面表现为对官方媒体、公权机构、社会名人的批评或带有讽刺性质的移植、套用、修改或是歪曲；另一方面则表现为带有明显主观色彩地对史实和历史观点进行重新发现和修正。这些解构行为一定程度上迎合了部分网民对于社会、政治和经济发展的负面情绪，但同时也消解了主流话语的公信力。

(3)政治信任弱化，唱衰特征突出。与草根话语兴起相关的是舆论中表现出的政治信任弱化。尽管十八大以来国家在反腐领域取得了一系列重要成就，但由于长期以来公众对与政府和公权机构相关的腐败问题已经形成的印象一时难以消除，同时经济领域收入分配差距拉大，文化领域社会道德滑坡，以及公共服务领域内的诸多问题，公众的舆论焦点呈现出对政府治理和国家公权力的政治信任日益消减的特征。在网络环境的快速扩散和人际互动条件下，这些观点容易在信息不充分条件下快速蔓延，形成错误认识，出现唱衰政治、看空经济等一系列负面特征。

(4)个体参与度升温，观点易情绪化。网络信息环境中内容生产、传播的低成本特点，以及微博、微信等新传播平台所提供的自媒体空间，使得公众(网民)易于利用互联网参与、影响公共舆论。加之社交媒体和移动互联技术的发展，个人参与公共话题讨论的积极性不断提高。在新媒体时代，人人都是传播者，只要身边有电脑、手机，就能随时随地把自己的心情、感受、认知、判断传播到网络上，再经过人际、群体的作用核裂变式地传播开去。在这种传播过程中，个体的某种情绪，尤其是诸多非理性的负面情绪，便会通过媒介公开传播，在暗示、感染等机制作用下，放大为整个社会的集体情绪。

(5)“痛点”效应明显，易于引爆舆论。传统媒体在议程设置上的能力有所减弱，相反，自媒体信息传播能够抓住公众情绪上的“痛点”，容易实现病毒式的广泛传播。“痛点”效应之下，一些关乎民生的典型事件和话题，经过网络意见领袖的扩散后，将成为全民讨论的议题，并形成一致的舆论态度，产生巨大的社会影响。

(6)公众媒介素养不足，谣言易于扩散。当前公众的媒介素养尚未与互联网技术的迅速发展相适应，公众对于网络信息的认知、判断的能力有待提升。与此同时，一些个人、机构和团体出于不同利益诉求，借机利用公众负面情绪，炮制网络谣言并轻易得到广泛、快速的传播。尤其在一些突发重大公共事件发生后，如果信息公开不及时，传播不透明，内容不充分，谣言更易于在人群中扩散。与此相对，主流媒体相对滞后的辟谣信息，则很容易淹没于海量的网络信息中，难以有效对谣言进行有力回击。

(7)热点事件层出，焦点更迭迅速。网络传播中信息扩散迅速，网络人群对话题敏感度较高，加之网络信息扩散的主要平台相对固定，信息容易形成聚合特征。配合大数据、数据挖掘、“个性化”推荐等技术，网络环境中舆论焦点易于快速形成，并在短时间内急速扩散，形成巨大影响力。同时，由于网络上信息资源丰富，信息更新速度快，网络舆论焦点也呈现多个并存的特点。通常多个舆论焦点能够分散公众过于集中的注意力。舆论焦点的快速更迭，一方面有助于转化舆论压力，另一方面也可能被机构或个人作为逃避社会责任、掩盖不法事实的途径，当予以防范。

25. 作为一名记者，要如何报道网络突发性舆情事件？(复旦大学 2016 年研)

答：随着微博、微信等网络社交平台的出现，公民参与社会公共事件讨论的门槛越来越低，网络舆论在大众中的影响力也越来越大。由于网络社交平台的特殊性和复杂性，基于网络而产生的网络舆论也愈发变得多元化、不可控化。网络舆论作为网络媒体的衍生物，必然也带有双重属性，既能积极引导公共事件快速解决，也会因非理性观点的聚合而带来“网络暴力”“网络侵权”及“网络极化”等影响。在这种情况下，快速应对网络突发事件，引导好网络舆情，是一名记者的必备素养之一。

(1)网络突发性事件与网络突发性舆情事件：

①网络突发事件，是指网络上突然发生或者突然迅速传播，可能造成严重社会危害，需要采取应急处置措施予以应对的事件。一般具有“突发”“突然”等特征，对社会产生较大

影响。网络突发性事件的特点有传播速度快、传播范围广、产生影响广泛、容易引发“社会灾害”等。根据网络突发事件在整个发展过程中表现的不同形态，一般分为五个不同阶段，即萌芽期、爆发期、扩散期、转折期和消失期。

②网络突发性舆情事件是网络突发性事件的一种，在网络突发性事件主要特点的基础上，又多了“舆情复杂”这一特征。

(2)舆情事件中记者角色的重要性：

①新闻媒体是信息与公众之间的桥梁，同时新闻媒体是新闻信息传播的“把关人”，潜移默化地影响公众对于世界的认知。在突发性事件中，事件本身一定携带着强大的卖点，其震撼性和不可预料性能够满足公众的猎奇心理；但另一方面，媒体担负社会责任，在任何热点事件面前必须要秉持一定的职业道德和素养，必须做好新闻舆论引导工作。

②网络是相对自由和开放的空间，因此成为网民抨击时政弊端和社会丑恶现象的集聚地。许多网民习惯于在网络上曝光一些“黑幕”和“丑闻”。在这类事件中，网民参与讨论加深了事件本身的舆论复杂度，加之网络信息传播非常容易产生“蝴蝶效应”“群体极化”现象，因此记者的报道就显得十分重要。记者在报道此类事件时，既要考虑新闻价值，同时也要思考舆论引导。唯有这样，才能在复杂的舆论环境中理清思路，引导大众向着正确、理性的方向思考问题。

(3)报道网络突发性舆情事件的策略：

①坚持信息公开，满足受众的信息需求。重大事件发生时，小道消息往往不胫而走，各种真假信息沸腾不止。加之网络信息传播速度非常快，记者唯有迅速反应，坚持信息公开，不断向读者提供事件的真实、事实报道，满足受众的信息需求，才能将谣言扼杀在摇篮里，保证信息环境的安全。

②把握报道尺度，切勿过度报道。突发事件发生后，各大媒体为追求独家新闻，往往会不断地挖掘事件背后的真相。这样的做法本身无可非议，但记者在报道时一定要把握报道尺度，不能为了“抢”独家而丢掉了新闻的真实性。对于事件涉及的不便曝光的隐私信息，要坚守新闻伦理。

③坚持客观、平衡报道。在突发事件中，因为舆情复杂，记者在报道过程中更应坚持客观、平衡报道。只报道已经调查的事实，不报道任何猜测的内容；同时，报道中应采访涉事双方，做到平衡报道，不能因失衡报道而导致舆论反转。

④坚持正确的舆论导向。在报道过程中，记者不应该一味追求“轰动效应”，而应把握正确的舆论导向，通过及时、真实、准确的新闻报道消除突发事件给人们带来的紧张与慌乱，还原新闻真实，维护社会稳定，当好新闻把关人。这样不仅可以妥善、迅速地处理突发事件，还可能化危机为转机，推动社会更好地发展。

总之，突发事件敏感性强，不好把握，容易产生负面影响，刺激网友情绪化，甚至影响社会稳定。在突发性舆情事件上坚持正确的舆论引导是媒体责无旁贷的社会责任，在报道中坚持事实报道、客观报道也是新闻记者恪守的职业道德和职业素养。只有做到并做好上述要求，事件才能得到有效解决。

26. 结合理论和案例谈网红和网红现象。(北京大学2020年研)

答：网红是指将网络作为成名原始渠道的人，即“网络红人”，是特定社会条件和人的心理因素共同作用下的产物。从最初“芙蓉姐姐”“凤姐”在论坛社区上的蹿红到2016年“Papi酱”“艾克里里”网络视频的走红，“网红”无疑是当下热捧的流行词之一，并逐渐形成新传播时代人的自我表达和社会参与的一种独特符号。网红现象虽然传播周期短、频率快，但是被人“谈论”的时间较长，在无时空、无界限的网络世界此消彼长的进程中，也呈现出属于自己的传播特点。

（1）网红及网红现象的特点及表现：

①“网红”多样化，呈现“井喷式”发展。近几年，随着“两微一端”的应用越来越广，为“网红”提供了丰富多样的传播平台，各类“网红”不断涌现。从2015年11月起，“网红”直播平台开始了“井喷式”发展，从“张大奕”到“Papi酱”，从“同道大叔”到“skm破音”，从“天才小熊猫”到“香喷喷的小烤鸡”等，一夜之间冒出的“网红”让人应接不暇，各种网络视频也层出不穷，“网红”的关注度也上升到顶峰。有数据统计，每20名普通网民中就有3个关注“网红”。尤其很多年轻人认为“网红”是一件能“低投入、无风险”地实现名利双收的工作，人人都梦想成为“网红”，这也造成了“网红”基数的上升。

②内容“快餐”化，“娱乐狂欢”中无深度。在我国“网红”发展的近10年里，网红从最初的低俗化、同质化逐渐向个性化、原创化方向发展，包括段子手、新奇曝料、自黑搞笑视频等个性化内容。“网红”平台信息“输入”和“输出”的流动性越高，社交媒体平台的“分享频率”和“分享欲望”就会越高，久而久之形成了“人人皆是网红”“上头条”等“娱乐狂欢”现象。但是“网红”内容往往碎片化、浅层化、快速化，缺乏深度且没有形成系列，更无营养可言。部分“网红”甚至在巨大的利益驱使之下，为了吸引更多粉丝、获得更多利益，不惜迎合低俗趣味、挑战社会公德，这种现象既不利于自身形象的塑造，也会对社会产生负面影响。

③效果升级化，初建“网红”经济模式。Web2.0技术和自媒体的盛行使得“网红”在低成本、低门槛的运作下层出不穷，其传播效果不仅仅局限于娱乐消遣下的狂欢，还有通过电商、VIP会员、直播打赏和广告变现的方式创造经济效益。一些有较强的综合能力的“网红”运营团队也通过做形象代言人、商业合作、品牌策划、话题炒作、做微商、出演网剧等方式实行变现，逐渐形成产业链趋势，“网红”经济模式由此初建。最典型的就是2016年4月底“Papi酱”团队建立了Papitube的短视频内容平台，孵化内容生产者，并于6月初开始涉足服装电商，充分利用新媒体平台，短视频商业化模式逐渐清晰，红人电商纷纷设立。“网红”经济是新媒体与新传播时代的新经济形态，是一种眼球经济、粉丝经济，它的产生有其必然性和合理性。

（2）网红及网红现象盛行的原因：

①技术平台打造了传播契机。新媒体技术的发展推动了“两微一端”等社交化自媒体的涌现，人们告别了担任受众角色的时代，获得了自我传播的权利，参与社会公共事务、表达自我的欲望和空间大大增强，类似于橙汁直播、咸蛋超人的“网红”直播平台和App也应运而生，并且平台日益多样化。例如秒拍软件，增加了各种设计风格和个性化视频水印模式、视频实时变声功能，满足了用户个性化需求。这样便捷化、趣味化的传播平台和互动模式为“网红”提供了传播契机和虚拟美化环境，使其传播的范围更广、速度更快。

②“个性化消费”内容迎合“长尾时代”。长尾理论是网络时代兴起的一种新理论，由美

国人克里斯·安德森提出。长尾理论认为，在网络时代，个性化、小众化的需求在正态分布曲线上形成了一个长长的“尾部”，关注“尾部”产生的总体效益甚至会超过“头部”。网络时代是关注“长尾”、发挥“长尾”效益的时代。在“网红”行业，各类新媒体平台给人们了解信息、参与表达提供了一个快速、便捷的渠道，人们乐意在业余时间参与“网红”直播去了解个性化、碎片化、浅层化、轻松化的信息，并逐渐形成一种行为习惯。此外，社交媒体的发展正在从“大众社交媒体”进入“小众化社交产品”时期，各类垂直型产品基于人的不同兴趣、爱好、需求而设置精准推送的内容，大都易于受众接受，用户粘性提高，关注“长尾”用户的个性化需求。同时，社交产品通过功能的设计对个人行为进行激励，会促使普通人分享信息的欲望，即分享自己的作品、观点和看法的欲望。当精英化名人遥不可及时，小众化社交平台为“小众化圈层”提供了最大动机，个人成名或“被突出”的权利被更大化尊重，人们参与其中的欲望就更加强烈。就这样在“个性化消费”内容和“小众化圈层”的共同作用下，“网红”现象盛行。

③社会背景与受众心理下的“早产儿”。面临科学技术和经济发展的冲击，社会竞争也日益激烈，人们在现实生活中的压力剧增，此时，一种通过新媒介来进行快捷立体化的减压方式——“关注网红与网红互动”方式由此诞生，受众对新媒介的依赖性越来越强，闲暇时间就上“网红”直播平台，借助对“网红”的消费来实现一种情绪宣泄，当精神得到了释放后，他们便有了快乐或者共鸣，这也很容易引起他们的分享欲和传播欲。当这些内容越来越火爆时，就会形成“滚雪球效应”，直到“全民狂欢”达到共同的精神释放。在社会转型期，竞争日益激烈，这的确为网民缓解社会压力、释放负面情绪提供了一个出口。此外，加上受众与生俱来的“猎奇心理”，对别人的隐私生活充满好奇和兴趣，也为“网红”平台的膨胀提供了契机。

④网红兼具“信息源”和“意见领袖”双重角色。网红走红看似简单，其实与背后积聚的大量粉丝社群有很大关系。网红作为社群传播的核心传播者，一方面，借助自媒体平台生产内容，是整个传播过程中的信息来源；另一方面，在整个社群传播中，扮演着“中间人”的角色，起着意见领袖的作用，为用户过滤信息、解读信息和传递信息。

(3)网红及网红现象的引导与演变：

①建立网络监管机制，坚持“平台”引领。在新媒体传播渠道多样化和游戏圈泛娱乐化融合的大趋势下，“网红”平台数量越来越多，但目前的“网红”平台依然局限于非规范化的、非整合化、自发组织下的传播，属于低成本、低门槛的操作。平台比较分散，且没有形成一定的运行规则，这个必然会浪费资源，影响“网红”的后续健康发展。未来“网红”的发展平台应该走更加模式化、规范化和专业化之路。网站直播和自媒体营销将成为“网红”崛起的重要工具和手段。在这当中，对传播平台上传信息的“把关”十分有必要。从当前的行业情况来看，加强经营主体的管理、加强直播内容和表演者的监管、建立违规直播后的处罚管理措施是监管的关键。同时坚持“平台”引领，将直播平台和短视频 UGC 的机制融合起来，充分利用两者的优势。只有这样，才能形成“网红”行业的良性循环，有利于形成一种综合性的、规范化、整体化的“网红”直播平台。

②生产专业内容，坚持“深度”引领。随着“网红”自身传播热度日益飙升的同时，靠网络推手、商业炒作、浮夸自黑而红极一时的网红必然会被社会淘汰，因为没有形成自身的

内容优势。当下的“网红”应该杜绝生产无底线、无原则、低俗化内容，加大生产专业化、原创性的内容，打造自身的内容优势，以特定的设计板块设置相应的内容，挖掘更多、更具有新意、更具有传播效应的点，坚持“深度”引领。目前较为典型的是以“Papi 酱”为代表的拥有个人原创内容的新型创作类“网红”将逐步取代靠炒作包装“上位”的老牌“网红”。只有在把“网红”打造成一种生产优质原创内容、逐渐形成自己的品牌竞争力的系列化“网红”，才能最终完成从“网红”到“网星”的华丽转变。

③加强舆论引导，坚持“价值”引领。“网红”的出现以及传播热度的持续走高，对一般受众的价值观念和生活方式会产生特定的影响，最终会形成一种“价值”的回归，具有社会价值引领的作用。“Papi 酱”被要求整改一事就警示着“网红”要遵守一定的社会规则，逃不开社会伦理道德的束缚。因此，“网红”未来发展的首要任务就是要加强舆论引导，首先以合理性的自律作为基本前提保障，让“网红”在社会法律和伦理许可的范围内做出行动表现，坚持“价值”引领的原则，以高质、精致的内容示人。“网红”的社会文化和价值观层面亟须一次平衡理性和感性判断的重新定位，而粉丝素质以及社会大众的素养也亟须一次再审视与新提升。

27．结合实例，谈谈新媒体环境下主流媒体如何提升舆论“传播纠偏”的能力。（北师大 2020 年研）

答：（1）舆论“传播纠偏”的含义。舆论“传播纠偏”是指各种舆论力量利用舆论发展的客观规律以弥补信息鸿沟、增加正确信息数量等方式，纠正在舆论形成过程中出现的偏差或虚假、错误，消除或减少这种偏差或错误带来的危害性影响的行为。

舆论“传播纠偏”的对象是出现在诸多舆论事件中已经发生偏转（偏离正确、主流）的舆论本身。做出纠偏这一动作的主体可以分为两类，即政府部门、主流媒体、公职人员等为代表的传统舆论引导主体和以公共知识分子、意见领袖、普通网民为代表的民间力量。而客体则是已经出现舆论危机的事件本身，偏转的舆论将会给公共事件本身带来危害性影响。

（2）主流媒体的舆论“传播纠偏”责任。相对于新媒体环境下网民个体性信源，主流媒体可信度较高，它能够提供事件进展的调查性信息、理性权威的评论以及公平的报道。主流媒体的专业、品牌和权威性高的天然优势，使其比网民信息源更能设置网络议程，进而引导、纠错网络舆论。因此，作为网络关键信源存在的主流媒体，应积极发挥自身优势，强化网络关键信源的角色，实现对网络传播的议程设置功效，引导网络舆论健康发展。

（3）提升主流媒体的舆论“传播纠偏”能力。传统主流媒体和新兴主流媒体这两个舆论场应形成合力，发挥各自优势，分别占领传统媒体和新兴媒体两个舆论阵地，互相呼应与支撑，共同作用于新媒体环境下的网络舆论。其中，传统主流媒体要充分发挥新闻调查的职业权威性，以深度报道和新闻评论形成一个舆论高地；新兴主流媒体则要通过网络平台、微博实名账号以及官方微博平台，培养网络意见领袖，打造专业微博群，引导网民对网上舆论场的有效占领，对错误的不良舆论进行及时、适当的纠错、纠偏。

①加强传统主流媒体舆论场的有效构建。

新媒体环境下舆论的喧嚣与杂乱，让公众无所适从，人们潜意识里仍会期待传统主流媒体的“盖棺”式的定论。因此，传统主流媒体要利用好其权威性，而深度报道和新闻评论则是传统主流媒体的两把舆论利剑。

a. 发挥深度报道的作用。对于首发于微博等新媒体的重大新闻和热点事件，主流媒体可以及时跟进，挖掘新闻的深刻内涵，对于网络谣言和网络暴力，可以通过深度报道还原事实真相，及时扭转舆论的走向。传统主流媒体要不断挖掘深度报道的作用：不仅要发现网络舆论背后的社会民生问题，而且要监督政府信息公开，还要促进现实社会中民生问题的解决，在纠偏网络舆论和稳定民心方面发挥越来越大的作用。

b. 发挥新闻评论的作用。新闻评论是一个媒体的灵魂和发声线，传统主流媒体要强化新闻评论的作用。如对时政新闻类栏目要强化记者的现场评论能力；舆论监督类栏目，则要强化专家评论员队伍，注重搭建公共话语平台，让受众、媒体、专家、职能部门的各方观点在此碰撞，在多元观点中实现媒体观点的引领、纠偏作用。以此，建构立体式评论模式，可以在对新闻事实的本体进行剖析、阐释的基础上，提供更多的新闻视点，帮助受众作出正确的判断。

c. 传统主流媒体要注重创新。传统主流媒体要创新报道形式，改进报道方法，拓宽民意表达渠道，广泛听取人民声音，努力畅通干群对话渠道，促进政府信息公开，解决社会民生问题，从而牢牢把握网络舆论引导、纠偏的主动权。另外，传统主流媒体还应通过建立健全应急报道机制、抢占信息制高点、科学设置议题等方式，掌握舆论“传播纠偏”的主导权，及时扭转错误的舆论走向。

②新兴主流媒体舆论场的优化。

新兴主流媒体可以利用最新技术手段对网络舆论进行分析，及时跟踪舆论热点，对可能出现的网络舆论走向进行预判，通报最新进展情况，纠正错误舆论走向，引导网络舆论的新走向。

a. 新兴主流媒体要占领好、利用好网络这一阵地。新兴主流媒体利用网络平台，建立网络舆情快速反应机制，健全网络预警机制和应对机制，科学分析网络舆论的性质，准确判断网络舆论的倾向，实现对网络舆论的有效引导。

b. 新兴主流媒体要培养意见领袖。意见领袖往往拥有众多“粉丝”，在网民中有很高的威望，在舆论热点事件中扮演着举足轻重的角色。新兴主流媒体应培养自己的意见领袖，以掌控网络舆论话语权。一方面可以培养以资深评论员、记者、编辑、各领域专家和社会名人为主的意见领袖；另一方面可争取、吸收来自各行业、带有“草根性”的网络意见领袖，充分发挥他们在网民中的威信和影响力，以对网络舆论“传播纠偏”起到正面引导的作用。

③加强传统主流媒体和新兴主流媒体议程设置的互动呼应机制。

从根本上说，无论是传统媒体还是网络媒体，都是社会的信息工具和舆论工具，终究要表达民心民意，才能获得民众的广泛认同。在此意义上，如果某一事件或事态引起了人们的普遍关注，那么，传统媒体与网络媒体就会积极介入这一事件或事态的报道，最终使传统媒体与网络媒体在关于这一事件或事态的舆论传播过程中殊途同归，共同推进社会舆论的进程，发挥媒体应有的作用。因此，新兴主流媒体和传统主流媒体之间有效的议程互动，有助于增强舆论“传播纠偏”的效果。传统主流媒体与新兴主流媒体的互动不是单向性的和一次性完成的，而是呈现双向互动和反复互动的态势，并且其交叉互动的频率越高，动态性越强，就越容易产生正向的舆论“传播纠偏”效果。